Christoph Schönberger

Auf der Bank

Christoph Schönberger

Auf der Bank

Die Inszenierung
der Regierung im Staatstheater
des Parlaments

C.H.Beck

Mit 39 Abbildungen

© Verlag C.H.Beck oHG, München 2022
www.chbeck.de
Umschlaggestaltung: geviert.com, Christian Otto
Umschlagabbildung: GettyImages/AKG
Satz: Janß GmbH, Pfungstadt
Druck und Bindung: Friedrich Pustet GmbH & Co. KG
Gedruckt auf säurefreiem und alterungsbeständigem Papier
Printed in Germany
ISBN 978 3 406 79159 8

klimaneutral produziert
www.chbeck.de/nachhaltig

Inhalt

Anhang

Prolog
Die Frau im weißen Blazer

Am Morgen des 14. März 2018 ist der Plenarsaal des Bundestages dicht gefüllt, als Bundestagspräsident Wolfgang Schäuble gegen neun Uhr die Sitzung eröffnet. Vollständig belegt ist auch die Bundesratsbank links vom Präsidium, in deren vorderer Reihe einige Ministerpräsidenten Platz genommen haben. Von den Zuschauertribünen aus, die über den hinteren Abgeordnetenplätzen schweben, beobachtet eine Vielzahl geladener Gäste und Journalisten das Geschehen, unter ihnen erstmals der Ehemann der Kanzlerin, Joachim Sauer. Nur rechts vom erhöhten Platz des Bundestagspräsidenten bleiben alle blauen Stühle leer, 37 an der Zahl, darunter der Sessel in der ersten Reihe, der als einziger eine erhöhte Rückenlehne aufweist. Verloren liegen die vier unbesetzten Sitzreihen dem übervollen Plenum gegenüber. Wie alle vier Jahre nach einer Bundestagswahl demonstriert der Bundestag auch an diesem Frühjahrstag durch die Leere der Regierungsbank, dass das Amt des Bundeskanzlers auf der Wahl durch das Parlament beruht. Stärker denn je lässt er damit aber auch erkennen, wie sehr ihm eine durch die Kanzlerwahl legitimierte Bundesregierung fehlt. Die Bundesrepublik hat gerade die längste und quälendste Regierungsbildung ihrer Geschichte hinter sich. Noch einmal, ein letztes Mal, wie alle ahnen, hat der Bundespräsident dem Bundestag die CDU-Vorsitzende Angela Merkel zur Wahl vorgeschlagen. Die Kanzlerin, seit der Bundestagswahl vom September 2017 nur noch geschäftsführend im Amt, hat mit schwarzer Hose und weißer Jacke in der ersten Reihe der Abgeordnetenplätze der Unionsfraktion Platz genommen und sieht von dort aus dem langwierigen Wahlvorgang entgegen. Gegen Mittag nimmt die alte und neue Bundeskanzlerin, inzwischen nicht ohne Mühe wiedergewählt und von Bundespräsident Steinmeier in Schloss Bellevue erneut ernannt, auf dem Kanzlerstuhl Platz. Allein. Das blaue Meer leerer Stühle um die Frau im weißen Blazer herum unterstreicht ihre einsam hervorgehobene Stellung.

Abb. 1: Angela Merkel auf der Regierungsbank
nach ihrer letzten Wiederwahl im März 2018

Kurz darauf erhebt sich Angela Merkel und geht zum hinteren Rand der Regierungsbank, wo sie in der Nähe des Fahnenmasts mit der schwarzrotgoldenen Bundesflagge vom Bundestagspräsidenten auf die Urschrift des Grundgesetzes vereidigt wird. Nochmals kehrt sie auf den Platz mit der hohen Lehne in der ersten Reihe der verwaisten Regierungsbank zurück und nimmt den Beifall vieler Abgeordneter entgegen. Nach der Ernennung ihrer Kabinettsmitglieder füllen sich am Nachmittag die Reihen um die Kanzlerin herum. Der große Auftritt der verlassenen Bank ist vorüber.

Einführung
Siebenunddreißig blaue Stühle

Die Regierungsbank? Oft hat man sie gesehen. Ihr Anblick in Abendnachrichten, Zeitungsbildern und YouTube-Clips ist vertraut. Sie gehört zum Inventar. So gewohnt ihr Anblick ist, so wenig Beachtung wird ihr geschenkt. Den wenigsten ist überhaupt bewusst, dass die Regierungsbank in ihrer deutschen Form eine Besonderheit darstellt, die international nur sehr wenige Nachahmer gefunden hat. Die 37 lavendelblauen Sessel, deren Freibleiben bei jeder Kanzlerwahl so effektvoll in Szene gesetzt wird, sind mehr als bloße Funktionsmöbel. Sie sind eine Hinterlassenschaft des Deutschen Kaiserreichs im zentralen Saal der bundesdeutschen Demokratie. Man würde sie grundlegend unterschätzen, wollte man sie allein als belangloses Accessoire, bloße Äußerlichkeit oder entstehungsgeschichtlichen Zufall betrachten. In der Regierungsbank im Plenarsaal unter der gläsernen Kuppel zeigt sich vielmehr, wie sehr Prägungen aus der langen Epoche der Monarchie noch hundert Jahre nach deren Untergang in der bundesdeutschen Demokratie nachwirken. Die Regierungsplätze haben auf ihre Weise den früheren Thronraum beerbt und partizipieren weiter an dessen Aura überparteilicher Neutralität. Ihre Ansiedlung in hervorgehobener Randlage verhindert bis heute den Dialog zwischen Parlamentariern und Regierungsmitgliedern «Auge in Auge» und gibt einer kommunikativen Gehemmtheit Ausdruck, welche die Kontrolle der Regierung durch die Abgeordneten auch unter der parlamentarischen Demokratie des Grundgesetzes weiterhin belastet.

Will man solche langfristigen Prägungen besser verstehen, bedarf es eines Vergleichs des deutschen Arrangements mit den Plenarsälen anderer Demokratien, einer Analyse der Entwicklungsgeschichte der deutschen Regierungsplätze und nicht zuletzt einer Beobachtung ihrer heutigen praktischen Nutzung. Der genauere Blick auf die Sitzordnung im Plenarsaal ermöglicht eine

gleichsam taktile Erfassung der spezifisch deutschen Traditionslinien und
Verhältnisse. In der parlamentarischen Raumordnung treten Eigenheiten und
Merkwürdigkeiten der Demokratie in der Bundesrepublik besonders hervor
und werden im wörtlichen Sinne greifbar.

1. Der Plenarsaal als symbolischer Ort

Demokratie braucht Orte. Die Bürger selbst oder ihre gewählten Repräsentanten müssen sich versammeln, um über die gemeinsamen Angelegenheiten
zu beraten und zu entscheiden. Im kollektiven Gedächtnis des Westens stehen dafür der Marktplatz von Athen und der Palast von Westminster. An
diesen Plätzen kommen Wort und Ort zusammen. Der Plenarsaal des Parlaments ist der zentrale Ort der Demokratie. Solche Orte sind nicht lediglich
Gehäuse praktischer Notwendigkeit.[1] Sie beschäftigen nicht allein Bauverwal-
tungen und Architekten, die sich mit den Problemen von Lüftung, Heizung,
Beleuchtung und Akustik herumschlagen müssen, welche ein Versammlungs-
ort von mehreren hundert Menschen nun einmal naturgemäß aufwirft. Ohne
diese architektonische Bauaufgabe gering zu schätzen, ist der Plenarsaal doch
immer mehr als eine nur bautechnische Herausforderung. Die jeweilige Ver-
fassung verdichtet sich vielmehr in diesem Raum und wird dort anschaulich.
Die Topographie des Plenarsaals ermöglicht physisch das parlamentarische
Geschehen und prägt zugleich die Vorstellungen, welche sich Teilnehmer und
Zuschauer davon machen.[2] Ihre gemeinsame körperliche Präsenz macht die
Positionierung der Beteiligten im Raum nötig. Bei jeder Versammlung entscheidet deshalb die Raumdisposition zu einem guten Teil darüber, in welcher
Weise sie tätig werden kann.[3] Wie Sitze und Pulte angeordnet sind, etwa in
Stuhlreihen hintereinander nach dem Vorbild von Konzert oder Theater, wer
erhöht sitzt, wie weit der «Vorstandstisch» von den übrigen Teilnehmern entfernt ist, ob der Saalboden flach ist oder ansteigt: All das sind Umstände, welche die Interaktion der Anwesenden maßgeblich beeinflussen und in denen
sich zugleich Grundvorstellungen von der jeweiligen Versammlung ausdrücken.[4] Da der Plenarsaal das Verfassungsgefüge unweigerlich nichtsprachlich
ausdeutet, hat er – wie alle Architektur[5] – stets eine symbolische Bedeutung,

die über seine alltägliche Funktionalität hinausweist.[6] Ein besonderes Gespür
dafür haben nicht zuletzt die Gegner der Demokratie, wenn sie zum Sturm
auf das Parlament blasen wie Oberstleutnant Tejero am 23. Januar 1981 in
Madrid oder der von Präsident Donald Trump entfesselte Mob auf dem Kapitol in Washington am 6. Januar 2021.[7]

Symbolische Bedeutung haben Plenarsäle auch und gerade für Deutschland. Zwar verzichtet der Deutsche Bundestag ähnlich wie die anderen Ver-
fassungsinstitutionen der Bundesrepublik weitgehend auf jenen Pomp und
Prunk, der die Parlamente und Plenarsäle vieler europäischer Nachbarstaaten
nach wie vor kennzeichnet. Keine Königin eröffnet hier feierlich auf ihrem
Thron die Sitzungsperiode wie in Großbritannien, keine Garde begleitet den
Parlamentspräsidenten in schimmernder Wehr bis an die Schwelle des Plenarsaals wie in Frankreich.[8] Auch wenn der Bundestag seit dem Umzug von
Parlament und Regierung von Bonn nach Berlin wieder hinter den schweren
Mauern des wilhelminischen Reichstagsgebäudes tagt, das nach seinem Umbau mit gläserner Kuppel ein eigenes Charisma entwickelt hat,[9] ist sein Plenarsaal doch vergleichsweise schmucklos gehalten und entspricht dem eher zurückgenommenen Staatsstil, der die Bundesrepublik über Jahrzehnte geprägt
hat. Es wäre aber kurzschlüssig anzunehmen, im Verzicht auf äußeren Prunk
liege gleichzeitig der Verzicht auf die symbolische Kraft des Sitzungssaals
überhaupt. Vielmehr wirkt der Raum vielleicht sogar umso stärker auf seine
Nutzer und Betrachter ein, je weniger er sich aufdringlicher äußerer Zeichen
bedient. Die häufige mediale Verbreitung von Bildern aus dem Plenarsaal mag
allerdings den ersten Zugang zu dessen symbolischer Bedeutung sogar eher
erschweren, weil der Raum auf routinierte Weise vertraut erscheint. Auch
und gerade für Parlamentssäle gilt Hegels Einsicht: Das Bekannte ist darum,
weil es bekannt ist, noch keineswegs erkannt.[10]

Es wäre jedenfalls eine einfältige und falsche Vorstellung von Modernisie-
rung, nähme man an, der Plenarsaal ginge in der modernen Massendemokratie
in purer Funktionalität auf und habe jede symbolische Bedeutung abgestreift.
Sicherlich waren die Sitzarrangements parlamentarischer Versammlungen in
der vormodernen Epoche ungleich bunter und handgreiflicher symbolisch auf-
geladen als heute, zumal damals die verfassungsrechtliche Stellung der Akteure
eng mit ihrem sozialen Rang zusammenhing. So stritten im Reichstag des
Heiligen Römischen Reiches Deutscher Nation über Jahrhunderte hinweg
Bischöfe, Kurfürsten, Fürsten und Reichsgrafen um Plätze, Rang und Stimme,

um höhere oder niedrigere, vordere oder hintere Bänke,[11] bevor sie die Dinge dann im dunklen Regensburger Sitzungssaal «auf die lange Bank» schoben.[12] Dieses zeremonielle «Staatstheater»[13] ist aber nicht allein die Vergangenheit alteuropäischer Adelsgesellschaften, deren pittoreske Fremdheit aus der zeitlichen Ferne zu bestaunen wäre. Auch die politischen Systeme der demokratischen Moderne kennen ihre besonderen Rituale,[14] nicht zuletzt in den Parlamenten.[15] So spricht auch der heutige Plenarsaal des Deutschen Bundestages seine eigene Zeichensprache und bietet die zentrale Bühne für die Inszenierung der Demokratie. Als *architecture parlante* deutet er auf seine Weise das Verfassungsgefüge der Bundesrepublik aus und gestaltet dadurch die Interaktion zwischen den politischen Akteuren mit. Seine Raumarrangements und Möblierungen sind Teil einer «Verfassung der Dinge», die zur geschriebenen Verfassung hinzutritt und deren Verständnis mitprägt.

Die Konzentration auf den Plenarsaal als Raumdispositiv mag freilich Skeptiker aus den verschiedensten Richtungen auf den Plan rufen. Der positivistische Verfassungsjurist wird einwenden, maßgeblich sei doch nicht der physische Verhandlungsraum, sondern die Verfassung und die parlamentarische Geschäftsordnung. Eine Politikwissenschaftlerin könnte zu bedenken geben, es komme in erster Linie auf Parteien, Fraktionen und gouvernementale Praktiken an. Aus der Sicht eines marxistischen Gesellschaftstheoretikers erschiene die Plenararchitektur schließlich wohl als bloßes Oberflächenphänomen, während als eigentlich bestimmend allein die sozioökonomischen Tiefenstrukturen der jeweiligen Gesellschaft gälten. Wenn Beobachter so durch den Plenarsaal gleichsam hindurchsehen, schwingt bewusst oder unbewusst die seit der Französischen Revolution immer wieder vorgebrachte Kritik mit, dort werde doch lediglich Theater gespielt, während das eigentliche politische Geschehen hinter den Kulissen stattfinde.[16] Dabei wird freilich verkannt, dass jeder alltäglichen sozialen Interaktion unvermeidlich ein Bühnenelement innewohnt, dass wir alle Theater spielen,[17] nicht nur die Akteure im Plenarsaal, mag der Bedarf an Dar- und Verstellung beim Politiker auch besonders hoch sein.[18] Vor allem wird übersehen, dass die Bühne des Sitzungssaals unteilbarer Bestandteil des politischen Gesamtgeschehens ist und dieses ihrerseits prägt und deutet. Das gilt unabhängig davon, dass der Plenarsaal in der modernen Parteiendemokratie regelmäßig nicht der Ort ist, wo die Entscheidungen fallen, sondern vielmehr vorbereitete Entscheidungen förmlich verabschiedet und öffentlich gerechtfertigt werden.[19] Sicherlich ist die Inszenierung, die gerade in deutschen Parlamentssälen geboten wird, überdies nicht selten von karger Dürftigkeit. Theodor Heuß hat schon in der Weimarer Zeit beklagt, die deutschen Volksvertretungen seien «meist eine Schaustellung mit schlechter Regie und oft mäßigen Akteuren»,[20] und auch ein wohlwollender Beobachter wird heute kaum anders urteilen.[21] Die Inszenierung wird aber durch den Ort der Aufführung maßgeblich mitgeprägt.

Gewiss muss man sich dabei vor Überinterpretationen hüten, denen Betrachter und Interpreten von Plenarsälen nicht selten erliegen.[22] Das frontale Gegenüber von Bänken wie im britischen Unterhaus bringt nicht als solches lebhafte Debatten zwischen Regierungsseite und Opposition hervor. Schon aus der Blütezeit des viktorianischen Parlamentarismus wird ganz im Gegenteil auch von gähnender Langeweile im House of Commons berichtet.[23] Umgekehrt ist die Anordnung der Abgeordnetenplätze im Halbkreis ebenfalls nicht etwa allgemein, wie es manchmal heißt, Ausdruck einer besonders konsensorientierten politischen Kultur.[24] Dass der Halbkreis im revolutionären Paris erstmals am Beginn der Schreckensherrschaft 1793/94 praktiziert wurde,[25] dementiert diese These auf grausame Weise. Ebenso wenig liegt im Halbkreis deshalb aber immer, wie gelegentlich gerade umgekehrt im Blick auf die Französische Revolution behauptet wird, der Ausdruck einer Verdrängung des Königs durch die souveräne Nation.[26] Insbesondere die deutschen Plenarsäle passen nicht in dieses Schema, stellen sie doch dem Halbkreis der Französischen Revolution seit dem Deutschen Kaiserreich zumeist einen kompakten Block aus Präsidium und Regierungsvertretern gegenüber, der bis heute an die Zeiten erinnert, als Deutschland von den Beamten der Monarchie regiert wurde. Will man der Gefahr der Überinterpretation entgehen, bedarf der jeweilige Plenarsaal einer historisch-komparativen Analyse, die ihn als physischen Raum im Kontext der Praktiken und Deutungen seiner Nutzer und Beobachter versteht.[27] In jedem Fall gestalten parlamentarische Sitzungssäle die politische Interaktion mit und geben dieser gerade durch deren konkrete räumliche Gestaltung eine symbolische Form. Was das für die Inszenierung der Regierung im Plenarsaal bedeutet, erkundet dieses Buch.

2. Die Regierung im Plenarsaal

Die Regierung ist in modernen Demokratien der zentrale organisierte Machtfaktor neben dem Parlament. Sie vereinigt auf sich Aufgaben der Verwaltung
und der politischen Staatsleitung. Ihre besondere Rolle beruht auf einer
Mischung aus verfassungsrechtlich zugewiesenen Einzelkompetenzen – wie
etwa ihrem Recht, Gesetzesvorlagen in das Parlament einzubringen – und der
institutionellen Möglichkeit, bekannte oder neu auftretende Phänomene aufgrund überlegener Ressourcen an Information und öffentlicher Kommunikation jederzeit zum Gegenstand politischer Gestaltung zu machen.[28] In der
Regel sind es deshalb die Initiativen der Regierung, die dem politischen Geschehen seine Richtung geben. Das ist in besonderer Weise in einem parlamentarischen Regierungssystem der Fall, in dem – wie unter dem Grundgesetz – die Regierung aus der Parlamentsmehrheit hervorgeht und von ihr
getragen wird. Gegenstück zu dieser Sichtbarmachung politischer Herrschaft
durch die Regierung ist deren permanente öffentliche Kritik und Kontrolle im
Parlament.

Warum Regierungsplätze?
Reden, Zuhören, Antworten, Dabeisein

Werden im Plenarsaal Regierungsplätze eingerichtet, so kommt darin allgemein zum Ausdruck, dass die Regierung als eine gegenüber dem Parlament
eigenständige Institution verstanden wird, die diesem gegenüber aber zugleich
verantwortlich ist und deshalb in regelmäßigen Kommunikationsbeziehungen mit den Abgeordneten steht. Die Regierungsbank im Sitzungsraum ermöglicht vielfältige Formen der konkreten Interaktion zwischen Regierung
und Parlament vor den Augen der Öffentlichkeit. Die Regierungsvertreter
können im Parlament sprechen, ihre politischen Vorstellungen darlegen,
Gesetzesvorhaben und haushaltsrechtliche Planungen erläutern und um
Zustimmung werben. Zugleich ist es ihnen möglich, die parlamentarischen
Verhandlungen jederzeit vor Ort zu verfolgen, aufzunehmen, was im Plenum
gesagt wird, und darauf mit eigenen Debattenbeiträgen zu reagieren. Die Par-

lamentarier können die Regierungsvertreter zudem persönlich befragen und verantwortlich machen.

Diese Funktion der Regierungsplätze im Plenum hat in vielen Staaten einen politischen Bedeutungswandel erfahren, seitdem diese zum parlamentarischen Regierungssystem übergegangen sind, in dem der Bestand der Regierung vom Vertrauen des Parlaments abhängt. Dort stellt die Regierung regelmäßig die politische Spitze der Parlamentsmehrheit dar. Regierungsreden im Parlament verteidigen hier zumeist auch die Position der Parlamentsmehrheit, wie Redner aus den Regierungsfraktionen umgekehrt in der Regel die Regierung politisch unterstützen. Die kommunikative Kontrolle der Regierung im Plenum wird in erster Linie von den Abgeordneten der Oppositionsfraktionen wahrgenommen. Die Interaktion zwischen Regierungsvertretern und Parlamentariern im Plenarsaal ist nun in erster Linie die Konfrontation zwischen Regierung und Parlamentsmehrheit auf der einen und den Abgeordneten der Oppositionsfraktionen auf der anderen Seite vor den Augen der Öffentlichkeit.

Die Möglichkeit physischer Präsenz im Plenarsaal eröffnet den Regierungsvertretern eine breite Palette von Verhaltensweisen. Das Kabinett kann dort in wichtigen Momenten durch vollständige Anwesenheit Geschlossenheit demonstrieren, die Regierungschefin das Plenum als Bühne für wichtige Erklärungen nutzen oder ein Minister engagiert in die Debatte intervenieren. Kanzler und Minister können dem Parlament aber auch absichtsvoll oder nachlässig fernbleiben. Sie können sich geschäftsmäßig desinteressiert zeigen und auf der Regierungsbank Akten lesen, während sich die Rednerin am Pult abmüht. Angela Merkel stand während einer Debatte gern von ihrem Kanzlerplatz auf und führte mit dem Rücken zu Plenum und Redner stehend Gespräche mit anderen Regierungsmitgliedern.[29] Wolfgang Schäuble vertrieb sich als Finanzminister während einer Debatte über Griechenlandhilfen in der Eurokrise die Zeit in der ersten Reihe der Regierungsbank damit, dass er auf seinem halb geöffneten iPad verschämt Sudoku spielte.[30] Manchmal lümmeln vor allem männliche Regierungschefs und Minister aber auch bei Oppositionsreden demonstrativ geringschätzig auf der Regierungsbank herum. In diesem Regierungslungern brachten es in Deutschland einst die Altachtundsechziger Gerhard Schröder und Joschka Fischer zu einer gewissen Meisterschaft.[31] Während der unendlichen Brexit-Debatten des britischen Unterhauses führte der konservative «Leader of the House», Jacob Rees-Mogg,

Abb. 2: Jacob Rees-Mogg auf der Regierungsbank des Unterhauses
während einer Brexit-Debatte im September 2019

diese körpersprachliche Regierungsarroganz im September 2019 zu einem
einsamen Höhepunkt: Als Abgeordnete der Labour-Oppositon sprachen,
räkelte er sich auf den grünen Polstern der ersten Bankreihe wie auf einem
Sofa und schloss die Augen hinter seinem Monokel für ein Nickerchen.[32]

Dreierlei Regierungsbänke

Wie der Plenarsaal mit der Regierung umgeht, wie er sie inszeniert oder sich
inszenieren lässt, hat deshalb unweigerlich starke Rückwirkungen auf das gesamte Raumarrangement. Die Säle bearbeiten dieses Problem indes auf sehr
unterschiedliche Weise. Im Kern gibt es dafür drei Lösungen: Die erste und
radikalste besteht darin, die Regierungsvertreter aus dem Plenarsaal ganz
fernzuhalten. Das augenfälligste Beispiel dafür bilden die Vereinigten Staaten.
Aufgrund einer besonders strikten Idee von Gewaltenteilung wird das Kabi-

nett in den Plenarsälen von Senat und Repräsentantenhaus auf dem Kapitol in Washington überhaupt nicht geduldet.[33] In der zweiten Variante haben die Regierungsvertreter zwar Plätze im Parlament, sitzen aber abgesondert von den Abgeordneten, wie das etwa im Deutschen Bundestag der Fall ist. Eine dritte Möglichkeit besteht schließlich darin, die Regierungsplätze in die vorderen Abgeordnetenreihen im Plenum zu integrieren. Länder wie Großbritannien, Frankreich, Spanien und Ungarn gehen diesen Weg.[34] In dieser räumlichen Vielfalt spiegeln sich unterschiedliche Verfassungssysteme, Entwicklungssedimente und Vorverständnisse wider. Ihrem Betrachter erzählen die Plenarsäle jeweils eigene und eigenwillige Geschichten.

Das gilt besonders für die Plenarsäle der zweiten Variante, die hervorgehobene Plätze für die Regierung gegenüber dem Plenum kennen. Gibt es eine Regierungsbank vor den Sitzplätzen der Parlamentarier, dann wird diese unvermeidlich der dominante visuelle Fokus des gesamten Plenarsaals und macht sogar dem Präsidium Konkurrenz.[35] Die Regierenden werden auf dieser Bühne in eigener Person ausgestellt, und die Abgeordneten bilden ihr unmittelbares Publikum.[36] Fernsehaufnahmen aus dem Deutschen Bundestag zeigen denn auch wie selbstverständlich zumeist die Regierungsbank, zumal im Reichstagsgebäude die festen Fernsehkameras auf der Mitteltribüne gegenüber dem Präsidium montiert sind.[37] Was die Ansiedlung der Regierungsplätze abseits des Plenums angeht, herrscht dabei in den Plenarsälen eine besonders große Vielfalt. Das Spektrum reicht von einer autoritären Ausrichtung der gesamten Saalarchitektur auf die erhöhte Regierung bis hin zu einer arenaförmigen Umzingelung der Regierungsbank unterhalb des Präsidiums durch die ansteigenden Abgeordnetenplätze.

Die autoritäre Variante zeigt sich besonders deutlich in den Parlamenten kommunistischer Staaten. Dort sitzen – wie einst in der Volkskammer der DDR oder noch heute im Volkskongress der Volksrepublik China – die zahlreichen Regierungsvertreter in erhöhten ansteigenden Bankreihen hinter dem Präsidium. Ihr mächtiger Block liegt dem Plenum frontal gegenüber, wo sich auf dem Saalboden die Abgeordnetensitze nach Art eines traditionellen Klassenzimmers parallel hintereinander staffeln.[38] Diese Säle sind umfassend auf die machthabenden Organe ausgerichtet, deren dogmatische Verkündigung und technische Planung an die Stelle der streitigen Diskussion treten.[39]

Am liberalen Ende des Spektrums befinden sich die Plenarsäle der beiden italienischen Parlamentskammern in Rom. In den Sälen von Abgeordneten-

Abb. 3: Der Plenarsaal der Volkskammer der DDR in Ostberlin

kammer und Senat liegt die Regierungsbank unterhalb des Präsidiums vorge-
schoben im tiefgelegenen Zentrum des Saales. Die Regierungsplätze befinden
sich an der Stelle des Rednerpults, das es in Italien nicht gibt. Sie werden von
den stark ansteigenden Bankreihen des Halbkreises der Abgeordneten, die
von ihrem Platz aus sprechen, gleichsam eingekesselt. In der ersten Reihe der
Regierungsbank sitzen nicht der Ministerpräsident und die Minister, sondern – wie ein Schutzschild – die Staatssekretäre. Das liberale Italien des
Risorgimento klingt in diesem Saal nach, und die kommunikativ-konfrontative Interaktion zwischen Abgeordneten und Regierungsmitgliedern ist in
seine Architektur geradezu eingelassen.[40]

   In den parlamentarischen Demokratien westlicher Prägung sind Regierungsplätze abseits des Plenums regelmäßig zwischen diesen beiden Extre-
men antidiskursiver Hörigkeit und kommunikativer Kampfarena angesiedelt,
wobei sie sich jeweils zumeist stärker einem Typus, dem hörigen oder dem
diskursiven, zuordnen lassen. So umrahmen in Japan und einigen deutschen
Landtagen die Regierungsplätze rechts und links das Präsidium, im Deutschen Bundestag und im griechischen Parlament sitzt die Regierung den Abgeordneten rechts davon vis-à-vis.[41] In den Niederlanden liegt dem Halbkreis

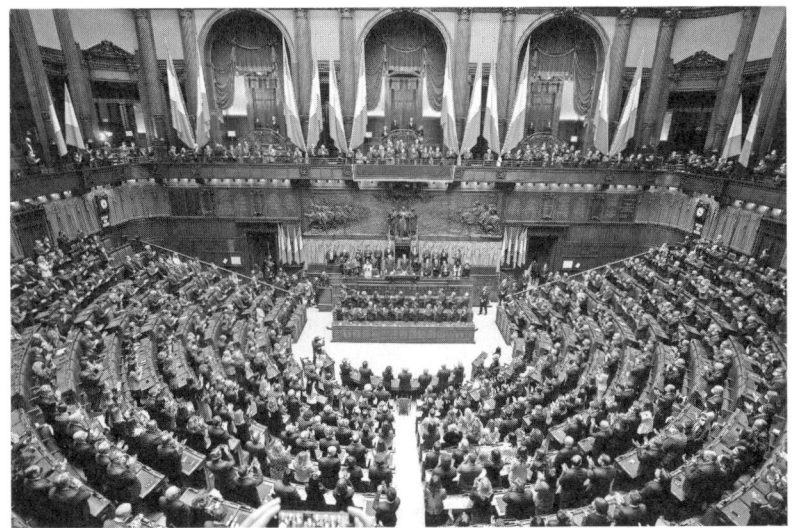

Abb. 4: Der Plenarsaal der italienischen Abgeordnetenkammer
im Palazzo Montecitorio in Rom

der Abgeordneten ein Winkel aus den Regierungsplätzen auf der einen Seite und dem Präsidium mit Rednertribüne auf der anderen gegenüber.[42] In Österreich und Portugal beziehen die Regierungsvertreter ähnlich wie in Italien eine eigene Bank unterhalb des Präsidiums gegenüber dem Plenum.[43] Wie unterschiedlich dabei selbst im Ausgangspunkt ähnlich erscheinende Arrangements wirken können, zeigt anschaulich der Kontrast zwischen Italien und Österreich. Obwohl beide Länder ihre Regierungsplätze vor dem Präsidium ansiedeln, könnte das kommunikative Verhältnis von Abgeordneten und Regierungsvertretern in Wien und Rom kaum unterschiedlicher sein. Im Plenarsaal des österreichischen Nationalrats sitzen der Bundeskanzler und die Minister unterhalb des Präsidiums in zwei langen Bankreihen, die das Rednerpult in die Mitte nehmen. Muss in Wien der Redner, der die Regierung am Rednerpult mit Kritik konfrontieren will, seinen Körper und Blick vom Plenum weg und zur Seite wenden, so prasselt diese in Rom wie ein Sturzbach aus den Abgeordnetenreihen auf die Regierungsvertreter im Zentrum der Arena herunter. Auch wenn die österreichische Regierungsbank nicht mehr erhöht ist wie einst im Reichsrat der Habsburgermonarchie und seit der jüngsten umfassenden Sanierung des Plenarsaals nicht länger eine geschlos-

sene Bankreihe hinter dem Rednerpult bildet, kann der Wiener Sitzungssaal
doch weiterhin seine architektonische Prägung durch die Zeit vor 1918 mit
ihrem beziehungslos schroffen Gegenüber von Abgeordneten und kaiserlicher
Beamtenregierung nicht verleugnen.[44]

Wie auch immer die Regierungsplätze im Verhältnis zum Plenum genau
angeordnet sind, sie bestimmen in jedem Fall maßgeblich den Raumeindruck
des gesamten Plenarsaals. Wer in den Plenarsaal schaut, blickt zwangsläufig
auf die Regierung. Mit deren Platzierung erzählt der Saal von Macht und
Herrschaft. Für diese Erzählung ohne Worte interessiert sich das vorliegende
Buch. Ein besonderes Augenmerk gilt dabei der deutschen Form der Regierungsbank. Es geht jedoch nicht um eine isolierte Untersuchung der deutschen
Plenarsaalarchitektur, sondern um ein besseres Verständnis der räumlichen
Inszenierung der Regierung in parlamentarischen Demokratien überhaupt,
wenn auch mit besonderem Interesse an der vergleichenden Einordnung der
spezifisch deutschen Traditionslinien und Verhältnisse.

3. Auf dem Weg zur Topographie der Regierungsplätze

Das Buch beschreitet folgenden Weg: Am Anfang steht ein Blick auf das
älteste Herrschaftsmobiliar überhaupt, den Thron. Da die heutigen Plenarsäle überall in Europa ihre Grundform im neunzehnten Jahrhundert gewonnen haben, entstammen sie noch der langen Epoche der Monarchie. Die Frage
nach der Platzierung der Regierung im parlamentarischen Verhandlungsraum
ist daher entstehungsgeschichtlich nicht vom Thron zu trennen. Das zeigt
sich zunächst am Kontrast zwischen den beiden klassischen Archetypen von
Plenarsälen in London und Paris. In Großbritannien prägt der Thron im
Oberhaus weiterhin das gesamte Plenararrangement. Gerade die übermäch-
tige Präsenz des Throns hat in Westminster paradoxerweise dazu geführt,
dass es Regierungsplätze im Unterhaus allein als Abgeordnetenplätze in der
ersten Bankreihe rechts des Speaker gibt. Das revolutionäre Frankreich hat
hingegen den Thron innerhalb weniger Jahre durch die Rednertribüne als das
erhöhte Zentrum des Halbkreises der Abgeordneten verdrängt. Gerade des-

halb hatte man in Frankreich aber sehr große Schwierigkeiten, für die Regierung überhaupt einen Ort im Plenarsaal zu finden. Erst unter den parlamentarischen Monarchien in der ersten Hälfte des 19. Jahrhunderts gelangte man dort zu dem heutigen Arrangement, dem zufolge die Regierung in der Mitte der beiden ersten Sitzreihen des Halbkreises dem Präsidium und der Rednertribüne gegenübersitzt. Das radikale Alternativmodell haben hingegen die Vereinigten Staaten gewählt, die erste großflächige moderne Republik. Jenseits des Atlantiks sind mit dem Thron auch die Regierungsplätze dauerhaft aus dem Parlament verschwunden. An ihrem Beispiel zeigt sich genauer, was eigentlich fehlt, wenn die Regierung aus dem Parlament herausgehalten wird. Denn die Vereinigten Staaten sind immer wieder mit dem Problem konfrontiert, wie sich der Präsident und sein Kabinett ohne physische Präsenz in den Plenarsälen beider Kongresskammern auf dem Kapitol öffentlich kontrollieren und verantwortlich machen lassen.

Mit diesem vergleichenden Erfahrungsschatz ausgerüstet, wendet sich das Buch den deutschen Plenarsälen näher zu. Prägend geworden ist hier der Plenarsaal des Reichstags des Deutschen Kaiserreichs, der im Sommer 1871 eingerichtet wurde. Bereits im Jahr der Reichsgründung setzte sich in Berlin ein neues Modell durch: Man stellte dem Halbkreis der Abgeordneten eine erhöhte Präsidiumsseite gegenüber, wobei die Regierungsvertreter zu beiden Seiten des Präsidiums auf die Abgeordneten herabblickten. Dieses neue Arrangement verdrängte andere vorherige Sitzordnungen, die stärker auf den Dialog und die Interaktion zwischen Abgeordneten und Regierung ausgerichtet waren. Unter den besonderen verfassungsrechtlichen Bedingungen des Deutschen Kaiserreichs entstand im Reichstag eine Thronseite ohne Thron, die diese Plenarsaalanordnung über die Revolution von 1918 hinaus überlebensfähig machte.

Das Reichstagsmodell, das die Weimarer Republik wie selbstverständlich fortgeführt hatte, stand auch noch 1948/49 für das Bonner Bundeshaus Pate, weil es nach dem Nationalsozialismus die Kontinuität zur parlamentarischen Tradition vor 1933 zu verbürgen schien. Die Bonner Republik tat sich mit diesem parlamentsarchitektonischen Erbe des Kaiserreichs aber schon seit den 1950er Jahren schwer. Das Buch erzählt davon, wie leidenschaftlich man sich immer wieder über die Sitzordnung des Bundestages stritt und etwa von der Übernahme der gegenüberliegenden Bänke von Westminster träumte. Es berichtet, wie man nach Jahren erfolgloser Kritik die Regierungsplätze im Sommer 1969 auf den Saalboden absenkte und wenig später den Ausweg in einem neu errichteten kreisförmigen Plenarsaal gefunden zu haben glaubte, bevor die Wiedervereinigung diesen letzten Staatsbau der Bonner Republik seiner parlamentarischen Funktion beraubte. Mit dem Umzug in das Berliner Reichstagsgebäude im Jahr 1999 ist der Bundestag zu einem nunmehr elliptisch geformten Gegenüber zwischen der Präsidiumsseite mit Regierungs und Bundesratsbank und den Abgeordnetenplätzen zurückgekehrt und steht damit wieder stärker in der Kontinuität jenes Plenarsaals, der am selben Ort beim Reichstagsbrand im Februar 1933 zerstört wurde.

Das Buch analysiert die Interaktionsschwäche im Verhältnis von Abgeordneten und Regierungsvertretern, die dem aus der Kaiserzeit stammenden Plenardesign des Bundestages bis heute einbeschrieben ist. Denn die Platzierung zur Rechten des Parlamentspräsidenten ist für die Regierung zwar symbolisch ehrenvoll. Auf die Interaktion zwischen Parlament und Regierung wirkt sie sich hingegen besonders ungünstig aus, weil die Parlamentarier weder vom Platz noch erst recht von der Rednertribüne in einen Dialog mit den Regierungsvertretern von Angesicht zu Angesicht treten können. Eine Vielzahl ungeschriebener Verhaltensregeln tritt hinzu, die darauf abzielen, die Regierungsplätze als einen Raum streitenthobener Sachlichkeit erscheinen zu lassen. Diese Inszenierung steht allerdings in einem starken Spannungsverhältnis zur Realität des parlamentarischen Regierungssystems, wie es die Bundesrepublik seit 1949 praktiziert. Denn politisch sind Parlamentsmehrheit und Regierung aufs engste verknüpft, während die Plenararchitektur Parlament und Regierung als getrennte und beziehungslose Sphären präsentiert.

Die Hartnäckigkeit, mit der diese Plenararchitektur sich in ihren prägenden Grundzügen seit 150 Jahren hält, die Geschmeidigkeit, mit der sie das Ende der konstitutionellen Monarchie vor hundert Jahren überstanden hat, der sie doch ihre Entstehung verdankt, deuten darauf hin, dass wir es hier nicht allein mit einem Trägheitseffekt zu tun haben, wie er für Parlamente und Plenarsäle nicht selten charakteristisch ist. Das deutsche Modell der Regierungsbank scheint vielmehr gerade dadurch, dass es die Regierung entgegen der politischen Realität des parlamentarischen Regierungssystems inszeniert, durchaus weiterhin bestimmte Erwartungen und Bedürfnisse seiner Nutzer und Beobachter zu erfüllen. Indes ist es wohl kein Zufall, dass die größte Geste in der Geschichte der Regierungsbank sich in einem Plenarsaal ereignet hat, in dem die Regierung nicht unbeteiligt am Rand der Präsidiumsseite sitzt, sondern in der ersten Reihe des Plenums. Von dieser Geste im spanischen Parlament in Madrid am 23. Februar 1981 berichtet der Epilog dieses Buches.

Erster Teil

Vom Thron zur Bank

I.

Zu Füßen des Throns

Will man besser verstehen, was der Plenarsaal ohne Worte erzählt, muss man zunächst ein besonderes Möbelstück näher in den Blick nehmen, das die räumliche Inszenierung von Herrschaft weltweit über Jahrtausende geprägt hat: den Thron. Der Thron ist der erhöhte Sitz des Herrschers, den dieser besteigt, wenn er feierlich in sein Amt eingeführt wird, Rat oder Gericht hält. Von einem Baldachin überwölbt,[1] zeigt der Thron den Herrscher zwischen Himmel und Erde.[2] Der Thron ist zugleich Richterstuhl, auf dem zu Gericht gesessen wird. Viele gerichtsbezogene Ausdrücke nehmen deshalb bis heute auf das Sitzen als Herrschaftsgeste und Rechtsritual Bezug. So spricht man im Deutschen von Richterstuhl und Gerichtsbank, das Englische kennt die «King's Bench», im Französischen heißt das Schwurgericht «la cour d'assises».[3] Der Thron des weltlichen Herrschers findet seine Entsprechung auch im jeweiligen Gottesbild. So sitzt in der alttestamentarischen und christlichen Symbolik Gott selbst auf dem himmlischen Thron der Herrlichkeit.[4] Gottes Thron ist das Zentrum der Himmelsstadt, die unaufhörlich ihren erhöhten Herrn preist. In Europa war für diese Verwandtschaft zwischen irdischem und himmlischem Thron insbesondere die Übernahme des römischen Herrschaftszeremoniells in das christliche Gottesbild maßgeblich, die vielfältige spätere Wechselwirkungen zwischen der christlichen Lobpreisung Gottes und dem Zeremoniell monarchischer Herrschaft ermöglichte.[5] Sitzen auf hohem Thron war dabei auch deshalb das stärkste alteuropäische Herrschaftssymbol, weil in öffentlichen Zeremonien nur der Herrscher saß, das Volk hingegen stand.[6] Das Papsttum hat sich diese Symbolik des erhöhten Sitzens seinerseits ebenfalls stark zu eigen gemacht. Die «Cathedra Sancti Petri», der «Heilige Stuhl», die «Sancta Sedes» wurde hier zum bildlich-wörtlichen Ausdruck der in Rom gesammelten Autorität, bis hin zum Unfehlbarkeit beanspruchenden päpstlichen Sprechen «ex cathedra» vom römischen Bischofsstuhl aus.[7]

1. Am Ende des alten Europas:
Versailles, 5. Mai 1789

Der Thron bildete auch den räumlichen Mittelpunkt der Ständeversammlungen, der älteren Vorformen moderner Parlamente, welche die europäischen Herrscher zwischen dem Spätmittelalter und der Französischen Revolution in unregelmäßigen Abständen einberiefen, um Steuern zu bewilligen, Truppen auszurüsten oder Rechtsstreitigkeiten zu schlichten. Die rechteckige Sitzordnung dieser Versammlungen war in linearen Blöcken vollständig auf den Thron des Herrschers ausgerichtet. Die Geistlichkeit saß zu seiner Rechten, der Adel zu seiner Linken, das Bürgertum ihm gegenüber.[8]

Besonders anschaulich zeigte sich dieses Raumarrangement vom Thron her am Ende des alten Europas noch einmal bei der feierlichen Eröffnung der Generalstände durch den französischen König Ludwig XVI. in der Salle des Menus-Plaisirs in Versailles am 5. Mai 1789.[9] Der Thron, überwölbt von einem mit langen Goldfransen geschmückten Baldachin, stand auf einem erhöhten Podium an der Stirnseite eines rechteckigen Platzarrangements. Das Thronpodium bot neben dem König nach einer streng festgelegten Rangfolge einer Fülle von Personen Platz: Mitgliedern der königlichen Familie – zur Rechten des Königs der Thronfolger und die königlichen Prinzen, zu seiner Linken die Königin –, dem Hofstaat und hohen Würdenträgern. So stand etwa auf den Stufen des Throns ein Armlehnstuhl für den Kanzler und Großsiegelbewahrer und ein Faltstuhl für den Großkämmerer.[10] Unterhalb der Thronplattform, gleichsam im Parterre,[11] saßen in dem riesigen Saal die knapp 1200 Abgeordneten der Generalstände in ebenerdigen Sitzreihen. Ihre Hocker hatten keine Rückenlehne, weil das Hofzeremoniell das Sitzen auf Stühlen mit Lehne in Anwesenheit des Königs nicht gestattete.[12] Auf der Längsseite zur Rechten des Throns nahm die Geistlichkeit Platz, zu seiner Linken der Adel, auf der entfernten Querseite gegenüber saßen die Vertreter des Dritten Standes. Der Thron bildete so das exzentrische Zentrum einer geometrischen Raumanordnung, deren Längsachsen vollständig auf das Thronende des Raums ausgerichtet waren.[13]

Eine Regierung im modernen Sinn kannte das Ancien Régime zwar noch nicht, wohl aber Staatssekretäre mit einzelnen Sachressorts.[14] Schon in der

Abb. 5: Die Eröffnung der Generalstände durch Ludwig XVI.

Salle des Menus-Plaisirs standen deshalb auf dem Saalboden am Fuß des
Thronpodiums eine Bank und ein Tisch, der wie die gesamte Thronseite mit
violettem, von goldenen Lilien bedecktem Samt bezogen war.[15] Auf dieser
Bank nahmen die königlichen Staatssekretäre Platz.[16] Von dort erhob sich am
5. Mai 1789 der Generaldirektor der Finanzen, Jacques Necker, um den Gene-
ralständen in einer langatmigen Rede die schwierige Finanzlage des Königreichs vor Augen zu führen. Das alte Frankreich erfand so im Moment seines
Verschwindens die Regierungsbank zu Füßen des Throns. Deren räumliche
Positionierung ließ freilich die prekäre damalige Position der königlichen
Staatssekretäre erkennen. Während die Hofgesellschaft sich um den erhöhten
Thron gruppierte und die Träger hoher Hofämter auf dessen Stufen Platz
nahmen, rangierten die Regierungsmitglieder auf dem Saalboden und wurden
lediglich als verwaltungstechnische Gehilfen des Königs behandelt. Das zeigte
sich auch an der Garderobe, denn die Staatssekretäre trugen zu diesem Anlass
nur eine vergleichsweise schlichte Stadtkleidung, die mit den prunkvollen
Gewändern der Hofgesellschaft kontrastierte. Von den Abgeordnetenplätzen
aus betrachtet, bildete der Tisch der Staatssekretäre den Abschluss des Thronraums. Die Zuordnung der Staatssekretärsplätze zur Thronseite kam auch
ihrerseits in Farben und Kleidung zum Ausdruck, denn der Tisch war mit
demselben Samt wie die gesamte Thronseite ausgeschlagen und die Stadt-

kleidung der Staatssekretäre hob sich immer noch deutlich vom schwarzen
Gewand und kurzen Mantel ab, die der königliche Zeremonienmeister für die
Vertreter des Dritten Standes festgelegt hatte.[17] Der Tisch der Staatssekretäre
markierte so die Grenze zwischen dem erhöhten Thronraum und den Stän-
devertretern im Parterre. Einem Prellbock gleich war die Regierung zwischen
den König und die Generalstände gesetzt. Die Wirbel der heraufziehenden
Revolution verschlangen aber rasch dieses Raumarrangement des strauchel-
den Ancien Régime. Der Übergang von den Generalständen zur Nationalversammlung war auch und gerade eine Revolution des Sitzungsraums, die den
Thron aus dem Saal verdrängte und das ständische Rechteck schließlich
durch den parlamentarischen Halbkreis ersetzte.[18]

2. Spuren des Throns
in der parlamentarischen Sitzordnung

Was in der Französischen Revolution begann, hat das zwanzigste Jahrhundert
vollendet. Throne sind in der modernen Massendemokratie aus der Mode gekommen und nur noch in den Plenarsälen weniger parlamentarischer Monarchien wie Großbritannien oder Japan anzutreffen.[19] Selbst der Papst hat inzwischen auf seinen erhöhten Tragesessel, die *sedia gestatoria*, verzichtet und
lässt sich stattdessen im Papamobil über den Petersplatz fahren.[20] Aber es
wäre voreilig anzunehmen, das physische Verschwinden des Throns aus den
meisten Plenarsälen bedeute zugleich, dass dieser dort nicht länger nachwirkt.
Der Thron hat vielmehr in den parlamentarischen Sitzordnungen tiefe Spuren
hinterlassen. Der Grund dafür liegt darin, dass diese Sitzordnungen sich in
ganz Europa im neunzehnten Jahrhundert herausgebildet haben und danach
im Wesentlichen beibehalten wurden. Sie sind Kinder der Epoche der konstitutionellen Monarchie. Denn überall in Europa – mit Ausnahme der republikanischen Schweiz – bildeten sich nach dem Wiener Kongress von 1815 mal
früher, mal später verfassungsmäßig beschränkte Monarchien heraus, in denen regelmäßig Parlamente mit zwei Kammern an der Gesetzgebung Anteil
hatten und die monarchischen Regierungen kontrollierten. Überall wurden
für diese Versammlungen Plenarsäle provisorisch eingerichtet oder neu ge-

baut. Die meisten Parlamentsbauten wurden mithin zu einem Zeitpunkt errichtet, als die Regierungssysteme weder voll parlamentarisiert noch erst recht
demokratisiert waren.[21] Ihre prägende Form haben die Parlamente in einer
vordemokratischen Bausubstanz gewonnen.[22] Vor diesem Hintergrund ist
auch die räumliche Grunddisposition der Plenarsäle in ganz Europa im Verlauf des neunzehnten Jahrhunderts entwickelt und regelmäßig bis heute beibehalten worden.[23] Die europäischen Staaten leben überwiegend mit Plenarsälen, die in den Zeiten der Monarchie geschaffen oder deren Sitzordnungen
doch jedenfalls ihrer Grundanlage nach damals konzipiert worden sind. Nicht
selten tagen die Parlamente sogar heute noch in den im neunzehnten Jahrhundert errichteten Sälen selbst.[24] So tritt etwa die französische Nationalversammlung weiterhin in jenem Sitzungssaal des Pariser Palais Bourbon zusammen, dem Jules de Joly zur Zeit der Julimonarchie im Jahr 1832 seine
heutige Form gegeben hat.[25]

Die Plenarsäle, die überall in Europa im Lauf des «langen» neunzehnten
Jahrhunderts entstanden, waren deshalb noch Säle im Schatten des Throns.
Ob anwesend oder abwesend, der Thron blieb das zentrale Mobiliar der Parlamentssäle. Die Plätze der Regierung waren auf den Thron bezogen und von
diesem abhängig. Darin zeigte sich die damalige verfassungsrechtliche Situation. Denn in den meisten europäischen Staaten war die Regierung vor 1918
eine Regierung des Monarchen, deren Bestand nicht vom Vertrauen des Parlaments abhing. Gerade dadurch hatten die Regierungen damals eine vergleichsweise geringe Eigenständigkeit und blieben Ministerkonferenzen im Umfeld
des jeweiligen Herrschers.[26] In der Epoche, in der sich die parlamentarischen
Sitzordnungen herausbildeten, war die Regierung deshalb auch im Plenarsaal
immer noch in erster Linie die Regierung «Seiner Majestät». Wer den dortigen
Platz der Regierung verstehen will, kommt daher nicht umhin, den Thron in
den Blick zu nehmen. In die Textur der Plenarsäle, welche die heutigen Demokratien aus dem neunzehnten Jahrhundert übernommen haben, ist der Thron
eingewoben. Der Zusammenhang von Thron und Regierungsbank ist zudem
nicht allein entstehungsgeschichtlich bedeutsam. Vielmehr schärft die genauere
Analyse der Spuren des Throns in der Plenararchitektur den Blick dafür, dass
die Sitzungssäle auch nach dem Ende der Epoche der Monarchie weiterhin mit
dem Problem der Inszenierung politischer Regierungsmacht konfrontiert
sind[27] und vor der Frage stehen, wie der politische Machtfaktor Regierung dort
gezeigt, hervorgehoben, eingehegt oder auch versteckt werden soll.

II.

London
Zwischen Thronübermacht und Thronabstoßung

Am eindringlichsten zeigt sich die Prägung der Sitzordnung durch den Thron bis heute in Großbritannien, wo man den Erschütterungen durch die Französische Revolution nie unmittelbar ausgesetzt war und zu keinem Zeitpunkt radikal mit den rechteckigen Sitzarrangements der älteren Ständeversammlungen brach. Die Sitzungsräume von Ober- und Unterhaus haben sich dort kontinuierlich über Jahrhunderte herausgebildet und endgültig im neunzehnten Jahrhundert verfestigt, als der Westminsterpalast am Ufer der Themse in London nach einem verheerenden Brand im Jahr 1834 im neugotischen Stil wieder aufgebaut wurde.[1] Die Sitzordnung beider britischer Parlamentskammern hat dabei äußerlich Anklänge an das traditionelle Rechteck der frühneuzeitlichen Ständeversammlungen bewahrt. Für das Unterhaus beruht das auch darauf, dass dieses bis zum Brand von 1834 über drei Jahrhunderte hinweg im Chorgestühl einer früheren Kapelle tagte. Der König hatte die prächtige gotische St Stephen's Chapel, die architektonisch der Sainte-Chapelle in Paris nacheiferte, dem Unterhaus im Jahr 1547 als Tagungsort zugewiesen, nachdem der Westminsterpalast nach dem Tod Heinrichs VIII. nicht länger als königliche Residenz genutzt wurde.[2] Das Chorgestühl der St Stephen's Chapel war aber sicherlich nicht die eigentliche Ursache der bis heute praktizierten Sitzordnung des Unterhauses. Hier dürfte vielmehr das Vorbild des älteren und höherrangigen Oberhauses maßgeblich gewesen sein, dessen längsparallele Platzanordnung nicht zuletzt die Funktion hatte, dem König und seinem Gefolge den feierlichen Einzug in den Saal zu ermöglichen.[3]

1. Das symbolische Zentrum von Westminster

Zentrales Element der gesamten räumlichen Ordnung von Westminster ist der Königsthron im Sitzungssaal des Oberhauses, der Parliament Chamber. Der mit Gold verzierte und durch einen Baldachin beschirmte Thron[4] steht auf der südlichen Stirnseite des rechteckigen Saales. Vor dem Thronpodium sitzt der Lord Speaker, der die Verhandlungen des Oberhauses leitet. In den Bankreihen rechts des Throns, die traditionell als geistliche Seite (*spiritual side*) bezeichnet werden, nehmen die Bischöfe und Erzbischöfe der anglikanischen Kirche sowie die Abgeordneten der Regierungspartei Platz. In den gegenüberliegenden Bankreihen der sogenannten weltlichen Seite (*temporal side*) links des Throns sitzen die Lords aus den Oppositionsparteien.

Die Ausrichtung der gesamten britischen Parlamentsarchitektur auf den Thron wird besonders deutlich bei der jährlichen Parlamentseröffnung durch die Königin, die immer im Sitzungssaal des Oberhauses stattfindet. Die Königin zieht feierlich dort ein und nimmt, die Krone tragend, auf dem Thron Platz. Sie bittet die Lords, die sich zu ihrem Einzug erhoben haben, sich zu setzen und lässt dann das Unterhaus herbeirufen, bevor sie das Regierungsprogramm der folgenden Sitzungsperiode verliest. Unterhausabgeordnete dürfen an der Zeremonie nur in dem kleinen Bereich vor der hölzernen Zugangsschranke am Eingang des Saales (*Bar of the House*) teilnehmen. In Anknüpfung an die älteren Gerichtsfunktionen des Parlaments ist dort der Ort, wo «Fremde» – also alle Personen, die nicht Mitglieder der jeweiligen Kammer sind – sich aufhalten und vorsprechen dürfen.[5] Vor der Schranke können aber lediglich etwa dreißig Personen stehend Platz finden. Bei der Eröffnungsfeier durch die Königin finden sich dort der Speaker und das Führungspersonal von Regierung und Opposition ein. Die festliche Parlamentseröffnung zelebriert den *King in Parliament*, die unentrinnbare Verwobenheit zwischen Königtum und beiden Parlamentskammern.[6] Zugleich markiert sie vom Thron her traditionelle Hierarchien. Schon ihrer räumlichen Anordnung nach betont die Zeremonie den höheren Rang des Oberhauses, das aufgrund der sozialen Herkunft seiner traditionellen Mitglieder aus dem Hochadel und der hohen Geistlichkeit bis heute besonders eng mit der Monarchie verknüpft ist. Die sitzende Königin fordert die Lords auf, ihre Sitzplätze im Saal einzuneh-

Abb. 6: Feierliche Parlamentseröffnung im britischen Oberhaus
durch Königin Elisabeth II.

men, während die Mitglieder des Unterhauses vor der Schranke stehen müssen. Die Herrschaftssymbolik des Throns wird hier durch den traditionellen Kontrast zwischen sitzendem Herrscher und stehendem Volk besonders stark in Szene gesetzt.

2. Der Eigensinn des Unterhauses

Nicht nur bei der Eröffnungszeremonie umgreifen die monarchischen Insignien im königlichen Palast von Westminster auch das Unterhaus. So kann eine Unterhaussitzung nur dann rechtmäßig stattfinden, wenn der bekrönte Amtsstab – der *Mace* – auf dem Tisch des Hauses liegt.[7] Vom Unterhaus verabschiedete Gesetze treten erst mit der königlichen Zustimmung in Kraft, die im Oberhaus mit der Formel «La Reyne le veult» in normannischem Französisch mitgeteilt wird.[8] Im Rahmen des symbolisch auf die Monarchie ausgerichteten Institutionengefüges nimmt das Unterhaus aber doch zugleich eine gegenüber Königin und Oberhaus abgeschottete Stellung ein. Der gleichfalls rechteckige Sitzungssaal des Unterhauses befindet sich symmetrisch am anderen Ende des Westminsterpalastes. Anders als im Oberhaus befindet sich dort allerdings kein Thron. In der Mitte der Stirnseite des Saals steht viel-

Abb. 7: Der Sitzungssaal des Unterhauses im Londoner Westminsterpalast

mehr auf einem Podest der aufwendig geschnitzte, von einem Baldachin über-
wölbte Sessel des Speaker.[9] Dieser bildet das räumliche Pendant zum Thron
im Oberhaus. In den Bankreihen rechts des Speaker nehmen traditionell die
Abgeordneten der Regierungspartei Platz, links von ihm die Oppositions-
abgeordneten. Zwischen ihnen steht der mächtige Tisch des Hauses. Wie bereits durch Anordnung und Ausstattung des «Speaker's Chair» dokumentiert
wird, versteht sich das Unterhaus als auch gegenüber dem König eigenständige Körperschaft und verwehrt diesem seit dem Zeitalter des englischen

Bürgerkriegs im siebzehnten Jahrhundert den Zutritt zu seinen Verhandlungen.[10]

Symbolisch kommt dieser Eigensinn des Unterhauses bis heute in einem
besonderen Ritual bei der Parlamentseröffnung zum Ausdruck. Die Königin
entsendet zu deren Beginn den Zeremonienmeister des Oberhauses, den Ord-
ner des Schwarzen Stabes (*Black Rod*), in das Unterhaus, um die Abgeordneten aufzufordern, sich zur Eröffnungszeremonie im Oberhaus einzufinden.
Beim Herannahen von Black Rod wird die Eingangstür zum Sitzungssaal des
Unterhauses im letzten Augenblick vor dessen Augen zugeschlagen. Erst nach
dreimaligem Anklopfen mit dem aus Ebenholz gefertigten Schwarzen Stab
wird Black Rod Eintritt gewährt, und die Abgeordneten folgen ihm wenig später laut schwatzend und scherzend hinüber in den Plenarsaal des Oberhauses.
Manche von ihnen ziehen es aufgrund republikanischer Überzeugung sogar
vor, schlicht in den Commons sitzen zu bleiben. So war der Labour-Abgeord-
nete Dennis Skinner viele Jahre lang dafür berühmt, dass er auf Black Rods
Aufforderung mit sarkastischen Kommentaren – etwa dem Ausruf «Let's close
the door again!» – reagierte.[11] Das House of Commons demonstriert so Eigenständigkeit und sein Recht, ohne Anwesenheit von Vertretern der Krone zu
verhandeln.[12] Ohnehin steht die den Westminsterpalast insgesamt prägende
monarchische und aristokratische Symbolik in einem starken Spannungsverhältnis zur realen politischen Macht, die schon seit über hundert Jahren bei
der Unterhausmehrheit und der von ihr getragenen Regierung liegt.[13]

3. Auf den Stufen des Throns

Das spannungsreiche Verhältnis zwischen der symbolischen Übermacht des
Throns und dem argwöhnischen Beharren des Unterhauses auf seiner Eigenständigkeit erklärt, warum sich hinsichtlich der Anwesenheit des Königs und
dessen hoher Würdenträger im Parlament früh ein grundlegender Unterschied
zwischen Oberhaus und Unterhaus herausgebildet hat. Im Oberhaus hat der
König seinen anerkannten Platz, im Unterhaus hingegen nicht.[14] Das An-
wesenheitsrecht im Thronraum des Oberhauses ist dabei nicht allein auf den
König beschränkt. Bestimmte königliche Amtsträger haben vielmehr ebenfalls

das Recht, den Verhandlungen des Oberhauses auf den Stufen des Throns beizuwohnen. Hier hat sich ein Erbstück aus den englischen Parlamenten des Mittelalters bewahrt, als die hohen Hofbeamten selbstverständlich an den Versammlungen teilnahmen.[15] Gegenwärtig steht dieses Privileg noch den Mitgliedern des königlichen Privy Council zu.[16] Der Privy Council ist der königliche Staatsrat, dessen Aufgaben heute weitgehend nur noch zeremonieller Natur sind.[17] In der frühen Neuzeit nahm er hingegen die wichtigsten Regierungs- und Justizaufgaben wahr. Aus ihm heraus entwickelte sich im achtzehnten Jahrhundert das britische Kabinett, das bis heute rechtlich ein Ausschuss des Privy Council geblieben ist. Die Mitglieder der Regierung gehören dem Privy Council ebenso an wie die führenden Abgeordneten der Opposition.

Premierminister und Minister sind daher berechtigt, auf den Stufen des Throns an den Verhandlungen des Oberhauses teilzunehmen. Sie können dort aber nur als Beobachter anwesend sein, da nur die Mitglieder, die erblichen oder vom König ernannten *Peers*, im House of Lords Sitz und Stimme haben. Der Grund dafür liegt darin, dass das Oberhaus seit der frühen Neuzeit nur noch echte *Peers* als Mitglieder akzeptierte. Die königlichen Räte, die keine erbliche Peerswürde besaßen oder vom König verliehen bekamen, wurden auf diese Weise aus dem Oberhaus verdrängt. Ihnen blieb aber zumindest ein Recht auf Anwesenheit ohne Rede- und Stimmrecht.[18] Aufgrund dieser bloß passiven Rolle und der gesunkenen politischen Bedeutung des Oberhauses machen die Kabinettsmitglieder von diesem Thronprivileg üblicherweise keinen Gebrauch. Die erbitterten parlamentarischen Auseinandersetzungen um den Brexit haben jedoch zu einer kleinen Reaktivierung dieses bereits halb vergessenen Vorrechts geführt: So nahm die damalige Premierministerin Theresa May im Februar 2017 auf den Stufen des Throns Platz, um die Debatte des Oberhauses über die gesetzliche Ermächtigung der britischen Regierung zur Erklärung des Austritts aus der Europäischen Union zu verfolgen.[19]

4. Die Treasury bench des Unterhauses

Haben die Königin und ihre Regierung also einen anerkannten Platz im Oberhaus, so liegen die Dinge im House of Commons ganz anders. Dort stehen
Anwesenheit, Sitz und Stimme ausschließlich Mitgliedern des Unterhauses
zu. Weder darf der König dort erscheinen, noch dürfen an seinen Verhandlungen Regierungsmitglieder teilnehmen, wenn sie nicht selbst Unterhausabgeordnete sind.

Die starke äußere Abschließung des Unterhauses gegenüber Regierungsvertretern ohne Unterhaussitz beruht auf den Konflikten früherer Jahrhunderte zwischen Königtum und Unterhaus. Auf diese Konflikte hatten die
Commons bereits in der Frühen Neuzeit dadurch reagiert, dass sie die Mitglieder des königlichen Privy Council nur noch dann an ihren Verhandlungen
teilnehmen ließen, wenn diese selbst auch ein Unterhausmandat besaßen. Mitglieder des Privy Council mussten daher für das Unterhaus kandidieren, um
auf diese Weise weiterhin im politischen Machtzentrum mitwirken zu können.[20] Aufgrund der immer wieder aufbrechenden Konflikte zwischen Unterhaus und König war auch die Mitgliedschaft von Privy Counsellors als
gewählten Abgeordneten der Commons in früheren Jahrhunderten aber nie
unproblematisch. Denn das Unterhaus befürchtete, indirekt unter den be-
stimmenden Einfluss des Königs zu geraten, wenn zu viele königliche Amtsträger als sogenannte *Placemen* zugleich ein Abgeordnetenmandat innehatten.
Aus Furcht vor Korruption durch die Krone setzte es deshalb immer wieder
die Unvereinbarkeit einzelner vom König vergebener Staatsämter mit der
Mitgliedschaft im Unterhaus durch.[21] Am weitesten ging dabei der «Act of
Settlement» von 1701: In diesem Gesetz war vorgesehen, dass niemand dem
House of Commons angehören durfte, der ein besoldetes Amt in Diensten
der Krone versah. Die Vorschrift sollte aber erst beim Thronwechsel zu den
Hannoveranern wirksam werden und wurde schon vorher durch weniger
weitgehende Inkompatibilitätsvorschriften ersetzt.[22] Trotz derartiger Bestre-
bungen kam es in Großbritannien letztlich nie zu einer generellen förmlichen
Unvereinbarkeit zwischen der Mitgliedschaft im königlichen Privy Council
und derjenigen im Unterhaus.

Das House of Commons verteidigte gerade deshalb aber gegenüber den dem Haus angehörenden Mitgliedern des Privy Council mit besonderer Entschiedenheit den Grundsatz der Gleichheit aller Abgeordneten untereinander und hob hervor, alle Abgeordneten seien in gleicher Weise Glieder ein und desselben Körpers.[23] Der Gegensatz von Unterhaus und König wurde auf diese Weise nicht auf dem Boden des Parlaments selbst institutionalisiert, sondern als ein rein äußeres Konkurrenzverhältnis verstanden. Anders als den Parlamenten Kontinentaleuropas, wo die Regierungsvertreter seit der französischen Charte constitutionnelle von 1814 regelmäßig ein eigenständiges, nicht von einem Abgeordnetenmandat abhängiges Anwesenheits- und Rederecht genießen,[24] ist dem britischen Unterhaus die Regierung als autonome Institution fremd geblieben. Durch die strikte Beschränkung ihrer Verhandlungen auf die eigenen Mitglieder haben die Commons vielmehr gerade verhindert, dass sich dort eine eigenständige Rechtsstellung von Regierungsvertretern herausbilden konnte.

Die Ministerinnen und Minister haben deshalb in den Commons auch keine eigenständige Regierungsbank, die von den Abgeordnetenplätzen abgesondert wäre. Sie sitzen vielmehr wie alle anderen Abgeordneten auf den grün gepolsterten Abgeordnetenbänken. Den Mitgliedern des Unterhauses sind generell keine festen Sitzplätze im Sitzungssaal der Commons in Westminster zugewiesen, zumal die Bankreihen im Saal keine abgegrenzten Einzelsitze haben und ohnehin nur für etwa zwei Drittel der Abgeordneten Platz bieten.[25] Es ist aber eine feststehende Übung seit der Entstehung des parlamentarischen Regierungssystems im achtzehnten Jahrhundert, dass der Premierminister und die Regierungsmitglieder auf der vordersten Abgeordnetenbank zur Rechten des Speaker Platz nehmen.

Diese Sitzordnung führt auf ihre Weise den jahrhundertealten Umgang des Unterhauses mit dem Privy Council fort. So hatte sich bereits im sechzehnten Jahrhundert die Praxis herausgebildet, dass diejenigen Abgeordneten, die zugleich Mitglieder des königlichen Privy Council waren, besondere Sitzplätze hatten. Sie nahmen auf den beiden vorderen Sitzbänken zur Rechten und zur Linken des Speaker Platz.[26] Diese Privy Counsellors bench[27] war der Vorläufer der niedrigsten Bankreihen zur Rechten und Linken des Speaker, auf denen gegenwärtig die führenden Abgeordneten der Regierungsmehrheit und der Opposition Platz nehmen, die bis heute gleichzeitig Mitglieder des Privy Council sind.[28] Die Regierungsplätze zur Rechten des Speaker werden dabei als «Treasury bench» bezeichnet.[29] Dieser Name beruht darauf, dass das Amt des Finanzministers, des First Lord of the Treasury, eines der wenigen hohen königlichen Ämter war, das nach der älteren britischen Gesetzgebung dauerhaft mit einem Unterhausmandat kompatibel war; der enge Kontakt mit dem Finanzministerium schien dem House of Commons im Hinblick auf seine Budgetkompetenzen immer unvermeidlich. So entstand im achtzehnten Jahrhundert die Übung, dass der First Lord of the Treasury, wenn er Unterhausmitglied war, zum zentralen Sprecher der Regierung im Unterhaus wurde und als «Leader of the House» die dortige Regierungsmehrheit anführte.[30] Im neunzehnten Jahrhundert wurde daraus das Amt des Premierministers.[31] Noch in der Gegenwart führt der britische Premierminister deshalb immer auch den Titel eines First Lord of the Treasury, während tatsächlicher Finanzminister heute der Schatzkanzler (*Chancellor of the Exchequer*) ist. Downing Street Number 10 ist auch gegenwärtig noch der offizielle Dienstsitz nicht des Premierministers, sondern des First Lord of the Treasury. Diese sehr britische gewundene Entwicklungsgeschichte schlägt sich bis heute im Namen der Regierungsbank nieder.

Die Abgeordneten der Regierungspartei sitzen auf den Bänken hinter der Treasury bench. Ihnen gegenüber – und physisch getrennt durch den Tisch des Hauses, der unmittelbar vor dem erhöhten Sessel des Speaker steht – nehmen der Oppositionsführer und die führenden Abgeordneten der Opposition auf der untersten Bank der Abgeordnetenplätze zur Linken des Speaker Platz.[32] Nach englischem Parlamentsrecht hat der Speaker allerdings keine Handhabe, falls ein nicht der Regierung angehörender Abgeordneter unter Missachtung der Tradition auf der Treasury bench Platz nimmt. Denn diese ist eine Abgeordnetenbank wie alle anderen und unterliegt rechtlich der freien Platzwahl am Beginn jedes Sitzungstages.[33]

In diesen räumlichen Arrangements kommt zum Ausdruck, dass die Regierungsmitglieder nach britischem Verfassungsrecht kein eigenständiges Anwesenheits- oder Rederecht im Unterhaus haben. Im Saal der Commons sind Minister bis heute rechtlich nur Abgeordnete unter Abgeordneten und nichts weiter.[34] Dem britischen Kabinett fehlt deshalb bis heute auch ein förmliches Recht der Gesetzesinitiative. Ein Minister kann den von ihm verantworteten Gesetzentwurf vielmehr nur in seiner Eigenschaft als Abgeordneter im Parlament einbringen.[35] Gehört ein Regierungsmitglied nicht dem Unterhaus an, steht es diesem hingegen wie jeder unbeteiligte Dritte gegenüber und darf nicht an dessen Verhandlungen teilnehmen.[36] Das gilt auch dann, wenn der Minister als erbliches Mitglied dem Oberhaus angehört. Die Regierungsposition muss in einem solchen Fall in den Commons ein anderes Regierungsmitglied verteidigen, das gleichzeitig Abgeordneter des Unterhauses ist. Vor diesem Hintergrund hat der bisher letzte Premierminister, der als erblicher Lord dem Oberhaus angehörte, Sir Alec Douglas-Home, vor seiner Ernennung im Jahr 1963 auf seine ererbte Peerswürde verzichtet und bei einer Nachwahl ein Unterhausmandat errungen, um im House of Commons auftreten zu können.[37]

5. Beamte im Kabäuschen

Da sogar Regierungsmitgliedern der Zugang zum Unterhaus verwehrt ist, wenn sie nicht zugleich gewählte Abgeordnete sind, gilt das erst recht für die Beamten des Civil Service. Sie dürfen den eigentlichen Sitzungsbereich des Unterhauses nicht betreten. An der Wand rechts hinter dem Speaker gibt es aber eine durch eine niedrige Trennwand vom Saal abgetrennte «Officials' Box», auf deren acht Sitzplätzen einige wenige Beamte Platz nehmen können. Regierungsmitglieder dürfen das Wort an die Beamten richten, und von dort dürfen Notizzettel in den Sitzungsraum hineingereicht werden. Die Verwendung von Mobiltelefonen und ähnlichen Geräten ist in der Officials' Box hingegen verboten.[38] Da nur Parlamentarier den Sitzungsbereich betreten dürfen, gibt es im Unterhaus keine Saaldiener, die einem Minister Notizzettel seiner Beamten überbringen könnten. Diese Aufgabe übernehmen vielmehr einzelne Abgeordnete als sogenannte Parlamentarische Privatsekretäre der Minister.[39] Die räumliche Trennung zwischen Beamten und Parlamentariern war im neunzehnten Jahrhundert sogar noch schärfer als heute. Damals mussten die Beamten sogar weit von den Ministern entfernt vor der Zugangsschranke im Eingangsbereich des Plenarsaales, der Bar of the House, Platz nehmen. Diese Schranke – früher ein etwas erhöhtes Messingband, heute eine auf dem Boden über die Saalbreite gezogene weiße Linie – markiert den Zugang zum eigentlichen Verhandlungsraum des Unterhauses und wird von einem daneben sitzenden hohen Parlamentsbeamten, dem Serjeant-at-Arms, symbolisch bewacht. Die entsprechenden Plätze vor der Zugangsschranke gelten traditionell als «in the House», aber nicht «of the House», und können

deshalb grundsätzlich auch von jedem Nichtmitglied des Unterhauses eingenommen werden.[40] Auch wenn die heutige Officials' Box näher an die Treasury bench herangerückt ist, macht das Kabäuschen der Beamten im Saal der
Commons[41] doch nach wie vor sehr deutlich, wie sehr das Unterhaus sich gerade auch im Hinblick auf den Civil Service weiterhin als einen exklusiven
Klub versteht, in dem einzig und allein die gewählten Abgeordneten Mitglied
sind.

6. Innere statt äußerer Hierarchie

So wenig die räumlichen Arrangements des Unterhauses also einen gegenüber
den Abgeordneten eigenständigen Platz der Regierung kennen, so sehr sind
sie doch zugleich auf subtile Weise hierarchisiert, wobei diese Hierarchisie-
rung wiederum am stärksten zugunsten der Regierung wirkt. Das zeigt sich in
erster Linie an der Praxis, dass Premierminister und Regierungsmitglieder in
der ersten Bankreihe rechts und in der Nähe des Speaker Platz nehmen. Die
traditionelle kulturelle Auszeichnung der rechten Seite[42] kommt dem Premierminister und den führenden Abgeordneten der Regierungspartei zugute.
Erst recht wird die räumliche Zentralposition der Regierung dadurch deutlich, dass die Sitzordnung aller Abgeordneten sich an ihr ausrichtet. Anders
als in den meisten Parlamenten Kontinentaleuropas entspricht die Zuteilung
der Abgeordnetenplätze in Großbritannien nicht einem Rechts-links-Schema
der politischen Richtungen, das von der Unterstützung der jeweiligen Regierung unabhängig ist. Denn nur die Plätze der Kabinettsmitglieder auf der
Treasury bench sind gewohnheitsmäßig festgelegt, während sich die Frage,
auf welcher Seite des Hauses die Abgeordneten Platz nehmen, im Übrigen
allein danach richtet, ob sie die Regierung unterstützen oder nicht.[43]
      Durch das Fehlen des Rednerpults und das ausschließliche Sprechen vom
Platz aus kommt dem Sitzplatz des Redners in Westminster ohnehin eine
erhöhte Bedeutung zu, was die Abgeordneten in den beiden ersten Bankreihen zur Rechten und Linken des Speaker in besonderer Weise privilegiert.
Nur sie können bei Redebeiträgen an den zwischen den beiden «front
benches» gelegenen Tisch des Hauses treten und die beiden dort stehenden

hölzernen Truhen («despatch boxes») zum Abstützen und Ablegen von Notizen nutzen. Auch auf Fernsehaufnahmen aus dem Unterhaus sind sie besonders gut zu sehen. Hierdurch entsteht im House of Commons ein räumliches Aufmerksamkeitszentrum, das sich auf das Dreieck zwischen Speaker, Premierminister und Oppositionsführer konzentriert.[44]

Das Paradox der Regierungsplätze in Westminster besteht mithin darin, dass das Raumarrangement der Regierung zwar jede Eigenständigkeit gegenüber dem Parlament abspricht, diese aber zugleich als Teil des Parlaments in hervorgehobener Weise inszeniert. Gewiss ist in Westminster zwischen Thronübermacht und Thronabstoßung kein eigenständiger Ort für die Regierung entstanden. Die Plätze für Mitglieder des Privy Council auf den Stufen des Throns im Oberhaus sind der bescheidene Rest der selbstverständlichen Präsenz der königlichen Räte in den englischen Parlamenten des Mittelalters und verdeutlichen schon durch ihre räumliche Anordnung die fehlende Eigenständigkeit gegenüber der Krone. Die Treasury bench in der ersten Bankreihe rechts des Speaker im Unterhaus sieht äußerlich genauso aus wie die übrigen grün gepolsterten Bänke und ist auch nach dem rechtlichen Arrangement ihrer Nutzung nur eine Abgeordnetenbank wie jede andere. Das Gegenstück zur Verweigerung jeder räumlichen Unterscheidung zwischen Parlament und Regierung besteht aber gerade darin, dass sich das Raumarrangement des Unterhauses elitär auf die Regierung als hervorgehobene Spitze der Parlamentsmehrheit konzentriert, die sich zur Rechten des Speaker hinter ihr versammelt.

7. Ein deutscher Sehnsuchtsort

Für die Deutschen, im Norden etwas stärker als im Süden, war Westminster über lange Zeit ein Sehnsuchtsort, weil der englische Parlamentarismus besonders den Liberalen als das unüberbietbare Ideal einer freiheitlichen Verfassungsordnung erschien.[45] Im neunzehnten Jahrhundert machte man deshalb auch in den Plenarsälen der deutschen Einzelstaaten noch vielfältige Anleihen bei der englischen Sitzordnung. Die entsprechenden rechteckigen Sitzanordnungen mischten dabei besonders in den vom Adel dominierten ersten Kam-

mern unentwirrbar altständische mit englischen Vorbildern.[46] Das galt
bemerkenswerterweise besonders für Preußen in der zweiten Hälfte des
neunzehnten Jahrhunderts nach der Revolution von 1848. Im preußischen
Abgeordnetenhaus saßen sich die Parlamentarier damals in zwei großen Blöcken rechts und links des Präsidiums gegenüber, wobei man die Regierung –
anders als in London – auf der Präsidium und Rednertribüne entgegengesetzten Seite platzierte.[47] Als sich der französische Halbkreis im letzten
Drittel des neunzehnten Jahrhunderts in Deutschland zunehmend durchsetzte, verschwanden derartige englische Elemente aus den deutschen Plenarsälen. Auch das preußische Abgeordnetenhaus ging schließlich in seinem 1899
errichteten Neubau zum Halbkreis über.[48] Als Imagination eines Orts lebhaf-
ter Debatte begleitete die britische Sitzordnung den deutschen Parlamentarismus aber weiterhin. Noch im Jahr 1961 gab es ernsthafte Pläne, den Plenarsaal im Bonner Bundeshaus nach dem Vorbild des House of Commons
umzugestalten. Von dieser englischen Sehnsucht als Dauerbegleiterin der
deutschen Diskussion über die richtige Sitzordnung im Plenarsaal wird noch
genauer zu berichten sein.[49] Nun soll sich der Blick aber zunächst auf das
Land richten, das nach seiner großen Revolution wie kein anderes Verfassungen und Plenarsäle in Deutschland und ganz Europa geprägt hat: Frankreich.

III.

Paris
Die Verdrängung des Throns durch die
Rednertribüne

Sind die Plenarsäle in Westminster bis heute auf den Thron bezogen, so beruhen die parlamentarischen Sitzungssäle in Paris gerade umgekehrt auf dessen bewusster Verdrängung durch die Nationalversammlung. Die Plenarsäle von Nationalversammlung und Senat sind der räumliche Ausdruck der Französischen Revolution. Prägend ist dabei der Sitzungssaal der Nationalversammlung im Palais Bourbon. Die Nationalversammlung[1] tagt dort unter wechselnden Bezeichnungen seit 1798, wobei der Plenarsaal seine heutige Gestalt in den Jahren 1828 bis 1832 durch den Architekten Jules de Joly gewonnen hat.

Das Raumarrangement im Palais Bourbon geht aber in seinen wesentlichen Zügen bereits auf die Jahre unmittelbar nach der Französischen Revolution zurück. Die revolutionären Versammlungen wanderten damals jahrelang durch verschiedene provisorisch angepasste Gebäude und Säle in Versailles und Paris. Diese Wanderschaft führte bereits am 20. Juni 1789 in Versailles zu einem berühmten Ereignis: dem Ballhausschwur. Die Abgeordneten des Dritten Standes, die sich wenige Tage zuvor selbst zur Nationalversammlung erklärt hatten,[2] fanden an diesem Morgen den Tagungsraum der Generalstände, die Salle des Menus-Plaisirs, auf königlichen Befehl hin verschlossen vor. Bei strömendem Regen irrten sie durch die Straßen um das Schloss herum. Auf Vorschlag des Abgeordneten Guillotin nahmen sie schließlich Zuflucht im kargen, unmöblierten Saal des Ballhauses, einer Sporthalle für die Ballspiele der Prinzen und Höflinge. Im Ballhaus schworen sie einander, nicht eher auseinanderzugehen, bis sie Frankreich eine Verfassung gegeben hätten.[3] Während ihrer häufigen Ortswechsel veränderten die revolutionären Versammlungen ihre Raumanordnung schrittweise immer wieder.[4] Es gab dabei im Wesentlichen drei unterschiedliche Raumarrangements: das auf den Thron ausgerichtete ständische Rechteck als die Ausgangsformation, in der König Ludwig XVI. die Generalstände am 5. Mai 1789 in der Salle des Menus-Plaisirs in Versailles feierlich eröffnet hatte;[5] die Sitzordnung in der Form eines ovalen Sportfeldes zwischen Juli 1789 und Mai 1793, zunächst in der umgebauten Salle des Menus-Plaisirs von Versailles, später in der Pariser Salle du Manège; schließlich seit Mai 1793 der Halbkreis, anfangs im Tuilerientheater, dann im Palais Bourbon.

1. Vom Thron zum Rednerpult

Der Thron wich dabei schon früh aus dem Plenarsaal. Sein Verschwinden wurde dadurch erleichtert, dass das Thronpodium in der Salle des Menus-Plaisirs für feierliche Sitzungen der Generalstände in Anwesenheit des Königs jeweils vollständig neu errichtet und danach wieder abgebaut wurde. Letztmalig geschah das für die *séance royale* am 23. Juni 1789, als der König den Abgeordneten vom Thron aus vergeblich gebot, auseinanderzugehen und weiterhin nach Ständen getrennt zu verhandeln.[6] Als Ludwig XVI. schließlich nach dem Sturm auf die Bastille die Erklärung der Generalstände zur Nationalversammlung akzeptiert hatte, wurde die Salle des Menus-Plaisirs Ende Juli 1789 umgebaut, um der Versammlung die gemeinsame Beratung zu ermöglichen. Nun war dort endgültig kein Raum mehr für den Thron.[7]

Nachwirkungen des Throns in der frühen Sitzordnung 1789–1793

Allerdings wirkte auch der abwesende Thron zunächst noch räumlich nach, weil man seine vorherige Zentralität unbewusst auf das Präsidium der Nationalversammlung übertrug. Das wurde durch die Sitzordnung begünstigt, in der die revolutionären Versammlungen seit Juli 1789 fast vier Jahre lang tagten, zunächst noch für wenige Monate in der Salle des Menus-Plaisirs in Versailles, dann nach dem Umzug nach Paris ab November 1789 in der Salle du

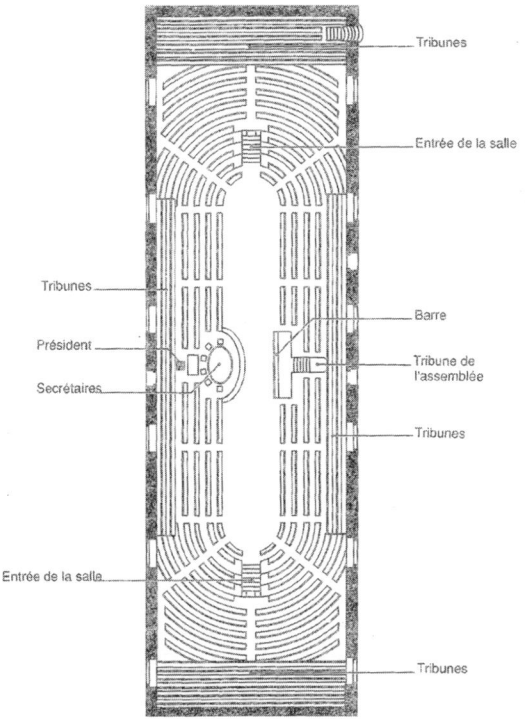

Abb. 8: Die Sitzordnung der französischen Nationalversammlung
in der Pariser Salle du Manège

Manège, einer ehemaligen Reithalle in der Nähe des Tuilerienschlosses. In
beiden Sälen saß die Versammlung in einer länglich gestreckten Ovalform
nach Art eines Sportfeldes. In der Mitte der einen Längsseite nahm das Präsidium Platz. Auf der gegenüberliegenden Längsseite trennte ein Korridor die
Ränge und führte zu einer Schranke (*la barre*), wo nach dem Vorbild des englischen Parlaments Bittsteller und Delegationen in der Versammlung vorsprechen konnten.[8] Oberhalb der Schranke stand nach hinten versetzt die
Rednertribüne, die in derselben Höhe angebracht war wie der Präsidentensessel auf der anderen Längsseite.[9]

   In der Saalmitte gab es also ein deutliches Gegenüber zwischen Präsidium
auf der einen, Rednerpult und Schranke auf der anderen Seite. Durch dieses
Raumarrangement wirkte in der Wahrnehmung der Präsidiumsseite anfangs
noch die vorherige Thronseite nach. So wahrte man auch nach der Vereini-

gung der drei Stände im Sommer 1789 zunächst noch eine Sitzordnung, bei
der die Geistlichkeit rechts des Präsidenten saß, der Adel zu seiner Linken
und der Dritte Stand ihm gegenüber.[10] Zeitgenössisch war wegen der schwarzen Soutanen der meisten Abgeordneten aus dem Klerus auch häufig davon
die Rede, rechts des Präsidiums sammelten sich die «Schwarzen».[11] Später
kam es ab August 1789 insbesondere anlässlich der Debatte über ein Vetorecht
des Königs bei der Gesetzgebung dazu, dass sich die Gegner des Vetos links
des Präsidiums sammelten, dessen Befürworter hingegen zu seiner Rechten.[12]
Aufgrund der ovalen Form des Saales, dessen Sitzränge in der Mitte der beiden Längsseiten durch Präsidium und Schranke geteilt wurden, war es möglich, rechte und linke Saalhälfte klar zu unterscheiden;[13] gerade deshalb wirkte
das ständische Sitzarrangement damals noch in gewandelter Form fort.

Der Übergang zum Halbkreis im Mai 1793

Das änderte sich grundlegend mit dem Umzug der Versammlung in das umgebaute Tuilerientheater im Mai 1793. Der Architekt Jacques-Pierre Gisors
baute damals das Hoftheater des Pariser Tuilerienschlosses für den Nationalkonvent mit einer Sitzordnung im Halbkreis um,[14] die er wenige Jahre später
auch für den 1798 bezogenen Plenarsaal des Palais Bourbon übernahm.[15] Der
Zeitpunkt war nicht zufällig: Beschlossen wurde der Umzug in einen neuen
Saal der Tuilerien im September 1792, als die Menge Ludwig XVI. gerade aus
eben diesem Schloss vertrieben hatte und der gestürzte König im Gefängnis
Prozess und Hinrichtung entgegensah. Die Repräsentanten der revolutionären Nation eigneten sich den verwaisten Palast des Königs als Sitzungsraum
an.[16] Der umgebaute Sitzungsraum im Tuilerientheater wurde auch «Salle des
Machines» (Maschinensaal) genannt, weil er allein den früheren Bühnentrakt
und nicht den Zuschauerraum umfasste. Die Abgeordneten nahmen dort seit
dem Mai 1793 erstmals in einem Halbkreis mit ansteigenden Sitzreihen Platz.

Architektonisches Vorbild dafür war das Anatomische Theater, das der
Architekt Jacques Gondoin von 1766 bis 1771 für den Hörsaal der Pariser
École de Chirurgie errichtet hatte.[17] Die Aufgabe, Medizinstudenten im Hör-
saal die Anatomie des menschlichen Körpers vorzuführen, hatte nach der Er-
richtung eines Raumes verlangt, der möglichst viele Menschen so um einen
Punkt versammelte, dass sie bestmöglich sehen und hören konnten. Gondoin

ASSASSINAT DU DÉPUTÉ FERRAUD DANS LA CONVENTION NATIONALE.
le 1ᵉʳ Prairial An 3ᵐᵉ de la République

Abb. 9: Der Plenarsaal im Pariser Tuilerientheater

hatte sie durch einen Halbkreis mit ansteigenden Sitzreihen gelöst, der sich am Vorbild von Halbkreistheatern der Antike orientierte.[18] Bereits die Nationalversammlung hatte bei ihrem Umzug nach Paris im Herbst 1789 erwogen, ihre Sitzungen in Gondoins berühmtem Saal abzuhalten, jedoch festgestellt, dass dieser für ihre fast 1200 Abgeordneten zu klein war.[19] Der Umbau des Tuilerientheaters konnte dann schließlich im Jahr 1793 an dieses architektonische Vorbild anknüpfen. Wo im Anatomischen Theater der Seziertisch stand, erhob sich nun im Plenarsaal die Rednertribüne.[20] Mit dieser Neugestaltung des Plenarsaals wurde das in den ersten vier Revolutionsjahren praktizierte Raumarrangement vollkommen umgestürzt und insbesondere das vorherige Gegenüber von Präsidium und Rednertribüne aufgegeben. Präsidentensessel und Rednertribüne lagen nun gemeinsam dem Halbkreis der Abgeordnetenplätze gegenüber.

Dieses neue Sitzarrangement der ersten französischen Republik sollte sich als dauerhaft erweisen und auf ganz Europa ausstrahlen.[21] Es war zunächst einmal praktisch, denn erstmals konnte man nun von allen Plätzen aus den Präsidenten und den Redner sehen. Zugleich wurde dadurch aber auch die

Gleichheit aller Abgeordneten untereinander betont und das erhöhte Rednerpult zum neuen Zentrum des Saales. Wie sehr der Halbkreis die Gleichheit
der Abgeordneten ausdrückte, zeigt sich besonders deutlich im Kontrast zu
der Sitzordnung, welche die revolutionären Versammlungen in den Jahren zuvor praktiziert hatten. Mit dem Übergang zum Halbkreis verschwanden nämlich sämtliche Abgeordnetenplätze auf der Präsidiumsseite. Es gab deshalb
nun keine Möglichkeit mehr, Rang- und Positionsunterschiede zwischen den
Parlamentariern durch die Sitzplatzwahl auf der Seite des Präsidiums kennt-
lich zu machen. Indem er alle Abgeordneten in einer zusammenhängenden
Sitzanordnung gegenüber dem Präsidium platzierte, tilgte der *Hémicycle* jede
räumliche Erinnerung an die frühere Hierarchie zwischen den Ständevertre-
tern. Wie die antike Theaterarchitektur, an die er anknüpfte, kannte der Halbkreis keine privilegierten Teilnehmerplätze.[22] Die neue Saalanordnung entsprach so räumlich jenem Dekret, mit dem die Nationalversammlung schon im
Oktober 1789 alle stände- und rangbezogenen Bekleidungsvorschriften für
ihre Mitglieder aufgehoben hatte,[23] und unterstrich den Charakter des Parlaments als Versammlung gleichberechtigter Abgeordneter.

Zugleich richtete das halbkreisförmige Arrangement erstmals den gesamten Saal auf das Rednerpult aus. Zuvor hatten sich Redner, Bittsteller und Abgeordnete gleichermaßen auf das Präsidium hin orientiert, das dem Rednerpult in der Mitte der einen Längsseite gegenüberlag. Der Redner sprach zum
Präsidenten und hatte alle Mühe, im langgestreckten Saal die anderen Abgeordneten zu erreichen, zumal ihn diese nur zum Teil sehen konnten; in dieser
räumlichen und akustischen Situation konnten sich in erster Linie Redner behaupten, die wie Mirabeau über eine besonders laute und sonore Stimme verfügten.[24] Das änderte sich grundlegend, als im Tuilerientheater Präsidium und
Rednertribüne gemeinsam auf der Stirnseite des Plenarsaals angesiedelt wurden.[25] Nun trat der Redner aus den Reihen der Abgeordneten heraus und be-
stieg das gegenüberliegende erhöhte Podium. Die Rednertribüne erlaubte ihm
eine Ansprache an die ganze Versammlung aus der Distanz heraus[26] und verwandelte diese in ein auf ihn konzentriertes Publikum – ähnlich wie das zeitgleich im damaligen Theater durch die stärkere Trennung zwischen Bühne
und Zuschauerraum geschah.[27] Gerade wegen des Abstands, den dieses Raumarrangement zwischen dem Redner und den übrigen Abgeordneten erzeugte,
sah man damals in Paris den Halbkreis als die überlegene Sitzordnung an;
man zog ihn deshalb insbesondere auch einem kreisförmigen Plenarsaal vor,

für den es zeitgenössisch zahlreiche Entwürfe gab.[28] In der Kombination mit
dem Halbkreis wirkte auch die Rednertribüne selbst egalitär, konnte doch jeder Abgeordnete ungeachtet seines Sitzplatzes im Plenum gleichermaßen aus
dieser erhabenen Position zu allen seinen Kollegen sprechen.[29] Durch das herausgehobene Rednerpult wurde das Parlament zur Bühne öffentlicher Bered-
samkeit, wie sie zuvor allein die Kanzel und der Gerichtssaal geboten hatten.[30]
Das Sprechen von der erhöhten Rednertribüne zur gesamten Versammlung
wirkte sich auch auf den Stil der Redner aus. Sie neigten zur förmlichen De-
klamation vorbereiteter Texte, ohne unmittelbar aufeinander zu reagieren.
Dieser französische Tribünenstil wurde mit seiner Abfolge von Monologen[31]
zum Antipoden der Praxis des englischen Parlaments, wo die Rednertribüne
bis heute fehlt und das Sprechen vom Platz aus auf engem Raum traditionell
einen nüchternen Konversationsstil begünstigt.[32] In der Vorstellung der französischen Revolutionäre der Jahre 1792/93 konnte der Redner von der erhöhten Rednertribüne aus in kritischer Distanz zur Versammlung den Volkswillen
zur Sprache bringen. Allein das Sprechen vom Rednerpult aus vermochte zeit-
weilig, den ungreifbaren Ort des Allgemeinwillens zu besetzen.[33]

Der Thron als der Zentralpunkt der alten Generalstände mit ihrer rechteckigen Sitzanordnung war nun durch die Rednertribüne als das neue Zentrum des parlamentarischen Halbkreises ersetzt. In der Ausrichtung des gesamten parlamentarischen Raumarrangements auf das entrückte Rednerpult
drückte sich der Übergang von der monarchischen Herrschaft des Einen zur
demokratischen Herrschaft aller aus. In einer Grundsatzkritik am erhöhten
Rednerpult sprach der konservative Abgeordnete Graf Vaublanc denn auch
im Jahr 1826 in der französischen Abgeordnetenkammer von der «Furcht,
diese Tribüne zu betreten, um sich zwischen Himmel und Erde zu stellen und
damit den Anspruch anzukündigen, das zu halten, was man eine Rede
nennt».[34] Hatten sich einst alle Blicke im Saal auf den zwischen Himmel und
Erde aufragenden Thron gerichtet, so waren sie nun der erhabenen Rednertribüne zugewandt. Der feste Platz des sitzenden Königs war der flüchtigen
Autorität des stehenden Redners gewichen. Erst jetzt hatte der Thron den
Sitzungssaal auch mental verlassen. Physisch sollte der Thron zwar durchaus
später nochmals im Palais Bourbon Einzug halten, für Parlamentseröffnungen in der ersten Hälfte des neunzehnten Jahrhunderts unter Napoleon, Ludwig XVIII. und schließlich Louis Philippe.[35] Eine Umprägung der revolutionären Raumdisposition des Palais Bourbon gelang damit aber nicht mehr.

Wohin mit König und Regierung?

Das Verschwinden des Throns aus dem Plenarsaal am Beginn der Französischen Revolution bedeutete freilich zunächst nicht, dass auch der König persönlich dort nicht länger geduldet wurde.[36] Da die Nationalversammlung die Einrichtung eines aristokratischen Oberhauses als Ausdruck eines überholten Privilegienwesens ablehnte,[37] hatten die revolutionären Versammlungen in Frankreich nicht wie das englische Unterhaus die Möglichkeit, die persönliche Anwesenheit des Königs zu verweigern und diesen auf ein Oberhaus zu verweisen.

Es entwickelte sich damals vielmehr spontan ein neues Ritual des persönlichen Erscheinens des Königs in der Nationalversammlung. So besuchte der König unmittelbar nach dem Sturm auf die Bastille am 15. Juli 1789 die Abgeordneten, um die Gemüter zu beruhigen, ohne dass zuvor noch die Thronseite aufgebaut wurde. Die Nationalversammlung improvisierte dafür eine vereinfachte Form: Der König sprach vom Platz des Parlamentspräsidenten aus, wo für ihn ein vergoldeter Sessel mit bourbonischen Lilien aufgestellt wurde. Das im Juli 1789 aus dem Boden gestampfte Zeremoniell wurde für die wenigen Besuche des Königs im Parlament während der folgenden drei Jahre bis zu dessen Sturz im August 1792 beibehalten. Die Einzelheiten des Empfangsprotokolls blieben freilich in dieser gesamten Zeit umstritten.[38] Mehrfach forderten Abgeordnete vor dem Erscheinen Ludwigs XVI., durch Gesten wie Mobiliar die beanspruchte Ranggleichheit der Versammlung mit dem König zum Ausdruck zu bringen. So verwahrte sich im Oktober 1791 der Abgeordnete Couthon gegen die von der Nationalversammlung beschlossene Regel, dass der König stehend empfangen werden und die Abgeordneten erst Platz nehmen und ihre Kopfbedeckung aufsetzten sollten, wenn der König dies ebenfalls tat. Hierdurch entstehe der Eindruck, «bei Anwesenheit des ersten Amtsträgers des Volkes verwandelten sich die Repräsentanten dieses Volkes plötzlich in pure Automaten, die nur handeln, denken, reden und sich bewegen können nach dem Willen dieses souveränen Wesens».[39] Das spätere Mitglied des Wohlfahrtsausschusses forderte auch, dem König nicht länger einen vergoldeten Sessel zur Verfügung zu stellen. Vielmehr sollten nach seiner Vorstellung König und Parlamentspräsident auf zwei ähnlichen Lehnstühlen nebeneinandersitzen, der König zur Linken

26 DÉCEMBRE 1792

Interrogatoire de Louis le dernier

Challamel, Éditeur, à Paris

Abb. 10: Der Prozess des Königs an der Schranke des Nationalkonvents

des Präsidenten. Nach dem Sturz Ludwigs XVI. im August 1792 machte ihm der Nationalkonvent den Prozess und verhörte den Angeklagten «Louis Capet» an der Schranke des Plenarsaals, um ihn im Januar 1793 zum Tode zu verurteilen.[40] Der König hatte im Plenarsaal auf hohem Thron begonnen, dann den Ehrensessel am Platz des Parlamentspräsidenten eingenommen, um sich schließlich auf einem Stühlchen an der Schranke als Angeklagter wiederzufinden.

Das Verschwinden des Throns aus dem Plenarsaal machte auch den dortigen Platz der Regierung prekär. Im ursprünglichen Sitzarrangement der Generalstände vom Mai 1789 hatte sich die Ministerbank zu Füßen des Thronpodiums befunden. Zugleich mit dem Thron verschwand im Sommer 1789 die Stirnseite des alten ständischen Rechtecks und damit auch die Regierungsbank aus der Salle des Menus-Plaisirs. In den Revolutionsjahren bildete sich kein neuer Ort für die Minister im Plenarsaal heraus. Diese räumliche Leerstelle war Ausdruck des grundlegenden Konflikts zwischen revolutionärem Parlament und traditioneller monarchischer Regierung.[41] Das Misstrauen der Revolutionäre gegen die königlichen Minister saß tief. Man befürchtete, bei regelmäßiger Anwesenheit und Rederecht der Regierungsvertreter unter deren Einfluss zu geraten und durch sie korrumpiert zu werden. Nur wenige weitsichtige Parlamentarier erkannten die Möglichkeiten für eine Parlamentarisierung der königlichen Regierung, die sich nach englischem Vorbild aus dem engen Kontakt von Parlament und Ministern ergeben hätten. Das galt vor allem für Graf Mirabeau, den bedeutendsten Redner der Nationalversammlung.[42] Mirabeau sprach sogar davon, alle gesetzgebenden Versammlungen bräuchten die Minister deshalb, weil sie einen Teil ihrer Wahrnehmungs- und Denkorgane («une partie des organes de son intelligence») bildeten.[43] Die meisten Revolutionäre verfolgten hingegen den Weg einer möglichst großen Trennung zwischen Parlament und Regierung, der auch darin zum Ausdruck kam, dass sie dieser kein Gesetzesinitiativrecht zugestanden. Die Minister hielt die Nationalversammlung denn auch von ihren Beratungen ganz fern. Gegen den ebenso eloquenten wie vergeblichen Widerstand Mirabeaus[44] beschloss sie zudem die Unvereinbarkeit zwischen Parlamentsmandat und Regierungsamt und legte darüber hinaus fest, dass kein Abgeordneter in den ersten zwei Jahren nach dem Ende seines Mandats in die Regierung eintreten durfte.[45]

Schließlich gestand die Nationalversammlung den königlichen Ministern aber in der Verfassung vom September 1791 doch zumindest ein gewisses Anwesenheits- und Rederecht zu.[46] Dieses Rederecht war aber äußerst beschränkt. Die Minister durften sich nicht an den Gesetzesberatungen beteiligen oder gar für eine politische Konzeption werben, sondern lediglich Vorgänge in ihrem Geschäftsbereich erläutern. Die Anwesenheit der Minister im Parlament war in der jakobinischen Konzeption der Revolutionäre weniger Recht als Pflicht. Sie diente nicht einer wechselseitigen Einflussnahme zwischen Ministern und Parlamentariern, sondern allein der strikten Regierungskontrolle durch das Parlament.[47] Räumlich zeigte sich das darin, dass die revolutionären Versammlungen den Regierungsmitgliedern keine festen Plätze im Plenarsaal zuwiesen.[48] Die Minister wurden vielmehr zumeist an der Schranke der Versammlung einer peinlichen Befragung unterzogen.[49] Wenn es in den Revolutionsjahren einen Ort der Regierung im Plenarsaal gab, dann war es gerade die gegenüber dem Präsidium eingerichtete Schranke, die Kontaktzone zwischen Parlament und Außenwelt, an der ansonsten Bürger mit ihren Anliegen vorsprachen. Dort verhörte der Nationalkonvent

schließlich auch den gestürzten König in dessen Prozess. In der Revolutionszeit hieß es von der öffentlichen Befragung der Minister an der Schranke des
Parlaments, diese säßen dort auf der Anklagebank wie in einem Strafprozess.[50]

2. Autoritäre Anfänge der Regierungsplätze: Napoleons Staatsrat in der ersten Reihe

Die äußerst bewegte französische Verfassungsgeschichte im Vierteljahrhun-
dert nach der Revolution schwankte zwischen der jakobinischen Konzeption
einer völligen Unterordnung der Regierung unter das Parlament und der
autoritären Gegenbewegung in der Zeit Napoleons. Die bonapartistische
Wendung ins Autoritäre zeigte sich dabei räumlich zunächst darin, dass der
Revolutionskaiser für die feierliche Parlamentseröffnung die Rückkehr des
Throns in den Plenarsaal durchsetzte. Zwar blieb im Parlamentsalltag die
revolutionäre Disposition des Sitzungsraums im Palais Bourbon unverändert
erhalten. Für die Eröffnung der Sitzungsperiode des damaligen «Corps législatif» wurde der Saal aber jeweils umgebaut und dort, wo sonst Präsidentenstuhl und Rednertribüne standen, eine prächtige Thronseite im Empire-Stil
errichtet. Bei der nach einem minutiösen Zeremoniell ablaufenden Eröffnungsfeier lagen sich nun im Palais Bourbon der ansteigende revolutionäre Halbkreis und das hoch aufragende Thronpodium gegenüber, wo Napoleon umgeben von Hof und Militär Platz nahm.[51] Dass der Plenarsaal im Palais Bourbon
sich ursprünglich in keiner Weise für eine Eröffnungszeremonie vom Thron
her eignete, zeigte sich dabei bereits daran, dass der Kaiser und sein Gefolge
anfangs nicht feierlich in den Saal einziehen konnten, sondern vielmehr durch
die Abgeordnetenreihen hinabsteigen mussten, um die gegenüberliegende
Thronseite zu erreichen.[52] Hier wie in anderen Bereichen erwies sich die
Herrschaft Napoleons als hybrides Gemisch, das Elemente des Ancien Régime wieder aufnahm und mit den Errungenschaften der Revolution kombi-
nierte. Die autoritäre Umprägung des Palais Bourbon bestimmte dabei auch
den parlamentarischen Alltag, wenn der Thronaufbau längst wieder in den
Depots des Tuilerienschlosses verschwunden war. Die Gesetzesinitiative lag
jetzt ausschließlich bei der Regierung, die keiner Befragung durch das Parla-

ment ausgesetzt war. Von der erhöhten Rednertribüne aus, wo in den revolutionären Versammlungen nur Abgeordnete gesprochen hatten, stellten nun
hohe Beamte des Staatsrats als Regierungsredner die Gesetzentwürfe vor.
Hatten zuvor die Abgeordneten die Minister an die dortige Schranke zitiert,
um sie zu kontrollieren und anzuleiten, so erläuterten nun Beamte den Abgeordneten vom Rednerpult herab die Vorlagen, welche die Parlamentarier
nicht im Plenum diskutieren durften, bevor sie ihnen in aller Regel brav zu-
stimmten.[53] In den Jahren unter Napoleon kam es so zu einer völligen Um-
und Abwertung der revolutionären Raumdisposition des Plenarsaals.

Feste Sitzplätze für die Minister der kaiserlichen Regierung, die dem Parlament nicht verantwortlich war, wurden im Saal hingegen nach wie vor nicht
eingerichtet. Zwischen dem Jakobinismus der Revolutionsjahre, der die
Minister im Plenarsaal nur duldete, um sie ins Verhör zu nehmen, und dem
autoritären Bonapartismus, der im Palais Bourbon allein noch unverantwort-
liche Beamte stummen Abgeordneten die Regierungsvorschläge verkünden
ließ, blieb kein Raum dafür, dass die Minister einen Platz im Sitzungssaal
fanden. Frankreich kannte damals für Parlament und Regierung nur die Wahl,
Hammer oder Amboss zu sein, die vollkommene Unterwerfung der Minister
unter die Volksvertretung oder die beflissene Fügsamkeit der Parlamentarier
gegenüber einer ihnen nicht verantwortlichen Regierung.

Gleichwohl zeichnete sich in der Zeit Napoleons zumindest der vorsich-
tige Beginn eines Raums der Regierung im Plenarsaal ab. Denn die hohen
Beamten des Staatsrats, die im Palais Bourbon als Regierungsredner die Gesetzesvorschläge vorstellten, nahmen in der vordersten Bankreihe des Halbkreises gegenüber dem Präsidium Platz. Die Saaldiener geleiteten sie feierlich
durch die Haupttüren des Saals dorthin und wieder hinaus.[54] Die Wahl dieser Plätze für die napoleonischen Regierungsredner war symbolisch wie praktisch motiviert und formte auf ihre Weise das Erbe der revolutionären Versammlungen um. Symbolisch lag in der Okkupierung der ersten Reihe des
Halbkreises durch Beamte des Staatsrats eine Demütigung der Parlamentarier, denen unter der Herrschaft Napoleons nur noch eine Statistenrolle zu-
gedacht war. In der Wahl der Sitze für die Regierungsredner klang überdies
die Erinnerung an die inzwischen aufgegebene Schranke der revolutionären
Versammlungen mit. An der Schranke gegenüber dem Präsidium hatten die
Parlamentspräsidenten der Revolutionszeit die Minister als fremde Gäste
empfangen und befragt.[55] Noch unter Napoleon zeigte das besondere Zere-

moniell des Ein- und Auszugs der Regierungsredner im Palais Bourbon, wie
sehr Regierung und Parlament weiterhin gleichsam diplomatische Beziehungen miteinander unterhielten. Die Platzierung der Regierungsredner in der
ersten Reihe vis-à-vis dem Präsidium knüpfte an diesen räumlichen Erinnerungsbestand an.

3. Inmitten der Abgeordneten

Dieses zutiefst ambivalente Erbe Napoleons im Palais Bourbon wurde nach
1814/15 schrittweise zur noch heute praktizierten französischen Plenarsaalanordnung umgeformt. Unter den Bedingungen einer verfassungsmäßig beschränkten Monarchie, zunächst unter der Restauration (1814/15–1830), dann
unter der Julimonarchie (1830–1848), fanden die Minister einer parlamentarisch verantwortlichen Regierung nun endgültig ihren Platz im Plenarsaal des
Palais Bourbon. Äußerlich knüpfte man dabei an zwei Elemente des napoleonischen Raumarrangements an: den Aufbau einer Thronseite am Platz des
Präsidiums für die feierliche Parlamentseröffnung und die Plätze für die
Regierungsredner in der ersten Reihe des Halbkreises im parlamentarischen
Alltag. Beide Elemente verloren dabei indes ihren autoritären Charakter und
gaben nun der parlamentarischen Rückbindung der Monarchie Ausdruck.

Die Anbiederung:
Der Thron unter Restauration und Julimonarchie

Das galt zunächst für die Thronseite, die auch in den Anfangsjahren der Restauration und dann erneut unter der Herrschaft Louis Philippes für die feierliche Parlamentseröffnung im Palais Bourbon aufgebaut wurde. Anders als
unter Napoleon war der Thron im Plenarsaal nun nicht länger Ausdruck
eines regierungszentrierten Systems, das die Parlamentarier herabwürdigte.
Vielmehr galt zu Beginn der Restauration und erst recht später unter der Julimonarchie gerade umgekehrt, dass die Parlamentseröffnung im Plenarsaal des
Palais Bourbon durch den König ein Signal der Wertschätzung gegenüber der

Abgeordnetenkammer darstellte. Der Thron biederte sich den Parlamentariern nun gleichsam an und versuchte, sich bei ihnen einzuschmeicheln.

So eröffnete Ludwig XVIII. in den ersten Jahren nach der Rückkehr der
Bourbonen im Plenarsaal des Palais Bourbon die jährliche Sitzungsperiode
des Parlaments mit großem Zeremoniell sowie einer Thronrede[56] und folgte
damit in der äußeren Form uneingestanden dem Muster der unter Napoleon
eingeführten Eröffnungsfeier. Anders als Napoleon, dessen Herkunft aus der
Revolution durch seinen kometenhaften sozialen Aufstieg über das Militär der
1790er Jahre offenkundig war, versuchte Ludwig XVIII. mit dieser Zeremonie
indes gerade, seine Verfassungstreue zu versichern, indem er sich symbolisch
als Gast in das durch die Revolution geprägte Palais Bourbon begab.[57] Besonders deutlich wurde das bereits im März 1815: Der König griff damals zum
Mittel einer *séance royale* beider Kammern im Palais Bourbon, als seine gerade
begonnene Herrschaft durch die Rückkehr Napoleons aus Elba bedroht war
und er sich der parlamentarischen Unterstützung versichern wollte.[58]

Im parlamentarischen Alltag blieb die dortige Raumdisposition weiterhin
unverändert, weil die Thronseite nach wie vor nur für die Eröffnungszeremonie aufgebaut und danach wieder entfernt wurde. Das Buhlen der restaurier-
ten Bourbonen um die Parlamentarier durch das Zeremoniell im Plenarsaal
war auch schon nach kurzer Zeit wieder zu Ende: Bereits in den 1820er Jahren
fand die feierliche Parlamentseröffnung nicht mehr im Palais Bourbon statt,
sondern in den Pariser Schlössern (Louvre, Tuilerien).[59] Das hing unter Ludwig XVIII. vor allem mit dem Gesundheitszustand des alternden Königs zusammen, unter Karl X. dann mit dessen offen reaktionärer politischer Gesin-
nung. Das Königtum der Restauration inszenierte sich mit Vorliebe fern des
Parlaments,[60] und Parlamentseröffnungen in den königlichen Schlössern er-
laubten ein höfisches Zeremoniell, das in der äußeren Form an die Eröffnung
der Generalstände vom Mai 1789 erinnerte und die Abgeordneten zu nach-
rangigen Teilnehmern einer auf König und Hof ausgerichteten Inszenierung
machte.[61] Erst recht galt das für die feierliche Messe in der Kathedrale Notre
Dame, die unter der Restauration am Vortag jeder Parlamentseröffnung statt-
fand, um den Beistand des Heiligen Geistes für die Versammlung zu erbitten.
Die königliche Familie nahm bei dieser «messe du Saint-Esprit» gemeinsam
mit Ministern und Botschaftern im Chorraum Platz, die Hofgesellschaft und
der Klerus saßen in der Nähe des Altars. Den Parlamentariern der beiden
Kammern wies der königliche Zeremonienmeister hingegen nachrangige

Plätze in den hinteren Reihen des Querschiffs zu.[62] Royalistische Inszenierung der zurückgekehrten Bourbonen und revolutionäres Raumarrangement des Palais Bourbon standen auf diese Weise unter der Restauration weitgehend beziehungslos nebeneinander. Letztlich erwies sich dabei die nach dem Sturz Ludwigs XVI. entstandene Disposition des Plenarsaals als so wirkmächtig, dass ihr auch das restaurierte Königtum seiner Brüder nichts mehr anhaben konnte.

Nach der Julirevolution von 1830 kehrte der Thron erneut für die jährliche feierliche Parlamentseröffnung durch den neuen König in den Plenarsaal des Palais Bourbon zurück.[63] So leistete Louis Philippe dort bereits unmittelbar nach der Revolution im August 1830 den Eid auf die revidierte Verfassung und nahm danach auf einem Thron Platz, der am Ort von Präsidium und Rednertribüne aufgestellt worden war. Die entsprechenden Zeremonien waren unter dem «Bürgerkönig» aber erst recht nicht mehr in der Lage, die Architektur des Plenarsaals dauerhaft neu auf den Thron auszurichten. Mit der Rückkehr der Parlamentseröffnung in die Abgeordnetenkammer unter Verzicht auf den Gottesdienst in der Kathedrale wurde vielmehr gerade umgekehrt versucht, die revolutionäre Legitimität des Palais Bourbon für die neue Dynastie zu nutzen und deren Verfassungstreue hervorzukehren.[64] Die Julimonarchie ging so auf Distanz zu den Parlamentseröffnungen der 1820er Jahre, als höfisches Gepränge in den Pariser Schlössern und Heilig-Geist-Messen in Notre Dame Erinnerungen an das Ancien Régime wachgerufen hatten. Das zeigte sich auch darin, dass man die Praxis beibehielt, den Saal für die Parlamentseröffnung eigens umzubauen, um danach für den parlamentarischen Alltag jeweils sofort zum seit 1793 praktizierten Plenardesign zurückzukehren.

Als das Palais Bourbon zu Beginn der 1830er Jahre durch Jules de Joly nochmals umgestaltet wurde und der dortige Plenarsaal seine heutige Gestalt erhielt,[65] führte man denn auch umstandslos das revolutionäre Raumarrangement fort. Der Thron fand nun im Palais Bourbon zwar einen festen Platz, jedoch außerhalb des Sitzungssaals. Durch Erweiterung des Gebäudes wurde es möglich, vor dem Plenarsaal einen von Eugène Delacroix ausgemalten «Salon du Roi» einzurichten, an dessen Stirnseite in einer halbrunden Nische ein Thron stand.[66] Der dort aufgestellte Thron zeigte dabei bereits selbst die Unbeständigkeit der nachrevolutionären Monarchie in Frankreich an: Ursprünglich für die Parlamentseröffnung durch Napoleon angefertigt, war er zunächst für Ludwig XVIII. und dann wiederum für Louis Philippe umgearbeitet wor-

den, wobei jeweils die besonderen Hoheitszeichen des vorherigen Herrschafts-
systems, wie etwa das napoleonische «N», verschwanden.[67] Den mit diesem
wandlungsfähigen Thron bestückten «Salon du Roi» nutzte Louis Philippe
am Tag der Parlamentseröffnung, um die Delegationen beider Kammern zu
begrüßen, die ihn bei seiner Ankunft an der Außentreppe des Palais Bourbon
empfangen hatten, und betrat dann zügig von dort aus den Plenarsaal.[68] Selbst
unter dem Bürgerkönigtum Louis Philippes, das sich einer Revolution verdankte und die höfische Repräsentation insgesamt deutlich verringerte,[69] gelangte der Thron also dauerhaft lediglich noch in das Vorzimmer des Sitzungssaals.

Die royalistischen Feierlichkeiten fern des Parlaments unter der Restauration und die Vorzimmerexistenz des Throns im Palais Bourbon unter der
Julimonarchie zeigen auf je eigene Weise, dass es den französischen Königen
im neunzehnten Jahrhundert nicht gelang, eine enge symbolische Verbindung zwischen König und Parlament im Sinne eines *King in Parliament* herzustellen.[70] Die Thronverdrängung durch die Raumanordnung des revolutionären Plenarsaals ließ sich nicht mehr rückgängig machen. Selbst der
Verbleib des Throns vor der Tür des Plenarsaals war nur noch von kurzer
Dauer: In der Zeit der Dritten Republik wurde er auf den Dachboden ent-
sorgt und später an ein Museum abgegeben.[71] Dem heutigen Besucher des
Palais Bourbon wird der vormalige «Salon du Roi» als «Salon Delacroix»
präsentiert. In der Nische, wo einmal der Thron stand, erwartet ihn eine
Büste der Symbolfigur des republikanischen Frankreichs: die Marianne mit
phrygischer Mütze.[72]

Die Etablierung der Ministerbank im Palais Bourbon

Konnte der Thron das Arrangement des Plenarsaals im Palais Bourbon also
in der ersten Hälfte des neunzehnten Jahrhunderts nicht mehr grundlegend
umprägen, so fand dort indes nun die Regierung dauerhaft ihren Platz. In den
Jahren der Restauration und der Julimonarchie verfestigten sich nämlich die
Plätze des Halbkreises gegenüber dem Präsidium, die unter Napoleon die Regierungsredner genutzt hatten, zur Ministerbank im Plenarsaal. Die beiden
ersten Sitzreihen in der Mitte des Halbkreises wurden im Palais Bourbon
nun den königlichen Ministern und Regierungskommissaren zugewiesen. Die

LE VENTRE LÉGISLATIF.

Abb. 11: Honoré Daumier karikiert die Ministerbank im Palais Bourbon
unter der Julimonarchie

Konsolidierung dieser Regierungsbank in der vorderen Mitte des Halbkreises
nach dem Ende der Herrschaft Napoleons verdankte sich dem Zusammenwirken von rechtlichen Arrangements und politischer Praxis unter den Bedingungen einer verfassungsmäßig beschränkten Monarchie. Die Charte constitutionnelle von 1814 sah anders als die Revolutionsverfassungen ein enges
Zusammenwirken zwischen den beiden Parlamentskammern und den königlichen Ministern vor. Parlamentsmandat und Ministeramt waren miteinander
vereinbar. Das Gesetzesinitiativrecht lag beim König. Die Minister hatten ein
umfassendes Anwesenheits- und Rederecht in beiden Kammern und damit
insbesondere Zugang zur politisch bedeutsameren von beiden, der gewählten
Deputiertenkammer, die weiterhin im Palais Bourbon tagte.[73] Anders als im
englischen Verfassungsrecht hing das Anwesenheits- und Rederecht der
Minister unter der Charte also nicht von deren gleichzeitiger Mitgliedschaft
in der jeweiligen Parlamentskammer ab. Im Unterschied zu Großbritannien
war die französische Regierung im Parlament vielmehr verfassungsrechtlich
von vornherein als eigenständige Institution präsent. Mit ihrer Regelung zur
Stellung der Regierungsmitglieder im Parlament wurde die Charte constitu-

tionnelle zum Vorbild für ganz Europa und insbesondere die deutschen Verfassungen des neunzehnten Jahrhunderts.[74] Auf dieser Grundlage vollzog sich in Frankreich in kurzer Zeit der Übergang zum parlamentarischen Regierungssystem, in dem die königliche Regierung sich nur noch im Amt halten konnte, wenn sie das Vertrauen der Parlamentsmehrheit behielt.[75]

Von ihrem durch die Verfassung verbürgten Anwesenheits- und Rederecht machten die königlichen Minister zu Beginn der Restauration allerdings zunächst noch sehr zurückhaltend Gebrauch. Der Ein- und Auszug der Minister war in den frühen Jahren noch ein feierlicher Vorgang, und die Kammer beriet Gesetze wie zuvor die revolutionären Versammlungen nur in deren Abwesenheit. Die Minister wurden wie einst im Ancien Régime mit «Monseigneur» – «mein gnädiger Herr» – angeredet, sahen sich sozial sehr viel höher gestellt als die Abgeordneten und behandelten diese mit Herablassung.[76] Die Regierungskommunikation mit der Chambre des députés übernahmen daher anfangs vor allem königliche Kommissare (*commissaires du Roi*), die in gewisser Weise die unter Napoleon entstandene Rolle der Regierungsredner fortführten und erneut die Plätze gegenüber dem Präsidium bezogen.[77] Im Geschäftsordnungsrecht wurden die Sitzplätze der Minister aber nun auch ausdrücklich geregelt.[78] Auch wenn die Minister das Palais Bourbon zunächst noch mieden, wurde die Präsenz von Regierungsvertretern im Plenarsaal so doch zunehmend selbstverständlich. Das Fernbleiben der Minister ließ sich ohnehin nicht lange durchhalten. Die Kammer der Restaurationszeit bestand auf einer häufigen Anwesenheit der Minister im Palais Bourbon, weil sie ansonsten einen Rückfall in die Zeit der unverantwortlichen Regierungsredner Napoleons befürchtete. In der Praxis zeigte sich auch schnell, dass die Minister für die Durchsetzung ihrer Gesetzesvorhaben den engen Kontakt mit den Parlamentariern brauchten.[79] Seit der Julimonarchie gab es zudem fast nur noch Minister, die zugleich einer der beiden Parlamentskammern angehörten.[80] Nun nahmen die Minister selbst die Plätze in der Mitte der ersten Reihe gegenüber dem Präsidium ein, die seit den Regierungsrednern Napoleons den räumlichen Vorposten der Regierung im Palais Bourbon bildeten.

Als Jules de Joly schließlich im Jahr 1832 dem Plenarsaal seine heutige Form gab, waren die Regierungsplätze in der vorderen Mitte des Halbkreises bereits selbstverständlich geworden. Die damals eingeführten Sitzarrangements werden in der Nationalversammlung bis heute weitergeführt. Im Palais Bourbon sitzen die Abgeordneten in einem Halbkreis mit stark ansteigenden

Abb. 12: Die Regierungsbank im Palais Bourbon

Rängen. Die Sitzplätze sind keilförmig hintereinander angeordnet und durch radiale Gänge voneinander getrennt. In den beiden vorderen Sitzreihen der zwei mittleren Keile gegenüber von Präsidium und Rednertribüne befinden sich die vierzehn Plätze für die Regierungsmitglieder. Sie sind von Abgeordnetensitzen umgeben und wie diese mit karmesinrotem Ziegenleder bezogen. Lediglich die durchgehende Rückenlehne, fehlende Nummerierung der Plätze und der goldene Schriftzug «Banc des Ministres» verweisen auf ihre besondere Bestimmung. Die erste Sitzreihe der Regierungsbank ist für Kabinettsmitglieder reserviert, in der Reihe dahinter können auf Wunsch des jeweiligen Ressortministers die ihn unterstützenden Fachbeamten Platz nehmen.[81]

Die in der Revolution entstandene Raumdisposition wurde durch die Einrichtung dieser Regierungsplätze in der Mitte des Halbkreises unter Restauration und Julimonarchie insgesamt kaum verändert. Der Plenarsaal blieb ganz auf Präsidium und Rednertribüne als erhöhtes Zentrum ausgerichtet. Ihnen gegenüber hatte nun jedoch in der Mitte des Saales und inmitten der Abgeordneten die Regierung ihren hervorgehobenen und doch zugleich unauffälligen Platz gefunden. Das Visavis von Parlamentspräsident und Regierung erinnerte dabei noch ein wenig an den einstigen Empfang der Minister als fremde Gäste an der Schranke der revolutionären Versammlungen. Aber die

Gegenüberstellung von Rednerpult und Regierung in der ersten Reihe des Parketts ermöglichte dem Redner nun zugleich auch im Verhältnis zu den Ministern die Ansprache aus distanzierter Höhe.[82] Frankreich hatte zu seiner Regierungsbank gefunden.

4. Ein letztes bonapartisches Intermezzo

Nur in der Zeit Napoleons III. wurde diese Sitzordnung zwischen 1852 und 1867 noch einmal kurzzeitig umgestoßen. Der Kaiser hielt sich damals vom Palais Bourbon ganz fern und eröffnete stattdessen jährlich die Sitzungsperiode der beiden Kammern mit einer Thronrede in den Tuilerien oder im Louvre.[83] Die Regierungsvorlagen vertraten im Palais Bourbon wie unter dem ersten Napoleon erneut nicht die Minister, sondern lediglich hohe Beamte aus dem Staatsrat, die im «Corps législatif» über ein jederzeitiges Rederecht verfügten, diesem aber nicht verantwortlich waren.[84] Die Rednertribüne wurde in dieser Zeit sogar ganz aus dem Palais Bourbon entfernt und an ihrer Stelle eine Bank für die Staatsratsmitglieder aufgestellt.[85] Nun saßen Beamte als Regierungsvertreter erhöht über den Abgeordneten, die nur von ihrem Platz aus sprechen konnten. Symbolisch besetzten so die Staatsratsmitglieder den erhabenen Ort der Rede. Dieses bonapartistische Raumarrangement, das sogar über die Abwertung der Parlamentarier unter Napoleon I. hinausging und die revolutionäre Saalgestaltung geradezu umkehrte, war aber nur von kurzer Dauer. Bereits in der Liberalisierungsphase des Regimes kehrte die Rednertribüne im Jahr 1867 an ihren angestammten Platz zurück. Die Jahre des zweiten französischen Kaiserreichs bilden in der französischen Geschichte den letzten Versuch, die während der Revolutionsjahre entstandene Topographie des Plenarsaals auf die Regierung auszurichten. Die damalige Ersetzung der Rednertribüne durch die Regierungsbank erinnert nochmals daran, wie sehr das französische Schwanken zwischen Parlamentsherrschaft und autoritärem Regiment sich immer wieder in der Gestaltung des Plenarsaals im Palais Bourbon niedergeschlagen hatte.

Mit solchen Umgestaltungen war es indes nach 1870 vorbei. Nach der Niederlage Frankreichs im Deutsch-Französischen Krieg 1870/71 und dem

Sturz Napoleons III. kehrte die Dritte Republik wieder zu den Regierungsplätzen in den vorderen Abgeordnetenreihen zurück. Auch Charles de Gaulles Fünfte Republik, die wegen der starken Stellung des Staatspräsidenten immer wieder unter Bonapartismusverdacht geriet, hat die Ministerbank im Palais Bourbon seit 1958 beibehalten. Das ist deshalb bemerkenswert, weil die Regierungsmitglieder seither in Frankreich nicht länger gleichzeitig Abgeordnete sein dürfen.[86] Die Mitglieder der Regierung haben aber weiterhin Zutritt zu beiden Kammern und müssen dort auf Verlangen gehört werden. Die Regierung ist der Nationalversammlung zudem verantwortlich und kann von ihr durch ein Misstrauensvotum gestürzt werden.[87] Für den Staatspräsidenten ist hingegen im Plenarsaal des Palais Bourbon weiterhin kein Platz vorgesehen. Nach der Verfassung von 1958 verkehrte der Staatspräsident mit dem Parlament ursprünglich sogar allein durch schriftliche Botschaften. Durch eine von Nicolas Sarkozy betriebene Verfassungsreform, die vom US-amerikanischen Vorbild inspiriert war, hat der Staatspräsident im Jahr 2009 das Recht bekommen, vor der Nationalversammlung und dem Senat, die sich zu diesem Zweck als «Kongress» in Versailles zu einer außerordentlichen gemeinsamen Sitzung versammeln, das Wort zu ergreifen. Vor den einzelnen Parlamentskammern darf aber nach wie vor nur der Premierminister sprechen.[88] Ungeachtet ihres hybriden Gemischs aus parlamentarischem Regierungssystem und Präsidialdemokratie hält mithin auch die Fünfte Republik an den überkommenen Regierungsplätzen im Plenarsaal der Nationalversammlung fest. Die unter der Restauration entstandene, unter der Julimonarchie definitiv ausgestaltete Ministerbank im Palais Bourbon ist zum Requisit der demokratischen Republik geworden.

5. Wirkungen in Deutschland

Bemerkenswerterweise hat die französische Anordnung der Regierungsplätze auf die deutschen Plenarsäle praktisch überhaupt keine Ausstrahlung gehabt. So sehr die Charte constitutionnelle von 1814 die deutschen Verfassungen beeinflusste, so nachdrücklich sich auch im Lauf des neunzehnten Jahrhunderts der Halbkreis nach Pariser Vorbild in deutschen Parlamenten etablierte, so wenig kopierte man doch die französische Regierungsbank, sondern stellte den Ministertisch abseits der Abgeordneten auf.

Nur in zwei Fällen war das unter dem unmittelbaren Einfluss der Franzosen als Besatzungsmacht anders, einmal unter Napoleon und dann wieder nach dem Zweiten Weltkrieg. Im Kasseler Sitzungssaal der Ständeversammlung des Königreichs Westfalen, das von Napoleons Bruder Jérôme Bonaparte regiert wurde, tagte in den Jahren 1808 und 1810 erstmals eine deutsche parlamentarische Versammlung im Halbkreis. Dort wurden nach Pariser Vorbild auch die Staatsratsmitglieder als Regierungsvertreter in der ersten Reihe des Halbrunds platziert.[89] Ähnlich war es nochmals nach dem Zweiten Weltkrieg im Saarland, das damals von Deutschland abgetrennt und stark von Frankreich beeinflusst wurde. Im ehemaligen Saarbrücker Casino, von einem französischen Architekten umgebaut, saß die Regierung in der ersten Reihe der Abgeordnetenplätze auf der gleichen Höhe und mit denselben Stühlen und Stahlrohrtischen wie die Abgeordneten hinter ihr.[90] Aber das blieb eine Nachkriegsepisode. Nachdem mit der Ablehnung des Saarstatuts die Entscheidung für die Wiedervereinigung mit der Bundesrepublik gefallen war, wurde der Saarbrücker Plenarsaal bereits im Jahr 1956 erneut umgebaut, und die Regierung sitzt seither auch im Saarland wie in anderen deutschen Landtagen auf der Präsidiumsseite mit Gesicht zu den Abgeordneten.[91]

Führt man sich vor Augen, welch jahrzehntelanger Auseinandersetzungen es im nachrevolutionären Frankreich selbst bedurft hatte, um die Regierungsplätze schließlich dauerhaft in die vorderen Abgeordnetenreihen einzufügen, kann es freilich kaum verwundern, dass dieses französische Arrangement – anders als der Halbkreis als solcher – im bis 1918 monarchisch geprägten Deutschland keinen Widerhall fand.

IV.

Washington
Weder Thron noch Bank

Die Entwicklung der französischen wie der britischen Plenarsäle macht deutlich, dass eigenständige Plätze von Regierungsmitgliedern im Sitzungssaal sich nicht von selbst verstehen. Das revolutionäre Frankreich hat sich ihnen verweigert, weil es eine Regierungsdominanz über das Parlament fürchtete. Das britische Unterhaus hat sie aus Angst vor dem König und seinen Beratern lediglich in der Form der allein mit Parlamentariern besetzten Treasury bench zugelassen. Am deutlichsten zeigt sich die fehlende Selbstverständlichkeit bis heute in den Vereinigten Staaten, wo es Plätze für den Präsidenten oder die Mitglieder seines Kabinetts in den Sitzungssälen von Senat und Repräsentantenhaus nie gab und weiterhin nicht gibt.

1. Das Gegenmodell der Vereinigten Staaten: Plenarsäle ohne Regierung

Das Fehlen von Regierungsplätzen auf dem Kapitol in Washington spiegelt die verfassungsrechtliche Situation wider. Denn nach der Verfassung der Vereinigten Staaten haben der Präsident und die Mitglieder seines Kabinetts keinerlei Anwesenheits- und Rederecht in den beiden Kammern des Kongresses. In den dortigen Plenarsälen gibt es daher jeweils nur Plätze für die Mitglieder des Repräsentantenhauses oder des Senats.[1] Die Position des Vizepräsidenten als Vorsitzender des Senats, der auf seinem erhöhten Platz die Verhandlungen leitet, ist in diesem Zusammenhang nicht von Bedeutung. Der Vizepräsident besitzt insoweit eine eigenständige, nicht mit dem «executive branch» verknüpfte parlamentarische Leitungsfunktion – die er in der Verfassungspraxis ohnehin nur selten tatsächlich wahrnimmt – und kommuniziert nicht etwa als Beauftragter des Präsidenten oder der Kabinettsmitglieder mit dem Senat.[2]

Die räumliche Situation in den Plenarsälen auf dem Kapitolshügel[3] ist die Folge einer eigenwilligen Anverwandlung der Verfassungstradition des britischen Mutterlands durch die nordamerikanischen Revolutionäre. Mit der Loslösung von Großbritannien ließ die junge Republik Königtum und Thron der äußeren Form nach hinter sich. Die Revolte der dortigen Kolonisten hatte sich aber sehr viel mehr gegen das mächtige Parlament und die von seinem Vertrauen abhängige Regierung in London gerichtet als gegen den britischen König. Ihr Ideal war eine gleichberechtigte Balance zwischen Exekutive und Legislative. Gerade deshalb versuchten die Gründerväter in der Verfassung von 1787, durch die Gegenüberstellung von Präsident und Kongress auf dem Boden der Republik ein Gleichgewicht herzustellen, wie es in früheren Phasen der britischen Verfassungsentwicklung zwischen König und Parlament existiert haben mochte. Das Präsidentenamt gewann auf diese Weise Züge eines Königtums aus der Epoche vor der Parlamentarisierung der Regierung.[4] Gerade deshalb verfolgten die nordamerikanischen Revolutionäre eine besonders strenge Gewaltenteilungskonzeption:[5] Der Präsident und sein Kabinett waren und sind nach der US-Verfassung gegenüber dem Kongress völlig eigenständig und ihm gleichgeordnet, was durch die verfassungsrechtliche Unvereinbarkeit von Regierungsamt und Parlamentsmandat besonders unterstrichen wird.[6] Präsident und Kabinett haben deshalb auch kein förmliches Gesetzesinitiativrecht.[7] In den Vereinigten Staaten gibt es bis heute keine «Regierung» im britischen oder kontinentaleuropäischen Sinn.[8] Die um den Präsidenten gruppierten Ressortchefs, die bezeichnenderweise nicht Minister heißen, sondern «Secretaries», bilden kein kollegiales Kabinett, sondern erinnern eher an die Rolle der königlichen Staatssekretäre im Ancien Régime. Insoweit wirkt die Verfassung der USA wie eine Momentaufnahme der britischen Verfassungssituation in der Mitte des achtzehnten Jahrhunderts, bevor Kabinett und Premierminister durch ihre politische Verantwortlichkeit vor dem Unterhaus zunehmend eigenständig gegenüber dem König wurden.[9] Die strikte Gewaltenteilung zwischen dem Präsidenten und seinen Staatssekretären auf der einen, dem Kongress auf der anderen Seite schlägt sich topographisch im Fehlen von Kabinettsplätzen in den Plenarsälen auf dem Kapitol nieder.

2. Präsenz ohne Plätze: «State of the Union Address» und Kongressanhörungen

Die räumliche Trennung zwischen Präsident und Kongress wird in den Vereinigten Staaten nur dadurch abgemildert, dass der Präsident einmal im Jahr in einer feierlichen «State of the Union Address» vom Rednerpult im Sitzungssaal des Repräsentantenhauses zu beiden Kongresskammern spricht, ohne dass darüber im Anschluss eine Aussprache stattfindet. Bei dieser republikanischen Imitation der jährlichen Thronrede des englischen Königs handelt es sich indes um eine verfassungsrechtlich nicht gebotene Praxis, die in der Geschichte der USA auch nicht kontinuierlich ausgeübt wurde. Das englische Vorbild wurde zwar von den beiden ersten Präsidenten George Washington und John Adams zunächst noch befolgt. Thomas Jefferson brach aber bereits 1801 mit dieser Tradition und übermittelte dem Kongress lediglich eine schriftliche Botschaft. Zu Jeffersons republikanischem Ideal der Schlichtheit passte die von George Washington eingeführte Nachahmung der königlichen Thronrede nicht. Jefferson war auch kein guter Redner und scheute zudem das persönliche Aufeinandertreffen mit seinen politischen Gegnern im Kongress.[10] Seit Jefferson kommunizierten die Präsidenten mit dem Kongress über mehr als ein Jahrhundert allein durch schriftliche Berichte. Erst mit der Präsidentschaft Woodrow Wilsons (1913–1921) hat sich die heutige Praxis des persönlichen Auftritts des Präsidenten im Plenarsaal des Repräsentantenhauses eingebürgert, die seit den zwanziger Jahren des vergangenen Jahrhunderts durch die Übertragung zunächst im Rundfunk und später im Fernsehen auch große öffentliche Aufmerksamkeit findet.[11]

Verfassungsrechtlich ist der Präsident indes lediglich verpflichtet, dem Kongress regelmäßig über den «State of the Union», die Lage der Nation, zu berichten. Er hat kein Recht darauf, seinen Bericht vor dem Kongress persönlich abzugeben, denn die Kommunikation des Präsidenten mit dem Kongress ist in der Verfassung nur als Informations- und Empfehlungspflicht, nicht aber als Recht auf persönliche Anwesenheit mit Redemöglichkeit formuliert.[12] Die Rede des Präsidenten kann deshalb nur stattfinden, wenn beide Kammern zuvor in einem übereinstimmenden Beschluss eine entsprechende gemeinsame Sitzung anberaumt haben. So weigerte sich Anfang 2019 die Sprecherin des von den Demokraten beherrschten Repräsentantenhauses, Nancy Pelosi, den Weg für die anstehende «State of the Union Address» des republikanischen Präsidenten Donald Trump freizumachen. Dies geschah vor dem Hintergrund einer Auseinandersetzung zwischen Trump und dem Kongress um die Finanzierung seines Prestigeprojekts einer befestigten Mauer entlang der Grenze zu Mexiko. Der Präsident reagierte auf die Weigerung des Kongresses, die Mittel dafür zu bewilligen, mit einem über einmonatigen *government shutdown*, der Schließung einer großen Zahl von Bundesbehörden. Erst nachdem Trump diesen beendet hatte, fassten beide Kammern schließlich doch noch den Beschluss, die Ansprache des Präsidenten zu ermöglichen.[13]

Darf schon der Präsident nicht aus eigenem Entschluss im Kongress erscheinen, so gilt das erst recht für die Mitglieder seines Kabinetts. Auch diese haben keinerlei amtliche Befugnis, an Plenarsitzungen von Senat oder Repräsentantenhaus teilzunehmen oder dort das Wort zu ergreifen, sondern können lediglich wie jeder andere Bürger als private Zuschauer dabei sein. Ebenso wenig haben sie das Recht, Ausschusssitzungen im Kongress beizuwohnen. Die Kabinettsmitglieder können aber – wie jeder private Bürger auch – als Zeugen oder Sachverständige vor einen Ausschuss des Kongresses geladen werden und haben grundsätzlich die Pflicht, dort zu erscheinen und auszusagen.[14]

3. Eine Regierungsbank auf dem Kapitol?

In der Geschichte der Vereinigten Staaten sind durchaus immer wieder einmal Vorschläge gemacht worden, den Regierungsmitgliedern in den Plenarsälen von Senat und Repräsentantenhaus eigene Plätze einzuräumen. Ihnen sollte dabei zugleich das Recht verliehen werden, an parlamentarischen Debatten teilzunehmen, und sie sollte ebenso die Pflicht treffen, Fragen der

Parlamentarier im Plenum zu beantworten.[15] So hat im Jahr 1864 der Abgeordnete George Hunt Pendleton aus Ohio ein entsprechendes Gesetz vorgeschlagen und seinen Entwurf im Jahr 1879 als Senator erneut eingebracht.[16] Der Hintergrund dafür war der enorme Machtgewinn von Präsident Lincolns Exekutive gegenüber dem Kongress während des Bürgerkriegs zwischen Nord- und Südstaaten der USA. Diesem wollte Pendleton durch die persönliche Anwesenheit der Kabinettsmitglieder im Kongress entgegenwirken, die nach seiner Vorstellung eine bessere Information und stärkere unmittelbare Verantwortlichkeit der «Cabinet officers» gegenüber dem Parlament bewirken sollte.

Auch wenn derartige Reformideen keinen Erfolg hatten, sind die entsprechenden Debatten doch aufschlussreich, weil dort die Grundsatzfragen der Regierungsplätze im Plenum mit besonderer Intensität erörtert wurden. Die Befürworter einer Regierungspräsenz im Kongress argumentierten mit erhofften Verbesserungen sowohl auf Seiten des Kabinetts als auch im Parlament.[17] Eine regelmäßige Plenarpräsenz der Minister sollte eine stärkere Kollegialität und Homogenität des Kabinetts hervorbringen. Die Notwendigkeit, dem Kongress regelmäßig Rede und Antwort zu stehen, sollte nach ihrer Erwartung auch zu einer weniger technischen Personalauswahl für die Kabinettspositionen führen. Umgekehrt erhofften sie sich, die Expertise der Regierungsbürokratie werde auf diesem Weg stärker in die Gesetzgebung einfließen und im Parlament für eine größere Kontinuität der Sacharbeit sorgen. Die Ankündigung von Regierungsvorhaben im Parlament und die dortige Befragung der Kabinettsmitglieder sollten überdies das Plenum aufwerten und die Verantwortlichkeit der präsidentiellen Exekutive gegenüber dem Kongress sichern. Insgesamt wollten die Anhänger der Kabinettsplätze im Kongress die öffentliche direkte Kooperation zwischen Kabinett und Parlament an die Stelle heimlicher indirekter Beziehungen zwischen beiden setzen.

Die Gegner dieser Neuerung im Kongress argumentierten hingegen, diese sei bereits durch die Unvereinbarkeit der gleichzeitigen Mitgliedschaft in Kabinett und Kongress ausgeschlossen.[18] Das Argument war nicht überzeugend, weil Unvereinbarkeit nach dem US-amerikanischen Verfassungsrecht nicht bedeutet, dass die entsprechenden Amtsträger in keinerlei Kommunikationsbeziehungen mit dem Kongress treten dürften. Die Einräumung von Plätzen und Rederecht für Regierungsmitglieder wäre dem Kongress vielmehr im Rahmen seiner verfassungsrechtlich verbürgten Selbstorganisation durchaus möglich. Dadurch würden die Regierungsmitglieder nicht etwa zugleich zu Kongressmitgliedern.[19] So gibt es beispielsweise auch im Verfassungsrecht der französischen Fünften Republik trotz der Unvereinbarkeit von Regierungsamt und Parlamentsmandat ein Anwesenheits- und Rederecht der Regierungsmitglieder in beiden Parlamentskammern[20] und damit auch nach wie vor die Regierungsplätze in den Plenarsälen von Nationalversammlung und Senat. Hinter dem verfassungsrechtlichen Argument verbarg sich bei den US-amerikanischen Gegnern von Regierungsplätzen in den Sälen des Kapitol die Sorge vor einer ihnen unerwünschten Entwicklung des Verfassungssystems. Sie befürchteten, durch die Präsenz der Regierungsmitglieder im Parlament werde entweder schrittweise ein überragender Einfluss des Kabinetts auf den Kongress nach britischem Muster entstehen oder aber die Autorität der Minister umgekehrt durch deren öffentliche Befragung in Plenarsitzungen Schaden nehmen.[21] Aufgrund derartiger Bedenken konnten sich die Vorschläge Pendletons nicht durchsetzen. Trotz erneuten späteren Anläufen und Reformüberlegungen[22] ist es in den Vereinigten Staaten daher bis heute dabei geblieben, dass die Kabinettsmitglieder keine Plätze in den Plenarsälen beider Kammern des Kongresses haben und dort weder sprechen noch befragt werden dürfen. Die Teilnahme der Minister an Plenarsitzungen des Kongresses ist Verfassungsrecht wie Verfassungspraxis der USA weiterhin radikal fremd.

4. Parlamentarisierung der USA?

Das Zurückscheuen der Amerikaner vor diesem Schritt dürfte nicht zuletzt der intuitiven Ahnung geschuldet gewesen sein, dass mit der regelmäßigen Anwesenheit der Kabinettsmitglieder im Kongress perspektivisch ein grundlegender Wandel hin zum parlamentarischen Regierungssystem hätte einsetzen können. Denn das Kabinett hätte auf diesem Weg schrittweise zu einer verantwortlichen Regierung werden können, die sich auf die jeweilige Kongressmehrheit gestützt hätte. Der Präsident wäre potentiell in eine stärker repräsentative Stellung abgedrängt worden.[23] Im Zuge eines allmählichen Verfassungswandels hätte es so zu einer Parlamentarisierung der Vereinigten Staaten kommen können. Der britische Politikwissenschaftler Harold Laski

hat im Jahr 1940 in einem brillanten Vergleich zwischen dem Präsidialsystem
der USA und dem parlamentarischen Regierungssystem Großbritanniens gezeigt, wie die Einführung eines Anwesenheits- und Rederechts der Kabinettsmitglieder im Kongress in das langsame Entstehen einer von der Kongressmehrheit abhängigen parlamentarischen Regierung hätte einmünden können.
Die regelmäßige Anwesenheit der Minister im Kongress hätte vermutlich
dazu geführt, dass der Präsident solche Personen in sein Kabinett hätte berufen müssen, die im Kongress Einfluss ausüben konnten. Dies wären aber in
erster Linie erfahrene frühere Kongressmitglieder gewesen. Diese hätten sich
wiederum im Zusammenspiel mit dem Kongress eine eigenständige, vom
Präsidenten unabhängige Stellung erarbeiten können – bis hin zur informellen Herausbildung eines amerikanischen Premierministers.[24] In einer
atemberaubenden Spekulation skizzierte Laski eine Entwicklung des Verfassungssystems der Vereinigten Staaten etwa in der Weise, in der einst in Großbritannien das Unterhaus dem König schrittweise die Regierungsmacht ent-
rissen hatte und an deren Ende der amerikanische Präsident vielleicht so
dagestanden hätte wie heute die britische Königin. Sicherlich hätten einem
derartigen allmählichen Verfassungswandel viele Hindernisse im Verfassungssystem und der politischen Kultur der USA entgegengestanden, nicht zuletzt
die verfassungsrechtlich verankerte Unvereinbarkeit von Regierungsamt und
Parlamentsmandat, das Zwei-Kammer-System und die mächtige Stellung der
Vorsitzenden der bedeutenden Kongressausschüsse. Aber Laskis spekulative
«Was wäre gewesen wenn»-Überlegung macht doch deutlich, wie sehr die
Existenz von Sitzen der Regierungsvertreter im Plenarsaal Ausdruck der gesamten Verfassungsarchitektur und der diese umgebenden politischen Kultur
ist.

V.

Berlin
Die Regierungsbank als Thronersatz

Fanden die Plenarsäle in London, Paris und Washington schon im frühen neunzehnten Jahrhundert zu ihrer ausgereiften Form, so entstand ein eigener nationaler Plenarsaal in Deutschland überhaupt erst nach der Gründung des preußisch-deutschen Kaiserreiches im Jahr 1871 für den Reichstag in Berlin. Anders als in Großbritannien oder Frankreich gab es in Deutschland vor der Reichsgründung weder einen Nationalstaat noch eine Hauptstadt.[1] Der behelfsmäßige Verhandlungssaal des Reichstags, der im Sommer 1871 binnen weniger Wochen errichtet wurde, bot dem jungen Nationalstaat ein neuartiges Plenardesign. Auf prägende Weise wurden die Regierungsplätze damals in die Präsidiumsseite gegenüber dem Plenum integriert. Dieses Arrangement aus dem Jahr der Reichsgründung wirkt bis heute in der Sitzordnung des Deutschen Bundestages fort.

1. Zweierlei Regierungsbänke in den deutschen Plenarsälen vor der Reichsgründung

Als der Reichstag im Sommer 1871 seinen ersten eigenen Plenarsaal bekam, gab es in den verschiedenen deutschen Einzelstaaten noch keine allgemein etablierte Sitzordnung, an die man hätte anknüpfen können. Seit die deutschen Länder nach dem Wiener Kongress 1814/15 mehr und mehr zur konstitionellen Monarchie übergegangen waren, fand sich dort vielmehr eine Vielfalt unter-

schiedlicher Arten von Verhandlungssälen.[2] So richtete man die Abgeordnetenplätze für die zweiten Kammern in Baden und Württemberg bereits nach
französischem Muster im Halbkreis ein. In Bayern oder Sachsen folgte man
hingegen mit einer rechteckigen Sitzanordnung dem altständischen oder englischen Vorbild.[3] Die Anordnung der Regierungsplätze hing dabei auch in den
deutschen Ländern eng mit der Aufstellung des Throns zusammen. Anders als
in London oder Paris wurde aber in Deutschland nicht die Lösung gewählt, die
Regierungsmitglieder inmitten der Abgeordneten zu platzieren. Für die hohen
Beamten, aus denen die Regierung damals üblicherweise bestand, wurde vielmehr abseits der Abgeordnetenplätze eine eigenständige Regierungsbank aufgestellt.[4] Was deren räumliche Anordnung anging, gab es vor der Reichsgründung zwei Grundtypen von Plenarsälen: einen interaktiven, der das Präsidium
mit der Rednertribüne gegenüber dem Ministertisch platzierte, und einen interaktionsarmen, in dem die Regierungsbank sich rechts von Thron und Präsidium gegenüber den Abgeordnetenplätzen und hinter dem Rednerpult befand.

Interaktive Plenarsäle:
Gegenüber von Parlament und Regierung

Der interaktive Typus fand sich hauptsächlich in denjenigen Plenarsälen, in
denen kein Thron für die feierliche Parlamentseröffnung aufgestellt war. Die
Abwesenheit des Throns in diesen Sälen erklärt sich damit, dass die jeweiligen
Monarchen – unter ihnen besonders der preußische König – die Kammern
nicht durch ihre persönliche Anwesenheit im Parlamentsgebäude aufwerten
wollten. Da der Thron fehlte, war der Ort der Regierungsbank nicht bereits
durch die unausweichliche Nähe zum Thronraum vorgezeichnet. Dort entschied man sich dafür, das Präsidium mit dem Rednerpult und den Ministertisch auf gegenüberliegenden Seiten des Saales einzurichten. Befreit von der
Notwendigkeit, beide im Umfeld des Throns zu platzieren, und hinsichtlich
der Anordnung der Abgeordnetenplätze noch nicht vom französischen Halbkreis geprägt, siedelten diese Säle das Präsidium als Verkörperung des gesamten Parlaments und die Regierungsbank einander gegenüber in der Mittel-
achse des Saales an und verteilten die Abgeordneten rechts und links davon.
Diese Plenarsaalgestaltung betonte das kommunikativ-konfrontative Gegenüber von Parlament und Regierung.

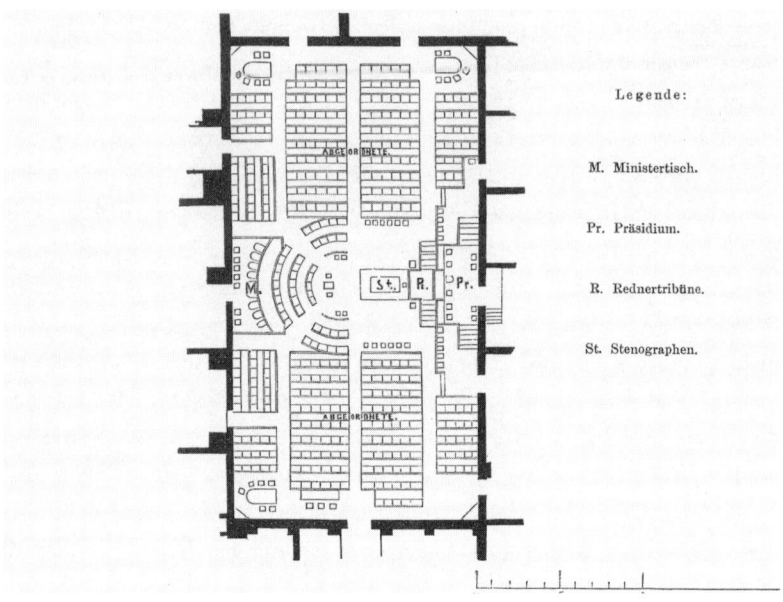

Abb. 13: Die Sitzordnung des preußischen Abgeordnetenhauses
in der frühen Bismarckzeit

In dieser Form tagte insbesondere das *preußische Abgeordnetenhaus* als größtes deutsches Landesparlament.[5] In seinem rechteckigen Sitzungssaal saß das Präsidium in der Mitte der einen Längsseite, vor ihm stand die Rednertribüne. Der Ministertisch stand gegenüber dem Präsidium an der anderen Längswand des Saales. Rechts und links des Präsidiums saßen die Abgeordneten, einander anblickend, in zwei großen Blöcken. Manche Einzelelemente dieses Sitzarrangements erinnerten an die älteren Ständeversammlungen wie auch an das englische Unterhaus. Was die Regierungsplätze anging, beruhte es auf der räumlichen Entgegensetzung von Präsidium und Ministertisch.[6] Da die Rednertribüne vor dem Präsidium aufgestellt war, ermöglichte der Saal die unmittelbare kritische Ansprache der Regierung durch den Redner.[7] Die entsprechende Saalgestaltung ging auf die Revolution von 1848 zurück, als bereits die preußische Nationalversammlung, das Pendant zur Paulskirche für Preußen, in ähnlicher Form in der Berliner Singakademie getagt hatte.[8]

Dieses preußische Raumarrangement war auch international keineswegs völlig einzigartig. Es weist vielmehr große Ähnlichkeiten mit der Sitzordnung auf, die in der *niederländischen Zweiten Kammer* in Den Haag bis zum Bezug

Abb. 14: Der Plenarsaal der niederländischen Zweiten Kammer
in Den Haag bis 1992

eines neu errichteten Plenarsaals im Jahr 1992 praktiziert wurde, in Anknüpfung an eine jahrhundertealte ständische Tradition. Dort saßen Präsidium und Regierung einander ebenfalls in der Mitte der beiden Längsseiten eines rechteckigen Saales gegenüber, wobei das Rednerpult rechts vom Präsidium aufgestellt war. Ähnlich wie in Preußen waren die Abgeordnetenplätze dabei in zwei großen Blöcken rechts und links des Präsidiums Auge in Auge angeordnet.[9] Die abgesonderte Platzierung der Regierung gegenüber dem das Parlament verkörpernden Präsidium betonte auch in den Niederlanden einen starken Dualismus von Parlament und Regierung.[10]

Unter den Verhältnissen eines europäischen Kleinstaats gibt es ein ähnliches Raumarrangement wie früher in den Niederlanden bis heute auch in *Luxemburg*. Im Sitzungssaal der dortigen Chambre des Députés sitzen sich Regierung und Präsidium an den Schmalseiten einer rechteckigen Sitzanordnung gegenüber. An den beiden Längsseiten sitzen die Abgeordneten, die vom Platz aus sprechen, mit Blickkontakt zueinander.[11] In Preußen war die architektonische Entgegensetzung von Präsidium und Redner auf der einen und Regierung auf der anderen Seite das Erbe der Achtundvierziger. Nicht zu-

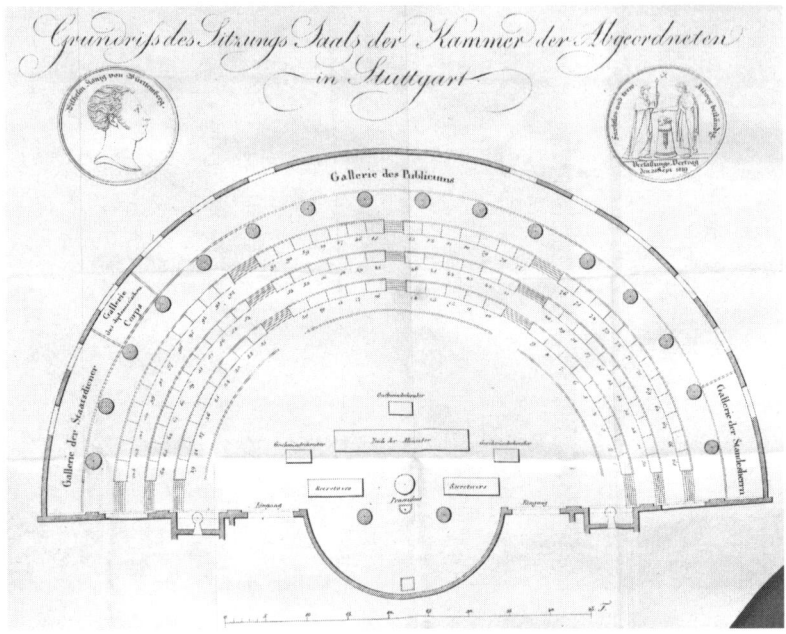

Abb. 15: Die Sitzordnung im Halbmondsaal des württembergischen Landtags
in Stuttgart

fällig war es gerade dieser Saal, in dem die liberale Landtagsmehrheit mit der
Regierung Bismarck den erbitterten preußischen Verfassungskonflikt der
Jahre 1862 bis 1866 um die Heeresreform austrug.

   In einem außergewöhnlichen Einzelfall wurde ein derartiger interaktiver
Plenarsaal, der auf die unmittelbare Kommunikation zwischen Parlamentariern und Regierungsvertretern angelegt war, sogar mit einem Thron kombiniert: im «Halbmondsaal» in Stuttgart, wo seit 1819 die zweite Kammer des
württembergischen Landtags tagte. Dort saßen die Abgeordneten bereits nach
französischem Vorbild im Halbkreis. In der Mitte der Stirnseite des Saals erweiterte sich der Raum zu einer Nische für den königlichen Thron, die durch
Damastvorhänge abgeschirmt war und nur bei der feierlichen Eröffnung des
Landtags durch den König in das Saalgeschehen einbezogen wurde. Vor der
Königsnische saß leicht erhöht das Präsidium, davor ein Stück weiter im Raum
richtete man mit Front zum Plenum die Regierungsbank ein.[12] Eine Rednertribüne fehlte, weil die Abgeordneten immer vom Platz sprachen. Die Regierung
saß auf diese Weise im Zentrum des Saals zwischen der erhöhten Thronseite

und dem Plenum. Durch das direkte Gegenüber von Abgeordneten und Ministern war der Stuttgarter Plenarsaal gerade auf deren unmittelbare Interaktion angelegt und betonte einen kämpferischen Dualismus zwischen monarchischer Regierung und Landtag, der sich vielleicht auch dem starken Fortwirken der altständischen Tradition Württembergs verdankte.[13] Lässt man für einen Moment die kleinstaatliche Behäbigkeit des damaligen württembergischen Parlamentarismus beiseite – der aber im Vormärz immerhin liberalen Parlamentariern wie Paul Pfizer oder Ludwig Uhland eine Bühne bot –, so erinnert der räumliche Zuschnitt des Halbmondsaals an die italienischen Plenarsäle in Rom, wo die Abgeordneten gleichfalls nur vom Platz sprechen und die Regierungsbank unterhalb des Präsidiums vom Halbkreis der Abgeordneten gleichsam umzingelt wird.[14] Das württembergische Arrangement blieb unter den deutschen Plenarsälen des neunzehnten Jahrhunderts singulär. Es ließ aber erkennen, dass selbst ein erhöhter Thron im Saal ein interaktives Gegenüber von Parlamentariern und Regierung nicht von vornherein ausschließen musste.

Interaktionsarme Plenarsäle:
Die Regierungsbank zur Rechten des Throns

Neben diesen Plenarsälen, die eine Kommunikation zwischen Abgeordneten und Regierungsvertretern von Angesicht zu Angesicht ermöglichten, gab es einen zweiten Plenarsaaltypus, der die Regierung rechts vom Thron platzierte und nicht auf eine direkte Interaktion der Parlamentarier mit den Ministern ausgerichtet war. An diese zweite Form knüpfte später das Reichstagsdesign auf seine Weise an. Sie war durch eine den Abgeordnetenplätzen gegenüberliegende und erhöhte Thronseite gekennzeichnet, wobei die Regierungsbank zur Rechten von Thron und Präsidium stand.

Exemplarisch sei das hier am Plenarsaal der zweiten badischen Kammer im Karlsruher Ständehaus erläutert, dem in den Jahren 1820 bis 1822 errichteten ersten eigenständigen deutschen Parlamentsbau überhaupt. Die Abgeordnetenplätze waren dort im Halbkreis mit ansteigenden Reihen angeordnet.[15] Im Zentrum der Stirnseite des Saals stand auf einem Podest der Thron des Großherzogs, der für die feierliche Eröffnung des Landtags genutzt wurde. Davor befand sich zwei Stufen niedriger der Präsidentenstuhl und vor diesem, weitere drei Stufen tiefer, das Rednerpult. Rechts des Throns waren auf

Abb. 16: Der Sitzungssaal der zweiten badischen Kammer im Karlsruher Ständehaus

der Höhe des Präsidiums hintereinander zwei große Tische für die Minister und ihre Beamten aufgestellt. Was sich an der Karlsruher Plenararchitektur gut beobachten lässt, ist der Beginn einer langfristig wirksamen Anverwandlung und Umformung des aus Paris importierten Halbkreismodells der Französischen Revolution im Rahmen der deutschen konstitutionellen Monarchie. Die Unterschiede zum Pariser Archetyp waren freilich offensichtlich. Zwar überwand man ähnlich wie in Frankreich durch den Halbkreis das ältere ständische Rechteck und berief sich dabei ebenfalls auf das Vorbild des klassischen antiken Theaters.[16] Anders als in Paris war der Saal aber nicht auf Präsidium und Rednertribüne ausgerichtet, sondern auf den beide überragenden Thron dahinter. Während die Thronseite in Paris selbst unter den nachrevolutionären Monarchien allenfalls noch für die Parlamentseröffnung aufgebaut wurde und beim württembergischen Nachbarn in Stuttgart hinter Damastvorhängen verborgen blieb, prägte sie in Karlsruhe bis zur Revolution von 1918 auch den parlamentarischen Alltag. Im Unterschied zum Palais Bourbon saßen die badischen Minister und Regierungskommissare auch nicht in den ersten Reihen des Halbkreises, sondern zur Rechten des Throns.

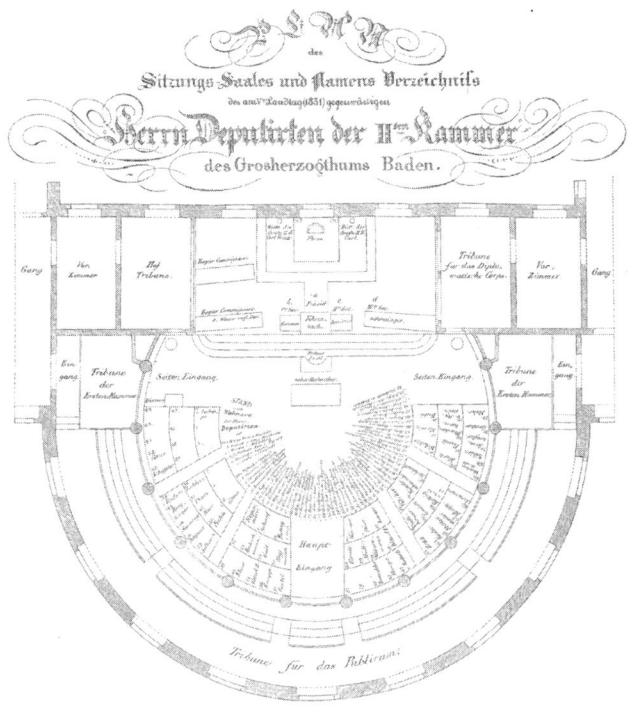

Abb. 17: Sitzordnung der zweiten badischen Kammer im Karlsruher Ständehaus

Das erhöhte Podest bot in Karlsruhe Thron, Präsidium und Regierung gemeinsam Platz. Auf der Stirnseite des Saals gab es im Palais Bourbon nur den Sitz des Präsidenten und die Rednertribüne. Im badischen Ständehaus existierten hingegen zwei deutlich voneinander abgesetzte Bereiche: der Raum der monarchischen Regierung, der das Präsidium umgriff, und der Bezirk der Parlamentarier. Auf der Grenze zwischen beiden stand die Rednertribüne.

Es liegt nahe, in diesem räumlichen Arrangement den architektonischen Ausdruck für das labile Gegenüber von monarchischem Staat und bürgerlicher Gesellschaft zu sehen, das für die deutsche konstitutionelle Monarchie im «langen» neunzehnten Jahrhundert bis zur Revolution von 1918 kennzeichnend war. Auffällig am badischen Plenarsaal war freilich, dass dieser sehr viel mehr das Nebeneinander zweier unterschiedlicher Sphären ausdrückte als deren wechselseitige Beziehung. Denn das Zentrum des Saals war der leere Thron des Großherzogs, der dort nur zur feierlichen Landtagseröffnung anwesend war. Dieser entrückte und aller Kritik entzogene Thron bildete das eigentliche Gegenüber des Halbkreises der Abgeordneten. Die Regierung saß hingegen den Abgeordneten nicht wirklich gegenüber, sondern gleichsam beiseite. Die direkte kritische Interaktion mit ihr von der Rednertribüne oder vom Platz aus war kaum möglich. Von liberalen Abgeordneten wurde das bereits im Vormärz beklagt. So forderte Karl Freiherr von Closen im Jahr 1846, die Ministerbank entweder vor dem Präsidium aufzustellen, um den Abgeordneten den Dialog mit den Ministern vom Platz aus zu ermöglichen, oder aber die Minister in der ersten Bankreihe des Plenums zu platzieren, damit sie von der Rednertribüne aus unmittelbar angesprochen werden konnten.[17] In der Sache propagierte der liberale Parlamentarier hier entweder eine «württembergische» oder eine «französische» Ansiedlung der Regierungsplätze, um den Parlamentariern einen Austausch mit den Ministern von Angesicht zu Angesicht zu ermöglichen. Wie sehr die Platzierung der Regierung zur Rechten des Throns die Interaktion mit den Parlamentariern erschwerte, zeigte der Karlsruher Ständesaal gerade deshalb so deutlich, weil er ansonsten besonders stark dem Vorbild des Palais Bourbon folgte. In Paris konnte der Redner die Minister in der gegenüberliegenden ersten Reihe des Halbkreises unmittelbar kritisch ansprechen. In Karlsruhe saßen die Regierungsmitglieder wie unbeteiligt dabei.

Vor der Reichsgründung hatten sich also in Deutschland hinsichtlich der Regierungsplätze bei aller Vielfalt im Einzelnen zwei sehr unterschiedliche Grundformen von Plenarsälen herausgebildet, die im Verhältnis von Parlamentariern und Regierungsvertretern entweder interaktionsstark oder interaktionsschwach waren. Im provisorischen Reichstagsgebäude setzte sich im Sommer 1871 in eigenwilliger Form der interaktionsschwache Plenarsaaltypus durch. An die Stelle der Thronseite trat dabei im föderativen Deutschen Kaiserreich eine massive und erhöhte Bundesratsbank zu beiden Seiten des Präsidiums. Hier entstand das neue deutsche Modell einer Thronseite ohne Thron, durch das die interaktionsarme Saalanordnung über das Ende der Monarchie im Jahr 1918 hinaus überlebensfähig wurde. Der erste Saaltypus, der das Präsidium mit der Rednertribüne und die Regierung an entgegengesetzten Seiten des Raumes platzierte, blieb hingegen auf Reichsebene ohne Wirkung und verschwand aufgrund der längerfristigen Prägekraft des Reichstagsmodells zunehmend auch aus den Landesparlamenten.

2. Nur das Provisorische ist von Dauer

Durch die Vielfalt an Sitzordnungen in den damaligen Landtagen der deutschen Einzelstaaten war die Ausgangslage für die Gestaltung des Plenarsaals des Reichstags im Sommer 1871 durchaus offen. Die Handlungsmöglichkeiten waren aber zugleich dadurch begrenzt, dass alles sehr schnell gehen musste. Seit 1867 hatte der Reichstag in Berlin immer wieder lediglich provisorisch Quartier bezogen. Ähnlich wie einst die französische Nationalversammlung von 1789 war er anfangs eine Versammlung auf Wanderschaft und zog jahrelang von Saal zu Saal.[18] Der Reichstag des Norddeutschen Bundes tagte von 1867 bis 1870 zunächst im Plenarsaal des preußischen Herrenhauses. Als nach der Reichsgründung die süddeutschen Abgeordneten hinzukamen, wurde dieser Saal zu klein, und man zog im Frühjahr 1871 in das größere Tagungslokal des preußischen Abgeordnetenhauses um, das sich aber ebenfalls rasch als wenig geeignet erwies. Als Übergangslösung errichtete man daher während der Sommerpause desselben Jahres in großer Eile einen Sitzungssaal im Gebäudekomplex der bisherigen königlichen Porzellanmanufaktur an der Leipziger Straße, den der Reichstag im Herbst 1871 bezog. Die Pläne dafür stammten aus der preußischen Ministerialbürokratie. Der Geheime Baurat Heinrich Herrmann aus der Bauabteilung des preußischen Handelsministeriums hatte die dortige Plenarsaalanordnung für einen ursprünglich geplanten massiven Neubau entworfen. Als man sich kurzfristig zur Errichtung eines provisorischen Sitzungssaals entschloss und den Innenhof der Porzellanmanufaktur binnen weniger Monate mit einem Glasdach überspannte, wurde Herrmanns Plenarsaaldisposition in die Skizze für den entsprechenden Notbau übernommen.[19]

Die Parlamentarier saßen dort[20] im Halbkreis mit ansteigenden Sitzreihen. Dem Plenum frontal gegenüber befand sich eine Empore mit dem erhöhten Platz für das Präsidium und das Rednerpult, wohin zwei Treppen an beiden Seiten hinaufführten. Rechts und links des Präsidiums waren zwei lange, leicht geschwungene Tribünen mit jeweils zwei Bankreihen angelegt, die gegenüber dem Saalboden um sieben Stufen erhöht waren. Auf deren 48 Plätzen nahmen der Reichskanzler und die Mitglieder des Bundesrates Platz, die unter den besonderen verfassungsrechtlichen Bedingungen des Deutschen Kaiser-

Abb. 18: Der Plenarsaal des Reichstages im Wallot-Bau

reiches die Regierung bildeten. Das Gegenüber zwischen dem Halbkreis der Abgeordneten und der erhöhten Präsidiumsseite mit den Regierungsplätzen war das prägende Charakteristikum dieser Plenarsaalkonfiguration aus dem Sommer 1871. Damit reihte sich der Reichstag auf seine Weise in den Typus des interaktionsarmen Plenarsaals ein, der Parlamentarier und Regierungsvertreter nicht Auge in Auge aufeinandertreffen ließ. Eigentlich sollte der provisorische Plenarsaal an der Leipziger Straße nur für ein kurzes Interim bis zur Errichtung eines endgültigen Reichstagsgebäudes benutzt werden. Die Übergangszeit dauerte dann aber tatsächlich 23 Jahre lang. Der im Jahr 1871 hastig errichtete Plenarsaal verfestigte sich zur dauerhaften Saalarchitektur, die in den 1894 fertiggestellten Wallot-Bau übernommen wurde und noch heute in der Plenarsaalkonfiguration des Deutschen Bundestages weiterwirkt.

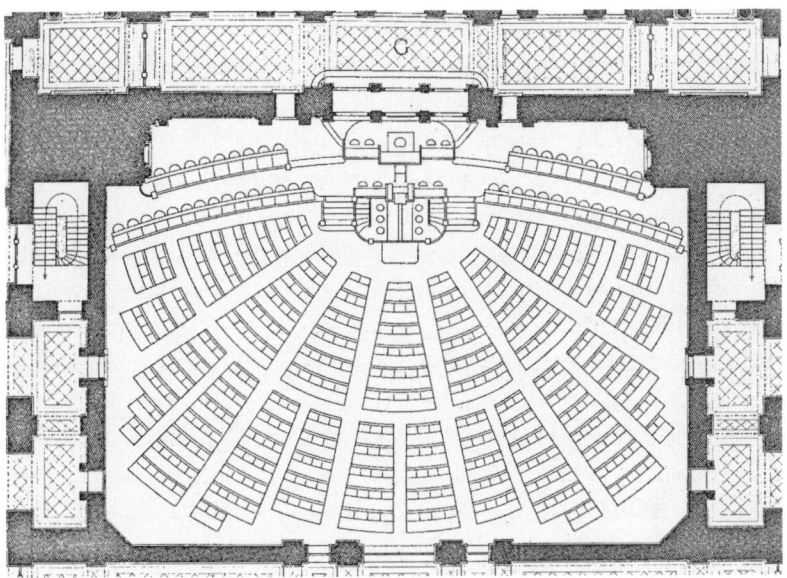

Abb. 19: Sitzplan des Reichstages im Wallot-Bau

3. Der Reichstag im Reich ohne Krone

Charakteristisch für den Plenarsaal des Reichstags war zunächst, dass dort, anders als in vielen damaligen Landtagen der deutschen Einzelstaaten, kein Thron stand. Die erhöhte Bundesratsbank zu beiden Seiten des Präsidiums war nur in einem Saal möglich, der nicht auf einen Thron ausgerichtet werden musste. Dass der Thron im Reichstag fehlte, war in erster Linie Ausdruck der zurückgenommenen rechtlichen Stellung des Deutschen Kaisers unter der Reichsverfassung von 1871.[21] Im föderativen Deutschen Reich gab es eine große Zahl monarchischer Staatsoberhäupter. Unter ihnen trug zwar der König von Preußen, des mit Abstand größten Einzelstaats, gleichzeitig den Titel «Deutscher Kaiser». Nach der bismarckschen Verfassungskonstruktion war das Deutsche Reich aber ein Bund der deutschen Länder, in dem sich 22 monarchische Staatswesen und drei freie Städte zusammengeschlossen hatten. Dieses Reich hatte verfassungsrechtlich gleichsam ein kollektives Staatsoberhaupt aus Königen, Großherzögen, Herzögen, Fürsten und den Bürgermeistern der Hansestädte. Seine verfassungsrechtlichen Verhältnisse lagen durch diesen monarchischen Föderalismus von vornherein anders als in den konstitutionellen Monarchien der deutschen Einzelstaaten.[22] Zentrales Reichsorgan war deshalb rechtlich nicht der Kaiser, sondern der Bundesrat, der aus Vertretern der Regierungen der deutschen Einzelstaaten bestand.

«Deutscher Kaiser» war hingegen lediglich der Name, unter dem der König von Preußen das «Präsidium des Bundes» führte, wie es in der Verfassung bürokratisch-notariell hieß.[23] Die Zwiespältigkeit dieses Kaisertums zeigte sich anschaulich in der Reichskrone, einer Mischung aus der alten preußischen Königskrone und der Krone des 1806 untergegangenen Heiligen Römischen Reiches Deutscher Nation. Die Reichskrone wurde als Emblem auf Siegeln oder Bauten des Reiches – insbesondere auch im Reichstagsgebäude[24] – verwendet, trotz der Existenz eines entsprechenden Modells auf dem Papier[25] aber in der Wirklichkeit nie angefertigt.[26] Im Kaisertum war zwar durchaus eine unitarische Dynamik angelegt, die besonders in der wilhelminischen Epoche tatsächlich und symbolisch weit über das abstrakte Bundespräsidium der Bismarckverfassung hinausführen sollte.[27] Das änderte indes nichts am Ausgangsbefund, dass die Reichsverfassung unter dem Amtstitel «Deutscher Kaiser» lediglich die Befugnisse des Bundespräsidiums bündelte. Diesem kargen Präsidium konnte man im Jahr 1871 schwerlich einen Thron in den Reichstag stellen. Einen Thron des Königs von Preußen konnte es im Reichstag aber erst recht nicht geben, stand doch der preußische König als solcher formell nur auf der gleichen Rangstufe wie die Bundesfürsten der anderen deutschen Einzelstaaten.

Zu diesen bundesstaatlichen Problemen kam noch die vorherige preußische Praxis hinzu, die in Berlin großen Einfluss auf die entstehenden Reichsinstitutionen besaß. Seit dem Übergang Preußens zum Verfassungsstaat im Gefolge der Revolution von 1848 hatte es in den beiden preußischen Parlamentskammern keinen Thron gegeben. Das lag am Selbstverständnis der preußischen Könige, welche die verfassungsmäßige Beschränkung ihrer Macht durch den Landtag nur widerwillig akzeptierten. Sie verstanden sich gerade nicht als *King in Parliament* und hielten sich deshalb anders als die englischen Monarchen von den parlamentarischen Sitzungsräumen fern. Die gleiche Distanz pflegten sie auch in ihrer Rolle als Deutscher Kaiser gegenüber dem Reichstag und inszenierten sich mit Vorliebe fern des Parlaments.[28] Die förm-

liche Reichstagseröffnung durch den Kaiser fand deshalb im Weißen Saal des
Berliner Stadtschlosses statt,[29] dem zentralen Ort der preußisch-deutschen
Monarchie.[30] Zwar stieß auch diese Zeremonie auf das Problem, dass das Kaisertum im vielschichtigen Deutschland nicht schlicht auf preußische Rituale
und Symbole zurückgreifen konnte. So wurde für die erste Reichstagseröffnung nach der Reichsgründung im März 1871 ein Thron aus der Kaiserpfalz in
Goslar herbeigeschafft, um das preußisch-deutsche Kaisertum in die Tradition
der mittelalterlichen Kaiser zu stellen.[31] Später ließ Wilhelm II. den preußischen Königsthron im Weißen Saal für Reichsanlässe jeweils über dem Baldachin mit der Reichskrone anstelle der preußischen Königskrone versehen
und mit Goldbrokat statt Purpur ausschlagen.[32] Blieben Krone und Thron als
Reichssymbole also durchaus prekär, so erlaubte die feierliche Reichstagseröffnung im Berliner Stadtschloss doch gleichwohl, dort – ähnlich wie einst im
Paris der 1820er Jahre – eine Eröffnungszeremonie mit höfischem Gepräge
und einem Meer von Uniformen abzuhalten. Im bürgerlichen Anzug, nicht selten sogar ihrerseits in Reservistenuniform, blieben die Abgeordneten hingegen
bloße Statisten dieser durch den Hof geprägten Zeremonie. Noch für die
Reichstagseröffnung durch Kaiser Wilhelm II. im Februar 1912 – nach der
Reichstagswahl vom Januar 1912, in der die SPD zum ersten Mal stärkste Fraktion geworden war – konnte die langjährige Hofstaatsdame der Kaiserin, Mathilde Gräfin von Keller, die «Entfaltung höfischen Glanzes» und den «eigenartigen Zauber» der ganzen Zeremonie hervorheben.[33] Sicherlich brauchte der
Kaiser die feierliche Reichstagseröffnung im Weißen Saal auch seinerseits zur
öffentlichen Beglaubigung seiner Stellung, wie besonders die prunkvollen
Reichstagseröffnungen in Anwesenheit der Bundesfürsten nach der Reichsgründung im März 1871 und dem Thronwechsel zu Wilhelm II. im Juni 1888
zeigten.[34] Das Ritual einer Parlamentseröffnung, bei der das Parlament zu
Hofe ging, inszenierte aber doch symbolisch den Vorrang der Monarchie gegenüber den Parlamentariern. Gerade deshalb war dieser Hofgang der Abgeordneten zeitgenössisch auch keineswegs unumstritten und wurde von sozialdemokratischen und linksliberalen Abgeordneten, während des Kulturkampfs
auch von den Parlamentariern der katholischen Zentrumspartei, boykottiert.[35]
In ihrer ergriffenen Schilderung des dicht gefüllten Weißen Saals bei der
Reichstagseröffnung im Februar 1912 erwähnte die erzkonservative Gräfin von
Keller die Anwesenheit von Abgeordneten «aller» Parteien, musste jedoch
sogleich vermerken: «Nur die Sozialdemokraten hielten sich fern.»[36]

Prinz Wilhelm in der Fürstenloge

Abb. 20: Kronprinz Wilhelm, der spätere Kaiser Wilhelm II., in der Hofloge
des Reichstags im Februar 1888

Durch die Parlamentseröffnung im Weißen Saal entfiel jedenfalls jegliche
Notwendigkeit für einen Thron im Plenarsaal des Reichstags. Einen Platz für
die Teilnahme des Kaisers an Reichstagssitzungen gab es deshalb im eigentlichen Sitzungsraum nicht. Auf der Saalseite zur Rechten des Präsidiums
existierte im ersten Stock indes eine balkonartig in den Raum hineinragende
Hofloge, in deren mit purpurnem Samt bezogenen Sesseln Mitglieder der
deutschen Herrscherhäuser die Plenarsitzungen verfolgen konnten. Die Loge
wurde von den Hohenzollern, darunter auch dem jeweiligen preußischen
Kronprinzen, und den Mitgliedern anderer deutscher Dynastien durchaus
stark genutzt, nicht aber vom Kaiser.[37]
    Anders als im Pariser Palais Bourbon war das Fehlen des Throns im Ber-
liner Reichstag also nicht etwa Ausdruck einer Verdrängung des Throns als
Zentrum des Saals durch die Rednertribüne. Der Thron fehlte nicht aufgrund parlamentarischer Selbstbehauptung des Reichstags, sondern wegen
der besonderen Situation auf der monarchischen Seite. Dort traf die prekäre
verfassungsrechtliche Stellung des Deutschen Kaisers als bloßes «Bundespräsidium» zusammen mit dem autokratischen Herrschaftsanspruch des

preußischen Königtums, das die Abgeordneten nicht durch die Anwesenheit des Monarchen im Parlamentsgebäude aufwerten wollte und sich mit Vorliebe fern des Parlaments öffentlich in Szene setzte. Das preußisch-deutsche Kaisertum war gleichzeitig zu schwach und zu übermächtig für einen Thron im Plenarsaal des Reichstags.

4. Französischer Halbkreis mit Regierungsbank für preußische Herren

Einfacher als mit dem Platz des Kaisers hatte man es bei der Gestaltung des Plenarsaals mit den Plätzen der Abgeordneten. Man wählte dafür den französischen Halbkreis, der sich nun mehr und mehr europaweit durchsetzte. Ähnlich wie im Pariser Tuilerientheater des Jahres 1793 bedeutete die Wahl des Halbkreises auch im Fall des Reichstags einen – durch die späte Nationalstaatsbildung verzögerten – Bruch mit der älteren Ständegesellschaft und den rechteckigen Raumarrangements ihrer Vertreterversammlungen. Diese Abkehr wurde besonders deutlich durch den Kontrast des neuen Plenarsaals des Reichstags zur Sitzordnung der beiden gleichfalls in Berlin tagenden Kammern des preußischen Landtags, wo die Abgeordnetensitze damals noch in großen eckigen Blöcken hintereinander angeordnet waren.[38] Im Gegensatz dazu betonte der Halbkreis die Gleichheit aller Abgeordneten untereinander und damit im jungen Nationalstaat auch die Hoffnung auf die Einheit der Nation jenseits aller sozialen, föderalen und konfessionellen Zerklüftungen. Diese Einheitsbedeutung des Halbkreises wurde auch nicht etwa dadurch dementiert, dass die Abgeordnetenplätze innerhalb des Halbkreises in sieben keilförmige Gruppen untergliedert waren.[39] Hierdurch sollte vielmehr über die Zuordnung der Sitzplätze zu sieben ausgelosten «Abteilungen» nach französischem Vorbild der parteipolitischen Gruppenbildung unter den Parlamentariern entgegengewirkt und gerade die Einheit aller Abgeordneten betont werden.[40] Dieses Bestreben scheiterte freilich durch die rasche Bildung von Fraktionen und die Wahl der Sitzplätze nach politischen Richtungen von Anfang an. Das unitarische Selbstverständnis des Reichstags kam überdies darin zum Ausdruck, dass man im Sitzungssaal an der Leipziger Straße über

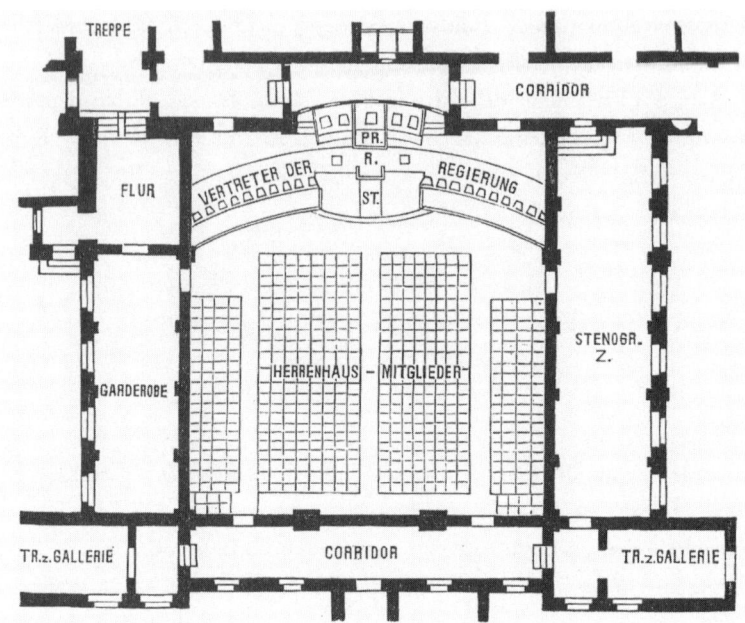

Abb. 21: Sitzplan des Plenarsaals des preußischen Herrenhauses
in der Bismarckzeit

dem Präsidententisch bereits 1871 eine schwarz-weiß-rote Flagge anbrachte, lange bevor diese Farben zu offiziellen Reichsfarben wurden.[41]

Dem egalitären Halbkreis lagen auf erhöhten Podien die Plätze für die Regierungsvertreter gegenüber. Zwei Treppen führten links und rechts der Rednertribüne vom Saalboden sieben Stufen hinauf zu den beiden langen Bankreihen für die Bundesratsmitglieder, die das Präsidium auf beiden Seiten umrahmten. Das unmittelbare Vorbild für diese Anlage der Regierungsplätze war der Plenarsaal des preußischen Herrenhauses, der ersten Kammer des preußischen Landtags.[42] Die Abgeordneten saßen dort in vier großen Blöcken mit parallelen Sitzreihen nach Art eines traditionellen Klassenzimmers. Ihnen gegenüber war an der Stirnseite des Saals das Präsidium angesiedelt, vor dem die Rednertribüne stand. Rechts und links des Rednerpults befanden sich die Plätze für die Regierungsvertreter.[43] Das hochkonservative und strikt regierungstreue Herrenhaus hatte damit einen Plenarsaal erfunden, der in neuartiger Weise Präsidium und Regierungsplätze an der Stirnseite des Saals zusammenfügte. Die dortige Ausrichtung der parallel hintereinander gestaffelten

Abgeordnetenplätze auf die Präsidiumsseite mit den Regierungsplätzen stellte eine besonders autoritätshörige Plenararchitektur dar.[44]

Dass der Plenarsaal des Reichstags sich im Jahr 1871 die Regierungsbank des Herrenhauses zum Vorbild nahm, war in erster Linie Ergebnis eines Zufalls. Der Reichstag des Norddeutschen Bundes hatte zwischen 1867 und 1870 im Sitzungssaal des Herrenhauses getagt, und die Mitglieder des neu eingerichteten Bundesrates hatten dort wie selbstverständlich die Bänke rechts und links des Präsidiums eingenommen.[45] Das provisorische Reichstagsgebäude wurde überdies gleich neben dem Palais des Herrenhauses in der Leipziger Straße errichtet. Es lag daher buchstäblich nahe, die nebenan über mehrere Jahre praktizierte Anordnung der Bundesratsplätze auch in den neuen Plenarsaal zu übernehmen.[46] Hinzu kam, dass der Sitzungssaal des preußischen Abgeordnetenhauses, den der Reichstag seit dem Hinzukommen der süddeutschen Abgeordneten im März 1871 genutzt hatte, sich durch sein kompliziertes Sitzplatzarrangement und viele bautechnische Mängel bei allen Beteiligten sofort äußerst unbeliebt gemacht hatte.[47] So kam es dazu, dass im ersten eigenen Sitzungssaal des Reichstags der Halbkreis der Französischen Revolution auf die Regierungsbank des preußischen Herrenhauses ausgerichtet wurde.

5. Die Macht der diffusen Masse

Über den historischen Zufall hinaus, der die Präsidiumsseite des preußischen Herrenhauses zum Vorbild für den Reichstag werden ließ, waren die 48 Sitzplätze für die Regierungsvertreter rechts und links des Präsidiums auch Ausdruck der besonderen verfassungsrechtlichen Stellung des Bundesrates im kaiserlichen Deutschland. Dieser war nach der Anlage der Bismarckverfassung nicht wie der heutige Bundesrat unter dem Grundgesetz eine Art zweite Kammer neben dem Reichstag.[48] Der Bundesrat, der aus entsandten Vertretern der Länderregierungen bestand, war damals vielmehr das zentrale Reichsorgan, das die Reichsverfassung so wichtig nahm, dass sie es sogar im Abschnitt vor dem Kaiser regelte. Alle Gesetze brauchten die Zustimmung von Bundesrat und Reichstag. Gleichzeitig besaß der Bundesrat wichtige Exekutivbefugnisse, beaufsichtigte die Ausführung des Reichsrechts durch die Länder und war für

Verfassungsstreitigkeiten zuständig. Eine eigentliche Reichsregierung gab es
verfassungsrechtlich hingegen nicht. Der einzige dem Reichstag verantwortliche Reichsminister war vielmehr der Reichskanzler, der zugleich Vorsitzender des Bundesrates war. Es gab keine Ministerien, sondern lediglich «Reichsämter». Die in der Bundesrepublik bis heute übliche Bezeichnung des
Außenministeriums als «Auswärtiges Amt» stammt aus dieser Zeit.[49] An der
Spitze der Reichsämter standen im Kaiserreich nicht Minister, sondern lediglich Staatssekretäre, wobei die gesamte Reichsexekutive aus dem Kanzler und
den Staatssekretären der Reichsämter rechtlich Teil des Bundesrates blieb. Im
Reichstag wurde deshalb nie eine «Reichsregierung» vertreten, obwohl es diese
tatsächlich in wachsendem Umfang gab,[50] sondern dort sprachen immer nur
die Mitglieder des Bundesrates.[51] Die Staatssekretäre der Reichsämter mussten gleichzeitig zu preußischen Bundesratsbevollmächtigten ernannt werden,
um ihnen überhaupt Rederecht im Reichstag zu verschaffen.[52] In der Praxis
war dabei zwar selbstverständlich, dass im Regelfall nur der Reichskanzler und
die Staatssekretäre im Reichstag als (preußische) Bundesratsbevollmächtigte
sprachen und nur ausnahmsweise Regierungsvertreter aus einem Mittel- oder
Kleinstaat.[53] Aus diesem föderativen Hintergrund erklärt sich aber die große
Zahl der Sitzplätze für Regierungsvertreter im Reichstag, die alle formal
Plätze der Bundesratsmitglieder waren. Dahinter verbarg sich eine bewusste
Strategie Bismarcks: Dieser wollte die faktische Reichsregierung hinter dem
Bundesrat verstecken, um sie für den Reichstag durch eine vielköpfige Regie-
rungsbank ungreifbar zu machen und so eine Parlamentarisierung des Reiches
zu verhindern.[54] Die Plätze für den Bundesrat, die im Plenarsaal des Reichs-
tags das Präsidium umgaben, waren in ihrer schieren Masse der räumliche
Ausdruck dafür, dass dem Reichstag das Gegenüber einer verantwortlichen
Reichsregierung gerade fehlte.

Das kam auch in der Ausgestaltung des Platzes für den einzigen verantwortlichen Reichsminister zum Ausdruck, den Reichskanzler. Zwar saß dieser in der vordersten Reihe der Regierungsbank zur Rechten des Präsidiums
und in dessen nächster Nähe.[55] Sein Sessel unterschied sich aber nach Höhe
und Ausstattung nicht von den Plätzen der übrigen Bundesratsvertreter. Zeitgenössische Besucher zeigten sich deshalb häufig verwundert, dass die außer-
gewöhnliche politische Stellung des Reichskanzlers im Plenarsaal nicht in
einer repräsentativeren Sitzgelegenheit ihren Ausdruck fand.[56] Dass der
Kanzlerstuhl sich nicht von den Sesseln der übrigen Bundesratsvertreter

abhob, war indes eine architektonische Interpretation der Reichsverfassung ganz im Sinne Bismarcks. Denn der Reichskanzler war zwar der einzige verantwortliche Reichsminister,[57] aber ein Anwesenheits- und Rederecht hatte selbst der Kanzler im Reichstag lediglich als Mitglied des Bundesrates.[58] Der Reichskanzler als solcher war dort, wie Bismarck die Abgeordneten einmal genüsslich belehrte, «eigentlich [...] gar nicht anwesend», sondern sprach allein in seiner Eigenschaft als «königlich preußischer» Bundesratsbevollmächtigter.[59] Die Phalanx hoher Beamter und Offiziere, die ihn dabei auf den vielen Bundesratsplätzen umgab, verdeckte in ihrer Massivität gerade das Fehlen einer parlamentarisch verantwortlichen Reichsregierung.

Der Eindruck des Ungreifbaren verstärkte sich nicht zuletzt auch durch die Spaltung der Regierungsbank in zwei Seiten rechts und links des Präsidiums. Im preußischen Herrenhaus, dessen Präsidiumsseite als Vorbild für die Bundesratsplätze im Reichstag gedient hatte, war die Anlage von Plätzen zu beiden Seiten des Präsidiums ausschließlich aus architektonischen Symmetriegründen geschehen. Für die preußische Regierung gebraucht wurden dort tatsächlich nur die Plätze zur Rechten des Präsidenten, während die linke Seite keine feste Funktion besaß und etwa von den Abgeordneten, deren Platz kein eigenes Pult hatte, zum Schreiben benutzt wurde.[60] Anders war es hingegen im Reichstag, wo die große Zahl der Bundesratsmitglieder nur durch gleichzeitige Nutzung der Plätze auf beiden Seiten des Präsidiums untergebracht werden konnte. Die Bundesratsbank war deshalb von vornherein geteilt. Diese Trennung der Regierungsplätze voneinander war nicht nur für die interne Kommunikation der Regierungsvertreter unpraktisch, da diese gezwungen waren, während der Sitzung einen schmalen Gang hinter dem Präsidium zu passieren oder gar über die augenblicklich unbesetzte Rednertribüne hinwegzuklettern.[61] Die geteilte Regierungsbank brachte überdies schon in der Saalarchitektur zum Ausdruck, dass hier keine verantwortliche Regierung als kompaktes Kollegialorgan den Abgeordneten gegenübersaß.[62]

6. «In etagenförmigen Schützengräben hinter wallartigen Bänken»

Von den Parlamentariern im Saal waren die Regierungsvertreter auf ihren entrückten Podien größtmöglich entfernt. Ein Parlamentskorrespondent merkte im Oktober 1871 an, die Mitglieder des Bundesrats säßen nun «rechts und links vom Präsidenten [...] wie eingegraben in etagenförmigen Schützengräben hinter wallartigen Bänken, durch einen Graben gleichsam von den Reichsboten getrennt», und könnten aufgrund dieser strategischen Überlegenheit sogar einer Belagerung durch die Abgeordneten mit Aussicht auf Erfolg standhalten.[63] Der französische Historiker Ernest Lavisse schrieb nach einem Reichstagsbesuch in der Bismarckzeit, fast auf der Höhe des Präsidentenstuhls habe «der Architekt für die Mitglieder des Bundesrates einen Balkon konstruiert, der den Saal dominiert. Vertreter der Fürsten und Vertreter des Volkes betrachten sich wechselseitig, und erstere haben bessere und höhere Sitze, wie es ihrer Würde entspricht [...]. Die Architektur des Plenarsaals im Reichstag ist eine Einführungsvorlesung in das deutsche Verfassungsrecht.»[64] Der Abstand zwischen Regierungsvertretern und Parlamentariern wurde dadurch noch sinnfälliger, dass auf den Bundesratsplätzen auch Offiziere mit Uniform und Säbel Platz nahmen und Bismarck selbst im Reichstag nur in Uniform erschien.[65] Räumlich verstärkte sich diese Distanz zudem durch zwei besondere Eingänge im Rücken der Präsidiumsseite, die es den Regierungsvertretern ermöglichten, den Saal ohne jeden persönlichen Kontakt mit den Abgeordneten zu betreten und zu verlassen.[66] Ganz anders war die Situation noch kurz zuvor gewesen, als der Reichstag im Frühjahr 1871 übergangsweise im preußischen Abgeordnetenhaus tagte, wo sich die Regierungsbank in den hinteren Abgeordnetenreihen gegenüber Präsidium und Rednertribüne befand. Dort hatten sich häufig Abgeordnete vor den Regierungsplätzen eingefunden, um dem Geschehen besser folgen zu können, und waren ungezwungen in persönlichen Kontakt mit den Bundesratsvertretern gekommen. Mit der Verlagerung der Regierungsbank auf entrückte Podien neben dem Präsidium war es damit vorbei.[67]

Die Ansiedlung der Regierungsbank auf der Präsidiumsseite erhöhte aber nicht nur die Distanz zwischen Regierung und Abgeordneten. Vielmehr geriet

Abb. 22: Otto von Bismarck auf der Bundesratsbank im Reichstag 1884
(im Vordergrund die Abgeordnetenbänke, oben rechts der Präsidententisch)

dadurch auch die Position des Präsidiums selbst in ein gewisses Zwielicht. Denn der Reichstagspräsident verkörperte das Parlament als Ganzes gerade auch gegenüber der Regierung. Seine Platzierung inmitten der Regierungsplätze vermittelte jedoch den räumlichen Eindruck einer Abhängigkeit des Präsidiums von der Regierung,[68] den auch die erhöhte Ansiedlung des Präsidentenplatzes vier Stufen über dem Regierungspodium[69] nicht vollständig beseitigen konnte. Der bereits zitierte Parlamentskorrespondent merkte dazu an, aufgrund der festungsartigen Anlage der Präsidiumsseite könnten die Regierungsvertreter sogar, «wenn sie wollten[,] [...] den zwischen ihnen eingefügten Präsidenten des Hauses samt Schriftführern als Geiseln mit sich fortführen».[70] Die räumliche Verquickung von Präsidium und Regierungsplätzen war umso problematischer, wie ungeklärt blieb, ob die Regierungsmitglieder als Nichtabgeordnete überhaupt der sitzungsleitenden Gewalt des Parlamentspräsidenten unterlagen, was Bismarck seit dem preußischen Verfassungskonflikt energisch bestritt. Es bürgerte sich deshalb die Praxis der Reichstagspräsidenten ein, Bundesratsredner bei anstößigen Redebeiträgen hypothetisch darauf hinzuweisen, dass sie deren Äußerung mit einem Ordnungsruf begleitet hätten, falls ein

Mitglied des Reichstags sich so geäußert hätte[71] – eine Verfahrensweise, die der
Deutsche Bundestag gegenüber Regierungsvertretern der Sache nach bis heute
beibehält.[72] Die Ansiedlung der Bundesratsplätze um ein Präsidium herum,
dem es an durchsetzbarer Ordnungsgewalt gegenüber den Regierungsvertretern fehlte, ließ aber nicht allein dessen Unabhängigkeit von der Regierung frag-
würdig erscheinen. Sie ermöglichte es der Regierung überdies im Gegenzug,
räumlich vom Eindruck überparteilicher Geschäftsführung zu profitieren, der
das zur Neutralität gegenüber den politischen Positionen der Abgeordneten
verpflichtete Reichstagspräsidium umgab.[73]

Der Raumeindruck der Überordnung der Regierung gegenüber dem
Reichstag wurde überdies durch die damalige Praxis verstärkt, dass die Regierungsvertreter niemals das Rednerpult nutzten, sondern ausschließlich von
der Bundesratsbank aus sprachen.[74] Sie vermieden es damit, denselben Platz
zu betreten wie die Abgeordneten und ihre Redebeiträge räumlich in den
parlamentarischen Streit hineinzustellen. Von ihren erhöhten Plätzen aus be-
dienten sie sich stattdessen einer Rhetorik amtlicher Verlautbarung. Besonders deutlich wurde das bei Bismarcks Auftritten im Reichstag. Wenn dieser
sich in Uniform vom Platz des Reichskanzlers in der ersten Reihe der Bundesratsbank erhob, wenn er mit seiner hohen Stimme stockend und leise er-
läuterte, welche Position die «verbündeten Regierungen» in dieser oder jener
Frage vertraten, wurde er dabei zumeist von einer Traube von Abgeordneten
umlagert, die sich unterhalb der Brüstung einfanden, um seinen Worten folgen zu können.[75] Weil die Abgeordneten den Reichskanzler auf dem Saalboden vor der Regierungsbank umdrängten, konnte Bismarck deren Erhöhung voll ausspielen und von oben nach unten zu den Parlamentariern
sprechen. Die herausgehobene Bundesratsbank ermöglichte es ihm auch, besonders wirkungsvoll Empörung zu inszenieren und etwa nach einem ab-
schätzigen Redebeitrag sofort gemeinsam mit den Dutzenden von Beamten
und Offizieren auf den Regierungsplätzen aus dem Saal hinauszustürmen.
Ein sprechendes Beispiel bietet etwa Bismarcks Reaktion auf eine Anfrage im
Reichstag zur massenhaften Ausweisung von Polen mit russischer oder öster-
reichischer Staatsangehörigkeit aus den preußischen Ostprovinzen im Dezember 1885. Er verlas im Reichstag dazu zunächst eine «Allerhöchste Botschaft» Wilhelms I. und veranlasste die Abgeordneten so, sich zu Ehren des
Kaisers von ihren Plätzen zu erheben. In anschließenden Bemerkungen kriti-
sierte Bismarck, die Behandlung der Anfrage durch den Reichstag stelle einen

Abb. 23: Otto von Bismarck während einer Rede im Reichstag am 6. Februar 1888

verfassungswidrigen Übergriff in die Landeshoheit Preußens dar, und verließ dann sofort demonstrativ zusammen mit allen anwesenden Bundesratsvertretern den Plenarsaal.[76]

Das Kommunikationsverhalten der Regierungsvertreter im Reichstag macht bereits deutlich, wie sehr die Integration der Regierungsbank in die Präsidiumsseite überdies ein zentrales Requisit des Plenarsaals infrage stellte: die Rednertribüne. Zwar hatte diese ihren Ort wie im Pariser Palais Bourbon erhöht vor dem Präsidium. Aber anders als in Paris war das Rednerpult in Berlin keineswegs das alleinige Zentrum der Aufmerksamkeit. Es musste sich die Bühne auf der massiven Stirnseite des Saals nämlich nicht nur mit dem Präsidium teilen, sondern auch mit den Regierungsvertretern.[77] In Paris war neben dem die Versammlung insgesamt verkörpernden Parlamentspräsidenten nur der jeweilige Redner erhöht, während alle anderen Sitzungsteilnehmer einschließlich der Regierungsvertreter im egalitären Halbkreis saßen. Die Regierungsempore des Reichstags überformte hingegen das strikt gleichberechtigte französische Sitzarrangement und richtete es hierarchisch auf die mit dem Präsidium verbundene Regierungsseite aus.[78] In Gestalt der Bundesratsvertreter gab es in Berlin Sitzungsteilnehmer, die dem jeweiligen Redner von vornherein in erhobener Position zur Seite traten.

In eine vertrackte Lage brachte dieses Raumarrangement besonders denjenigen Redner, der die Regierungsvertreter mit Kritik konfrontieren wollte.
Sprach dieser vom Rednerpult aus, so hatte er die Regierung nämlich in seinem Rücken.[79] Während der Redner im Palais Bourbon die Regierung in der
ersten Reihe des Halbkreises von der erhöhten Rednertribüne aus kritisch
angehen konnte, besaß dieser am Rednerpult im Berliner Reichstag keinen
natürlichen Blickkontakt mit den Regierungsvertretern, ahnte allenfalls deren
Mienenspiel und sah sich geradezu genötigt, abgewandt von den Adressaten
seiner Kritik zu reden. Wortgewaltige Kritiker Bismarcks wie der Linkslibe-
rale Eugen Richter benutzen gerade deshalb nicht die Rednertribüne, um aus
dem Plenum heraus hinüber zur Bundesratsbank donnern zu können.[80] Häufig sprachen Abgeordnete im Reichstag auch in der Nähe der Stenographen
oder auf der ersten Stufe der Treppe, die zum Rednerpult hinaufführte, und
blieben auf diese Weise nahe bei ihren Fraktionskollegen im Parkett.[81] Es ist
auffällig, wie sehr die Rednertribüne während der Kaiserzeit sowohl von den
Regierungsvertretern als auch von den Parlamentariern gemieden wurde. Diese
Scheu vor dem Rednerpult entsprach dessen prekärer räumlicher Position als
unselbständiger Vorbau der festungsartigen Präsidiumsseite. Abgeordnete,
die vom Pult sprechen wollten, sahen sich genötigt, die Nähe zu ihren Fraktionskollegen aufzugeben und in den räumlichen Bereich der Regierung hin-
aufzusteigen, während die Regierungsvertreter die Vorteile der Kommunikation aus erhöhter Position vom Platz aus nutzen konnten, ohne das Rednerpult
betreten zu müssen. Ernest Lavisse vermerkte, in diesem Umfeld biete die
Rednertribüne des Reichstags ein Bild des Jammers: «Die Abgeordneten stei-
gen denn auch selten hinauf. Der Redner, der es aber doch wagt, hat hinter
sich den Bundesrat und den Kanzler. Es braucht Heldenmut, um Bismarcks
Politik zu kritisieren, während man ihn im Rücken hat.»[82] Erst nach dem Ersten Weltkrieg wurde es im Reichstag üblich, Reden zumeist vom Pult aus zu
halten.[83]

7. Erfolg

Die neue Plenarsaalgestaltung des Sommers 1871 stieß weder bei den Parlamentariern noch in der breiteren Öffentlichkeit auf Kritik. Zwar gab es im Umfeld der Wettbewerbe für den Neubau des Reichstagsgebäudes eine äußerst sachverständige Fachkritik einzelner Architekten. Besonders der Chefredakteur der Deutschen Bauzeitung und Schwiegersohn Theodor Fontanes, Karl Emil Otto Fritsch,[84] arbeitete die Probleme des Reichstagsarrangements sehr prägnant heraus.[85] Aber solche Einwände verhallten ungehört. Das Plenardesign des Geheimen Baurats Herrmann wurde später vielmehr wie selbstverständlich in den neu errichteten Wallot-Bau übernommen und blieb dem Reichstag in dieser Form bis zum Reichstagsbrand im Februar 1933 erhalten.[86] Es verfestigte sich schon allein deshalb, weil die Regierungsseite keinerlei Interesse an einer Veränderung des für sie so vorteilhaften räumlichen Status quo aus dem Sommer 1871 besaß.[87] Es fehlte aber auch schlicht an einem bereits unter deutschen Verhältnissen bewährten Alternativkonzept. Die Saalarchitektur des preußischen Abgeordnetenhauses mit ihrer Gegenüberstellung von Präsidium und Regierungsbank war nicht für ein Sitzen der Parlamentarier im Halbkreis konzipiert und hatte sich in den Augen der Abgeordneten ohnehin nicht bewährt. Eine «württembergische» oder «italienische» Regierungsbank im Zentrum des Saales vor dem Präsidium war im Reichstag bereits wegen der großen Zahl der nötigen Bundesratsplätze kaum realisierbar[88] und hätte bei den Berliner Regierungsvertretern sicherlich ohnehin einen allzu exponierten Eindruck gemacht.[89] Ein Visavis von Parlamentariern und Regierung wäre daher nur nach dem Vorbild des Palais Bourbon möglich gewesen: durch die Platzierung der Regierungsvertreter im Halbkreis mit Gesicht zu Präsidium und Rednertribüne. Gerade diese Lösung war aber in Deutschland noch nie autonom erprobt worden und in Frankreich selbst erst das Ergebnis der späten Einfügung der Regierung in ein vom Parlament nach langen Kämpfen dominiertes revolutionäres Raumarrangement, an dem es in der deutschen konstitutionellen Monarchie gerade fehlte. Unmittelbar nach dem Deutsch-Französischen Krieg war auch kaum der geeignete Zeitpunkt für einen entsprechenden Import aus dem nun endgültig republikanischen Paris.[90] Die Platzierung der Regierungsvertreter in der Mitte des Plenarsaals

hätte sich angesichts der Masse von Bundesratsmitgliedern zudem nur dadurch realisieren lassen, dass der Bundesrat einen ganzen Keil des Halbkreises belegt und das Plenum dadurch in zwei Hälften gespalten hätte.[91] Letztlich hatte die Sitzanordnung des provisorischen Reichstagsgebäudes gerade
auch deshalb Erfolg, weil sie eine kongeniale räumliche Interpretation der
eigenartigen Stellung des Bundesrates in der Bismarckverfassung war. Der
Plenarsaal des Reichstags verband architektonisch Neues und Altes, französischen Halbkreis und Ministerbank des Herrenhauses, und machte damit
die frühere Thronseite auf ungeahnte Weise zukunftsfähig.

8. Der Thron der Bürokraten

Das eigentliche Geheimnis dieses Designs lag in der Okkupation der Thronseite durch die hohe Bürokratie. Im Plenarsaal des Reichstags wurde das Charisma des Thronraums für das föderative Kollegialorgan im Zentrum der Bismarckverfassung nutzbar gemacht. Aus der Not eines Reiches ohne Krone
machte die Bundesratsbank des Geheimen Baurats Herrmann eine regie-
rungsbürokratische Tugend. Erhöht und ungreifbar wie der Thron ragten nun
auf der Präsidiumsseite die langen Bankreihen für die ministerialen Exzellen-
zen des Bundesrates auf. Sie verwandelten das Charisma des Throns des Einen
in die autoritative Funktionalität der Vielen.

Wie sehr die Bundesratsbänke in Berlin den Thronraum eingenommen
hatten, zeigt sich besonders deutlich beim Vergleich mit den Plenarsälen der
beiden japanischen Kammern in Tokio. Ausgerechnet im fernen Japan finden
sich nämlich bis heute zwei Plenarsäle, die dem Reichstag der deutschen Kaiserzeit nachgebildet sind. Der Grund dafür ist die Vorbildfunktion, die Preu-
ßen-Deutschland für das Japan der Meji-Ära besaß.[92] Nach dem Erlass der
Meji-Verfassung im Jahr 1889 wurde in Japan ein Parlament mit zwei Kammern eingerichtet. Die japanische Regierung beauftragte die Berliner Architekten Hermann Ende und Wilhelm Böckmann, die auch an den Reichstags-
wettbewerben teilgenommen hatten, mit der Planung eines Parlamentsgebäudes
in Tokio. Was die Sitzordnung anging, orientierten sich Ende und Böckmann
dabei am damaligen vorläufigen Reichstagssaal in Berlin. Einer ihrer Entwürfe

Abb. 24: Der Plenarsaal des japanischen Unterhauses in Tokio

wurde weitgehend im 1890 errichteten ersten provisorischen Parlamentsgebäude aus Holz realisiert, das aber bereits im Januar 1891 durch einen Brand
zerstört wurde. Die Sitzordnung nach dem Vorbild des Reichstags behielt man
in Japan aber auch danach bei und übernahm sie schließlich in das 1936 errichtete Parlamentsgebäude in Tokio, das bis heute genutzt wird.[93] Aufgrund dieser japanischen Nachahmung des Berliner Plenardesigns kann sich der Parla-
mentsbesucher in Tokio noch heute einen recht originalnahen Raumeindruck
vom Plenarsaal des deutschen Reichstags der Kaiserzeit verschaffen. Da in Japan aber der Kaiser seit der Meji-Zeit die jeweilige Sitzungsperiode im Oberhaus eröffnet, musste man in Tokio die dem Reichstag nachgebildete Anordnung der Plätze mit einem Thron kombinieren. Im Plenarsaal des japanischen
Oberhauses ist daher hinter dem Präsidium eine um mehrere Stufen erhöhte
Thronnische eingerichtet, die durch Vorhänge abgetrennt ist und nur bei der
feierlichen Parlamentseröffnung durch den Tenno geöffnet wird.[94] Im Kontrast mit dieser japanischen Adaption wird die Bürokratisierung der Thronseite
im Berliner Original besonders deutlich. Auch wenn man die japanische Kunst
in Rechnung stellt, den Kaiser andeutend zu verbergen,[95] macht diese Rezep-
tion zudem deutlich, dass ein Plenarsaal mit dem Reichstagsdesign nicht mehr
umfassend auf den Thron ausgerichtet werden konnte. Denn im Oberhaus in

Tokio müssen bis heute für die Parlamentseröffnung die Plätze für die Regierungsvertreter und das Präsidium jeweils komplett abgebaut werden, damit der Tenno über die vorgelagerte Rednertribüne hinweg zu den Abgeordneten sprechen kann.

Anders als in ihrer fernöstlichen Abwandlung war im Plenarsaal des Reichstags die Präsidiumsseite mit den Bundesratsplätzen vollständig an die Stelle des Thronraums getreten. Von den deutschen Traditionen des Plenarsaals vor der Reichsgründung blieb so ausgerechnet in Berlin die kommunikativ-interaktive Variante des preußischen Abgeordnetenhauses mit ihrem Gegenüber von Präsidium und Ministertisch auf der Strecke, die gerade durch die gewollte Abwesenheit des Throns in den preußischen Kammern möglich geworden war. Der Bundesrat der Bismarckverfassung ermöglichte eine Plenarsaalarchitektur, die eine Thronseite ohne Thron schuf und dessen räumliche Attribute gleichsam säkularisierte. Ein Parlamentskorrespondent spürte etwas davon bereits im Oktober 1871, als er den provisorischen Plenarsaal des Reichstags wie folgt beschrieb: «Keine Kapelle wie der Unterhaussaal im Westminsterpalast, kein Mittelding zwischen Theater und Konzertsaal wie im Pariser Palais Bourbon, vielmehr ein idealisiertes Bureau, in welchem positive und wichtige Geschäfte abgemacht werden.»[96] Die vielen Bürovorsteher des Bundesrates hatten die Thronseite in Besitz genommen.

Diese Profanisierung der Thronseite sicherte paradoxerweise deren langfristiges Überleben über das Ende der Monarchie im November 1918 hinaus. Während der entthronte Kaiser nicht länger im Weißen Saal des Schlosses mit Prunk und Pracht zur Parlamentseröffnung schritt, sondern im holländischen Exil Holz zu hacken begann,[97] tagte der Reichstag der Weimarer Republik weiterhin in seinem wilhelminischen Plenarsaal, aus dem nur notdürftig einzelne monarchische Embleme wie die Reichskronen auf den Fahnenstangen entfernt wurden.[98] Das neue Verfassungsrecht der Republik legte freilich eine veränderte Nutzung der bisherigen Bundesratsplätze nahe. Den alten Bundesrat der Kaiserzeit gab es in der Weimarer Republik nicht mehr, an seine Stelle trat als Ländervertretung der deutlich weniger mächtige Reichsrat. Anders als im Kaiserreich wurde die Reichsexekutive auch nicht länger in der Ländervertretung versteckt, sondern es gab nun eine förmliche Reichsregierung aus Reichskanzler und Reichsministern. Unter der Weimarer Verfassung besaßen die Mitglieder der Reichsregierung ein eigenständiges Rederecht im Reichstag,[99] man behielt aber zugleich auch ein Recht der

Ländervertreter bei, im Reichstag das Wort zu ergreifen.[100] Nun trennten sich die beiden Seiten der vormaligen Bundesratsbank rechts und links des Präsidiums. Die zwei Bankreihen zur Rechten des Präsidiums wurden von der Reichsregierung genutzt, diejenigen zu seiner Linken vom Reichsrat und den Vertretern der Landesregierungen. Die neu erlassene Gemeinsame Geschäftsordnung der Reichsministerien regelte jetzt ausdrücklich die Nutzung der entsprechenden Plätze und ließ mit ihren Vorschriften zur «Regierungsbank rechts vom Präsidententisch» und der «Regierungsbank links vom Präsidententisch» noch deutlich die gemeinsame Herkunft beider Seiten erkennen.[101] Am äußeren Raumeindruck änderte die nunmehr unterschiedliche Nutzung beider Seiten indes nichts.[102] Hinsichtlich der Plätze für die Regierung war der Reichstag vielmehr auf Umwegen bei dem Raumarrangement angekommen, das hundert Jahre zuvor erstmals auf dem Thronpodium des Karlsruher Ständehauses Gestalt gewonnen hatte. Bismarcks Erbe hatte sich tief in die deutsche Plenarsaalarchitektur eingeschrieben. Im Bonner Bundeshaus am Rhein knüpfte man dann 1949 wie selbstverständlich an das alte Plenardesign des Reichstags an. Auch nach dem Untergang der Monarchie blieb die Regierung so zur Rechten eines unsichtbaren Throns sitzen.

Zweiter Teil

Von Bonn nach Berlin

VI.

Herunter ins Parterre

1. Verglaste Tradition am Rhein

Der westdeutsche Staat, der aus den Trümmern Nazideutschlands entstand, war in vielerlei Hinsicht neu und traditionslos. Bei der Gestaltung der parlamentarischen Plenarsäle allerdings lehnte sich die Gründergeneration geradezu ängstlich an Muster aus der Zeit vor 1933 an. Dass die Republik von Weimar in den kurzen Jahren ihres Bestehens den Reichstag nicht im Sinn und Stil der parlamentarischen Demokratie umgebaut hatte, ließ sich noch verstehen. Dass die junge Bundesrepublik ihren neuen Parlamentssaal am Rhein nach dem Muster von 1871 errichtete, darf aber doch verwundern.[1] Der Grund dafür liegt in erster Linie im Erfahrungsraum der Politiker der frühen Bundesrepublik. Ihre politische Sozialisation hatten sie in den Parlamenten Weimars, teils sogar schon des Kaiserreichs durchlaufen, und das ältere Plenardesign war ihnen noch unbefragt selbstverständlich, zumal sie darin nach 1945 eine der Kontinuitätsbrücken zur demokratischen Tradition vor dem Nationalsozialismus erblicken durften.[2] Die Notwendigkeit, in einem zerstörten Land rasch zu funktionsfähigen Tagungsräumen zu kommen, verleitete gleichfalls nicht zu innovativen Experimenten.

Einer war mit diesem Haften an älteren Vorstellungen allerdings ganz und gar nicht einverstanden: Hans Schwippert, der Architekt des Umbaus der Bonner Pädagogischen Akademie zum Sitz des Bundestages. Schwippert schwebte vor, den Neubeginn aus Ruinen auch durch eine völlig neue Parlamentsarchitektur zu dokumentieren. Innerhalb eines weithin verglasten Baukörpers sollte es eine kreisrunde, von innen nach außen leicht ansteigende Sitzordnung geben. Sein Entwurf vereinigte Abgeordnete aller Parteien,

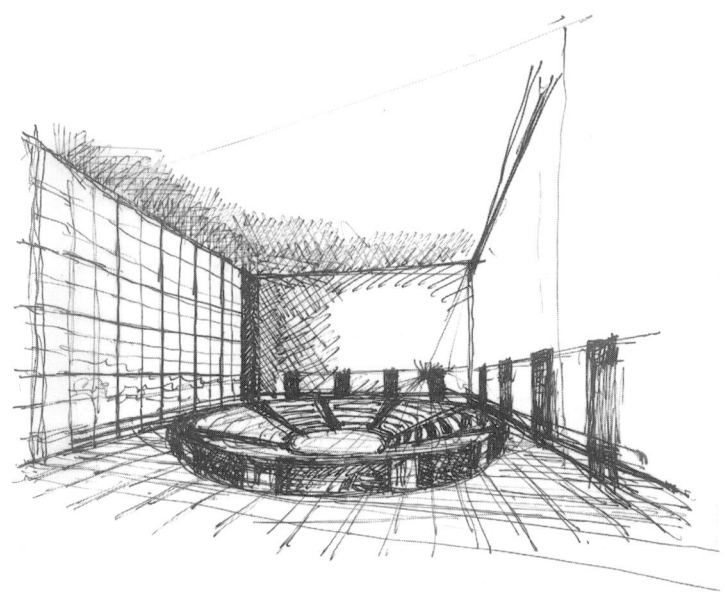

Abb. 25: Skizze von Hans Schwippert für einen Plenarsaal mit kreisrunder
Sitzordnung vom November 1948

Regierung und Bundesrat in einem gemeinsamen Rund, um dadurch einer
Gesprächsgemeinschaft Ausdruck zu verleihen. Dieser Vision eines radikalen
Neuanfangs widersetzte sich aber Konrad Adenauer, der auf das Bonner Um-
bauvorhaben als Präsident des Parlamentarischen Rates im Kompetenz-
dschungel zwischen diesem Rat, dem nordrhein-westfälischen Wiederaufbau-
ministerium und den Besatzungsmächten entscheidenden Einfluss nahm.[3]
Als junger Oberbürgermeister von Köln hatte Adenauer im Jahr 1918 noch
selbst dem preußischen Herrenhaus angehört,[4] dessen Regierungsempore
das Urbild der deutschen Regierungsbank war. Im Neuaufbau nach 1945
wollte er an Traditionslinien der Vorkriegszeit anknüpfen und deshalb für
den Anfang der parlamentarischen Arbeit «nicht gleich zu so radikalen Neue-
rungen greifen».[5] Der alte Herr dürfte dabei nicht übersehen haben, dass er
vielleicht bald selbst auf den Regierungsplätzen des neuen Bundeshauses
Platz nehmen würde. Unter seinem Einfluss orientierte man sich für den Bundestag stark am Plenardesign des Reichstags. Beim Verzicht auf eine grundlegende Neugestaltung spielte überdies der Charakter des Bonner Bundeshauses als vermeintliches Provisorium mit, da ein Saal mit Vortragsbestuhlung

leichter und billiger einer anderen Nutzung etwa als Konzertsaal hätte zu-
geführt werden können.[6] So lebte auch in der jungen Bundesrepublik die in
die Präsidiumsseite eingeschmolzene Regierungsbank fort, wie sie der Geheime Baurat Heinrich Herrmann einst in der Bauabteilung des preußischen
Handelsministeriums für den Berliner Reichstag entworfen hatte. Schwipperts Traum vom Kreis wirkte allerdings untergründig weiter und realisierte
sich schließlich viele Jahrzehnte später in einigen Landesparlamenten und für
kurze Zeit auch im Neubau des Bundestages in Bonn, der dem Parlament
indes nach seiner Fertigstellung im Jahr 1992 nur noch wenige Jahre bis zum
Umzug nach Berlin im Jahr 1999 als Tagungsraum diente.[7]

2. Oben und unten

Im Bonner Bundeshaus lag hingegen der Halbkreis mit den keilförmig auf das
Rednerpult ausgerichteten Abgeordnetenplätzen der erhöhten Stirnseite des
Präsidiums weiterhin frontal gegenüber. Der Platz des Präsidenten war gegen-
über dem Saalboden um acht Stufen erhöht, davor stand zwei Stufen tiefer das
Rednerpult. Rechts vom Präsidenten befand sich die um sechs Stufen erhöhte
Regierungsbank mit 60 Plätzen, zu seiner Linken war in gleicher Höhe die
Bundesratsbank mit 45 Plätzen angebracht. Die Brüstung des Regierungs-
podests lag in einer Höhe von 1,56 Metern über dem Saalboden.[8] Breite, hori-
zontal verlegte Paneele aus schwarz gebeiztem Eichenholz, durch goldfarbene
Leisten unterteilt, verkleideten die gesamte Präsidiumsseite.[9] Setzte Schwipperts Umbau ansonsten auf großflächiges Glas und begründete damit die
Transparenz und Offenheit versprechende Staatsarchitektur der Bonner Republik,[10] so erinnerte der dunkle Holzkasten der Regierung umso nachdrück-
licher an den Reichstag.[11] Dessen Tradition trat in Bonn noch einfacher und
klarer hervor, weil der Saal im Bundeshaus allen wilhelminischen Zierat hinter
sich gelassen hatte und sachliche Funktionalität ausstrahlte. Räumlich kam die
Erhöhung der Regierungsplätze sogar stärker zur Geltung als im früheren Plenarsaal des Reichstags, denn anders als einst im Wallot-Bau stiegen die Sitzreihen in Bonn kaum an.[12] Die Regierung saß «weit entfernt von den Abgeordneten hinter einem ziemlich großen Holzgerüst».[13]

Abb. 26: Der Plenarsaal des Deutschen Bundestages im Bonner Bundeshaus

Auf diese Weise gelangte im Plenarsaal eines der schlichtesten und effek-
tivsten Mittel zum Einsatz, um Rangunterschiede räumlich auszudrücken:
der Kontrast von hoch und tief, oben und unten.[14] Wie sehr solche räumlichen Hierarchieelemente noch in die Epoche demokratischer Politik herü-
berreichten, hatte sich auf unerwartete Weise schon während der Französischen Revolution gezeigt. In der Zeit des Konvents 1792/93 bemächtigte sich
nämlich ausgerechnet die radikale Linke dieser vertikalen Symbolik und
bezog als «Bergpartei» (montagnards) die höher gelegenen Sitzreihen im
Saal, während die gemäßigten Parlamentarier meist die tiefer gelegenen Plätze
einnahmen, die man je nach Standpunkt die Ebene (la plaine) oder gleich den
Sumpf (le marais) nannte. Die revolutionäre Avantgarde beanspruchte auf
diese Weise gleichsam einen heiligen Berg der Vernunft für sich.[15] Das blieb
aber nur eine Episode in einer Entwicklung, in der die demokratische Politik
vertikale Muster zunehmend abstreifte und durch horizontale Symbolisie-
rungen wie etwa die politische Links-Rechts-Differenz ersetzte.[16] Im Bonner
Bundeshaus des Jahres 1949 war man von einem derartigen Abschied von der
Vertikalen hingegen noch weit entfernt. Was das Verhältnis von Regierung

Abb. 27: Der Plenarsaal des Landtags von Nordrhein-Westfalen im Düsseldorfer Ständehaus

und Parlament anging, setzte der Plenarsaal vielmehr entschieden auf den Kontrast von oben und unten. Der Bundeskanzler, seine Minister und ihre Beamten saßen in erhabener Höhe auf einer Empore, die Parlamentarier zu ihren Füßen. Abgeordnete, die mit einem Minister sprechen wollten, waren gezwungen, sich auf die Zehenspitzen zu stellen und zu ihm aufzublicken, während dieser auf sie hinabsah.[17] Unvermeidlich stellte sich hier der Eindruck einer Überordnung der Regierung über das Parlament ein.[18]

Dass diese Rangordnung in der frühen Bundesrepublik noch für selbstverständlich genommen wurde, zeigte sich auch in den damaligen Landtagen, wo die Regierungsvertreter gleichfalls auf Podien gemeinsam mit dem Präsidium den Parlamentariern gegenübersaßen. Die Hervorhebung der Regierungsplätze war in den Länderparlamenten sogar besonders ausgeprägt dadurch, dass die Abgeordnetenplätze damals dort häufig nach Art einer traditionellen Schulklasse mit waagerechten Reihen eingerichtet waren. Ein markantes Beispiel dafür bot etwa der Plenarsaal im Düsseldorfer Ständehaus, wo zwischen 1949 und 1988 der nordrhein-westfälische Landtag zusammentrat.[19] Aber auch die flach hintereinander angeordneten und nur wenig gekrümmten Sitzreihen im Bonner Bundeshaus riefen durchaus Erinnerungen an die Schule auf. So sah der Abgeordnete Felix Keetenheuve, tragischer Held von Wolfgang Koeppens Roman «Das Treibhaus» aus dem Jahr 1953, vor sich ein «leeres großes Klassenzimmer mit aufgeräumten Schülerpulten. Das Katheder des Herrn Lehrers war erhöht, wie es sich gehörte.»[20]

Die Sitzordnung im Bundeshaus fand auch in der parlamentarischen Praxis ihr Gegenstück. So ignorierte die Redeordnung in den beiden ersten Jahrzehnten die Frage, welche Bundestagsfraktionen die Bundesregierung trugen und welche nicht. Wie einst im kaiserlichen Reichstag wies man den Fraktionen vielmehr Redezeiten entsprechend ihrer Stärke zu. Reden von Regierungsmitgliedern, denen im Bundestag nach dem Grundgesetz ein jederzeitiges und grundsätzlich unbeschränktes Rederecht zusteht,[21] wurden dabei nicht auf die Redezeit der Mehrheitsfraktionen angerechnet. So kam es zu Bundestagsdebatten, in denen ganz überwiegend nur die Regierungsposition vertreten wurde und etwa auf eine Regierungserklärung wie selbstverständlich zunächst der Vorsitzende der die Regierung tragenden Mehrheitsfraktion antwortete. In einer Haushaltsdebatte sprachen beispielsweise im März 1966 zunächst zwei Bundesminister, dann der Bundeskanzler, dann ein Parlamentarier aus den Regierungsfraktionen und erst als fünfter Redner ein Oppositionsabgeordneter.[22] Die Redeordnung folgte damit der Trennung zwischen vorrangiger Regierung einerseits und gesamtem Parlament andererseits, welche die Sitzordnung im Bonner Bundeshaus nahelegte. Diese Praxis wurde im Jahr 1959 auch vom Bundesverfassungsgericht bestätigt und mit der Gewaltenteilung zwischen Bundesregierung und Bundestag begründet. Das Gericht vertrat die Auffassung, in den Reden der Regierungsmitglieder komme in erster Linie der Standpunkt der Regierung zum Ausdruck, der sich mit dem der Parlamentsmehrheit nicht zu decken brauche. Der Redebefugnis der Regierung stehe die Redebefugnis des Parlaments als Summe der Redezeiten aller Abgeordneten gegenüber.[23] Diese eigenartige Mischung aus Regierungsvorrang und striktem Redeproporz der Parlamentarier wurde erst seit der ersten Großen Koalition 1966–1969 schrittweise reformiert und in eine etwas lebhaftere Debattenform überführt, die sich seither stärker an Rede und Gegenrede orientiert.[24]

Ungeachtet solcher obrigkeitsstaatlicher Restbestände in der Parlamentspraxis entsprach die architektonische Überordnung der Regierung gegenüber den Abgeordneten im Bonner Bundeshaus jedoch anders als zu Kaisers

Zeiten in keiner Weise mehr den verfassungsrechtlichen Grundgegebenheiten. Das Grundgesetz verfasst ein parlamentarisches Regierungssystem, in dem die Bundesregierung vom Vertrauen des Parlaments abhängt. Der Bundeskanzler wird vom Bundestag gewählt und kann von diesem auch durch konstruktives Misstrauensvotum wieder gestürzt werden. Verfassungsrechtlich ist die Regierung dem Bundestag daher nicht übergeordnet. Im politischen Leben der Bundesrepublik sind die Mitglieder der Bundesregierung zudem bereits seit den Anfängen überwiegend zugleich Abgeordnete des Bundestages, auch wenn das rechtlich nicht erforderlich ist. Als Bundeskanzler oder Minister sitzen auf der Regierungsbank also in den meisten Fällen Personen, die zugleich Abgeordnete des Bundestages sind und einen Teil der Parlamentsmehrheit bilden, welche die Bundesregierung trägt.

Mit gespielter Verwunderung befand denn auch Dolf Sternberger in einem Leitartikel der Frankfurter Allgemeinen Zeitung im Januar 1961 unter dem Titel «In der Loge und im Parterre», die Topographie des Plenarsaales führe den Betrachter in die Irre und täusche eine Verfassung vor, die es gar nicht mehr gebe:

> Hier oben in dem Kasten aus Edelholz sitzen die Mitglieder der Bundesregierung, der Kanzler und die Minister, obwohl sie doch – gegenwärtig – samt und sonders zugleich Abgeordnete des Bundestages sind. Sie sitzen erhaben – und es ist unvermeidlich, in dieser Anordnung den Ausdruck anderen und höheren Ranges zu erblicken. Sie sitzen dem Parlament gegenüber – und es ist unvermeidlich, aus dieser Anordnung die Erwartung herzuleiten, daß zwischen Regierung und Parlament ein Streit und Gegensatz, ein Verhältnis von Entscheidung und Kontrolle sich herausbilden werden. Lange genug hat in der Tat gerade dieses Verhältnis für das Wesen des «Parlamentarismus» gegolten, vor allem dazumal, als Deutschland von den Beamten des Monarchen regiert wurde. Heute wird diese hergebrachte Erwartung indessen fortwährend enttäuscht, denn es ist nicht das Parlament, das wider die Regierung, sondern es ist die parlamentarische Opposition, die wider die parlamentarische Mehrheit mitsamt der Regierung anzutreten pflegt.[25]

Die architektonische Suggestion einer vom Parlament getrennten und ihm übergeordneten Regierung stand von Anfang an in einem starken Spannungsverhältnis zum parlamentarischen Regierungssystem des Grundgesetzes.

3. Kritik und Krise

Dieses Spannungsverhältnis wurde seit den späten 1950er Jahren immer stärker öffentlich wahrgenommen. Das Plenardesign des Bundeshauses und die dortige Anordnung der Regierungsplätze fanden vermehrt Kritik aus Kreisen der Abgeordneten, der jungen Politikwissenschaft ebenso wie der Qualitätspresse. Es entspann sich so eine ernsthafte Grundsatzdiskussion über die gesamte Plenararchitektur des Bundestages. Der Stein des Anstoßes war dabei in erster Linie die Erhöhung der Regierungsbank, die besonders in den Reihen der Sozialdemokraten, der parlamentarischen Daueropposition der frühen Bundesrepublik, seit jeher auf starke Ablehnung stieß[26] und vor allem dem jungen Hamburger Abgeordneten Helmut Schmidt nachdrücklich missfiel.[27] So plädierte in einer Bundestagsdebatte im März 1961 ein SPD-Abgeordneter für die Absenkung der Regierungsplätze, damit die Abgeordneten «nicht während der Plenartagungen hier an dieser Klagemauer mit dem Rücken zum Hause stehen und bei der Regierung antichambrieren müssen».[28] Die zeitgenössische Diskussion ging aber über die Frage der Höhe der Regierungsplätze weit hinaus und erörterte die gesamte Anlage des Plenarsaals.[29] Immer wieder wurde dabei auch thematisiert, dass die zentrale politische Trennlinie nunmehr zwischen Regierung und Regierungsmehrheit einerseits und parlamentarischer Opposition andererseits verlief, während die Saalarchitektur nahelegte, diese bestehe wie vor 1918 zwischen der Regierung und dem Parlament als Ganzem. Wissenschaftliche und publizistische Stimmen von Gewicht wie Dolf Sternberger, Wilhelm Hennis oder Alfred Rapp hoben mit Nachdruck hervor, wie sehr die erhöhte Regierungsbank im Plenarsaal aus irriger Liebe zur Tradition der Epoche der konstitutionellen Monarchie verpflichtet blieb.[30] In dieser Diskussion kamen die alternativen Möglichkeiten einer Einrichtung von Regierungsplätzen zur Sprache oder klangen doch zumindest an: eine Regierungsbank unterhalb des Präsidenten gegenüber dem Plenum wie in Italien oder aber Regierungsplätze in der ersten Reihe der Abgeordneten nach englischem oder französischem Muster.[31]

Die Bonner Sehnsucht nach Westminster

Aufgrund der damaligen Faszination für den britischen Parlamentarismus wurde allerdings ernsthaft fast nur über die Übernahme der Sitzordnung des House of Commons diskutiert.[32] Es war die letzte große Phase der England-phantasien, die den deutschen Parlamentarismus seit dem neunzehnten Jahrhundert begleitet hatten. Noch war das traditionelle Prestige des englischen Parlaments intakt, und Westminster schien Nachkriegswestdeutschland als Vorbild auf dem Weg in den Kreis der westlichen Demokratien dienen zu können. Die Anhänger einer Übernahme des britischen Plenardesigns erhofften sich davon bessere und spontanere Debatten ebenso wie eine klare Konfrontation von Regierungsmehrheit und Opposition. Parallel dazu befürworteten sie nicht selten auch einen Übergang zum Mehrheitswahlrecht.[33] Besonders der langjährige Bundestagspräsident Eugen Gerstenmaier setzte sich nachdrücklich für einen Umbau nach dem Vorbild des Unterhauses ein und verglich das riesige Bonner Plenum dabei in einer viel zitierten Wendung mit einem Universitätshörsaal:

> Ich möchte nur sagen, daß dieser Saal, so wie er vor uns ist, dem Charakter des Hörsaals folgt, an wir vom Kindergarten über die Grundschule und die höhere Schule bis zur Universität völlig gewöhnt sind […]. Was dieser Saal aus seiner Mitte verbannt – eigentlich künstlich verbannt – ist eine echte, gesteigerte Chance der Diskussion […].[34]

Tatsächlich fasste der Bundestag sogar im März 1961 den Beschluss, die Haushaltsmittel für einen Umbau des Plenarsaals nach britischem Vorbild zu bewilligen. Die Konkretisierung und Umsetzung dieses Beschlusses scheiterte aber: Zwar wurde im Ältestenrat des Bundestages eine Sitzordnung in Hufeisenform erwogen, um das Unterhausmodell an die eigenen politischen Verhältnisse anzupassen, wie das etwa auch in Ungarn, Irland oder den früheren britischen Kolonien Australien und Südafrika geschehen war.[35] Die Kabinettsmitglieder hätten in den vorderen Reihen der größten Regierungsfraktion sitzen sollen, die Abgeordneten der kleinen damaligen Oppositionsparteien FDP und DP am Scheitelpunkt der Hufeisenkrümmung, die Bundesratsplätze wären an die Rückwand des Plenarsaals verlegt worden. Die Bundesregierung, der Bundesrat und die kleineren Fraktionen erhoben hiergegen je-

Abb. 28: Skizze des Vorschlags von Eugen Gerstenmaier aus dem Jahr 1958,
die Sitzreihen im Bundestag nach dem Vorbild des britischen
Unterhauses anzuordnen

doch Einwände, so dass die Umbaupläne mangels Einvernehmen scheiterten.[36] Dabei spielten unterschiedliche Motivlagen eine Rolle:[37] Kleinere Parteien wie die FDP befürchteten – auch angesichts der damals immer wieder aufflammenden Diskussion über eine mögliche Einführung des Mehrheitswahlrechts –, eine Sitzordnung nach britischem Vorbild wäre ein Schritt auf dem Weg zu einem Zweiparteiensystem. Unter nicht wenigen Abgeordneten gab es überdies die Befürchtung, ein definitiver Umbau am Rhein stelle die Wiedervereinigung und den Anspruch auf Berlin als Hauptstadt und Regierungssitz in Frage. Hinterbänkler, die um ihre Sitze und Pulte fürchteten, mahnten Bescheidenheit und Sparsamkeit an. Viele Parlamentarier wollten mangels rhetorischer Spontaneität das traditionelle Rednerpult und den damit einhergehenden Vortragsstil erst recht nicht aufgeben. Hinter den Kulissen leisteten auch die Regierungsvertreter hinhaltenden Widerstand, die auf eine separate Regierungsbank ebenso wenig verzichten wollten wie auf die Nähe der Minister zu ihren Beamten. Zudem stellte sich bald heraus, dass der existierende Plenarsaal für einen bloßen Umbau nach englischem Vorbild ungeeignet war und es eines umfassenden Neubaus der gesamten Parlamentsanlage bedurft hätte,[38] – der dann schließlich erst dreißig Jahre später in ganz anderer Form realisiert wurde.

Dass die Umgestaltung nach britischem Vorbild nicht gelang, kann im Rückblick kaum überraschen. Allzu sehr klafften Parlamentsarchitektur und -tradition in Deutschland und Großbritannien auseinander,[39] als dass sie durch einen Umbau des Bonner Bundeshauses gleichsam handstreichartig hätten zusammengezwungen werden können. Mit dem englischen Parlament hatten sich die Reformer ausgerechnet ein Vorbild ausgesucht, das von der Plenararchitektur Kontinentaleuropas besonders weit entfernt war. Das kam bereits in dem offenkundigen Kontrast zum Ausdruck, dass die Regierungsmitglieder im Unterhaus rechts des Speaker in der untersten Bank unter den Abgeordneten saßen, während für sie in Bonn erhöhte Plätze gegenüber dem Plenum eingerichtet waren.[40] Die Annäherung an Westminster hätte nicht nur den Verzicht auf Regierungs- und Bundesratsbank als Überbleibsel der konstitutionellen Monarchie auf der Präsidiumsseite erfordert, sondern ebenso den Abschied vom auf das Rednerpult ausgerichteten Halbkreis als Erbe der Französischen Revolution auf der Seite des Plenums. Ein so radikaler Bruch war trotz der verbreiteten Unzufriedenheit mit dem Bonner Plenarsaal äußerst unwahrscheinlich. Zwar propagierten in der zeitgenössischen Diskussion selbst die Verteidiger der traditionellen Regierungsbank kaum noch offen das obrigkeitsstaatliche Ideal einer vom Parlament strikt getrennten Beamtenregierung über den Parteien.[41] Aber bereits das Verfassungsrecht schuf doch in Deutschland von vornherein eine andere Ausgangssituation als in Großbritannien: Das Grundgesetz verlangt nicht, dass die Mitglieder der Bundesregierung dem Bundestag angehören müssen, und es stattet diese überdies mit einem eigenständigen Rederecht im Parlament aus. Auch wenn in der politischen Praxis die Kabinettsmitglieder regelmäßig auch Bundestagsabgeordnete waren und sind, so bestand doch von vornherein ein klarer verfassungsrechtlicher Unterschied zum Vereinigten Königreich, wo auf der Treasury bench des Unterhauses nur Abgeordnete Platz nehmen dürfen.[42] Die Fixierung der Diskussion auf Großbritannien band die reformerischen Energien mithin an ein Modell, das kaum eine realistische Chance auf Verwirklichung hatte.

Zugleich verhinderte die England-Sehnsucht der Umbaubefürworter, dass genauer überlegt wurde, wie sich eine stärkere Interaktion zwischen Regierung und parlamentarischer Opposition auch im Rahmen des überkommenen Halbkreismodells hätte realisieren lassen. Das italienische Modell einer Regierungsbank vor dem Präsidium wurde gelegentlich erwähnt, aber gar nicht erst wirklich in Erwägung gezogen. Die französische Lösung, die Regierung mit Gesicht zum Parlamentspräsidenten und zur Rednertribüne in den ersten Abgeordnetenreihen zu platzieren, war in der Diskussion zwar stärker bekannt,[43] wurde aber letztlich nicht ernsthaft überlegt. Das lag auch daran, dass die Regierungsbank damals 60 Plätze hatte, so dass bei ihrer Verlegung in die ersten Abgeordnetenreihen eine große Zahl bevorzugter Parlamentarierplätze weggefallen wäre, obwohl diese im Alltag vielfach nur mit wenigen Regierungsvertretern besetzt gewesen wären.[44] Letztlich litt die zeitgenössische Diskussion vor allem daran, dass sie nicht nüchtern die Vor- und Nachteile unterschiedlicher Plenarsaalgestaltungen unter Einbeziehung ausländischer Erfahrungen erörterte, sondern auf der illusorischen Suche nach einem westlichen Vorbild war, dem man nicht nur im Plenarsaal, sondern überhaupt nacheifern konnte. Es versteht sich, dass in dieser Perspektive um 1960 weder das von permanenten Regierungskrisen gezeichnete italienische Parlament noch die französische Nationalversammlung, die nach den Erschütterungen der Vierten Republik gerade erst von de Gaulle grundlegend abgewertet worden war, ernsthaft in Betracht gezogen wurden. So verpuffte der Umgestaltungselan zunächst folgenlos, hinterließ aber doch verbreitet ein nunmehr bewussteres und stärker artikuliertes Unbehagen an der Sitzordnung im Bonner Bundeshaus.

Sommer 1969: Die Absenkung

Unzufriedenheit gab es weiterhin vor allem mit der äußerlich greifbarsten Besonderheit, der Erhöhung der Regierungsbank gegenüber den Abgeordnetenplätzen. Denn die räumliche Rangordnung zwischen Regierung und Parlament stand nicht nur offenkundig in einem starken Spannungsverhältnis zur verfassungsrechtlichen Situation. Sie geriet überdies zunehmend in Konflikt mit dem antihierarchischen Zeitgeist der 1960er Jahre, aus dem heraus etwa auch Strafverteidiger die erhöhten Plätze der Staatsanwaltschaft in den Gerichtssälen in Frage stellten.[45] Was den Bundestag anging, hatte man zwar in der vorangegangenen Grundsatzdiskussion noch gemeint, es habe keinen

Sinn, nur die Aufbauten für die Bundesregierung und den Bundesrat abzu-
senken, ohne das Plenardesign insgesamt zu verändern.[46] Nach dem Schei-
tern aller Umbaupläne brachte die SPD ihre traditionelle Kritik an der erhöhten Regierungsbank aber in die erste Große Koalition (1966–1969) ein, als
erstmals sozialdemokratische Minister auf der Bonner Regierungsempore
Platz nahmen. Entscheidend war hier der SPD-Fraktionsvorsitzende Helmut
Schmidt, der seit seinen Jahren als junger Oppositionsabgeordneter der
Adenauerzeit ein scharfzüngiger Kritiker der Tatsache war, dass die Abgeordneten zu den Ministern aufblicken mussten. Gemeinsam mit dem CDU-
Fraktionsvorsitzenden Rainer Barzel, mit dem er eng und vertrauensvoll zu-
sammenarbeitete, bildete Schmidt ein starkes Machtzentrum der Großen
Koalition und verkörperte parlamentarisches Selbstbewusstsein auch gegenüber der eigenen Regierung. Einen wortgewaltigen Unterstützer fand er in
Bundestagspräsident Gerstenmaier, der auch als Sitzungsleiter die Gelegen-
heit nutzte, die Erhöhung der Regierungsbank im Plenum ironisch zu thema-
tisieren. So begrüßte dieser in einer Fragestunde im Oktober 1968 den neuen
Staatssekretär im Bundesschatzministerium mit den Worten, er sehe zum
ersten Mal, dass «das frühere Mitglied des Hauses [...] Dr. Vogel [...] hier
von der erhabenen Balustrade der Regierung auf das Haus herniederschaut.
Herzlich willkommen». Gerstenmaier nutzte Beschwerden gegen seine Formulierung im Anschluss dazu, vom Besuch einer Bundestagsdelegation im
kanadischen Parlament zu berichten und die Vorzüge der dortigen Sitzordnung im Stile von Westminster zu rühmen: «Man sitzt auf der gleichen Ebene
und sieht sich Auge in Auge.»[47] Von Gerstenmaier wohlwollend begleitet, gelang es Helmut Schmidt, in der Koalition eine Verständigung über die Absenkung der Regierungsbank herbeizuführen.[48]

Im Sommer 1969 war es dann so weit: Die Aufbauten für Regierungs- und
Bundesratsbank wurden nun weitgehend abgetragen. Gleichzeitig verringerte
man die Beamtenplätze auf der Regierungsbank deutlich[49] und rationierte damit die Zahl der Souffleure aus der Ministerialbürokratie, die zuvor in großer
Schar als «Hinterbänkler der Regierungsbank» die Minister in den Plenarsaal
begleitet hatten.[50] Es verblieb eine Erhöhung der Regierungsplätze um eine
Stufe von 18,5 cm gegenüber dem Saalboden, die Brüstung befand sich nun in
einer Höhe von einem Meter.[51] Wie selbstverständlich wurde gleichzeitig auch
das Rednerpult mit abgesenkt und damit die französische Tradition der Erhöhung des Redners gegenüber dem Plenum aufgegeben. Dabei schwang

sicherlich mit, dass die Rednerin ansonsten höher gestanden hätte als die Regierungsplätze und die Regierung seitlich von oben hätte kritisieren können.[52]
Dass das Rednerpult den Regierungsplätzen ohne Zögern hinab zum Saalboden folgte, zeigte aber gerade auch, wie wenig Eigenständigkeit dessen Erhöhung besessen hatte und wie sehr der Platz des Redners weiterhin nur als
unselbständiges Teilelement der Präsidiumsseite behandelt wurde.

Zwanzig Jahre nach Gründung der Bundesrepublik war mit der Absenkung der Regierungsbank das offenkundigste Erbe des kaiserlichen Obrig-
keitsstaats im Bonner Bundeshaus beseitigt. Die Regierung thronte nicht
länger majestätisch über den Abgeordneten, ihre Loge war im Parterre angekommen. Ansonsten blieb das Plenardesign hingegen unverändert, so dass die
abgesenkte Regierungsbank und die strahlenförmig auf das Rednerpult ausgerichteten Abgeordnetenplätze weiterhin beziehungslos nebeneinander lagen.
Man saß nun auf gleicher Ebene, nach wie vor aber nicht «Auge in Auge».

4. In den Kreis?

Die Unzufriedenheit mit dem Plenarsaal des Bonner Bundeshauses erlosch
durch die Absenkung der Regierungsbank vom Sommer 1969 allerdings nicht.
Der Bund begann nun zudem, sich mit umfangreichen Bauplanungen in Bonn
auf Dauer einzurichten. In diese Planungen wurde schließlich auch der Plenarbereich des Bundestages einbezogen.[53] Seit 1977 plante der Stuttgarter Architekt Günter Behnisch im Auftrag des Bundestages einen neuen Plenarsaal
und knüpfte dabei an Hans Schwipperts Kreisvision an, die sich 1948/49
nicht gegen das überkommene Reichstagsdesign hatte durchsetzen können.
Nach manchem Hin und Her beschloss der Bundestag schließlich in den
1980er Jahren den Abriss des bisherigen Plenarsaals und dessen Neuerrich-
tung in kreisrunder Form an derselben Stelle.[54] Behnischs runder Plenarsaal
wurde aber durch die Wiedervereinigung ungeplant zur letzten architektonischen Episode der Bonner Republik:[55] Als ihn der Bundestag im Jahr 1992
bezog, hatte dieser bereits den Umzug nach Berlin beschlossen, und Behnischs Saal diente dem Bundesparlament nur noch für ein kurzes Intermezzo
bis zum Bezug des umgebauten Reichstagsgebäudes im Jahr 1999 als Tagungs-

Abb. 29: Der kreisrunde Plenarsaal des Bundestages in Bonn von Günter Behnisch

raum. Im Reichstagsgebäude hat der Bundestag die kreisförmige Sitzordnung
wieder aufgegeben und sitzt seither in einer Ellipse, die wieder stärker das
traditionelle Gegenüber von Präsidiumsseite mit Regierung und Bundesrat
einerseits, Plenum andererseits fortführt.[56]

Die Faszination, die der Kreis in den achtziger Jahren ausübte, ist aber
gerade hinsichtlich der damit verbundenen Anlage der Regierungsplätze bemerkenswert. Denn aus Sicht seiner Anhänger galt das Rund als Vollendung
einer antihierarchisch-egalitären Parlamentsarchitektur auch und gerade im
Hinblick auf die Regierungsbank.[57] In dieser Architektur verschwand dem
äußeren Anschein nach die Bühne der Präsidiumsseite, und alle Beteiligten
waren nun im runden Parkett vereint. Die Kreisform suggerierte eine gleichsam natürliche Versammlung von Gleichen, wie es sie einst im germanischen
Thing gegeben haben soll oder an jenem legendären runden Tisch, an dem
König Artus mit den Rittern seiner Tafelrunde zusammenkam.[58]

Funktional war dieses Rund hingegen nur sehr eingeschränkt. Kommunikative Vorteile hätte es vielleicht gewinnen können, wenn alle Beteiligten nur
noch vom Platz gesprochen hätten. Man behielt indes die angestammte Rednertribüne vor dem Präsidium ebenso bei wie die Praxis, dass Reden nur dort
gehalten wurden. Dadurch traten nun aber neue Kommunikationsprobleme
auf. Im Unterschied zum Halbkreis, der sich auf das Rednerpult hin orientiert, ist der Kreis auf eine leere Mitte ausgerichtet.[59] Gerade deshalb können

in einem Kreis, in dem sich auch Präsidium und Rednerpult befinden, nicht alle Teilnehmer einander und den Redner gut sehen und erst recht nicht stets vom eigenen Platz aus mit anderen Anwesenden interagieren. Denn manche Abgeordnete sitzen im Kreis zwangsläufig in einem so flachen Winkel zum Präsidium, dass sie den Redner nur von hinten oder der Seite und einen Teil ihrer Kolleginnen und Kollegen überhaupt nicht sehen können.[60] Der Abstand zwischen der Rednertribüne und der ersten ihm gegenüberliegenden Abgeordnetenreihe ist im Kreis zudem größer als im entsprechenden Halbkreis.[61] Schließlich suggeriert das Rund auch eine verschworene Selbstbezüglichkeit der Beteiligten,[62] während diese doch als Parlamentarier Repräsentanten des Volkes und damit auf ein demokratisches Außen bezogen bleiben. Aufgrund dieser Probleme des Kreises als parlamentarischer Sitzordnung, die bereits in der Französischen Revolution diskutiert worden waren, hatte sich in Frankreich seit 1793 gerade nicht der Kreis, sondern eben der Halbkreis mit erhöhter Rednertribüne gegenüber dem Plenum durchgesetzt und zunehmend in Kontinentaleuropa verbreitet.[63] Bis heute gibt es denn auch weltweit nur sehr wenige nationale Parlamente mit kreisförmiger Sitzordnung.[64] Dass die alte Bundesrepublik dennoch zum Rund wechselte, zeigt gerade an, wie sehr es dabei in erster Linie um ein antihierarchisches Egalitätssymbol ging. Der Kreis sollte das Trauma der früheren Erhöhung der Regierungsplätze bewältigen.

Wie wenig funktional die Anhänger des Kreises dachten, wurde auch daran deutlich, dass man diesen Moment der Neugestaltung in keiner Weise nutzte, um die Interaktion zwischen Parlament und Regierung zu verbessern. Wie selbstverständlich behielt man vielmehr auch im Kreis die bisherigen Platzierungen bei: die Regierung rechts von Präsidium und Rednerpult, der Bundesrat links davon. Damit blieb aber die bisherige Präsidiumsseite als räumlicher Erinnerungsbestand auch in der runden Sitzanordnung erhalten, und es änderte sich nichts an den kommunikativen Problemen, die insbesondere für den Oppositionsredner am Rednerpult bestanden, der die Regierungsvertreter weiterhin seitlich hinter sich hatte. Dabei hätte gerade die Kreisform insoweit durchaus andere Gestaltungsmöglichkeiten geboten als das Halbkreismodell. So hätte man jetzt etwa Präsidium und Rednerpult auf der einen Seite des Kreises ansiedeln können, die Regierungsbank hingegen auf der anderen, um damit eine direkte Interaktion von Rednerin und Regierung zu ermöglichen.

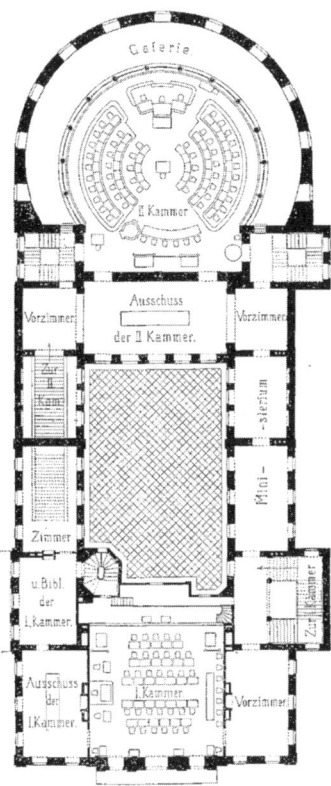

Abb. 30: Grundriss des Plenarsaals der zweiten Kammer im hessischen Ständehaus, Darmstadt

Ein derartiges Gegenüber von Präsidium und Regierung hatte es im neunzehnten Jahrhundert in Darmstadt gegeben, im einzigen kreisförmigen Plenarsaal, der in einem deutschen Einzelstaat eingerichtet wurde. Die zweite Kammer des Landtags des Großherzogtums Hessen-Darmstadt tagte dort in einem fast runden Raum. An den beiden Enden der Hauptachse des Saals lagen das Präsidium und der Ministertisch. Zwischen Präsidium und Ministertisch füllten die Abgeordnetensitze rechts und links den jeweiligen Kreisbogen aus; die Abgeordneten sprachen vom Platz aus. Trotz oder gerade wegen der Kreisarchitektur hatte man damals in Darmstadt zu einer Sitzordnung gefunden, welche die kommunikative Interaktion zwischen Parlamentariern und Regierungsvertretern räumlich begünstigte.[65] Es handelte sich dabei um

die kreisförmige Variante der stärker dialogischen deutschen Plenarsäle des
neunzehnten Jahrhunderts, die später durch das Reichstagsmodell verdrängt
wurden. Sicherlich hätte eine solche Nutzung des Kreises das Problem auf-
geworfen, die Parlamentarierplätze klar in eine linke und rechte Hälfte des
Saales unterteilen zu müssen.[66] Dass derartige Gestaltungsmöglichkeiten
beim Übergang zur Kreisform in Bonn gar nicht erst thematisiert wurden,
macht aber deutlich, wie sehr das Plenardesign des Reichstags gleichsam verinnerlicht weiterwirkte. Die alte Sonderposition der Regierung kam dabei
nicht nur darin zum Ausdruck, dass diese auch im Kreis ihren angestammten
Platz zur Rechten des Präsidiums behielt. Bei den Regierungs- und Bundesratsplätzen fehlte vielmehr auf Wunsch des damaligen Bundeskanzlers Helmut Kohl überdies die erste Bankreihe, so dass die Regierungsplätze erst in
der zweiten Reihe des Kreises anfingen. Die Regierungsvertreter und insbesondere der Bundeskanzler waren auf diese Weise gerade nicht in das Rund
der vordersten Plätze integriert[67] und konnten ein Stück ihrer überkommenen Distanzposition bewahren.

Der fehlende Versuch, im Verhältnis von Parlamentariern und Regierung
zu einem stärker interaktiven Plenarsaal zu kommen, verdeutlichte zudem,
dass die Kreisform gerade auch deshalb gewählt wurde, weil sie symbolisch
nicht Konfrontation und Auseinandersetzung ausdrückte, sondern Einmütigkeit und Harmonie.[68] Das Bonner Rund verlieh einer in Deutschland besonders verbreiteten Sehnsucht nach Einigkeit jenseits des Streits räumlichen
Ausdruck. Vor diesem Hintergrund hat sich die kreisförmige Sitzordnung
trotz der damit einhergehenden Probleme seit den 1980er Jahren auch in den
Plenarsälen der Landesparlamente von sieben Bundesländern etabliert: Rhein-
land-Pfalz (1986/87), Nordrhein-Westfalen (1988), Berlin (1993), Sachsen
(1993), Schleswig-Holstein (2003), Thüringen (2003) und Mecklenburg-Vorpommern (2017).[69] Auf der Bundesebene bestand der Kreis seine Bewäh-
rungsprobe im parlamentarischen Alltag hingegen aus Sicht der Mehrheit der
Abgeordneten nicht. Bereits im März 1995 beschloss der Bundestag deshalb,
nach dem Umzug in das Berliner Reichstagsgebäude dort eine elliptische
Sitzordnung einzurichten,[70] und kehrte so nach den englischen Sehnsüchten
der sechziger und den Kreisphantasien der achtziger Jahre in gewandelter
Form zum älteren Gegenüber von Plenum und Präsidiumsseite zurück. Die
Zeit im Kreis Günter Behnischs blieb eine kurze Übergangsphase zwischen
Bonner und Berliner Republik.

VII.

Zur Rechten des Herrn

Im deutschen Modell des Plenarsaals, wie es sich seit dem Reichstag der Bismarckzeit etabliert hat, sitzen die Regierungsvertreter rechts vom Präsidium. Die Regierung nimmt damit im parlamentarischen Raum einen Platz ein, der in der europäischen Ikonographie politischer Herrschaft eine besondere Hervorhebung und Auszeichnung bedeutet, sie aber gerade dadurch zugleich im Verhältnis zum Plenum in eine topographische Randlage versetzt.

1. Rechts und Links

Die Auszeichnung, die im Platz zur Rechten des Präsidiums liegt, versteht sich nicht von selbst, sondern ist das Produkt einer sozialen Bedeutungszuschreibung. Denn der Unterschied zwischen rechter und linker Seite[1] ist keine Eigenschaft des geometrischen Raums. Er steht nicht bereits durch die rein physische Situation fest, sondern setzt einen kulturell vermittelten Bezugspunkt voraus, der für die Unterscheidung maßgeblich ist.[2] Aus der gesellschaftlichen Konventionalität der Unterscheidung von Rechts und Links ergeben sich daher bei der Betrachtung von Bildern und Räumen traditionell Unsicherheiten und Klarstellungsbedarf.[3] Für Kirchengebäude zeigt sich das beispielsweise bei der Frage, ob liturgische Handlungen auf der rechten oder der linken Seite vorgenommen werden. So geht die Verlesung des Evangeliums auf der vom Haupteingang her gesehen linken Seite darauf zurück, dass in der nach Osten ausgerichteten Apsis ursprünglich der bischöfliche Stuhl stand, das Evangelium also aus der Perspektive des Bischofs auf der rechten

Seite verlesen wurde.[4] Eine ähnliche Unsicherheit tritt bei der räumlichen Erschließung von Plenarsälen auf. Stellt man etwa auf den Standpunkt des Betrachters ab, der Fernsehaufnahmen aus dem Plenarsaal des Bundestages ansieht, so befindet sich die Regierungsbank zu seiner Linken. Erst die kulturell vermittelte Umkehrung des Blicks, die imaginär Platz und Perspektive des Parlamentspräsidenten als maßgeblichen Bezugspunkt einnimmt und damit in Gedanken eine Drehung um 180 Grad vollzieht, zeigt die Ansiedlung dieser Plätze auf der rechten Seite.

Der ursprüngliche Ausgangspunkt der Unterscheidung von linker und rechter Seite wie der kulturellen Bevorzugung der Rechten ist dabei der menschliche Körper mit seinen beiden Händen. Die verbreitete menschliche Rechtshändigkeit hat sich entwicklungsgeschichtlich in einer Hochschätzung der starken rechten Hand niedergeschlagen, die das Schwert führt, den Schwur leistet und zugleich das Herz schützt, das auf der linken Körperseite schlägt.[5] In der räumlichen Orientierung hat sich diese Bevorzugung der rechten Seite auf der Nordhalbkugel wohl sehr früh mit der Ausrichtung der Menschen auf den Aufgang der Sonne im Osten verbunden, so dass die Rechte der dem Licht zugewandten Südseite entsprach und damit noch stärker ausgezeichnet wurde.[6] Was die Ranganweisung in Räumen angeht, gehört die kulturelle Bevorzugung der rechten Seite zu einem über viele Jahrhunderte tradierten Bestand dreier schlichter Grundregeln: Oben ist besser als unten, vorn ist besser als hinten, rechts ist besser als links.[7]

2. Zur Rechten des «Höchsten» als räumlicher Bezugspunkt

In der europäischen politischen Ikonographie war der Thron des Herrschers der räumliche Bezugspunkt für die Bevorzugung der Plätze auf der rechten Seite. Diese Ikonographie entwickelte sich in enger Verbindung mit der christlichen Gottesvorstellung. So heißt es im apostolischen Glaubensbekenntnis, dass Christus nach Auferstehung und Himmelfahrt zur Rechten des Vaters sitzt (*sedet ad dexteram Patris*).[8] Die Präferenz für die rechte Seite fand sich auch in den entsprechenden künstlerischen Darstellungen wieder. Auf Bildern der Kreuzigung etwa erwartet die beiden Räuber, die mit Christus zusammen hingerichtet werden, ein unterschiedliches Schicksal: den zu seiner Rechten die ewige Seligkeit, den zu seiner Linken hingegen die ewige Verdammnis. In Darstellungen des Jüngsten Gerichts verweist Christus als Richter die Erwählten auf die rechte Seite des ewigen Lebens, die Verdammten hingegen auf die linke der ewigen Verworfenheit.[9]

Die Auszeichnung der Plätze zur Rechten des Herrschers, die zumeist die hohe Geistlichkeit einnahm, prägte auch das herrschaftliche Zeremoniell des christlichen Europas.[10] Die Plätze zu seiner Linken waren dadurch aber – anders als in den Bildern von Kreuzigung und Jüngstem Gericht – nicht etwa mit einem Makel behaftet. Die Nähe zum Herrscher bedeutete vielmehr stets eine Auszeichnung, die Plätze der linken Seite traten jedoch im Rang hinter die Sitze zu seiner Rechten zurück.[11] So war es auch in den europäischen Ständeversammlungen zwischen Spätmittelalter und Französischer Revolution mit ihren rechteckigen Sitzarrangements, wo der Thron des Herrschers an der Stirnseite stand und zu seiner Rechten die kirchlichen Vertreter Platz nahmen. Noch heute wird in dieser Tradition im englischen Oberhaus die Seite rechts des Throns als *spiritual side* bezeichnet. Das berühmte Titelbild des *Leviathan* von Thomas Hobbes aus dem Jahr 1651 war gerade deshalb so revolutionär, weil der aus zahllosen Menschen zusammengesetzte Herrscher dort den Bischofsstab in der linken Hand hält, während er das Schwert in seiner Rechten trägt. Das Titelblatt kehrte die traditionelle Zuweisung der bevorzugten rechten Seite an die Geistlichkeit im christlichen Europa also gerade um und beanspruchte diesen Ehrenplatz für die weltliche Herrschaft.[12] Dass die Platzierung zur Rechten des Herrschers eine besondere Auszeichnung bedeutete, setzte aber auch Hobbes weiterhin unproblematisch voraus.

Die durch die alteuropäischen Ständeversammlungen geprägte Raumorganisation wirkte in mehr oder minder veränderter Form noch in den parlamentarischen Plenarsälen nach, wie sie in den konstitutionellen Monarchien des europäischen neunzehnten Jahrhunderts ihre dauerhaft prägende Gestalt gewannen. Insoweit dort für die feierliche Parlamentseröffnung ein Thron stand, war das gesamte Raumarrangement weiterhin auf diesen ausgerichtet. Wie selbstverständlich wurden dann die Plätze für die Regierungsvertreter regelmäßig zur Rechten des Throns gegenüber den Parlamentariern angesiedelt.[13] Befand sich dort hingegen kein Thron, wurde an dessen Stelle der Stuhl des Parlamentspräsidenten zum maßgeblichen Bezugspunkt, wie das in

den meisten heutigen Plenarsälen der Fall ist. Der Präsidentenplatz übernahm dabei traditionelle Thronattribute wie räumliche Zentralposition, Erhöhung und besonderes Sitzmobiliar.[14] Ist im Plenarsaal der höchste Bezugspunkt der Platz des Parlamentspräsidenten, so hat das aber nicht etwa zur
selbstverständlichen Folge, dass es hervorgehobene Plätze zur Rechten des
Präsidiums geben oder diese der Regierung zustehen müssten. Selbst in noch
stark von altständischen Traditionen mitgeprägten rechteckigen Sitzarrangements war das nicht immer der Fall. So waren im Preußen der Mitte des
neunzehnten Jahrhunderts oder in den Niederlanden bis 1992 Präsidium und
Regierung auf gegenüberliegenden Seiten angeordnet, zwischen denen sich
zur Rechten und zur Linken die Abgeordneten verteilten. Auf der bevorzugten rechten Seite des Präsidiums saßen dort keine Regierungsvertreter, sondern allein Abgeordnete, und es bildete sich rasch die parlamentarische Konvention heraus, dass dort die Vertreter religiös gebundener oder konservativer
Parteien Platz nahmen.[15]

Hervorgehobene Plätze zur Rechten des Präsidiums fehlen überdies von
vornherein ganz in denjenigen Plenarsälen, die nach französischem Vorbild
gegenüber dem Halbkreis der Parlamentarier nur Präsidium und Rednerpult
kennen. Dort ist die Möglichkeit ausgeschlossen, Rangverhältnisse im Saal
durch die räumliche Nähe zum Präsidium auszudrücken, zumal jeder Redner
durch das Besteigen der erhöhten Tribüne in gleicher Weise aus hervorgehobener Zentralposition sprechen kann. In Frankreich wurde diese Entscheidung im Jahr 1793 sehr bewusst getroffen: Denn bei der Einrichtung des Gegenübers von Abgeordneten-Halbkreis und Präsidium mit Rednertribüne
ging es gerade auch darum, alle weiteren Plätze auf der Präsidiumsseite zum
Verschwinden zu bringen und damit jede Möglichkeit einer symbolischen
Aufladung des Sitzens in der Nähe und zur Rechten des Parlamentspräsidenten zu unterbinden.[16]

Diese architektonische Zerstörung jeder Rangzuweisung unter den Abgeordneten wurde auch nicht etwa dadurch rückgängig gemacht, dass in Frankreich seit der Restauration der Bourbonen eine neue Ausdifferenzierung
zwischen rechter und linker Seite unter den Abgeordneten innerhalb des
Halbkreises selbst begann. Im Anschluss an das kurze Zwischenspiel der
«Hundert Tage» Napoleons kam es im Jahr 1815 zu einer Neuwahl der Deputiertenkammer, die eine starke Mehrheit royalistisch-gegenrevolutionärer
Parlamentarier ins Palais Bourbon spülte. Die rasch gut organisierten kon-

servativen Abgeordneten nahmen seither die Plätze auf der rechten Seite des
Halbkreises ein, die fortschrittlichen liberalen Parlamentarier hingegen die
Sitze auf der Linken.[17] Auf diese Weise entstand die horizontale Rechts-
Links-Differenz, die in den meisten Parlamenten Kontinentaleuropas praktiziert wird, seit diese nach französischem Vorbild im Lauf des neunzehnten
Jahrhunderts zum Sitzen im Halbkreis übergegangen sind: Die Abgeordneten verteilen sich räumlich danach, wo sie im Horizont neuzeitlich bewegter
Geschichte zwischen «Fortschritt» und «Bewahrung» stehen.[18] Diese funktionale Ausdifferenzierung der Parlamentarier nach politischen Richtungen in
der Horizontalen setzt indes gerade die durch den Halbkreis räumlich ausge-
drückte Gleichheit der Rechtsstellung aller Abgeordneten voraus.[19] Bereits
unter der französischen Restauration bewahrte die Platzierung der konservativen «Ultras» am rechten Rand des Halbkreises nur noch eine schwache
Erinnerung an die Rangverhältnisse aus ständischer Zeit und verstrickte gerade auch die legitimistischen Parlamentarier in die horizontale Ausdifferenzierung der Abgeordnetenplätze.[20]

Dass die moderne Auffächerung der Sitzplätze nach politischen Richtungen erst auf der Grundlage der egalitären Architektur des Halbkreises überhaupt möglich wurde, wird gelegentlich verkannt, wenn die Entstehung der
modernen Rechts-Links-Differenz bereits auf das Epochenjahr 1789 zurück-
geführt wird.[21] Einen halben Beginn der räumlichen Rechts-Links-Unterschei-
dung hat es zwar in der Nationalversammlung im Jahr 1789 durchaus gegeben,
als die königstreuen Abgeordneten mehr und mehr zur Rechten des Präsidiums Platz nahmen. Dieser Auftakt geschah aber gerade in einer noch stark
vom ständischen Rechteck beeinflussten Sitzordnung, in der die älteren Rang-
vorstellungen zunächst noch wie selbstverständlich nachwirkten.[22] Hingegen
war in der Form des Halbkreises eine politische Rechts-Links-Differenzierung
der Sitzplätze keineswegs von vornherein räumlich angelegt und hat sich in
diesem Rahmen auch erst durch die politische Praxis des neunzehnten Jahrhunderts etabliert.[23] Seiner architektonischen Anlage nach betont der Halbkreis vielmehr in besonderer Weise die Gleichheit aller Abgeordneten untereinander;[24] im Gegensatz etwa zur Anordnung der Bänke im britischen
Unterhaus legt er gerade keine klare Unterscheidung von rechter und linker
Seite nahe, sondern macht bereits räumlich eine breite Mitte nötig.[25]

Anders liegen die Dinge allerdings, wenn der egalitäre Halbkreis von Anfang an wie im Deutschen Bundestag mit Regierungsplätzen zur Rechten des

Präsidiums kombiniert wird. In dieser räumlichen Konstellation wirken die Prägungen durch die frühere Thronseite fort. Hier ist die Regierungsbank Teil einer ausladenden Präsidiumsseite, die in die Nachfolge des Thronraums eingetreten ist.

3. Zweigeteilte Regierungsbank?

Die Einrichtung von Regierungsplätzen rechts des Präsidenten wirft dann freilich sofort die Frage auf, wie die gesamte Präsidiumsseite ausgestaltet werden soll. Werden nämlich zur Rechten des Präsidiums Sitze für die Regierungsvertreter angebracht, liegt es aus Symmetriegründen nahe, auch zu dessen linker Seite entsprechende Plätze gegenüber dem Plenum vorzusehen. Dieses Problem lässt sich raumorganisatorisch am einfachsten lösen, indem man die Regierungsbank schlicht teilt, so dass die Regierungsplätze das Präsidium gleichsam in die Mitte nehmen. Gerade diese Zweiteilung stand auch am Anfang der deutschen Tradition der Regierungsbank, weil die Bundesratsplätze im Reichstag des Kaiserreiches schon allein aufgrund der großen Zahl der damaligen Bundesratsvertreter zu beiden Seiten des Präsidiums angesiedelt werden mussten.[26] Heute findet sich eine derartige gespaltene Regierungsbank in Japan, wo die Plenarsäle beider Kammern in Tokio dem früheren Sitzungssaal des Reichstags nachgebildet sind, aber auch in einigen deutschen Landtagen wie etwa in Nordrhein-Westfalen, Bayern oder Sachsen. Die Hervorhebung der rechten Seite schrumpft in diesem Arrangement auf den Umstand, dass sich der Platz des Regierungschefs dort regelmäßig in der ersten Reihe der rechten Seite in größtmöglicher Nähe zum Präsidium befindet.

Die entsprechende Spaltung der Regierungsbank ermöglicht zwar eine räumlich geschlossene Präsidiumsseite und befriedigt das Bedürfnis architektonischer Symmetrie. Dieses Raumarrangement bildet aber nicht ab, dass es sich bei der Regierung um ein kompaktes Kollegialorgan handelt, das dem Parlament gegenüber verantwortlich ist. Das räumliche Erscheinungsbild der Regierung im Plenarsaal ist im Fall der Zweiteilung nicht konzentriert, sondern diffus. Anschaulich zeigt das eine Begebenheit, die sich im Jahr 1955 in Österreich zutrug. Dort gab es seit den Zeiten der Habsburgermonarchie eine geschlossene Regierungsbank vor dem Präsidium. Bei der Einrichtung eines neuen Plenarsaals für den Nationalrat wurde in den 1950er Jahren erwogen, die Regierungsplätze zu teilen und diese nach dem architektonischen Vorbild des Bonner Bundeshauses das Präsidium umrahmen zu lassen. Der damalige Bundeskanzler Julius Raab verhinderte das jedoch durch ein amtliches Schreiben an den Nationalratspräsidenten. Er teilte diesem als ausdrücklichen Wunsch der Bundesregierung mit, dass es bei der bisherigen österreichischen Tradition der ungeteilten Ministerbank vor dem Präsidium bleiben sollte.[27] Bei der jüngsten Sanierung des Sitzungssaals des Nationalrats in den Jahren 2016 bis 2022 hat man die Regierungsbank in Wien nun aber doch geteilt, um eine Ansiedlung des Rednerpults in der Mitte zwischen beiden Hälften möglich zu machen.[28] Der Brief des österreichischen Bundeskanzlers aus dem Jahr 1955 zeigt indes eindringlich, wie sehr die Aufspaltung der Regierungsbank auf architektonischer Ebene die Einheit der Regierung als Verfassungsorgan in Frage stellt. Die Geschlossenheit der Regierung als Kollegialorgan wird hingegen gerade in denjenigen Plenarsälen besonders betont, welche – wie der frühere Sitzungssaal des Nationalrats in Wien oder die italienischen Säle in Rom – die Regierungsbank vor dem Präsidium gegenüber dem Plenum ansiedeln.

Rahmt die Regierungsbank das Präsidium von beiden Seiten ein, entsteht überdies der räumliche Eindruck eines Neutralitätsbereichs, der durch Präsidium und Regierung gemeinsam gebildet wird und dem Halbkreis der Abgeordneten gegenüberliegt: Die Regierung wird durch die Anordnung ihrer Plätze in die das Präsidium umgebende Aura unparteiischer Geschäftsführung einbezogen. Die in der Zweiteilung angelegte Ungreifbarkeit der Regierung wird durch die räumliche Anlehnung ihrer Sitzplätze an das Präsidium nochmals verstärkt. Kennt die Regierungsbank überdies noch eine Reihe von Beamtenplätzen, wie das in Deutschland üblich ist,[29] wird diese Ungreifbarkeit überdies mit quantitativer Massivität kombiniert. Der im Jahr 2005 neu bezogene Plenarsaal des bayerischen Landtags in München bringt diese diffuse Massigkeit der Regierungs- und Präsidiumsseite am deutlichsten zum Ausdruck. Im Münchener Maximilianeum scheint die Regierungsbank sogar fast schon eine erdrückende Umarmung der Abgeordneten anzudeuten. Dieser Raumeindruck wird in Bayern dadurch verstärkt, dass Regierungsmitglieder, die zugleich Landtagsabgeordnete sind, keinen Sitzplatz mehr im Halbkreis der Abgeordneten haben, um Saalgröße und Schwerbehindertenrecht in

Abb. 31: Die Regierungsbank im Plenarsaal des bayerischen Landtags im Münchener Maximilianeum

Einklang zu bringen.[30] Selbst wenn sie auch ein Landtagsmandat innehaben, werden die Mitglieder der Staatsregierung daher räumlich ausschließlich der Regierungsseite zugeordnet, wodurch entsprechend weniger Abgeordnetenplätze der massiven Regierungsseite gegenüberliegen.

4. Politische Unwucht zur rechten Seite hin

Der Raumeindruck des Diffusen und Ungreifbaren, den die in die Präsidiumsseite integrierte Regierungsbank hervorruft, entsteht aber nicht allein im Fall ihrer Zweiteilung. Auf eigene Weise stellt er sich vielmehr auch dann ein, wenn die Regierung ausschließlich zur Rechten des Präsidiums Platz nimmt, wie das im Deutschen Bundestag der Fall ist. Die äußere architektonische Symmetrie der Präsidiumsseite wird dort nämlich durch eine doppelte politische Asymmetrie dementiert. Diese politische Asymmetrie liegt zum einen im völlig unterschiedlichen Gewicht der beiden Seiten rechts und links des Präsidiums begründet, zum anderen in der Tatsache, dass die Regierungsbank immer nur einem Teil des Hauses unmittelbar gegenüberliegt: den Abgeordneten aus Parteien der politischen Rechten.

Unvermeidlich ist bei einer Ansiedlung der Regierungsbank zur Rechten des Präsidenten zunächst die politische Asymmetrie auf der Präsidiumsseite. Denn die Plätze links des Präsidiums können schlechterdings nicht an Institutionen oder Personen vergeben werden, die der Stellung der Regierung im Parlament auch nur von ferne gleichkämen. Sehr deutlich wurde das bereits beim eigentlichen Urbild der deutschen Regierungsplätze, der Regierungsbank im preußischen Herrenhaus. Die preußische Regierung nutzte dort nur die Plätze rechts des Präsidiums, während die linke Seite überhaupt keine feste Funktion hatte und nur gelegentlich von Abgeordneten, deren Platz kein Pult hatte, zum Schreiben benutzt wurde.[31] In einzelnen Landesparlamenten wie etwa der Hamburger Bürgerschaft sitzen links vom Präsidium die Mitarbeiter der Parlamentsverwaltung.[32] Dass die Bänke zur Linken des Präsidiums mit der Regierungsbank zur Rechten im Hinblick auf politische Bedeutung nicht mithalten können, zeigt sich aber auch im Deutschen Bundestag. Dort sind jene Plätze zwar immerhin einem wichtigen Verfassungsorgan zugewiesen, dem Bundesrat. Ihre Existenz läßt sich als solche auch durchaus verfassungsrechtlich rechtfertigen, weil das Grundgesetz den Mitgliedern des Bundesrates das Recht gibt, an allen Sitzungen des Bundestages teilzunehmen und dort jederzeit gehört zu werden. Aber dieses Rederecht ist ein bloßes Relikt aus der Kaiserzeit, das tatsächlich kaum genutzt wird. Die Bundesratsbank ist in Plenarsitzungen des Bundestages denn auch fast immer leer.[33]

Das entsprechende Ungleichgewicht zur rechten Seite hin zeigt sich im Bundestag auch an der Platzierung eines bedeutsamen Staatssymbols, nämlich der schwarz-rot-goldenen Bundesflagge. Der Fahnenmast mit der unausgebreitet herabhängenden Flagge steht seit den Bonner Anfängen rechts vom Präsidium[34] und ist heute im Plenarsaal des Reichstags in unmittelbarer Nähe zur letzten Reihe der Regierungsbank angebracht. Neben der Fahne sitzt in der letzten pultfreien Reihe der Regierungsbank üblicherweise die Beamtin des Bundeskanzleramts, die die Regierungspräsenz im Plenarsaal koordiniert. Zwischen der Bundesflagge und dem Aufgang zum Präsidium von der Regierungsbank her findet auch die Vereidigung des Bundeskanzlers und der Bundesminister durch den Bundestagspräsidenten statt.[35] Die Anbringung der

Flagge zur Rechten des Präsidiums ist daher im Berliner Reichstagsgebäude nicht allein Ausdruck der kulturellen Bevorzugung der rechten Seite, die sich etwa auch bei der Aufstellung des Sternenbanners in US-amerikanischen Rats- und Plenarsälen findet.[36] Da im Bundestag rechts des Präsidiums die Regierungsplätze liegen, gerät die Bundesflagge vielmehr wie selbstverständlich in die räumliche Sphäre der Regierung. Die hierdurch architektonisch verstärkte Unwucht des Plenarsaals zur Regierungsseite hin tritt in der Gegenwart zwar äußerlich weniger stark in Erscheinung, weil seit dem Bezug des Plenarsaals im Berliner Reichstagsgebäude symmetrisch zur Bundesflagge die marineblaue Europafahne auf der Bundesratsseite links des Präsidiums angebracht ist. Wie in den Anfängen der Bundesrepublik bleibt es aber dabei, dass eines der zentralen Staatssymbole der Bundesrepublik im Plenarsaal der Regierungsbank zugeordnet ist.

Die Schieflage zur rechten Seite besteht nicht nur im Hinblick auf die Gesamtanlage der Präsidialseite. Sie setzt sich vielmehr auch in der Zuordnung der Regierungsbank zum Plenum fort. Dieses Verhältnis ist aufgrund der räumlichen Verquickung von Regierung und Präsidium ohnehin architektonisch prekär, weil das Plenum insgesamt nach französischem Vorbild strahlenförmig auf das vor dem Präsidium angesiedelte Rednerpult ausgerichtet ist. Der Ausrichtung ihrer Sitzplätze nach blicken alle Abgeordneten auf das Rednerpult, nicht auf die Regierungsbank. Besonders deutlich wird das gerade für die Parlamentarier der äußersten parlamentarischen Rechten, deren Plätze der Regierungsbank räumlich am nächsten liegen. Die radiale Ausrichtung ihrer Sitze lässt die nahe Regierungsbank am wenigsten in ihr natürliches Aufmerksamkeitsfeld geraten und gleichsam links liegen. Die Regierungsbank befindet sich aber nicht nur wegen ihrer fehlenden Koordination mit dem gesamten strahlenförmigen Design der Abgeordnetenplätze im Abseits. Ihre Ansiedlung zur Rechten des Präsidiums führt zudem dazu, dass eine räumliche Nähe der Regierung im Plenarsaal immer nur zu den Parteien des konservativen Spektrums besteht. Das Ungleichgewicht des Plenarsaals zur rechten Seite hin setzt sich aufgrund der dem politischen Rechts-Links-Schema entlehnten Verteilung der Abgeordnetenplätze auf die Fraktionen im Plenum fort. So wie einst Bismarck in der Nähe seines Platzes im Reichstag die Reihen der konservativen Landedelleute und Generäle vorgefunden hatte, die ihm sozial und politisch nahestanden,[37] konnten auch bürgerliche Koalitionsregierungen in der Bundesrepublik stets davon ausgehen, dass sich die

Abgeordneten der Regierungsfraktionen nahe bei ihnen befanden. Sozialliberalen oder rotgrünen Bundesregierungen saß hingegen der politische Gegner vor der Nase. In den frühen Jahren der Bundesrepublik, als die SPD zu scheinbar endlosen Oppositionsjahren verurteilt schien, ist denn auch aus ihren Reihen gelegentlich die Forderung erhoben worden, die Regierung solle im Plenarsaal mit dem Bundesrat die Plätze tauschen, um so der sozialdemokratischen Opposition gegenüberzusitzen.[38] Sicherlich waren derartige Vorschläge hilflos und vor allem ein Anzeichen dafür, wie sehr die Sozialdemokraten der jungen Bundesrepublik ihre Rolle als «ewige» Opposition verinnerlicht hatten. Aber sie zeigten doch jedenfalls an, dass das Ungleichgewicht der Präsidiumsseite nach rechts hin auf den gesamten Plenarsaal einschließlich der Abgeordnetenplätze zurückwirkt.

5. In der Loge abseits des Zanks

Zur Rechten des Herrn ist kein Platz für Streit. Ähnlich wie die geteilte Regierungsbank, die das Präsidium zu beiden Seiten flankiert, wird auch die Regierungsbank zur Rechten des Parlamentspräsidenten Teil des durch das Präsidium verkörperten Raums streitenthobener Neutralität.[39] Der Ort für Debatte und Dissens im Plenarsaal sind die Plätze der Abgeordneten und die Rednertribüne. Dort wird argumentiert, kritisiert, gestritten, angegriffen und pariert. Präsidium und Regierungsplätze liegen hingegen außerhalb dieser parlamentarischen Dissenszone:[40] Das Präsidium wacht in strikter Unparteilichkeit über den ordnungsgemäßen Ablauf der Plenarsitzung, und die Regierungsbank partizipiert räumlich an dieser unparteilichen Aura der Sitzungsleitung. Nicht nur entstehungsgeschichtlich ist ihre Platzierung der langen Epoche der konstitutionellen Monarchie verpflichtet, als sich monarchischer Staat und bürgerliche Gesellschaft, Beamtenregierung und Parlament gegenüberstanden. Die Plenararchitektur drückt über hundert Jahre nach dem Untergang der Monarchie in Deutschland vielmehr immer noch ein Staatsverständnis aus, dem zufolge die Regierung in neutraler Sachlichkeit dem politischen Streit der Parlamentarier enthoben ist. Noch in der Adenauerzeit ist ihr Platz im Plenarsaal denn auch mit dem Argument verteidigt worden, dass die Regierung «treuhänderisch die Gesamtbelange wahrzunehmen hat und insofern auch in gewisser Weise über den Parteien stehen soll».[41]

Ihre Ansiedlung zur Rechten des Präsidiums bringt die Regierungsplätze zugleich in eine topographische Randlage. Wie Zuschauer in einer Loge nehmen die Regierungsvertreter an den Sitzungen teil. Unbeteiligt sitzen sie als geachtete Fremdlinge im räumlichen Abseits. Die Regierungsbank liegt deshalb dem Plenum auch nicht eigentlich gegenüber. Denn anders als etwa in den italienischen Plenarsälen in Rom ist der Halbkreis der Abgeordneten im Bundestag in keiner Weise auf die Regierungsbank ausgerichtet oder bezogen. Die Topographie des Plenarsaals zielt nicht auf die Interaktion zwischen Parlament und Regierung, sondern allein auf den Austausch der Parlamentarier untereinander, dem die Regierung lediglich beiwohnt.

Wollen Abgeordnete von ihrem Platz aus zur Regierung sprechen, so ist das von vornherein schon deshalb schwierig, weil viele Sitzplätze des Halbkreises außerhalb des Gesichtsfelds der Regierungsvertreter liegen oder von der Regierungsbank so weit entfernt sind, dass Blickkontakt gar nicht oder nur schwer möglich ist. Zusätzlich erschwert die strahlenförmige Ausrichtung aller Plätze auf das Rednerpult eine Kommunikation der Parlamentarier mit den Regierungsvertretern vom Platz aus.[42] Noch schlechter steht es um die Interaktion der Abgeordneten mit den Regierungsvertretern am Rednerpult. Die natürliche Kommunikationsrichtung des Redners geht hinüber zum Plenum, nicht zur rechts hinter ihm liegenden Regierungsbank.[43] Steht die Rednerin am Podium vor dem Mikrofon, so wendet sie den Regierungsvertretern die Seite oder gleich den Rücken zu. Sie muss sich von Plenum und Mikrofon weg, zur Seite und nach hinten drehen, um überhaupt mit den Regierungsvertretern Blickkontakt aufnehmen zu können.[44] Anders als in denjenigen Sitzungssälen, welche die Regierung nach französischem Vorbild in den vorderen Reihen des Halbkreises platzieren, befindet sich die Regierung nicht im natürlichen Blickfeld des Redners, und dieser kann nicht zwanglos mit ihr interagieren. Wie zu Bismarcks Zeiten hat der Oppositionsredner, der den Kanzler kritisieren will, diesen vielmehr seitlich hinter sich. Das Problem hat sich im Bundestag gegenüber dem Reichstag der Kaiserzeit sogar in gewisser Weise noch verschärft. Damals erklommen gerade wegen der räumlichen Situation regierungskritische Abgeordnete nur selten die Rednertribüne, sondern sprachen vom Platz und konnten so die gegenübersitzenden Regierungsvertreter von Angesicht zu Angesicht mit Kritik konfrontieren.[45] Im Bundestag werden

Reden hingegen überhaupt nicht mehr vom Platz aus gehalten.[46] Da nur noch am Pult gesprochen wird, befindet sich der Redner dort im Verhältnis zur Regierung immer von vornherein in einer verqueren Kommunikationssituation. Insbesondere manche AfD-Redner ziehen daraus inzwischen bereits die Konsequenz, sich den Regierungsvertretern bei Kritik gar nicht mehr zuzuwenden oder sogar abwesende Minister so anzusprechen, als säßen diese gerade auf der Regierungsbank. Sie sprechen von vornherein nur noch für den kurzen Video-Schnipsel ihres Redeausschnitts mit Plenarsaalhintergrund, den sie alsbald in den sozialen Netzwerken verbreiten. So sehr dieses Verhalten das Plenum als Ort der Kommunikation missachtet, so sehr reagiert es doch auch nach AfD-Manier auf ein Raumarrangement, das im Verhältnis von Parlament und Regierung in besonderer Weise interaktionsfeindlich ist. Die Topographie der Regierungsplätze ist nicht auf Kommunikation ausgerichtet, sondern allein auf Repräsentation.[47] Würdiges Unbeteiligtsein ist es, was die Regierungsbank ausstrahlt. Wie einst zur Rechten ihres königlichen Herrn sitzt die Regierung im Plenarsaal weiterhin auf hervorgehobene Weise abseits.

VIII.

Wenige unter Vielen

Regierungen sind juristische Abstraktionen. Ein Abstraktum kann aber nicht auf der Regierungsbank sitzen, Fragen beantworten, den Kopf schütteln oder sich durch Abwesenheit hervortun. Das können nur Amtsträger, die für die Regierung im Plenarsaal erscheinen oder diesem fernbleiben. Auf den ersten Blick tritt dabei ein beträchtliches zahlenmäßiges Ungleichgewicht zwischen Parlament und Regierung hervor: Parlamentarier gibt es viele, Minister dagegen nur wenige. So hat die Bundesregierung in der heutigen bundesdeutschen Praxis regelmäßig sechzehn oder siebzehn Mitglieder,[1] während der Bundestag aus mehr als 700 Abgeordneten besteht.[2] Parlamente sind große, Regierungen kleine Institutionen. Im Plenarsaal bedeutet das äußerlich eine offenkundige zahlenmäßige Unterlegenheit der Regierung gegenüber den Parlamentariern. Anders sieht es hingegen aus, wenn man die Tausenden von Beschäftigten in die Betrachtung einbezieht, die in den dem Bundeskanzler und seinen Kabinettsmitgliedern zugeordneten Apparaten des Bundeskanzleramts und der Ministerien tätig sind.[3] Denn die Bundesregierung ist ein schlankes Verfassungsorgan, dem aber ein umfangreicher Beamtenapparat unterstellt ist.

Für die räumliche Anmutung der Regierungsbank im Plenarsaal ist der Unterschied zwischen der Regierung als kleinem Kabinett und als Spitze einer verzweigten Verwaltungsorganisation von großer Bedeutung, weil dieser sich in der Zahl der dortigen Plätze niederschlägt. Die Regierungsbank ist kompakt, wenn sie im Wesentlichen nur dem Regierungschef und seinen Ministern Platz bietet. Sie wird ausladender in dem Maß, wie weitere Sitzplätze für Beamte bereitgestellt werden. Je mehr Regierungsplätze es dort über die Zahl der Kabinettsmitglieder hinaus gibt, desto stärker wird die Regierung im Saal nicht als politisches Führungsorgan inszeniert, sondern als Ansammlung von Verwaltungsspitzen.

1. Ein Sonderweg

Im Vergleich mit anderen parlamentarischen Demokratien zeigt sich dabei, dass die Zahl der Regierungsplätze im Plenarsaal des Bundestages außerordentlich hoch ist. 37 Stühle für die Regierung, denen überdies weitere 36 Sitze auf der Bundesratsseite fast symmetrisch entsprechen, sind eine internationale Ausnahmeerscheinung. In den westlichen parlamentarischen Demokratien, in denen die Regierungsbank dem Plenum gegenüberliegt, ist die Zahl der dortigen Plätze regelmäßig deutlich geringer als in Deutschland. Bei einer Regierungsbank gegenüber dem Plenum – sei es vor dem Präsidium wie in Italien, Österreich oder Portugal, sei es im Winkel zum Präsidium wie in den Niederlanden – wird die Zahl von 22 Sitzplätzen nicht überschritten.[4] Selbst in einem vom Vorbild des deutschen Reichstags geprägten Parlament wie dem griechischen ist das nicht anders, weil dort nur die 22 Plätze rechts des Präsidiums als Regierungsseite genutzt werden, während die Plätze auf dessen linker Seite für Ehrengäste reserviert sind. Nur in den gleichfalls dem Plenarsaal des Reichstags nachgebildeten Sälen der beiden japanischen Parlamentskammern in Tokio werden die insgesamt 44 Plätze rechts und links des Präsidiums für die Regierungsvertreter genutzt, wobei jeweils die erste Bankreihe für die Kabinettsmitglieder reserviert ist, während in der zweiten Beamte Platz nehmen.[5] Die Zahl der Regierungsplätze im Plenarsaal übersteigt international mit Ausnahme Japans kaum die durchschnittliche Kabinettsgröße westlicher Demokratien, die bei etwa 20 Regierungsmitgliedern liegt.[6]

Die außergewöhnlich hohe Zahl der Regierungsplätze macht im Plenarsaal des Berliner Reichstagsgebäudes deren Staffelung in vier Reihen hintereinander nötig und erzeugt dadurch Hinterbänke der Regierungsbank. Diese gestaffelten Reihen werden im Alltag des Bundestags auch keineswegs praktisch benötigt, denn die Regierungsbank ist regelmäßig nur sehr spärlich besetzt und füllt sich allein in außergewöhnlichen Momenten oder zu Feierstunden bis auf den letzten Platz.

2. Bürokratische Anonymität

Die vielen Plätze auf der Regierungsbank, seien sie nun – wie selten – voll besetzt oder – wie zumeist – nur spärlich genutzt, senden eine einfache Botschaft: Die Bundesregierung tritt im Bundestag nicht als kompakte politische Führung auf, sondern als Verwaltungsapparat. Indem sie ihre Beamten im Rücken haben, suchen Kanzler und Minister die Unterstützung, Beglaubigung, ja den Schutz der Ministerialverwaltung. Das Gegenüber von Regierung und Parlament, das durch die Randlage der Regierungsbank räumlich ohnehin kein Aufeinandertreffen von Angesicht zu Angesicht darstellt, wird durch die Vielköpfigkeit der Regierungsbank noch weiter abgeschwächt.

Hier tritt der Versammlung der Abgeordneten nicht das Kabinett als kleine Gruppe staatsleitender Amtsträger entgegen, sondern der bürokratische Regierungsapparat insgesamt mit der ihm vorsitzenden Leitungsebene. Ohnehin bedient sich der Bundestag auf den Regierungsplätzen – wie auch im Plenum selbst – der sachlichen Funktionalität eines Büromobiliars.[7] Wenn man schon vom Plenarsaal des Reichstags der Kaiserzeit sagen konnte, er sei «ein idealisiertes Büro»,[8] dann gilt das erst recht für den heutigen Bundestag. Auf der Regierungsbank setzt sich diese verwaltungsmäßige Anmutung bis ins Detail fort, wenn etwa auf den kleinen Hinweisschildern, die dort am oberen Ende der Pulte in den ersten Reihen angebracht sind, die jeweilige Funktion abgekürzt bezeichnet wird und das Schildchen am Platz des Bundeskanzlers beispielsweise lapidar «BK» lautet.

Die bürokratische Anonymität, welche der Inszenierung der Regierung im Plenarsaal des Reichstagsgebäudes anhaftet, wird besonders deutlich im Kontrast zu denjenigen Plenarsälen, in denen die Regierungsbank vor dem Präsidium gegenüber dem Plenum liegt wie im österreichischen Nationalrat in Wien, den italienischen Kammern in Rom oder der portugiesischen Abgeordnetenkammer in Lissabon. Ist der Fächer der Abgeordnetenplätze auf die Regierungsbank im Zentrum des Saales vor dem Präsidium ausgerichtet, kann die Regierung dem Halbkreis nur in straffer Form gegenübertreten. Hier ist buchstäblich kein Raum für vier Reihen von Regierungsvertretern, wie sie der Bundestag kennt. Wird die Regierungsbank vor dem Präsidium aufgestellt, wirkt das vielmehr zentripetal, drängt auf die Sichtbarmachung konzentrier-

ter politischer Führung hin und hält die Zahl der Plätze klein. Die Randlage
der Regierungsbank zur Rechten des Präsidiums setzt hingegen zentrifugale
Kräfte frei, erschwert einen geschlossenen Auftritt des Kabinetts im Plenarsaal und leistet einer Zerstreuung der Regierungsplätze in das Hinterland der
Präsidialseite Vorschub.

3. Politische Führung oder Verwaltungsapparat?

In diesem Raumarrangement zeigt sich die fortbestehende Prägekraft der
deutschen bürokratischen Tradition für das Regieren in der parlamentarischen
Demokratie. Die konstitutionelle Monarchie hatte die Regierung den hohen
Beamten im Umfeld des jeweiligen Fürsten anvertraut und damit kaum zwischen Verwaltung und politischer Führung unterschieden. Zwar waren schon
vor 1918 Regierungsamt und Abgeordnetenmandat verfassungsrechtlich in der
Regel durchaus vereinbar;[9] aktive oder ehemalige Parlamentarier als Minister
blieben aber die seltene Ausnahme. Die Minister waren vielmehr regelmäßig
Karrierebeamte, die sich wie selbstverständlich von nachgeordneten Beamten
in die Parlamentssitzung begleiten ließen.[10] Anders als die französische Charte
constitutionnelle von 1814, deren Vorbild sie ansonsten häufig folgten, beschränkten die deutschen Verfassungen das Anwesenheits- und Rederecht der
Regierungsvertreter im Parlament auch nicht auf die Minister selbst, sondern
gewährten diese Rechte wie selbstverständlich auch Beamten als Regierungs-
beauftragten.[11] Hier trat in den Plenarsälen eine hochentwickelte Bürokratie
auf, die erst im Verlauf des neunzehnten Jahrhunderts mühsam parlamentarischer Kontrolle unterworfen wurde.[12] Die Regierungen gingen in Deutschland aus der Verwaltung hervor und wurden durch diese geprägt; Regieren war
personell wie sachlich eine gesteigerte Form des Verwaltens.[13]

Da es an einer Parlamentarisierung der monarchischen Regierungen fehlte,
bildeten sich auch keine geschlossenen Kabinette unter Führung eines Premierministers aus, sondern es blieb bei Ministerkonferenzen im Umfeld des
jeweiligen Monarchen.[14] Besonders in der Reichsleitung des Deutschen Kaiserreichs mündete diese Verwaltungstradition in ein Gemisch aus fachbüro-
kratischen Staatssekretären der Reichsämter und monokratischer Stellung

des Reichskanzlers, was einer politischen Führung durch das Kabinett als Kollegium der Regierungsmitglieder gerade zuwiderlief.[15] Dieses Problem verschärfte sich auf Reichsebene vor 1918 noch dadurch, dass die tatsächlich durchaus existierende Reichsregierung rechtlich hinter dem Bundesrat – also den Länderexekutiven – versteckt und so zusätzlich noch mit der bundesstaatlichen Struktur verquickt wurde.[16] Dass gerade die Kombination von hochentwickelter Verwaltungstradition und fehlender Parlamentarisierung einer eigenständigen politischen Führung durch die Regierung entgegenwirkte, hat Max Weber in seiner großen Abrechnung während des Ersten Weltkriegs erbittert beklagt.[17]

Selbst nach der Parlamentarisierung hat sich in Deutschland aber keine politische Führung durch die Regierung als Kollegialorgan, keine Kabinettsregierung im englischen Sinne herausgebildet. Für die Reichsregierung der Weimarer Zeit galt das schon allein deshalb, weil sie zwischen Reichspräsident und Reichstag nur eine geringe Selbständigkeit besaß und bürokratische «Fachminister» noch keine Ausnahme waren.[18] Auch unter dem Grundgesetz ist für die Bundesregierung in erster Linie das Nebeneinander von Ressortministern und Bundeskanzler prägend geblieben, während das Kabinett als Kollegium kaum hervortritt.[19] Der Ressortpartikularismus der Beamtenminister aus der Zeit der konstitutionellen Monarchie ist in der Bundesrepublik durch den Ressortpartikularismus parteipolitischer Minister abgelöst worden.[20] Die Gesamtkoordination der Regierungsarbeit wird seitdem in wachsendem Umfang administrativ durch das Bundeskanzleramt[21] und politisch durch Koalitionsrunden der Regierungsparteien[22] geleistet.

Die Bedeutung des bürokratischen Elements auf den Regierungsplätzen hat sich während dieser Entwicklung immer wieder gewandelt. Hatten im Kaiserreich und der Weimarer Republik auf der Regierungsbank des Reichstags zu beiden Seiten des Präsidiums insgesamt 48 Plätze zur Verfügung gestanden, so wurde diese Zahl im Bonner Bundeshaus zunächst deutlich erhöht, so dass sich ab 1949 rechts des Präsidiums 60 Plätze befanden, zu denen auf der Bundesratsseite noch weitere 45 hinzukamen. Auf den Regierungsplätzen bot sich daher in Bundestagssitzungen der ersten Jahrzehnte das Bild eines Stabes von Beamten, «die dichtgeschart hinter dem Minister die Aktenstücke reichen und die näheren Informationen geben».[23] «Büchsenspanner» nannte man im patriarchalischen Parlamentsjargon der Zeit diese Ministerialbeamten, die ihre Chefs während der Sitzung auf Zuruf mit Munition

Abb. 32: Die Regierungsbank mit Beamtenriege im Bonner Bundeshaus
der Adenauerzeit

versorgten wie jene Hilfskräfte, die einst bei der Jagd den hohen Herren die
Gewehre schussbereit anreichten.[24] In einer Bundestagsdebatte des Jahres
1969 monierte deshalb der FDP-Politiker Hans-Dietrich Genscher, damals
noch in der Opposition, er halte es «nicht für erforderlich, dass mit dem Auftreten eines Ministers das halbe Ministerium mit auf der Regierungsbank
erscheint».[25] Im Hinblick auf die starke Beamtenpräsenz auf der Regierungsbank regelte die Gemeinsame Geschäftsordnung der Bundesministerien –
ähnlich wie ihre Vorgängervorschrift der Weimarer Zeit[26] – damals ausdrücklich, dass die erste und zweite Reihe der Regierungsbank für die
Bundesminister und Staatssekretäre vorgesehen war, und forderte zugleich,
andere Angehörige von Ministerien sollten auf der Regierungsbank nur Platz
nehmen, wenn ihre Anwesenheit zu den einzelnen Punkten der Tagesordnung zwingend notwendig sei.[27] Im rückblickenden Vergleich mit der Bonner
Präsidiumsseite der frühen Bundesrepublik wirkt die ausladende Regierungsbank des kaiserlichen Reichstags fast schon überschaubar.

Bei der Absenkung der Regierungsbank im Sommer 1969 wurde die Zahl
der Regierungsplätze zwar verringert, mit den heutigen 37 Plätzen im Berliner Reichstagsgebäude wird deren traditionelle Vielzahl aber weiterhin fort-

gesetzt. Dabei hat sich die personelle Besetzung der Regierungsbank seit
1969 nochmals stark verändert. Im Bonner Bundeshaus der ersten Jahrzehnte
saßen die Regierungsvertreter in langen Reihen, in der ersten die Minister, in
der zweiten die beamteten Staatssekretäre, in der dritten zumeist die Ministe-
rialdirektoren.[28] Mit der Einführung der Parlamentarischen Staatssekretäre,
die zugleich Abgeordnete des Bundestages sind, und der gleichzeitigen Ver-
ringerung der Zahl der Regierungsplätze Ende der 1960er Jahre verschwanden
die beamteten Staatssekretäre weitgehend aus dem Bundestag. Die Regierungsbank wird seither im parlamentarischen Alltag in erster Linie von den
Parlamentarischen Staatssekretären der verschiedenen Bundesministerien
und einigen nachgeordneten Beamten bevölkert. Durch diesen Wandel, der
seinen räumlichen Ausdruck darin findet, dass die Beamten der Ministerien
und des Kanzleramts heute allein noch die vierte, pultlose Reihe der Regierungsbank neben der Bundesfahne nutzen, hat sich das rein bürokratische
Element auf der Regierungsbank abgeschwächt. Auch wenn dort heute häufig Regierungsvertreter mit anderen Ämtern und Funktionsbezeichnungen
sitzen als zu Kaisers Zeiten oder noch in den frühen Jahrzehnten der Bundesrepublik, ist aber doch in bemerkenswerter Kontinuität das Element der großen Zahl von Regierungsplätzen erhalten geblieben.

   Die hinkende Ausdifferenzierung zwischen Regierung und Verwaltung
und die Schwäche des Kabinetts als kollegiales Führungsorgan wirkt sich auf
den Regierungsplätzen des Bundestages nach wie vor als Vielköpfigkeit aus.
Die Regierung wird dadurch im Plenarsaal weiterhin weniger als politische
Führung denn als gubernatives Konglomerat präsentiert. Die Bedeutung
dieser Inszenierung zeigt sich besonders deutlich im Kontrast zum Unterhaus
in London, wo die Regierungsmitglieder auf Abgeordnetenbänken vor den
Parlamentariern ihrer Parlamentsmehrheit sitzen und ihre Beamten auf
wenige Seitenplätze am Rand des Sitzungsraums verbannt bleiben.[29] Die
Sitzordnung in London setzt die Regierung als Führung der Parlamentsmehrheit in Szene, die in Berlin als Spitze einer administrativen Maschinerie.

4. Der siamesische Schatten der Regierungsbank

Der Raumeindruck durch die vielen Plätze der Regierungsbank wird im Plenarsaal des Bundestages zudem noch verstärkt durch deren Zwilling zur Linken des Präsidiums, die Bundesratsbank, die nochmals fast dieselbe Zahl von Sesseln aufweist. Ohnehin sind beide Seiten entstehungsgeschichtlich verschwistert, weil es im Reichstag des Kaiserreichs rechts und links des Präsidiums gleichermaßen nur Bundesratsplätze gab. Auch wenn diese Bankreihen seit 1919 getrennt sind, als Reichsregierung und Reichsrat unter der Weimarer Verfassung zu voneinander unabhängigen Institutionen wurden, verbindet sie doch weiterhin, dass auch links des Präsidiums allein Regierungsvertreter Platz nehmen, nur eben solche aus den Ländern. Noch heute könnte man deshalb die Bundesratsplätze in Anknüpfung an eine Formulierung aus der Gemeinsamen Geschäftsordnung der Weimarer Reichsministerien[30] als «Regierungsbank links vom Präsidium» bezeichnen, die zur Regierungsbank rechts vom Präsidium hinzutritt.

Diese Länderregierungsbank ist in Plenarsitzungen des Bundestages indes zumeist gähnend leer, wenn nicht gerade ein befrackter Saaldiener sich zum kurzen Verschnaufen in ihrer letzten Reihe niederlässt. Zwar lässt sich die Existenz von Bundesratsplätzen im Plenarsaal des Bundestages durchaus verfassungsrechtlich rechtfertigen, weil das Grundgesetz den Mitgliedern des Bundesrates das Recht gibt, an allen Sitzungen des Bundestages teilzunehmen und dort jederzeit gehört zu werden.[31] Dabei handelt es sich aber lediglich um ein vom Grundgesetz beibehaltenes Relikt aus dem Verfassungsrecht des Deutschen Kaiserreichs, als die Mitglieder der Reichsleitung im Reichstag nur in ihrer Eigenschaft als Bundesratsbevollmächtigte sprechen durften. Da die bismarcksche Verquickung von Regierung und Bundesrat bereits seit 1919 aufgelöst ist und der Regierung deshalb seither ein eigenständiges Rederecht im Parlament zusteht, hat sich die ältere Regel inzwischen aus einer Redebefugnis der Regierung in ein föderatives Redeprivileg verwandelt.[32] Dieses Privileg ist umso merkwürdiger, weil es einseitig nur den Bundesratsvertretern im Bundestag zusteht, während die Abgeordneten des Bundestages umgekehrt kein entsprechendes Rederecht im Bundesrat haben.[33] Im Verhältnis von Bundesrat und Bundestag wird dieses Rederecht nicht gebraucht[34]

und deshalb auch kaum genutzt.[35] Seit den westdeutschen Anfängen[36] ver-
irren sich denn auch nur selten einzelne Ländervertreter in die Sitzreihen
links des Präsidiums. Ironisch hat diese Situation der Bundesratsbank bereits
im Jahr 1969 der Abgeordnete Walter Leisler Kiep in einer Rede im Bundestag thematisiert:

> Herr Kollege [...] würden Sie mir zustimmen, dass beim Umbau dieses Plenarsaals
> oder bei einem Neubau vielleicht auch die Ausmaße der Bank, die für die Mitglieder
> des Bundesrats geschaffen wurde, einer erneuten Überprüfung unterzogen werden soll-
> ten, nachdem doch nur bei ganz wichtigen Ereignissen des Föderalismus, wie z. B.
> einem Besuch des amerikanischen Präsidenten, diese Bank wirklich gefüllt ist? (Heiter-
> keit und Beifall)[37]

Ausnahmsweise war das in der Geschichte der Bundesrepublik immer nur
dann anders, wenn ein Ministerpräsident Parteivorsitzender oder Kanzlerkandidat war und die Bühne des Bundestages nutzte, um sich bundespolitisch
in Szene zu setzen, ohne über ein Bundestagsmandat zu verfügen. So war es
etwa in den Jahren 1975/76, als der rheinland-pfälzische Ministerpräsident
Helmut Kohl als CDU-Vorsitzender und Kanzlerkandidat mehrfach im
Bundestag sprach, um sich als Herausforderer des damaligen SPD-Bundes-
kanzlers Helmut Schmidt zu profilieren, und später wiederum gegen Ende
der Regierungszeit Kohls in den 1990er Jahren, als der saarländische Ministerpräsident und SPD-Vorsitzende Oskar Lafontaine und der niedersächsi-
sche Ministerpräsident und SPD-Kanzlerkandidat Gerhard Schröder diese
Möglichkeit nutzten.[38] Im Vorfeld der Bundestagswahl 2021 war es schließlich
der CDU-Vorsitzende und Kanzlerkandidat Armin Laschet, der als Ministerpräsident von Nordrhein-Westfalen in der ersten Reihe der Bundesratsbank Platz nahm, um im Bundestag in Debatten zur Europapolitik und zur
Flutkatastrophe einzugreifen.[39] Da es bei diesen Auftritten aber nicht um die
spezifische Vertretung von Länderbelangen im Bundestag ging, bestätigten sie
nicht etwa den Nutzen dieses föderativen Redeprivilegs, sondern stellten gerade besonders deutlich die Sinnhaftigkeit dieses Überbleibsels aus der Bismarckverfassung unter dem Grundgesetz in Frage.[40]

Ungeachtet der verfassungspolitischen Fragwürdigkeit des Rederechts der
Bundesratsmitglieder im Bundestag handelt es sich bei den fast vierzig Bundesratsplätzen im Plenarsaal jedenfalls um mehr als nur ein parlamentsarchi-
tektonisches Relikt, das auf ein verfassungsrechtliches Rudiment verweist.

Denn die Auswirkungen der Bundesratsbank auf die Architektur der gesamten Präsidiumsseite einschließlich der Regierungsbank sind groß. Der Leerkörper links des Präsidiums verstärkt nochmals den Raumeindruck des Ungreifbaren, den die vielköpfige Regierungsbank zur Rechten des Präsidiums ohnedies bereits hervorruft. Erst durch die Bundesratsbank entsteht vollständig jene zugleich massive und diffuse Präsidiumsseite, die dem Plenum gegenüberliegt und die Regierung eher verbirgt als zeigt. Durch die Zeit hindurch haben sich die Sitzreihen der Ländervertreter zudem als zusätzliches Hindernis für jede grundlegende Umgestaltung des Plenarsaals erwiesen, weil eine andere Platzierung der Regierung zwangsläufig auch neue Bundesratssitze nötig gemacht hätte und dabei nicht nur auf erheblichen Widerstand aus der Regierung, sondern auch aus den Ländern gestoßen wäre. Die Bundesratsbank wirkt als siamesischer Ballast, der die Beharrungskraft der Regierungsbank verstärkt.

IX.

Unter der gläsernen Kuppel

Beträte Paul Wallot, der Architekt des Reichstagsgebäudes, heute den dortigen Plenarsaal des Deutschen Bundestages, so würde er «seinen» Saal kaum wiedererkennen. Im Rückblick käme ihm die alte Anordnung mit ihren stark ansteigenden Rängen wohl geradezu intim vor, ist doch der fast ebene Plenarsaal des gegenwärtigen Bundestages mit zwölfhundert Quadratmetern doppelt so groß wie der im Jahr 1933 ausgebrannte Sitzungssaal des Reichstages am selben Ort.[1] Wo man einst einen Saal vorfand, der sich mit seiner «überladenen Holzarchitektur, mit seinen koketten Logen und Tribünen wie ein elegantes Sommertheater in einem Steinpalast» ausnahm,[2] stößt der Besucher im Herzen dieses Steinpalastes heute auf graue Büromöbel mit lavendelblauen Polstern, die ein gewisses «Ikea-Ambiente»[3] verströmen. Ein Element des Reichstagsdesigns würde der vollbärtige Wilhelminer allerdings ohne Mühe identifizieren: Nach wie vor sitzt auf der Ostseite des Saals das Präsidium umgeben von Regierungsvertretern aus Bund und Ländern dem Halbkreis der Abgeordneten gegenüber. Durch die Wirrungen des zwanzigsten Jahrhunderts hindurch, ungeachtet des Übergangs von der konstitutionellen Monarchie zur parlamentarischen Demokratie, über den Wechsel des nationalen Parlaments von Berlin nach Bonn und zurück hinweg, nach vielen Um- und Neubauten und unzähligen Selbstverständigungsdebatten, in denen man sich zwiespältig nach mehr Konfrontation und mehr Harmonie zugleich sehnte, stehen die Regierungsplätze des Bundestages im Reichstagsgebäude weiterhin in der Tradition von 1871.

1. In der Ellipse

Der Bundestag selbst – genauer: die Bundestagsmehrheit des Jahres 1995 –
hat es so gewollt.[4] Enttäuscht von den Erfahrungen mit der runden Sitzordnung des Bonner Behnisch-Baus,[5] entschied sich das Parlament für die Rückkehr zum älteren Plenardesign, das durch die Anlage von Präsidiumsseite
und Abgeordnetenplätzen in Anlehnung an eine Ellipse aber etwas weniger
scharfkantig angelegt wurde als einst im Bonner Bundeshaus. Zur Begrün-
dung hieß es damals, die frontale Anordnung führe zu einer größeren atmo-
sphärischen Dichte der parlamentarischen Verhandlungen als der Kreis und
werde auch der Verfassungsposition von Regierung und Bundesrat besser
gerecht.[6]

In der Gründerzeit der Plenarsäle um 1800 hatte die Ellipse manchmal
noch als ästhetisch, akustisch und politisch vorzugswürdige Saalarchitektur
gegolten – auch im Vergleich mit dem Halbkreis – und etwa im ersten Sitzungssaal des Repräsentantenhauses auf dem Kapitol in Washington Verwendung gefunden.[7] Tiefergehende grundsätzliche Überlegungen verbanden
sich mit der Wahl einer elliptischen Sitzordnung im Reichstagsgebäude nach
der Wiedervereinigung hingegen nicht. Das zeigte sich schon daran, dass gerade keine echte Ellipse gewählt wurde, bei der die beiden Hälften gleichartig
sind. Vielmehr liegen sich in Berlin der annähernde Zweidrittelkreis der Abgeordneten und die leicht gekrümmte Präsidiumsseite als abgeflachte Kreis-
bögen mit unterschiedlichen Zentren gegenüber. Im Grunde hat man die
kreisrunde Sitzordnung des Bonner Behnisch-Baus in ungleichem Ausmaß
elliptisch gestaucht und dadurch das angestammte Reichstagsdesign in abge-
milderter Form wiederhergestellt. So sitzen die Regierungsvertreter im riesigen Saal unter der gläsernen Kuppel weiterhin zur Rechten des Präsidiums
dem Plenum gegenüber.

Abb. 33: Der Plenarsaal des Deutschen Bundestages im Berliner Reichstagsgebäude

2. Eine Stufe

Die gesamte Präsidiumsseite ist gegenüber dem Saalboden um eine Stufe in Höhe von 17,5 cm angehoben. Hatten Regierung und Parlamentarier zuvor im Bonner Behnisch-Bau erstmals auf gleichem Niveau gesessen, so ist der Plenarsaal im Reichstagsgebäude damit zu einer Erhöhung zurückgekehrt, die etwa derjenigen entspricht, die bei der Absenkung der Regierungsbank im Bonner Bundeshaus im Sommer 1969 verblieben war.[8] Die Bundestagsmehrheit des Jahres 1995 begründete diese Anhebung pragmatisch mit einer vermeintlich besseren Sichtbeziehung zwischen den beiden Seiten der Ellipse, während ihr aus der Opposition entgegengehalten wurde, es gehe in Wahrheit um ein Zeichen der Hierarchie zwischen Regierung und Parlament.[9] Es liegt in der Tat nicht fern, dass bei der Bundesregierung Helmut Kohls und ihrer Parlamentsmehrheit damals der Wunsch mitschwang, durch die Stufe ein diskretes architektonisches Rangzeichen zu setzen. So hatten gegenüber der

Baukommission des Bundestages vor allem Abgeordnete der CDU/CSU eine Anhebung der Regierungs- und Bundesratsbank um mindestens zwei Stufen gefordert.[10] Bundeskanzler Kohl selbst setzte gegenüber dem ursprünglichen Modell des Architekten durch, dass die Entfernung zwischen Regierungsbank und Präsidium einerseits und zwischen den Abgeordnetenplätzen und den ersten Reihen von Regierungs- und Bundesratsbank andererseits vergrößert wurde.[11] In ähnlicher Weise hatten die Bundesregierung und die sie tragende Parlamentsmehrheit wenige Jahr zuvor im kreisrunden Bonner Plenarsaal Behnischs dafür gesorgt, dass die Regierungsplätze nicht in die erste Reihe des Kreises integriert wurden, sondern in der Distanz der zweiten Reihe verblieben.[12] Der Wunsch nach einem räumlichen Vorrangsignal im Verhältnis von Regierung und Parlament ließ sich aber öffentlich nicht mehr kommunizieren und konnte deshalb nur noch hinter der Sprache architektonischer Funktionalität verborgen werden.[13] Die eine Stufe, welche die Präsidiumsseite vom Saalboden abhebt, sendet so ein gleichsam verdrucktes Vorrangsignal aus und bewahrt die räumliche Erinnerung an jene hoch aufragende Regierungsbank, auf der die deutschen Kanzler von Bismarck bis Kiesinger einst im Parlament thronten.

3. «Reichstags-Blue» auf allen Seiten

Die Sessel auf Regierungs- und Bundesratsbank entsprechen nach Art und Ausstattung vollständig den Abgeordnetenstühlen im von Sir Norman Foster festgelegten «Reichstags-Blue».[14] Nur der Sessel des Bundeskanzlers – und symmetrisch dazu derjenige des Bundesratspräsidenten zur Linken des Präsidiums – heben sich durch eine erhöhte Rückenlehne ab. Die Einheitlichkeit des Mobiliars suggeriert Gemeinsamkeit aller Beteiligten und beerbt damit auf ihre Weise die späte Bonner Kreisarchitektur.

In anderen Plenarsälen wird hingegen gelegentlich versucht, Regierungsplätze und Abgeordnetensitze durch unterschiedliche Ausstattung oder Farbgebung voneinander abzuheben. Das vielleicht markanteste Beispiel dafür bietet Spanien, wo die Regierungsmitglieder in der ersten Reihe der in Hufeisenform angeordneten Abgeordnetensitze Platz nehmen.[15] Während die

Abgeordnetensessel dort in roter Farbe gepolstert sind, sind die Sitze der Regierung in Blau gehalten, der traditionellen Farbe der spanischen Bourbonen, und werden deshalb als «blaue Bank» (*banco azul*) bezeichnet. Dieses Raumarrangement geht auf das Jahr 1837 zurück, als die bourbonische Regentin nach einer Militärrevolte zu liberalen Reformen gezwungen war und eine neue Verfassung erließ. Die linksliberalen Abgeordneten wollten damals die Regierung aus dem Parlament ganz fernhalten. Als Teil eines Kompromisses fand man die Lösung, den Regierungsvertretern zwar Anwesenheits- und Rederecht im Parlament zu gewähren, zugleich aber durch die Markierung der ersten Sitzreihe in der blauen Farbe der Bourbonen die Distanz zwischen den Kammern und der königlichen Regierung zu betonen.[16] Es liegt nahe, dass sich ein entsprechendes Unterscheidungsbedürfnis eher in Plenarsälen gezeigt hat, in denen die Regierungsvertreter die erste Sitzreihe der Abgeordnetenplätze einnehmen, weil die Regierung dort von vornherein räumlich inmitten der Abgeordneten inszeniert wird. In diesen Plenarsälen kann das Mobiliar die Angleichung der Regierungsvertreter an die Parlamentarier noch verstärken, wie das etwa im Pariser Palais Bourbon durch die einheitliche Einfärbung von Parlamentarier- und Regierungsplätzen in Karmesinrot der Fall ist. Sollen die Regierungsplätze trotz dieses Grundarrangements hingegen noch besonders markiert werden – wofür gerade in der Gründerzeit der Plenarsäle im neunzehnten Jahrhundert aufgrund der damaligen starken Spannungen zwischen den Parlamenten und den monarchischen Regierungen ein besonderes Bedürfnis bestehen konnte –, ist dies nur noch durch die unterschiedliche Ausstattung und Farbgebung von Abgeordneten- und Regierungsplätzen möglich.

Wird die Regierungsbank hingegen gegenüber dem Plenum angesiedelt wie im Deutschen Bundestag, sendet diese Frontstellung von vornherein ein starkes architektonisches Distanzsignal aus, das durch Ausstattung und Farben nicht zusätzlich betont werden muss. Hier stellt sich die einheitliche Gestaltung der Sessel auf beiden Seiten vielmehr als Zeichen der Gemeinsamkeit auf der Grundlage räumlich fest etablierter Verschiedenheit dar. Wenn auch bei distanzierter Regierungsbank noch mit weiteren Unterscheidungssignalen der Ausstattung gearbeitet wird, geschieht dies deshalb nur noch sehr diskret. Das ist etwa in der niederländischen Zweiten Kammer in Den Haag der Fall. Die Regierungsplätze, die dort gemeinsam mit Präsidium und Rednertribüne dem Plenum in Winkelform gegenüberliegen, sind wie die

Parlamentariersessel mit blauem Leder bezogen. Nur auf der Rückenlehne der Parlamentarierplätze ist indes in Goldprägung das Wappen der Zweiten Kammer aufgedruckt, während dieses Zeichen auf den Regierungsplätzen fehlt.[17] Darin kommt zum Ausdruck, dass die Minister aufgrund der verfassungsrechtlichen Unvereinbarkeit von Regierungsamt und Parlamentsmandat nicht Mitglieder der Zweiten Kammer sind. Im Hintergrund dieser Regelung in den Niederlanden steht eine stark gewaltentrennende Verfassungstradition im Gefolge der Französischen Revolution, wie sie etwa bis heute auch in Luxemburg besteht und trotz des Übergangs zum parlamentarischen Regierungssystem beibehalten worden ist.[18] Im Bundestag reflektiert das Fehlen jeglicher Unterscheidungssignale der Ausstattung umgekehrt auch, dass die Regierungsmitglieder gleichzeitig Abgeordnete sein dürfen.

4. Wer sitzt wo auf der Regierungsbank?

Die Regierungsbank im Reichstagsgebäude hat vier Reihen. Die ersten drei davon sind mit Pulten versehen, auf denen jeweils Mikrofone verteilt sind, die letzte neben der Bundesflagge ist hingegen pultlos. Wer auf diesen Regierungsplätzen sitzt, entscheidet die Bundesregierung in eigener Verantwortung. In den frühen Jahrzehnten der Bundesrepublik war es noch üblich, die Nutzung der Regierungsbank allgemein in der Gemeinsamen Geschäftsordnung der Bundesministerien zu regeln. In Anknüpfung an eine Regelungstradition aus der Weimarer Zeit enthielt diese Geschäftsordnung damals ausdrücklich einen Paragraphen mit der Überschrift «Regierungsbank». Die dortigen Regelungen hatten indes allein den Zweck, der übermäßigen Präsenz von Ministerialbeamten auf der Regierungsbank entgegenzuwirken. Besonders sprechend und zugleich unnachahmlich bürokratisch wurde in diesem Sinne etwa in Weimar festgelegt, «an sogenannten großen Tagen» hätten zur Regierungsbank «von jedem Ministerium in der Regel nur der Staatssekretär und zwei weitere Beamte Zutritt und auch sie nur gegen eine für den Tag gültige Karte, die das Ministerbüro bei der Reichskanzlei anfordert […]. Unbefugt Anwesende werden dienstlich zur Verantwortung gezogen».[19] In den frühen Jahrzehnten der Bundesrepublik bestimmte man ausdrücklich, dass die beiden

ersten Sitzreihen der Regierungsbank für die Bundesminister und Staatssekretäre vorgesehen waren.[20] Gegenwärtig ist davon noch die Regelung übrig-
geblieben, dass Angehörige der Bundesministerien an Sitzungen des Bundestages nur teilnehmen sollen, «soweit dies erforderlich ist».[21]

Die Verteilung der Plätze auf der Regierungsbank innerhalb der Bundesregierung ist hingegen nicht förmlich festgelegt. Seit der Frühzeit der Bundesrepublik folgt sie aber in der Staatspraxis ausgehend vom Platz des Bundeskanzlers der sogenannten amtlichen Reihenfolge der Kabinettsmitglieder.
Dieses generelle protokollarische Nacheinander der Ministerinnen und
Minister wird von der Bundesregierung jeweils nach der Regierungsbildung
im Gefolge einer Bundestagswahl neu bestimmt und danach vom Bundeskanzleramt im Bundesanzeiger bekannt gemacht.[22] Innerhalb der Bundesregierung wird auf die amtliche Reihenfolge immer dann zurückgegriffen,
wenn die Kabinettsmitglieder in eine Abfolge gebracht werden müssen. Ursprünglich richtete diese Reihung sich in erster Linie nach der politischen
Wichtigkeit der Ressorts, wobei die «klassischen» Ministerien (Inneres,
Finanzen, Äußeres, Verteidigung, Justiz), die nach preußischem Vorbild am
bestimmten Artikel zu erkennen sind («Der Bundesminister *des* Auswärtigen»), vor den anderen Ressorts rangierten, die das Verhältnis zu ihrem Sach-
gebiet mit der Präposition «für» bezeichnen («Die Bundesministerin *für*
Frauen, Familie und Gesundheit»).[23] Auch unter den traditionellen Ressorts
gab es dabei allerdings schon früh Unsicherheiten und Hahnenkämpfe. So
hatte der erste Verteidigungsminister Theodor Blank, dessen Ministerium erst
im Zuge der Wiederbewaffnung im Jahr 1955 nachträglich eingerichtet wurde,
zunächst noch die Amtsbezeichnung «Bundesminister für Verteidigung»
geführt – vielleicht auch ein Anzeichen dafür, wie wenig «klassisch» dieses
Ministerium sich im Vergleich mit den früheren Kriegsministerien Preußens
und des Reiches im Nachkriegswestdeutschland ausnahm.[24] Als Franz Josef
Strauß das Ressort ein Jahr später übernahm, blieb es zunächst bei dieser
Benennung. Bei der Regierungsbildung im Herbst 1961 setzte Strauß dann
aber durch, dass auch der Verteidigungsminister nunmehr amtlich den
bestimmten Artikel erhielt und als Bundesminister «der» Verteidigung bezeichnet wurde. Der bullige CSU-Politiker blitzte aber bei Bundeskanzler
Adenauer mit dem Versuch ab, in der amtlichen Reihenfolge einen Platz unmittelbar hinter dem Finanzminister zu erhalten.[25]

Da bei der Kabinettsbildung 1961 mit Elisabeth Schwarzhaupt als Gesundheitsministerin auch erstmals eine Frau ein Ministeramt in Bonn übernahm, entspann sich damals in der Fragestunde des Bundestages ein Dialog über die Sitzordnung auf der Regierungsbank. Der SPD-Abgeordnete Mommer wollte wissen, ob es die hergebrachte Hierarchie in der Bundesregierung erlaube, «unserer ersten Frau Ministerin einen Platz in der vordersten Regierungsbank einzuräumen und sie aus der stets großen Zahl der hohen Ministerialbeamten herauszuholen». Als Stellvertreter des Bundeskanzlers verwies Wirtschaftsminister Ludwig Erhard auf die amtliche Reihenfolge der Ressorts und versicherte zugleich begütigend, diese sei nicht mit der Wichtigkeit der von einem Ministerium ausgeübten Funktion gleichzusetzen.[26] Tatsächlich war die amtliche Reihenfolge auch in den folgenden Jahrzehnten von Prestigegerangel innerhalb der Regierung bestimmt, wobei es nicht zuletzt um die Plätze in der ersten Reihe der Regierungsbank ging, die auch auf Fernsehbildern besonders gut zu sehen sind. Vor allem bei der Bestimmung derjenigen sechs Kabinettsmitglieder, die im Plenarsaal des Reichstagsgebäudes noch in der vordersten Reihe der Regierungsbank neben dem Bundeskanzler Platz finden, stellt die amtliche Reihenfolge weiterhin einen komplexen Mix aus Koalitionsarithmetik, politischer Bedeutung des jeweiligen Ressorts oder Amtsinhabers und Geschlechterproporz dar.

Für das Kabinett werden im Wesentlichen nur die beiden ersten Reihen der Regierungsbank mit ihren insgesamt 15 Plätzen gebraucht. Gibt es wie derzeit siebzehn Regierungsmitglieder, müssen die beiden nach der amtlichen Reihenfolge letzten Minister auf die Außenplätze der dritten Reihe ausweichen. Die Plätze in der Nähe des Präsidiums hinter dem Kanzlersessel werden vom Kanzleramtsminister und weiteren Beamten des Kanzleramts besetzt. Die vierte und letzte, pultfreie Reihe der Regierungsbank ist in der Praxis die eigentliche Beamtenreihe, wo Beamte aus den Ministerien Platz nehmen, die den Minister oder den Parlamentarischen Staatssekretär in den Bundestag begleiten. Im Wesentlichen funktionslos ist hingegen die dritte Reihe, die im Alltag des Bundestages nur selten einmal für Hinterbankgespräche von Regierungsvertretern genutzt wird. Die Plätze in den ersten Reihen werden als Funktionsplätze behandelt, die nicht dem Minister persönlich zustehen, sondern seinem Ministerium. Dort sitzen, falls sie im Plenarsaal anwesend sind, entweder die Ministerin oder ihre Parlamentarische Staatssekretärin. Wie sehr die Bundesregierung durch einen starken Ressortpartikularismus geprägt ist,[27] zeigt sich bei der Nutzung der Regierungsplätze daran, dass die im Plenum anwesenden Minister oder ihre Parlamentarischen Staatssekretäre auch dann, wenn die ersten Reihen nur spärlich besetzt sind, nicht etwa aufrücken, sondern jeweils nur «ihren» Ministeriumsplatz nutzen. Nachgeordnete Beamte nutzen allein die letzte Reihe. Die einzige Ausnahme von der grundsätzlichen Austauschbarkeit aller Regierungsvertreter auf der Regierungsbank bildet der Platz des Bundeskanzlers, der nur von ihm persönlich eingenommen wird oder ganz frei bleibt.

5. Die Enklave im Plenarsaal

Separate Zugänge zur Regierungsbank wie einst im Reichstag gibt es im Bundestag nicht mehr. Die Regierungsvertreter betreten den Saal vielmehr wie die Abgeordneten durch die Saaltüren im Rücken der Präsidiumsseite. Wer einer Plenarsitzung am frühen Donnerstag- oder Freitagmorgen beiwohnt, kann so etwa beobachten, wie der parlamentarische Geschäftsführer der AfD-Fraktion und die Parlamentarische Staatssekretärin eines Bundesministeriums den Plenarsaal durch dieselbe Tür betreten – manchmal mit Rollkoffern, ob frisch in Berlin eingetroffen oder schon halb wieder auf dem Sprung – und dann ihren jeweiligen Plätzen auf der Regierungsbank und den dieser gegenüberliegenden vorderen Plätzen der AfD-Fraktion zustreben. Ist die Regierungsbank räumlich also ein Teil des Plenarsaals, so bildet sie dort doch zugleich eine Enklave, deren Eigenständigkeit gegenüber dem restlichen Saal durch eine Fülle ungeschriebener Regeln und Praktiken immer wieder neu befestigt wird.

Dieser Enklavenstatus der Regierungsbank ist nicht etwa verfassungsrechtlich geboten. Das Grundgesetz gewährleistet den Mitgliedern der Bundesregierung und ihren Beauftragten zwar den Zutritt zu allen Sitzungen des Bundestages sowie das Recht darauf, dort jederzeit gehört zu werden.[28] Als Beauftragte erscheinen dabei im Plenarsaal allein Staatssekretäre, seit der Einführung der Institution des Parlamentarischen Staatssekretärs im Jahr 1967 praktisch nur noch die Parlamentarischen Staatssekretäre.[29] Ministerialbeamte, die einen Minister in den Bundestag begleiten, haben hingegen kein verfassungsrechtlich verbürgtes Recht auf Anwesenheit im Plenarsaal. Anders als in den Zeiten der Monarchie[30] werden sie auch in der Geschäftsordnung des Bundestages nicht erwähnt. Der Bundestag gewährt ihnen den Zutritt zum Saal lediglich in seiner Hausordnung und administriert das technisch durch die Ausstellung von Einlasskarten.[31]

Das verfassungsrechtliche Zutrittsrecht der Regierungsmitglieder und ihrer Beauftragten trifft aber keinerlei Aussage zu den räumlichen Verhältnissen im Plenarsaal. In den Grenzen des verfassungsrechtlich gebotenen Respekts zwischen den Verfassungsorganen Bundestag und Bundesregierung ist der Bundestag vielmehr frei, in welcher Form er den Regierungsvertretern Plätze für die Sitzungsteilnahme im Plenarsaal zur Verfügung stellt. Er kann die räumliche Unterbringung der Regierungs- und Bundesratsplätze ebenso gestalten wie er seine eigene Sitzordnung bestimmen kann.[32] Umso mehr fällt auf, dass der Bundestag die Regierungsbank in keiner Weise zum Gegenstand eigener Regeln macht. Während etwa in Frankreich das Präsidium der Nationalversammlung in seiner «Instruction Générale» wie selbstverständlich auch festlegt, dass Beamte nur in der zweiten Reihe der Regierungsbank sitzen dürfen,[33] trifft der Bundestag solche Regelungen nicht. Bezeichnenderweise finden sich Vorschriften zur Nutzung der Regierungsbank seit der Weimarer Zeit vielmehr allein in der Gemeinsamen Geschäftsordnung der Ministerien, also im Innenrecht der Regierung, nicht aber in der Geschäftsordnung des Deutschen Bundestages, der doch der Hausherr des gesamten Plenarsaals einschließlich der Regierungs- und Bundesratsplätze ist. Dieser Enklavenstatus der Regierungsbank ist auch nicht etwa als solcher ein Erbstück der konstitutionellen Monarchie. Denn bis 1918 begegneten sich auf den beiden Seiten des Plenarsaals im Reichstagsgebäude Bundesrat und Reichstag als die beiden gleichberechtigten Hauptorgane der Gesetzgebung. Erst seit der Weimarer Republik sind die Regierungsvertreter aus Bund und Ländern gleichermaßen allein bevorrechtigte Gäste im Parlament. Den entsprechenden Regelungsbedarf füllt das Parlament aber nicht aus, sondern überlässt das dem Innenrecht der Regierung und ungeschriebenen Konventionen.

6. Unsichtbare Linien

Der Enklavenstatus der Regierungsbank innerhalb des Plenarsaals wird durch informelle Regeln und Praktiken stabilisiert, deren Gemeinsamkeit darin besteht, eine unsichtbare Linie zwischen den Regierungsplätzen und dem übrigen Plenarsaal zu ziehen und diese dadurch als Raum jenseits des politischen Streits zu inszenieren.

Die Präsidiumsseite als Raum überparteilicher Neutralität

Indem der Plenarsaal Präsidium und Regierungsplätze gemeinsam dem Halbkreis der Abgeordneten entgegenstellt, entsteht unter dem Bundesadler im Reichstagsgebäude ein Raum überparteilicher Neutralität, der die Regierungsvertreter aus Bund und Ländern umgreift.[34] Sicherlich ist die Präsidiumsseite intern nach ihrer rechtlichen und tatsächlichen Nutzung ausdifferenziert, gehört doch das erhöhte Präsidium in der Mitte zur Selbstorganisation des Bundestages, während die Regierungsvertreter zu beiden Seiten im Parlament lediglich Gäste sind. Aber dadurch, dass eine ganze Seite der Ellipse Präsidium und Regierungsvertretern gemeinsam zugewiesen ist, verbindet die Sitzordnung diese zu einer räumlichen Einheit. Die für jedes freiheitliche Parlament zentrale Anforderung an das Präsidium, die Sitzungen unparteiisch zu leiten, strahlt durch architektonisches Arrangement und parlamentarische Konvention auch auf die Regierungsplätze zu dessen beiden Seiten aus. Die Präsidiumsseite tritt so insgesamt als Raum jenseits des Parteienstreits in Erscheinung.

Die zwei Körper des Ministers

Besonders handgreiflich ist die räumliche Abgrenzung zwischen der Präsidiumsseite mit den Regierungsplätzen und dem Plenum dabei zunächst für diejenigen Personen auf der Regierungsbank, die nicht zugleich Abgeordnete des Bundestages sind, etwa Minister ohne Parlamentsmandat oder Beamte

der Ministerien. Ihnen ist der Aufenthalt ausschließlich auf der Regierungsbank gestattet, nicht aber im übrigen Plenarsaal.[35] So belehrte Bundestagspräsident Gerstenmaier im Jahr 1962 einen von der Regierungsbank herab-
steigenden Bundeswehroffizier, der Verteidigungsminister Franz Josef Strauß
während der heftigen parlamentarischen Auseinandersetzungen über die
«Spiegel-Affäre» ins Plenum begleitet hatte, dass er den Plenarsaal nicht von
der Regierungsbank her betreten durfte: «Herr Oberst, Sie dürfen hier nicht
durchlaufen, das ist nur den Abgeordneten erlaubt!»[36]

In erster Linie richten sich diese ungeschriebenen Regeln aber gerade an die
Regierungsvertreter, die gleichzeitig auch Abgeordnete des Bundestages sind.
Das ist in der Bundesrepublik der Normalfall. Anders als in Großbritannien
müssen die Kabinettsmitglieder hierzulande zwar nicht Abgeordnete sein,
wenn sie im Bundestag erscheinen und reden wollen. Aber ebenso wenig erklärt
das Grundgesetz Regierungsamt und Abgeordnetenmandat für unvereinbar,
wie das in manchen europäischen Nachbarstaaten, beispielsweise in den Niederlanden oder Frankreich, der Fall ist.[37] Von gelegentlichen Ausnahmen abgesehen – etwa dem Wechsel eines Landespolitikers ins Bundeskabinett während
der Wahlperiode –, sitzen in den vorderen Reihen der Regierungsbank tatsächlich seit den Anfängen der Bundesrepublik[38] fast durchgängig Politikerinnen
und Politiker, die neben ihrem Regierungsamt zugleich ein Bundestagsmandat
besitzen. Im Plenarsaal stehen ihnen gleich zwei Plätze zu, der eine auf der
Regierungsbank, der andere unter den Sitzen ihrer jeweiligen Fraktion in den
Abgeordnetenreihen. Diese Verdoppelung der Sitze der meisten Regierungsvertreter macht informelle Regeln möglich, die insgesamt darauf zielen, typi-
sches Parlamentarierverhalten auf der Regierungsbank gerade zu unterbinden.

So werden von der Regierungsbank des Bundestages keine Reden gehalten oder Zwischenfragen an den Redner gestellt. Will ein Regierungsmitglied
dem Redner eine Zwischenfrage stellen – was selten vorkommt –, muss es
sich vorher auf die Abgeordnetenplätze begeben. Der beleibte CDU-Bundes-
wirtschaftsminister Peter Altmaier wuchtete sich beispielsweise im Mai 2021
während einer Rede des grünen Oppositionspolitikers Oliver Krischer aus
der zweiten Reihe der Regierungsbank heraus, begab sich zu einem Platz in
der ersten Reihe der Unionsfraktion und stellte dem Redner von dort aus eine
Zwischenfrage zu dessen scharfer Kritik an der Klimaschutzpolitik der Bundesregierung. Nach der Beantwortung der Frage, die ihn erkennbar unbefrie-
digt ließ, und dem erfolglosen Versuch einer erneuten Wortmeldung durch

Handzeichen kehrte Altmaier auf seinen Ministersessel zurück.[39] Die ganze Episode dauerte keine fünf Minuten. Der Wechsel der räumlichen Position verwandelte Peter Altmaier innerhalb kürzester Zeit vom Bundeswirtschaftsminister in einen Abgeordneten und wieder zurück. Der Bundestag unterstreicht diesen Rollenwechsel auch durch die jeweiligen Anreden: Es ist deshalb unüblich, Regierungsmitglieder, die eine Zwischenfrage stellen, mit «Herr Minister» oder «Frau Ministerin» anzusprechen. So fragte Bundestagspräsident Schäuble den Redner im gerade geschilderten Intermezzo, ob er eine Zwischenfrage «des Abgeordneten Peter Altmaier» gestatte, woraufhin Krischer seine Antwort nicht ohne freundliche Ironie mit «Herr Abgeordneter Altmaier» begann.[40]

Regierungsvertreter, die zugleich Abgeordnete sind, nehmen auch nicht an Abstimmungen und Wahlen teil, wenn sie sich auf der Regierungsbank befinden. Wollen sie sich daran beteiligen – was vor allem dann geschieht, wenn die Mehrheitsverhältnisse knapp oder unklar sind –, müssen sie sich ebenfalls vorher auf die Abgeordnetenplätze begeben.[41] Erst recht widerspricht es den parlamentarischen Gepflogenheiten des Bundestages, der Rednerin von der Regierungsbank aus zu applaudieren oder ihre Ausführungen von dort mit Zwischenrufen zu begleiten.[42] Deutlich formuliert wurde diese Erwartung etwa in einer Bundestagsrede des CDU/CSU-Fraktionsvorsitzenden Volker Kauder im September 2017, der auf einen Zwischenruf von Bundesarbeitsministerin Andrea Nahles (SPD) reagierte:

> Auf der Regierungsbank, Frau Nahles, hat man ruhig zu sein. Sie können sich ja ins
> Plenum setzen. Aber auf der Regierungsbank ist man zunächst einmal friedlich.[43]

Die Verdoppelung der Plätze versetzt die Ministerin, die zugleich Abgeordnete ist, in die Lage, eine Doppelrolle zu spielen.[44] Die ungeschriebenen Regeln legen ihr dabei nahe, ihre beiden Funktionen räumlich zu trennen, auf der Regierungsbank also ausschließlich die Ministerin zu geben und im Plenum allein die Abgeordnete. Wie sehr die Parlamentarier auf der Regierungsbank hinter ihrem Regierungsamt verschwinden, zeigt sich auch in einem sprechenden Detail des Plenarprotokolls des Bundestages. Während dort bei Reden «einfacher» Abgeordneter jeweils hinter dem Namen die Fraktionszugehörigkeit vermerkt ist, fehlt dieser Hinweis bei den Regierungsrednern, hinter deren Namen allein die Amtsbezeichnung steht.

Disziplin

Das Gegenstück zu diesen informellen Regeln politischer Neutralisierung der Regierungsbank ist die nach wie vor bestehende rechtliche Unsicherheit, inwieweit Regierungsvertreter für ihr Verhalten oder ihre Äußerungen im Plenarsaal so wie Abgeordnete vom Sitzungsleiter mit einem Ordnungsruf sanktioniert werden können.[45] Bezeichnenderweise besteht diese Verlegenheit nicht nur, wenn ein Regierungsvertreter ausnahmsweise kein Parlamentsmandat besitzt, sondern auch im üblichen Fall, dass dieser zugleich Abgeordneter ist. Die nicht fernliegende Konsequenz, ihn insoweit im Parlament als Mitglied des Hauses zu behandeln und wie andere Abgeordnete auch der in der Geschäftsordnung näher ausgeformten Ordnungsgewalt des Präsidiums zu unterwerfen[46] – so selbstverständlich in Großbritannien, aber auch in Frankreich vor der Fünften Republik[47] –, zieht man in der Bundestagspraxis nach wie vor nicht.[48] Vielmehr unterscheidet man danach, in welcher Eigenschaft die jeweilige Person an der Sitzung teilnimmt, als Regierungsmitglied oder als «einfache» Abgeordnete. Als Indikator dafür nutzt man die räumliche Dimension und sieht in einem Parlamentarier auf der Regierungsbank deshalb allein den Regierungsvertreter. Nimmt eine Abgeordnete als Ministerin oder Parlamentarische Staatssekretärin auf den Regierungsplätzen an der Sitzung teil, behandelt das Präsidium sie nicht länger als Parlamentarierin. Ihre Eigenschaft als Parlamentsmitglied verschwindet vielmehr vollständig hinter dem Regierungsamt und kann nur dadurch wiederaufleben, dass sie von der Regierungsbank in den Halbkreis der Abgeordneten wechselt.

Auf diese Weise schleppt der Bundestag gegenüber den Parlamentariern in der Regierung jene Unsicherheiten fort, die einst schon im Reichstag gegenüber den Beamtenregierungen der konstitutionellen Monarchie bestanden. Nicht überraschend führt man denn auch gegenüber Regierungsrednern die Technik des hypothetischen Ordnungsrufs weiter, welche die Reichstagspräsidenten einst entwickelt hatten, um in gleichsam weicher Form auf die Regierungsvertreter einwirken zu können. Die Präsidentin wird dann etwa gegenüber einem Minister die Formulierung wählen: «Herr Minister, wenn Sie diese Äußerung als Abgeordneter getan hätten, so hätte ich Ihnen einen Ordnungsruf erteilt».[49] Im Reichstag war das vor 1918 eine Verlegenheitslösung für den Umgang mit den damaligen Regierungsvertretern, die nicht Mitglieder des Reichstags waren und auch nicht sein durften. Umso mehr fällt auf, dass der Bundestag diese Verfahrensweise auch gegenüber den Parlamentariern auf der Regierungsbank wie selbstverständlich beibehält, die doch Mitglieder des Hauses sind.

Eine rechtliche Grauzone, informelle Regeln, eingespielte Routinen der Sitzungsleitung und die räumliche Ansiedlung der Regierungsplätze wirken hier zusammen, um die Regierungsbank immer wieder neu als Raum der Neutralität zu befestigen. Unnachahmlich hat das während einer erregten Bonner Plenarsitzung im Jahr 1960 der 71-jährige FDP-Politiker Max Becker als Vizepräsident des Bundestages zum Ausdruck gebracht. Der Bundestag debattierte damals den von Innenminister Gerhard Schröder (CDU) vorgestellten Regierungsentwurf eines Parteiengesetzes, den die SPD-Opposition insbesondere im Hinblick auf die geplanten Regelungen zur Transparenz von Parteispenden für völlig unzureichend hielt. In einer Rede berief sich der aus der CDU zur SPD übergetretene Oppositionspolitiker und spätere Bundespräsident Gustav Heinemann auf die Nachkriegsprogrammatik der CDU zur strengen Kontrolle der Parteienfinanzierung. Er erinnerte insbesondere an die Finanzierung der NSDAP durch die Ruhrindustrie und spielte dabei in wenig verhüllter Form auf die frühere NSDAP- und SA-Mitgliedschaft des Innenministers an. Unter «Pfui!»-Rufen aus dem Plenum rief Innenminister Schröder Heinemann von der Regierungsbank zu: «Was soll das mit mir? Wir haben Ihre Gemeinheiten allmählich satt!» Hierauf reagierte Vizepräsident Becker mit folgender Ermahnung:

> Meine Damen und Herren, während der letzten Rede sind zwei scharfe Worte gefallen: aus dem Hause das Wort ‹Infamie›, von der Ministerbank das Wort ‹Gemeinheit›. Beide Ausdrücke können noch als Werturteile gewertet werden, obwohl sie sehr scharf an die Grenze von etwas Stärkerem herangehen. Ich muss sie rügen.
>
> Ich kann einem Abgeordneten einen Ordnungsruf erteilen, einem Minister nicht. Aber auch die Minister unterstehen nach § 41 der Geschäftsordnung der Ordnungsgewalt des Präsidenten. Ich glaube, dass es der Würde des Amtes des Ministers und dem Würde ausstrahlenden Chorgestühl, auf dem sich die Herren befinden, doch entspricht, wenn Zurufe von dort unterbleiben. Dafür hat der Minister ja als Äquivalent nach der Geschäftsordnung die Möglichkeit, jederzeit das Wort erteilt zu bekommen.[50]

Dass es gerade der Bundestagspräsident und die Vizepräsidenten sind, die beharrlich versuchen, jegliches typische Parlamentarierverhalten auf der Regierungsbank zu unterbinden, hat dabei nicht allein mit ihrer schwierigen Rolle als Sitzungsleiter zu tun, deren disziplinarische Handlungsmöglichkeiten gegenüber den Gästen aus der Regierung in Dunkel gehüllt sind. Vielmehr liegt darin auch eine naheliegende Konsequenz der architektonischen Ansiedlung von Regierungsbank und Bundesratsbank auf der Präsidiumsseite. Ein Präsidium, das auf «seiner» Seite von Regierungsplätzen umrahmt ist, wird dazu neigen, die hohen Anforderungen an Neutralität und Unparteilichkeit, denen es selbst als Sitzungsleitung unterliegt, wie selbstverständlich auch auf die es umgebenden Regierungsvertreter zu übertragen. Nur so kann es sicherstellen, dass nicht durch Verhalten auf den Regierungsplätzen der Unparteilichkeitsanspruch der gesamten Präsidiumsseite in Zweifel gerät. Bei der Einführung dieses Arrangements im Reichstag hatten Kritiker noch eingewendet, hierdurch entstehe der Eindruck einer Abhängigkeit des Präsidiums von der Regierung.[51] Im Bundestag ist eher der umgekehrte Effekt zu beobachten, dass die Bundestagspräsidenten gerade wegen ihrer räumlichen Nähe zu den Regierungsplätzen ein deutliches Eigeninteresse daran haben, den Regierungsvertretern ein besonders zurückgenommenes Verhalten nahezulegen.

Prekäre Inszenierung

Die streitenthobene Platzierung der Regierung im Plenarsaal des Reichstagsgebäudes steht, auch wenn sie heute ohne das Chorgestühl des Bonner Bundeshauses daherkommt, in starkem Kontrast zur politischen Realität des parlamentarischen Regierungssystems. Denn in den parlamentarischen Auseinandersetzungen treten Regierung und Parlamentsmehrheit regelmäßig gemeinsam den Abgeordneten der Oppositionsfraktionen gegenüber, führt die Regierung im Parlament also gerade das politische Mehrheitslager an. Der zentrale Akteur dieses Mehrheitslagers tritt im Plenarsaal aber in einer unbeteiligten Abseitsposition auf.

Es versteht sich deshalb von selbst, dass diese Inszenierung strukturell prekär ist. Immer wieder einmal wird sie denn auch wie im gerade geschilderten Beispiel von führenden Regierungsmitgliedern bewusst durchbrochen, die ihre privilegierte Position in den vorderen Reihen der Regierungsplätze etwa für dort eigentlich verpönte Zwischenrufe nutzen.[52] Derartige Partisanenattacken von der Regierungsbank sind für den Oppositionsredner am Pult be-

sonders schwer zu parieren. Er ist darauf meist nicht gefasst, da solche Zwi-
schenrufe nach den Konventionen des Bundestages eigentlich nicht statthaft
sind. Aufgrund der Lage ihrer Sitze schräg hinter dem Rednerpult fallen die
Regierungsmitglieder dem Redner durch Zurufe zudem gleichsam aus dem
Hinterhalt in den Rücken, was ihn besonders effektiv aus dem Tritt bringen
kann.[53] So begleitete Helmut Schmidt im Jahr 1974 eine Rede des damaligen
Oppositionsführers Rainer Barzel vom Kanzlersessel aus mit dem Zuruf:
«Was denn? Ein bißchen Substanz in Ihre Rede!». Vizepräsident Dr. Jaeger
bat daraufhin, von der Regierungsbank keine Zwischenrufe zu machen, und
hob hervor, dass sich Mitglieder der Bundesregierung auf ihre Abgeordnetenplätze begeben könnten, um das zu tun. Schmidt ließ die Sache indes nicht
auf sich beruhen, sondern stellte die Auffassung des Vizepräsidenten wenig
später grundlegend in Frage:

> Aber wenn der Präsident gestattet, dann möchte ich vielleicht sagen, dass ich inzwi-
> schen auch in der Geschäftsordnung geblättert habe und nicht habe feststellen können,
> daß ein Mitglied des Hauses einen Teil seiner Rechte durch eine Änderung des geogra-
> phischen Ortes seines Sitzplatzes verliert.[54]

Hier dementierte der Bundeskanzler selbst die vom Vizepräsidenten mühsam
verteidigte Idee der Regierungsbank als Raum streitenthobener Neutralität
und belehrte den Sitzungsleiter auch noch geradezu lustvoll über deren un-
sichere rechtliche Absicherung. Schmidts Nachfolger Helmut Kohl kommen-
tierte als Bundeskanzler ebenfalls einmal die kritischen Vorhaltungen eines
Oppositionspolitikers am Rednerpult von der Regierungsbank aus mit dem
Ausruf: «Kokolores!», den der Bundestagspräsident unbeachtet ließ.[55] Erst
recht wird die Brüchigkeit der räumlichen Inszenierung der Regierung im
Plenarsaal deutlich, wenn führende Kabinettsmitglieder ihren Platz in der
ersten Reihe der Regierungsbank für nonverbale Verachtungsgesten[56] gegenüber der Opposition nutzen. So fiel Rainald Goetz gegen Ende der Regierungszeit der rotgrünen Koalition in der ersten Hälfte der Nullerjahre die
«körpersprachliche Gewalttätigkeit» des damaligen Bundeskanzlers Gerhard
Schröder und seines Vizekanzlers Joschka Fischer auf, die sich in ihrem «Ver-
höhnungslungern» auf der Regierungsbank Bahn brach.[57] Die Altachtundsechziger Schröder und Fischer brachten die Regierungsplätze durch rauf-
lustige Gestik dem Schulhof nahe.

7. Das fehlende Gegenüber

Parlamentarische Sitzordnungen können sehr verschieden sein. Eine Gemeinsamkeit teilen allerdings viele von ihnen: Auf die eine oder andere Weise ermöglichen sie ein Aufeinandertreffen von Regierung und Parlamentariern von Angesicht zu Angesicht. Wie das im Einzelnen geschieht, hängt vom jeweiligen Plenardesign ab: gegenüberliegende Bänke, von denen aus gesprochen wird, in Westminster; Regierungsplätze in den vorderen Reihen des Halbkreises gegenüber dem erhöhten Rednerpult in Paris; eine Regierungsbank unterhalb des Präsidiums gegenüber dem Halbkreis der Abgeordneten, die vom Platz sprechen, in Rom; ein angewinkeltes Gegenüber von Präsidium mit Rednerpult und Regierungsbank auf der Bühne gegenüber den Abgeordnetenplätzen in Den Haag. Bei aller Unterschiedlichkeit im Einzelnen sticht hervor, wie selbstverständlich eine große Zahl von Plenarsälen den Dialog zwischen Abgeordneten und Regierungsvertretern räumlich anlegt, wie sehr diese Interaktion in die Grunddisposition der Sitzplätze eingelassen ist.

Wien und Berlin: Zweierlei Erbschaft der Monarchie

Umso mehr fallen im Vergleich diejenigen Plenarsäle auf, deren Architektur keinerlei direkte Begegnung von Regierung und Parlament ermöglicht. Österreich und Deutschland tun sich in dieser Hinsicht auf je eigene Weise hervor. Österreich bildet insoweit ein besonders eigenwilliges Beispiel, als das dortige Plenardesign noch auf die Zeit der Habsburgermonarchie zurückgeht. Ursprünglich gab es im Wiener Sitzungssaal vor dem Präsidium eine erhöhte Regierungsbank in Form einer langen Reihe von Sitzplätzen, die dem Halbkreis der Abgeordneten gegenüberlag. Das Rednerpult befand sich zwischen dem Präsidium und den Regierungsplätzen.[58]

Bei der Neueinrichtung des Nationalratssaals im Jahr 1956 wurde die Regierungsbank auf das Niveau der zweiten Abgeordnetenreihe abgesenkt und das Rednerpult nunmehr auf dem Saalboden vor der Regierungsbank aufgestellt, so dass die Regierung hinter dem Redner saß.[59] Im Rahmen der jüngsten Sanierung des Sitzungssaals in den Jahren 2017 bis 2022 wurde das Plenar-

Abb. 34: Der Sitzungssaal des Reichsrats der österreichischen Hälfte der
Habsburgermonarchie an der Wiener Ringstraße

design nochmals verändert.[60] Nunmehr ist die Wiener Regierungsbank vor
dem Präsidium in zwei Seiten geteilt und nimmt das Rednerpult in die Mitte.
Man reagierte damit auf die Kritik von Abgeordneten am vorherigen Arrangement. Diese hatten bemängelt, dass Parlamentarier, die am Rednerpult Kritik an der Regierung üben wollten, gezwungen waren, sich nach hinten umzu-
wenden, um Blickkontakt mit den Ministern aufzunehmen.[61] Innerhalb eines
Jahrhunderts hat Österreich damit drei Varianten der Zuordnung von Rednerpult und Regierungsplätzen ausprobiert, deren Gemeinsamkeit darin besteht, dass sie die Interaktion von Abgeordneten und Regierungsmitgliedern
nahezu unmöglich machen oder doch jedenfalls sehr erschweren. Der Redner
mag die Minister vor sich, hinter sich oder an seiner Seite haben, in jedem Fall
vereitelt das Raumarrangement eine ungezwungene Kommunikation von Angesicht zu Angesicht. Der Grund dafür liegt darin, dass eine Regierungsbank
vor dem Präsidium nur dann interaktionsfreundlich eingerichtet werden kann,
wenn die Abgeordneten nach italienischem Muster vom Platz sprechen.[62] Die
Kombination einer Regierungsbank vor dem Präsidium mit der Rednertribüne
führt hingegen zwangsläufig in eine verquere Kommunikationssituation im
Verhältnis von Redner und Ministern.

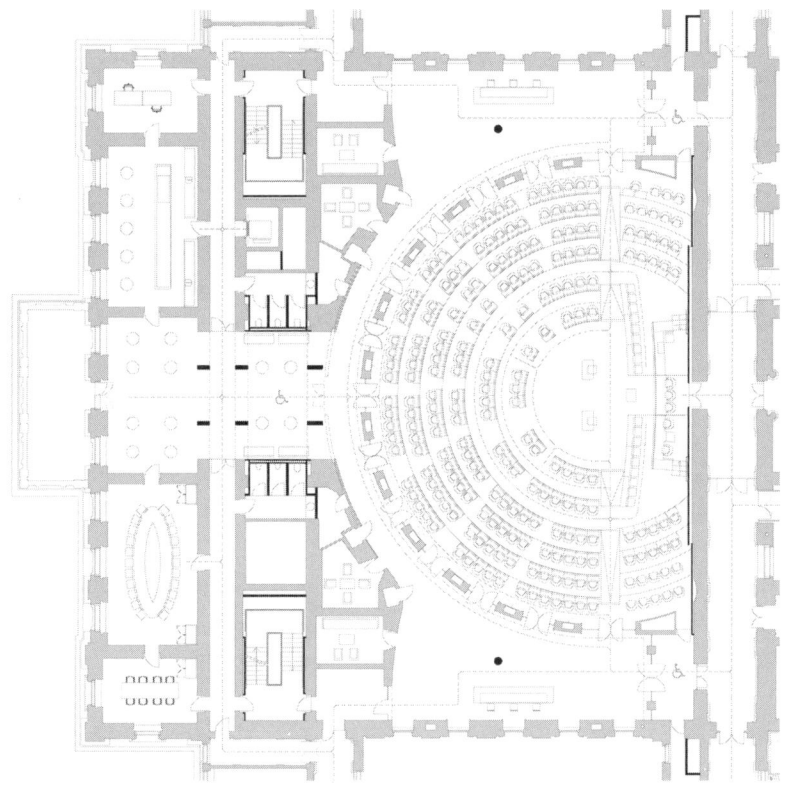

Abb. 35: Sitzordnung im Plenarsaal des österreichischen Nationalrats an der Wiener Ringstraße

Um den Deutschen Bundestag steht es aber kaum besser, weil man in Berlin vom Reichstagsdesign in ähnlicher Weise geprägt bleibt wie in Wien von der Parlamentsarchitektur aus der Zeit der Habsburgermonarchie und die Anordnung der Sitzplätze jedes unmittelbare Gegenüber von Abgeordneten und Regierungsvertretern ebenso verlässlich ausschließt. Was die Kommunikation des Parlaments mit der Regierung angeht, zeichnet sich die Sitzordnung des Bundestages wie die des Wiener Nationalrats durch ein wirkungsvolles Ungenügen aus.

«Kasperletheater» im ersten Bundestag

Die Interaktionsfeindlichkeit des deutschen Plenardesigns zeigt sich besonders deutlich in den Momenten, in denen die Regierungsvertreter persönlich
Fragen von Abgeordneten im Plenum beantworten. Stärker als parlamentarische Debatten, die nicht selten in einer sterilen Abfolge vorbereiteter Reden
bestehen, führt der Austausch von Fragen, Antworten und Nachfragen unvermeidlich zu einer kommunikativen Interaktion der Beteiligten. Der riesige
Plenarsaal kennt aber schlicht keinen Ort, an dem Regierungsmitglieder und
Parlamentarier Auge in Auge aufeinandertreffen könnten.

Als der erste Deutsche Bundestag im Jahr 1952 eine Fragestunde einrich-
tete, versuchte er es deshalb zunächst mit einem neuartigen Experiment: Man
brachte auf dem damals noch sehr breiten Rednerpodium zusätzliche Mikrofone an, so dass der fragende Abgeordnete und der antwortende Minister fast
mit Tuchfühlung nebeneinanderstehen und sprechen konnten. Für diesen gemeinsamen Auftritt bürgerte sich rasch der Spottname «Das Kasperletheater» ein. Die Süddeutsche Zeitung beschrieb ihn folgendermaßen:

> Der ‹brave› Abgeordnete trat vom Zuschauer gesehen rechts hinter das Rednerpult
> und sagte sein Sprüchlein, das meist mit der Frage begann: «Ist der Bundesregierung
> bekannt …?» Von links erschien der ‹böse› Minister und antwortete, um möglichst
> schnell wieder zu verschwinden, wenn sich der Frager nicht bereits auf eine oder meh-
> rere Zusatzfragen vorbereitet hatte. Dann setzte hinter dem Rednerpodium eine von
> häufigen Verbeugungen begleitete Zwiesprache ein, die selten die Gabe der Schlag-
> fertigkeit oder der einfallsreichen Improvisation offenbarte [...].[63]

Wie Marionetten erschienen die Beteiligten auf der parlamentarischen
Bühne,[64] zumal sie die vorbereiteten Fragen und Antworten zumeist steif vom
Manuskript ablasen. Die übrigen Abgeordneten empfanden sich dabei rasch
als bloßes Publikum eines Privatgesprächs. Wegen des geringen Anklangs
beim Publikum wurde das «Kasperletheater» bereits 1954 wieder abgebaut.
Stattdessen verteilte man zwischen den Abgeordnetenplätzen Saalmikrofone,
von denen aus die Parlamentarier nunmehr ihre Fragen stellten. Der Versuch
mit einem Frage-und-Antwort-Duell auf dem Rednerpodium fand so schon
nach kurzer Zeit sein Ende.[65] Im Jahr 1959 verständigte man sich schließlich
im Ältestenrat darauf, dass auch die Regierungsvertreter Fragen nicht länger

am Rednerpult, sondern von der Regierungsbank aus beantworten sollten, und installierte nun erstmals auch Mikrofone auf den Regierungsplätzen.[66] Seither nehmen alle Beteiligten in Fragestunden und Regierungsbefragungen die ihnen nach dem Plenardesign zustehenden Plätze ein, die fragenden Abgeordneten im Plenum, die antwortenden Regierungsvertreter auf der Regierungsbank.

Sicherlich war das frühe Experiment eines Duells am Rednerpult unbeholfen, was nicht zuletzt auch daran lag, dass die Rednertribüne im Bonner Bundeshaus in keiner Weise darauf angelegt war, einem Dialog von zwei Sprechern Platz zu bieten. Aber dieser Versuch der Anfangsjahre zeigt in seiner ganzen Hilflosigkeit doch auch gerade an, wie wenig das räumliche Grundarrangement des Bundestages geeignet ist, die Regierung durch das persönliche Wechselspiel von Frage und Antwort mit den Abgeordneten verantwortlich zu machen. Besonders deutlich wird das an dem Problem, von welchem Platz aus die Regierungsvertreter den Parlamentariern antworten sollen. Der erste Bundestag holte die Minister und Staatssekretäre in der Fragestunde von der Regierungsbank ans Rednerpult und damit an den Ort im Plenarsaal, der von Parlamentariern und Regierungsvertretern gleichermaßen genutzt wird. Er stellte die Beantwortung von Fragen durch die Bundesregierung damit von vornherein in den Raum des parlamentarischen Streits hinein. Die Antworten auf Fragen wurden auf diese Weise räumlich ähnlich behandelt wie die Reden von Regierungsmitgliedern, die im Bundestag immer am Rednerpult gehalten werden und nicht von der Regierungsbank aus, wie das einst zu Kaisers Zeiten üblich war. Im Bundestag der frühen Jahre mussten die Regierungsvertreter also zur Befragung den schützenden Rückzugsraum der Regierungsbank – einschließlich rascher Zuflüsterungen ihrer Ministerialbeamten – verlassen[67] und den Ort des parlamentarischen Disputs betreten. Mit der 1959 getroffenen Entscheidung, die Regierungsvertreter von der Regierungsbank antworten zu lassen, wurde die Erwiderung auf Fragen der Abgeordneten hingegen an einen Ort verlagert, der nach Sitzordnung und Sitzungsroutinen gerade einen Bezirk streitenthobener Neutralität darstellt. Die Befragung der Regierung verließ damals nach wenigen Jahren wieder den Raum des konfrontativen politischen Diskurses, in den der junge Bundestag diese tastend hineingezogen hatte. Seither lässt die räumliche Inszenierung im Plenarsaal die Beantwortung von Fragen durch Regierungsvertreter in erster Linie als Instrument sachlicher Informationsvermittlung erscheinen,[68] während deren Charakter als Mittel kontroverser politischer Auseinandersetzung mit der Tätigkeit der Regierung dahinter zurücktritt.

Interaktionsarmes Design, interaktionsarmes Parlament

Es ist bezeichnend, dass dieses interaktionsarme Raumarrangement mit einer ebensolchen Praxis einhergeht: Anders als in vielen anderen parlamentarischen Demokratien wie etwa Großbritannien, Frankreich, Italien oder Kanada ist es der Bundesrepublik bis heute nicht gelungen, eine häufige persönliche Befragung des Bundeskanzlers und der Bundesminister im Plenarsaal des Bundestages einzurichten.[69] Angefangen bei Konrad Adenauer, haben sich die Bundeskanzler vielmehr über viele Jahrzehnte einer persönlichen Befragung durch die Abgeordneten vollständig entzogen und damit die Situation vermieden, dass sie den Parlamentariern spontan vor den Augen der Öffentlichkeit Rede und Antwort stehen mussten.[70] So entsteht bei der Plenarpräsenz der Bundeskanzler seit jeher ein auffälliger Kontrast. Diese nutzen die große Bühne des Plenarsaals gern für die Abgabe von Regierungserklärungen,[71] entziehen sich aber nach Möglichkeit jeder persönlichen Befragung im Plenum.[72] Erst im Juni 2018 hat sich mit Angela Merkel erstmals die Regierungschefin einer Befragung durch die Abgeordneten gestellt.[73] Seit März 2019 sieht auch das Geschäftsordnungsrecht vor, dass der Bundeskanzler sich dreimal im Jahr – vor Ostern, vor der Sommerpause und vor Weihnachten – einer Befragung durch den Bundestag stellen muss.[74] Auch diese seltenen Befragungen bleiben aber zumeist außerordentlich harmlos und vermögen es kaum, die politischen Kontroversen des jeweiligen Moments spannend zu verdichten, wie es in der *Question Period* des britischen Unterhauses wöchentlich immer wieder geschieht.

Zu dieser geringen Lebendigkeit trägt sicherlich bei, dass sich in Deutschland Parlamentarier und Regierungsmitglieder gleichermaßen mit einer geistesgegenwärtigen mündlichen Auseinandersetzung seit jeher schwertun. Auf beiden Seiten herrscht nicht selten eine umständliche Schwerfälligkeit, die auch in der Vorliebe für das Ablesen vorbereiteter Manuskripte zum Ausdruck kommt.[75] Im internationalen Vergleich fällt zudem auf, wie selten sich in Deutschland die Mitglieder der Bundesregierung persönlich den Fragen der Abgeordneten stellen. Die Hauptlast der Beantwortung von Fragen im

Plenum tragen vielmehr die Parlamentarischen Staatssekretäre der verschiedenen Ressorts, die keine Mitglieder der Bundesregierung sind und der breiteren Öffentlichkeit in der Regel völlig unbekannt bleiben.[76] Auf diese Weise bespielt die Bundesregierung das Plenum zumeist mit einer kleinen B-Mannschaft,[77] was die Aufmerksamkeit für Fragestunden und Regierungsbefragungen in der breiteren Öffentlichkeit ebenso mindert wie unter den Abgeordneten selbst.

Die Trägheit aller Beteiligten wird durch das Raumarrangement verstärkt. Der Bundeskanzler, schützend umgeben von den Parlamentarischen Staatssekretären der Ministerien, beantwortet stehend auf der entrückten Regierungsbank, vor sich das aufgerichtete Mikrofon, Fragen von Parlamentariern aus dem riesigen Rund des Plenarsaals. In diesen Momenten wird besonders spürbar, wie sehr der Abstand der Regierungsbank zu den Parlamentariern ein Signal des Fernhaltens aussendet, das die großen Distanzen des Saals nochmals verstärkt, die auch unter den Abgeordnetenplätzen selbst bestehen.[78] Da die Parlamentarier aus ihrer Fraktion heraus fragen, hängt ihre räumliche Nähe oder Ferne von den Regierungsplätzen zudem davon ab, wie weit rechts oder links die jeweiligen Fraktionsplätze im Fächer der Abgeordnetensitze eingeordnet sind. Die Plätze links außen sind von der Regierungsbank besonders weit entfernt und liegen diesbezüglich auch in der ungünstigsten Sichtachse. Für die Interaktion mit der Regierungsbank sind, wie einst schon im Reichstag des Kaiserreichs, am besten die Plätze in der linken Mitte des Plenarsaals geeignet, von denen die Parlamentarier gleichsam diagonal hinüber zu den Regierungsvertretern sprechen können. In der Bismarckzeit saßen auf diesen Plätzen die Linksliberalen, heute sitzen dort die Abgeordneten der Grünen. So gelang es etwa dem rhetorisch starken Grünen-Politiker Jürgen Trittin von den vorderen Plätzen seiner Fraktion aus, Verteidigungsminister Karl Theodor zu Guttenberg mit Fragen zu seiner von Plagiaten durchzogenen juristischen Dissertation wirkungsvoll in Verlegenheit zu bringen.[79]

8. Seltene Sternstunden

Trotz der widrigen räumlichen Bedingungen für die Interaktion von Parlamentariern und Regierungsmitgliedern hat es auch im Bundestag seltene Sternstunden gegeben, in denen einzelne Minister im Plenarsaal mit breitem Publikumsinteresse zur Rechenschaft gezogen wurden.

Franz Josef Strauß in der «Spiegel-Affäre»

Die Urszene, noch im Bonner Bundeshaus, betraf einen der umstrittensten Politiker der alten Bundesrepublik: Franz Josef Strauß. Sie ereignete sich am parlamentarischen Höhepunkt der «Spiegel-Affäre» in drei stürmischen Fragestunden am 7., 8. und 9. November 1962.[80] Der Spiegel hatte im Oktober 1962 kurz vor Beginn der Kuba-Krise in einem umfangreichen Artikel über die geringen militärischen Fähigkeiten der Bundeswehr berichtet. In der Regierung Adenauer war von Landesverrat die Rede. Im Rahmen strafrechtlicher Ermittlungsverfahren wurden die Hamburger Redaktionsräume des Nachrichtenmagazins bei Nacht durchsucht und wochenlang versiegelt, der Herausgeber Rudolf Augstein und leitende Redakteure teils mehrere Monate lang in Untersuchungshaft genommen. Verteidigungsminister Strauß, den Augstein und sein Blatt immer wieder persönlich wie politisch heftig kritisiert hatten, rief selbst beim Militärattaché der deutschen Botschaft in Madrid an und veranlasste, dass der Spiegel-Redakteur Conrad Ahlers, damals gemeinsam mit seiner Frau im Urlaub in der Nähe von Málaga, durch die spanische Polizei festgenommen wurde.

Begleitet durch öffentliche Proteste von Studierenden und Professoren bestürmten kurz danach die SPD-Opposition und Teile der FDP-Fraktion die Regierung im Bundestag mit Fragen zu diesem Geschehen. Die zeitgenössischen Schwarzweißaufnahmen aus den drei Fragestunden zeigen die vollgepackte Regierungsempore, wo der uralte Kanzler mit versteinertem Blick dem Tumult im Plenarsaal folgt. Sein junger Verteidigungsminister steht in der Mitte der ersten Reihe, neben ihm die einzige Frau in der Herrenriege auf der Regierungsbank, Familienministerin Schwarzhaupt, dahinter ein uniformier-

Abb. 36: Verteidigungsminister Franz Josef Strauß, stehend, auf der Regierungsbank
während der «Spiegel-Affäre» im Jahr 1962

ter Oberst und viele Ministerialbeamte mit dunklen Anzügen und besorgten
Gesichtern. In gereizter, hitziger Atmosphäre verschweigt, vertuscht und ver-
schleiert der Minister, mogelt sich in Ausflüchten um die Frage nach seiner
Rolle bei der Verhaftung von Ahlers herum, um schließlich am dritten Tag
doch noch zuzugeben, dass er selbst das Telefonat mit der Botschaft in Madrid geführt hat. Die Wahrheit gab der CSU-Politiker in einem zähen Ringen
derart scheibchenweise preis, dass er vor der Öffentlichkeit wie ein «herum-
lügender Schuljunge» (Sebastian Haffner) erschien. Hatte sich Strauß durch
den Anruf in Madrid zweifellos unberechtigt Befugnisse der Strafverfolgungs-
behörden angemaßt,[81] so entstand der eigentliche Skandal erst durch seine
stotternde Aufklärung gegenüber dem Bundestag.[82]

In diesen drei Fragestunden zitterten im November 1962 alle Grundfragen
der jungen bundesdeutschen Demokratie mit: die außenpolitischen Spannungen des Kalten Krieges kurz nach der Kuba-Krise, der Konflikt zwischen
Pressefreiheit, zunehmend aufmüpfiger Öffentlichkeit und Staatsmacht, die
Antwortpflicht der Regierung gegenüber dem Parlament und die Dämme-
rung der langen Ära Adenauer. Nach einer Regierungskrise durch den geschlossenen Rücktritt der FDP-Minister musste Strauß schließlich seinen

Abb. 37: Kanzler Konrad Adenauer, stehend, auf der Regierungsbank während der
«Spiegel-Affäre» im Jahr 1962

Rücktritt erklären und Adenauer seinen Abschied vom Amt des Bundeskanzlers für das folgende Jahr ankündigen. Die Staatsanwaltschaft stellte später
alle Ermittlungsverfahren gegen Spiegel-Journalisten ein. Die westdeutsche
Demokratie wurde langsam erwachsen.

Joschka Fischers Steinwürfe

Kurz nach dem Bezug des neuen Plenarsaals im Berliner Reichstagsgebäude
war es im Januar 2001 an Außenminister Joschka Fischer, sich dort für seine
Vergangenheit als gewalttätiger linker Aktivist in den 1970er Jahren zu rechtfertigen. Der ehemalige Frankfurter Straßenkämpfer erschien in einem ele-
ganten Anzug mit Weste auf dem Platz des Vizekanzlers in der ersten Reihe
der Regierungsbank. Neben ihm nahm demonstrativ Bundeskanzler Gerhard
Schröder Platz. In einer hitzigen Fragestunde versuchte die CDU/CSU-
Opposition, den Grünen-Politiker mit immer neuen Fragen nach Kontakten
zu Terroristen, Faustschlägen auf Polizisten oder der Befürwortung des Ein-
satzes von Brandsätzen in die Enge zu treiben. Hier prallten auch kulturell
Welten aufeinander. CDU-Abgeordnete, die stolz bekundeten, aus Protest
gegen die Ostpolitik Willy Brandts in den siebziger Jahren in die CDU oder

den RCDS eingetreten zu sein, trafen auf Parlamentarier der knappen rot-grünen Regierungsmehrheit, die nicht selten durch Studentenrevolte und Bürgerbewegungen sozialisiert waren und sich manchmal selbst ähnlich wie Fischer erst in einem schmerzhaften Prozess aus der ideologischen Nähe zur Gewaltbereitschaft gelöst hatten. Die von vielen empörten Zwischenrufen begleitete Fragestunde gipfelte in Fischers sarkastischer Antwort auf die Frage des CDU-Abgeordneten Martin Hohmann, ob er denn die Steine damals einfach in die Luft geworfen habe, die das Bundestagsprotokoll folgender-maßen verzeichnet:

> *Joseph Fischer*, Bundesminister des Auswärtigen: Ich habe die Steine einfach in die Luft geworfen, ja. (Beifall beim BÜNDNIS 90/DIE GRÜNEN und bei der SPD sowie des Abgeordneten Uwe Hiksch [PDS])[83]

Nicht im Protokoll vermerkt werden konnte die unnachahmliche Ihnen-ist-nicht-zu-helfen-Geste, mit der Fischer seine Antwort begleitete. Der frühere Steinewerfer ließ auf der Regierungsbank alle Vorwürfe mit wortgewandter Arroganz an seinem Dreiteiler abprallen und blieb wie selbstverständlich im Amt. Anders als einst bei Strauß ging es hier nicht um Fischers Tätigkeit als Minister, und die regierende Koalition hielt in diesem Streit fest zusammen, der in weiten Teilen eine Rechts-Links-Auseinandersetzung um die histo-rischen Folgen der 1968er-Bewegung war.

Karl-Theodor zu Guttenbergs Überblick über die Quellen

Zehn Jahre später trat im Februar 2011 am selben Ort Karl-Theodor zu Gut-tenberg auf. Knapp ein halbes Jahrhundert nach Franz Josef Strauß war wie-der ein junger CSU-Verteidigungsminister in die Bredouille geraten. Was bei Strauß Tragödie gewesen war, wiederholte sich bei Guttenberg als Farce. Denn der populäre fränkische Baron sah sich gezwungen, in der Fragestunde des Bundestages zu den besonders durch das Wiki «GuttenPlag» dokumen-tierten Vorwürfen Stellung zu nehmen, seine zwei Jahre vorher veröffentlichte juristische Dissertation bestehe größtenteils aus Plagiaten. Bundeskanzlerin Angela Merkel, die ihn kurz zuvor öffentlich mit der Bemerkung verteidigt hatte, sie habe nicht einen wissenschaftlichen Assistenten berufen, sondern einen Verteidigungsminister, nahm an der Fragestunde nicht teil. Höflich, smart und eloquent wand sich der CSU-Politiker, der zumeist mit gefalteten Händen vor seinem Sessel in der zweiten Reihe der Regierungsbank stand, unter den in Frageform auf ihn einprasselnden Vorwürfen der Opposition, die mit Ausdrücken wie «Hochstapler» und «Lügner» nicht sparte. Ostentativ zerknirscht räumte er Fehler bei seiner Doktorarbeit ein und beteuerte, als junger Familienvater und Abgeordneter habe er seinerzeit ohne Vorsatz den Überblick über die Quellen verloren, wofür ihm von den Plätzen der Opposition ein mitleidiges «Oooch!» entgegenschallte. Nicht ohne eine an Sündenstolz grenzende Chuzpe reklamierte der Minister dabei für sich, er könne gerade auch als Vorbild wirken, «was das Eingestehen von und das Bekennen von Fehlern anbelangt».[84] Noch am selben Tag entzog ihm die Universität Bayreuth den Doktorgrad, eine Woche später trat Guttenberg zurück. Ähnlich wie bei Joschka Fischer ging es auch bei Guttenberg nicht um seine Amtstätigkeit als Minister, sondern um persönliches Fehlverhalten aus der Vergangenheit. Anders als bei Fischer ließ sich die damalige Auseinandersetzung im Bundestag aber nicht als Rechts-Links-Kontroverse zwischen Opposition und Regierungsmehrheit führen, weil im Kern über bürgerliche Leittugenden wie Redlichkeit, Ehrlichkeit und Sorgfalt gestritten wurde.[85] Dass der Kanzlerstuhl in dieser Fragestunde leer blieb, dass die Kanzlerin Besseres zu tun hatte, als ihren bedrängten Minister durch Anwesenheit auf der Regierungsbank zu unterstützen, und Guttenberg versagte, was Adenauer für Strauß und Schröder für Fischer getan hatten, war schon ein Signal des nahen Endes.

9. Zwischen Staatsakt und Leere

Die Sitzordnung eines Parlaments kann solche Sternstunden nicht hervorbringen, sie aber sehr wohl fördern oder auch durch ihr Ungenügen behindern. Dem Plenarsaal des Bundestages wird man insoweit allenfalls zugutehalten können, dass die Anlage seiner Plätze solche parlamentarischen Höhepunkte zumindest nicht von vornherein unmöglich macht. Dass das Plenardesign des Bundestages die wechselseitige Kommunikation zwischen Parlament und Regierung aber derart wenig fördert, ist im Kern einer Sitzordnung geschuldet, die bei der Ansiedlung der Regierungsplätze der Repräsentation den Vorzug vor der Interaktion gibt und deren Nutzung folgerichtig zwischen Überfüllung bei feierlichen Staatsakten und Leere im parlamentarischen Alltag hin und her pendelt.

Zwei aufmerksame Insider der Bonner Anfänge

Beide Aspekte sind schon in den Bonner Anfangsjahren von zwei aufmerksamen Insidern anschaulich formuliert worden. Der Bundestagsabgeordnete Karl Georg Pfleiderer, Präsident der neugegründeten Bonner Parlamentarischen Gesellschaft, merkte im Jahr 1952 an, über den Sitzungssaal des Bundeshauses sei «seltsamerweise zu sagen, dass er am schönsten und zweckentsprechendsten wirkt, wenn er als Stätte für Staatsakte genutzt wird». Bei solchen Gelegenheiten, hieß es bei ihm weiter, «werden Würde und Feierlichkeit noch dadurch unterstrichen, dass die Bonner Gärtner die hohen Estraden der Bundesregierung und des Bundesrats verschwenderisch mit Blumen zieren, so daß dort, wo sonst die Minister sitzen (oder durch Abwesenheit glänzen), Tulpen und Hyazinthen stehen oder stachlige Kakteen mit rankenden Schlinggewächsen um sich herum». Für parlamentarische Debatten sei der Raum hingegen völlig ungeeignet.[86]

Ein Jahr zuvor hatte sich der langjährige Reichstagspräsident der Weimarer Zeit, Paul Löbe, der als Alterspräsident den ersten Bundestag eröffnet hatte, ebenfalls mit dem neuen Plenarsaal im Bundeshaus beschäftigt. Gleich zu Anfang eines Vortrags in der Parlamentarischen Gesellschaft kam der alte Herr nicht ohne Humor auf dessen häufige Leere zu sprechen. Er schilderte eindringlich den Eindruck, den das Plenum auf den Besucher mache: Die Hälfte sei nicht da, die anderen liefen herum, kein Mensch höre dem Redner zu. Löbe gab dafür zunächst die bis heute gern zu hörende Rechtfertigung, die Hauptarbeit des Parlaments erfolge nun einmal nicht im Plenum, sondern in Fraktionen und Ausschüssen. Er müsse aber doch darauf hinweisen, so fuhr er fort, «dass der leere Sitzungssaal, den ich soeben geschildert habe, sich jeden Tag zweimal über die leere Regierungsbank beschwert. Er empört sich, dass dort niemand sitzt und beide zusammen wundern sich, dass am allerleersten die Bundesratsloge ist.»[87]

Repräsentation statt Interaktion

Die frühen Beobachtungen Pfleiderers und Löbes stellen die beiden Seiten einer Medaille dar und erschließen eine Dialektik zwischen feierlicher Überfüllung und alltäglicher Leere, die für den Plenarsaal des Deutschen Bundestages seit seinen Anfängen charakteristisch ist und in besonderer Weise die dortigen Regierungsplätze kennzeichnet. Plenarsäle pendeln unvermeidlich zwischen Repräsentation und Interaktion, zwischen der symbolischen Darstellung der Beteiligten durch die ihnen zugewiesenen Plätze und der räumlichen Organisation ihres Kontakts im Rahmen von Plenarsitzungen. Seit den Bonner Anfängen gibt der Sitzungssaal des Bundestages dabei der Repräsentation den Vorrang gegenüber der Interaktion und ist deshalb nicht zufällig, wie von Pfleiderer beobachtet, erst in der Feierstunde ganz bei sich. Die räumliche Anlage des Saales, verstärkt durch seine Weite, prädestiniert ihn geradezu für Nutzungen außerhalb traditioneller Plenarsitzungen in Form von Staatsakten, Empfängen ausländischer Staatsoberhäupter sowie Feier- und Gedenkstunden. Diese sind für den Bundestag nachgerade typisch, während solche nichtparlamentarischen Nutzungen des Plenarsaals etwa beim französischen Nachbarn völlig unüblich sind.[88]

Die Bevorzugung der Repräsentation gegenüber der Interaktion gilt nun in besonderer Weise für die Regierungs- und Bundesratsplätze, die dem Plenum auf der Präsidiumsseite gegenüberliegen. Die Logik der durch sie ausgedrückten Repräsentation, deren architektonisches Urbild nicht zufällig das preußische Herrenhaus war, wurzelt noch, vermittelt durch die konstitutionelle Monarchie des neunzehnten Jahrhunderts, im Ancien Régime. Im Plenum der älteren Ständeversammlungen ging es nicht um irgendeine Form des inhaltlichen Austauschs und Verhandelns, sondern um die Darstellung und Bekräftigung des Rangs der Beteiligten. Gerade deshalb musste die französische Nationalversammlung im Sommer 1789 die Sitzordnung der Generalstände in Versailles erst einmal grundlegend umgestalten, um überhaupt die räumlichen Voraussetzungen für eine freie Beratung im Plenum zu schaffen.[89] Die Plätze für Bundesregierung und Bundesrat im Plenarsaal des Bundestages ermöglichen Repräsentation im älteren, barocken Sinn dieses Wortes: als «vorführen» und «vor Augen stellen».[90] Im klassischen Theater- oder Opernhaus waren die Logen die Bühne, auf der sich das hochgestellte Publikum präsentierte.[91] In den beiden Regierungslogen im Bundestag präsentieren sich die Regierungs- und Bundesratsvertreter den Abgeordneten und Zuschauern. Sie zeigen sich auf hervorgehobenen Beobachterbänken, wenn sie den Parlamentsverhandlungen als privilegierte Gäste beiwohnen.

Da die räumliche Inszenierung auf diese Weise der Darstellung der Regierung vor den Parlamentariern gegenüber der Interaktion mit ihnen den Vorzug gibt, ist sie nun allerdings dialektisch mit der besonderen Wahrnehmung der Leere der entsprechenden Plätze verknüpft. Die Klage über die Verlassenheit der Loge ist das Gegenstück zu deren räumlicher Auszeichnung. Denn angesichts der außergewöhnlich großen Zahl von Plätzen, die dem Plenum zu beiden Seiten des Präsidiums gegenüberliegen, ist deren Freibleiben im Parlamentsalltag geradezu architektonisch vorprogrammiert. Da die Regierungsplätze in die parlamentarische Bühne hineinragen, drängt es sich dem Betrachter im Saal, auf den Tribünen oder am Fernsehschirm besonders auf, wenn diese verlassen vor ihm liegen.

Zweierlei Verlassenheit

Den stärksten Eindruck der Verlassenheit vermittelt dabei im Parlamentsalltag die Bundesratsbank. Hier ist die Entscheidung für Repräsentation statt Interaktion im Plenarsaal des Bundestages auf eine das Absurde streifende Weise zu besichtigen. Das Leerbleiben dieser vielen Plätze in fast allen Plenarsitzungen, das von den Anwesenden längst routinemäßig internalisiert ist, dokumentiert immer wieder aufs Neue deren funktionale Überflüssigkeit. Dass einzelne Bundesratsvertreter ab und an von ihrem Anwesenheits- und Rederecht im Bundestag Gebrauch machen, kann dieses architektonische Arrangement jedenfalls funktional nicht rechtfertigen.[92] Legitimierungsversuche der prominenten Ansiedlung der Bundesratsplätze im Plenarsaal wollen darin daher, insofern sie nicht allein Tradition und Pietät beschwören, vor allem ein Symbol für die verfassungsrechtliche Bedeutung des Bundesrates oder des deutschen Föderalismus insgesamt sehen,[93] wechseln also von der Ebene der Interaktion in der Plenarsitzung des Bundestages vollständig auf diejenige der Repräsentation. Angesichts der dürftigen Funktionalität der Bundesratsbank ist diese Flucht ins rein Repräsentative sicherlich verständlich, wirft allerdings die Frage auf, warum dem Plenarsaal des Bundestages überhaupt angesonnen wird, auch andere Verfassungsorgane durch Platzanweisung zu symbolisieren und wieso dann nicht auch die übrigen Verfassungsorgane wie der Bundespräsident oder das Bundesverfassungsgericht eigene ständige Plätze im Plenarsaal des Bundestages haben. Man ist hier nicht mehr weit davon entfernt, die Sitzordnung im Plenarsaal des Bundestages primär als Feier- und Gedenkstundenarrangement zu verstehen und nicht als Architektur für die regulären Plenarsitzungen des Parlaments.

Gerade durch diese Situation bietet die Bundesratsbank im Plenarsaal indes ein vergrößertes Spiegelbild der Regierungsbank auf der anderen Seite des Präsidiums, in dem deren Grundprobleme in karikaturhafter Überzeichnung hervortreten. Auf der Bundesratsseite stellt das Parlament eine Fülle von Logenplätzen für privilegierte Gäste bereit, die zumeist fernbleiben und gelegentlich erscheinen, wenn es ihnen beliebt. Wenn sie in den Plenarsaal kommen, dürfen diese im Parlament jederzeit das Wort ergreifen, ohne in irgendeiner Verantwortlichkeitsbeziehung zu ihm zu stehen. Eine ungreifbare Fülle unverantwortlicher Akteure darf also im Bundestag jederzeit erscheinen und das Wort ergreifen oder aber einen ganzen Flügel der Präsidiumsseite räumlich veröden lassen.

Ganz so dramatisch liegen die Dinge für die Regierungsbank nicht. Denn die dortigen Akteure sind überwiegend selbst Mitglieder des Bundestages. Soweit sie der Bundesregierung angehören, sind sie dem Parlament gegenüber verantwortlich und müssen auf Mehrheitsbeschluss auch dort erscheinen und sich an den Verhandlungen beteiligen.[94] Und doch sind die Regierungsplätze im Parlamentsalltag von ähnlichen Verödungstendenzen betroffen wie die Bundesratsbank. Diese sind auch deshalb besonders spürbar, weil die Regierungsvertreter selbst bei einer Spezialdebatte, die nur ein Ressort betrifft, nicht etwa in der ersten Reihe zusammenrücken, sondern die Ministerin oder der Parlamentarische Staatssekretär jeweils den Platz «ihres» Ressorts einnehmen[95] und nachgeordnete Beamte nur in der letzten Reihe sitzen. Um Kritik an der Leere der Regierungsbank in Parlament und Öffentlichkeit zu begegnen, versucht man von Regierungsseite inzwischen sogar eine Art Schichtdienst, durch welche in den «Kernzeiten» des Bundestages die Anwesenheit einer Mindestzahl Parlamentarischer Staatssekretäre im Plenarsaal sichergestellt wird, unabhängig davon, ob deren Anwesenheit aufgrund der zur Verhandlung stehenden Angelegenheiten erforderlich ist. Dem Beobachter bietet sich so der Anblick einer Handvoll Parlamentarischer Staatssekretäre, die mit einem Aktenstapel auf dem Platz ihres Ressorts erscheinen und diesen einige Stunden lang bearbeiten, ohne ein Wort von dem zu verfolgen, was am Rednerpult gesagt wird, geschweige denn selbst das Wort zu ergreifen. Als Gegenstück zur Verödung der Regierungsbank entsteht so deren lustlose Füllung durch Parlamentarische Staatssekretäre, die ihren Schreibtisch für ein paar Stunden notgedrungen in den Plenarsaal verlegen, um dann wieder zu verschwinden wie Schüler, deren Nachsitzen zu Ende ist. Roger Willemsen, der voll enttäuschter Liebe ein Jahr lang auf der Pressetribüne des Bundestages das Plenarsaalgeschehen verfolgte, hat für die entsprechende Anmutung der Regierungsbank im Parlament das treffende Bild gefunden, es handele sich am ehesten «um ein Büro mit angeschlossener ‹Speakers' Corner›».[96]

X.

Der Thron in uns

Dass sich im räumlichen Grundarrangement des Plenarsaals im Reichstagsgebäude auf diese Weise bis heute das Design des Reichstags der Kaiserzeit
mit allen seinen Eigenheiten und Problemen niederschlägt, ist bemerkenswert
und erklärungsbedürftig. Sicherlich spielt hier zunächst einmal die institutionelle Trägheit mit, welche besonders für Parlamente charakteristisch ist
und den Bundestag nicht nur in seiner Plenararchitektur mit dem Reichstag
verbindet, sondern auch in den Strukturen seiner Selbstorganisation[1] und seinem Geschäftsordnungsrecht.[2] Zudem mag die Sitzordnung aus der Kaiserzeit durch die lange Zeit der Gewöhnung auch in der parlamentarischen
Demokratie des Grundgesetzes manchem inzwischen gleichsam natürlich erscheinen. So wenig man die Macht der Gewohnheit unterschätzen sollte,
kann diese Deutung allein doch kaum befriedigen. Denn sie legt nahe, in der
Plenararchitektur lediglich ein überständiges Traditionselement zu sehen, das
Beteiligte und Beobachter gar nicht mehr beachten oder eigens bemerken und
mit dem sie in etwa so umgehen wie italienische Schulkinder, die in römischen Ruinen spielen. Schon angesichts der Leidenschaft, mit der in der Bundesrepublik über Jahrzehnte hinweg immer wieder über die Sitzordnung des
Bundestages gestritten wurde, kann diese Deutung aber offenkundig nicht
überzeugen.

1. Paradoxe Stabilisierung durch das parlamentarische Regierungssystem

Paradoxerweise wird die überkommene Plenararchitektur vielmehr zunächst gerade durch das parlamentarische Regierungssystem stabilisiert, zu dem sie äußerlich in so deutlichem Gegensatz steht. Denn die jeweilige Regierung hat in der Bundesrepublik ein sehr großes Interesse daran, den für sie so vorteilhaften räumlichen Status quo im Plenarsaal zu erhalten, der es ihr erlaubt, dort im Feenkleid streitenthoben-konsensualer Staatlichkeit aufzutreten und sich auf die konflikthafte Interaktion mit der Opposition im Wesentlichen nur nach eigenem Belieben einzulassen. Gerade aufgrund ihrer engen Verquickung mit der Parlamentsmehrheit wird die Bundesregierung von eben dieser sie tragenden Mehrheit auch in den ohnehin seltenen Momenten unterstützt, in denen die Plenararchitektur im politischen Raum ernsthaft neu verhandelt wird. Dass Helmut Schmidt als SPD-Fraktionsvorsitzender unter der ersten Großen Koalition erfolgreich für die Absenkung der Regierungsbank im Bonner Bundeshaus eintrat und damit das Oppositionstrauma der Sozialdemokraten aus der Frühzeit der Bundesrepublik verarbeitete,[3] bildet hier die Ausnahme, welche die Regel bestätigt. Das Interesse der Regierung an einer derartigen Plenararchitektur ist auch nicht etwa eine deutsche Besonderheit. Durch die kontinentaleuropäische Verfassungsgeschichte seit 1789 hindurch hat sich vielmehr immer wieder gezeigt, dass Regierungen ein strukturelles Interesse daran haben, den Plenarsaal zwar als Bühne für eigene Erklärungen zu nutzen, sich aber auf die öffentliche Interaktion mit den Parlamentariern nur zum eigenen Vorteil einzulassen. Selbst die bewegte französische Verfassungsgeschichte kennt dafür sprechende Beispiele besonders aus den beiden napoleonischen Kaiserreichen, als die Rednertribüne im Palais Bourbon lediglich von unverantwortlichen Beamten genutzt werden durfte, um die Regierungsvorlagen vorzustellen, und schließlich unter Napoleon III. sogar zeitweise ganz abgeschafft wurde.[4] Die deutsche Besonderheit besteht indes darin, dass die Regierung sich hier die von der konstitutionellen Monarchie geerbten räumlichen Arrangements zunutze machen kann und dabei von der sie tragenden Parlamentsmehrheit unterstützt wird. Die Situation ist für die Regierung durch das parlamentarische Regierungssystem sogar bequemer

geworden als in der Kaiserzeit, denn anders als vor 1918 weiß sie nun regelmäßig die Parlamentsmehrheit hinter sich. Die Abgeordneten der Regierungsfraktionen üben aber die Kontrolle «ihrer» Regierung hinter verschlos-
senen Türen aus,[5] während sie an deren möglichst wirksamer öffentlicher
Kontrolle im Plenarsaal des Bundestages ebenso wenig Interesse haben wie
die Regierung selbst.[6]

2. Anknüpfungselemente im Verfassungssystem der Bundesrepublik

Über diese Interessenlage von Regierung und Parlamentsmehrheit hinaus
liegt in der stummen Beharrungskraft der Plenararchitektur ein Anzeichen
dafür, dass die Regierungsbank des Bundestages gewissen Elementen des Verfassungssystems der Bundesrepublik weiterhin durchaus zutreffend Ausdruck
verleiht, trotz oder gerade wegen ihres offenkundigen Spannungsverhältnisses
zum parlamentarischen Regierungssystem. Ganze Bibliotheken politikwissen-
schaftlicher und staatsrechtlicher Literatur haben zwar seit vielen Jahrzehnten herausgearbeitet, dass der alte Dualismus zwischen Parlament und monarchischer Regierung aus der Zeit bis 1918 inzwischen weitgehend abgelöst
worden ist von einem neuen Dualismus zwischen Regierung und Parlamentsmehrheit einerseits und parlamentarischer Opposition andererseits.[7] Völlig
unbeeindruckt davon inszeniert der Plenarsaal des Bundestages hingegen
weiterhin wie selbstverständlich den alten Dualismus und suggeriert der Be-
trachterin entgegen der verfassungsrechtlichen wie politischen Realität eine
vom Parlament gelöste Regierung von unparteilicher Distanz.[8] Sicherlich ist
dieser architektonische Auftritt heute schwächer als in den frühen Jahrzehnten der Bundesrepublik. Das erhöhte Podest der Regierung im Bonner Bundeshaus mit seinen unzähligen Beamtenplätzen konnte Beobachter durchaus
noch zu der Deutung veranlassen, hier trete eine Regierung, die als Spitze der
Verwaltung das Allgemeine verkörpere, den Partikularinteressen auf den Abgeordnetenplätzen gegenüber, und es spuke dabei noch «der Geist Hegel'scher
Beamtenmetaphysik» durch den Plenarsaal.[9] Ihres Holzgestühls entkleidet,
fast auf den Saalboden abgesenkt und mit jetzt noch zwölf pultlosen Beam-

tenplätzen in der hintersten Reihe lassen die Regierungssessel im Reichstagsgebäude die deutsche Beamtenmetaphysik älterer Zeiten heute indes nur noch
als Nachhauch verspüren. Und doch bietet die Sitzordnung die Regierung in
gleichsam heruntergedimmter Form immer noch als vom Parlament gelöste,
dessen Konflikten entzogene, dem neutralen Präsidium nahe Institution streit-
ferner Sachlichkeit dar.

Es greift aber zu kurz, nur den offenen Gegensatz zwischen der Sitzordnung des Bundestages und dem parlamentarischen Regierungssystem zu kon-
statieren, so richtig und wichtig diese Feststellung auch nach wie vor ist. Denn
spätestens seit der Rückkehr zum älteren Plenardesign beim Umzug des Bundestages von Bonn nach Berlin im Jahr 1999 lässt sich diese Sitzordnung nicht
länger als bloßes Übergangsphänomen begreifen, das im parlamentarischen
Regierungssystem ebenso zum Verschwinden bestimmt wäre wie einst die Erhöhung der Regierungsbank im Plenarsaal. Nicht nur die Tatsache, dass selbst
die Anhebung der Regierungsplätze bis heute noch nicht ganz der Vergangenheit angehört, mahnt insoweit zur Vorsicht. Vielmehr legt die Beharrlichkeit,
mit der die Bundesrepublik an der Sitzordnung des Reichstags festhält, die
umgekehrte Überlegung nahe, ob nicht gerade dieses Design in gewissen Hin-
sichten auch und gerade dem Verfassungsgefüge der Bundesrepublik adäquat
Ausdruck verleiht. Das ist tatsächlich für jedes der drei prägenden räumlichen
Charakteristika der Regierungsbank der Fall: die Ansiedlung getrennt von
den Abgeordnetenplätzen, die Position im Abseits und schließlich die Verquickung mit dem Präsidium.

Getrennt von den Parlamentariern

Dass die Regierungsplätze getrennt vom Halbkreis der Abgeordneten angesiedelt sind, findet Anknüpfungspunkte im Verfassungsrecht selbst wie auch
in verbreiteten Gewaltenteilungsvorstellungen in der Bevölkerung. Was das
Verfassungsrecht angeht, so kann die räumliche Trennung daran anschließen,
dass das Grundgesetz die Bundesregierung als ein gesondertes Staatsorgan
vorsieht, das auch dem Parlament gegenüber eigenständig ist. Zwar ist dort
mit der Wahl des Bundeskanzlers durch den Bundestag und der prinzipiell
jederzeitigen Möglichkeit, diesen durch ein konstruktives Misstrauensvotum
zu stürzen, eine enge Verknüpfung zwischen Parlament und Regierung ange-

legt. Zugleich versteht das Grundgesetz aber die Bundesregierung als gesondertes Staatsorgan, dessen Mitglieder und Beauftragte ein selbständiges, nicht
von einem Parlamentsmandat abhängiges Anwesenheits- und Rederecht im
Bundestag haben. Diese rechtliche Eigenständigkeit der Regierung hat sich in
den Verfassungen Kontinentaleuropas insgesamt regelmäßig nach dem Vorbild der Bestimmungen der französischen Charte constitutionnelle von 1814
in der Zeit der verfassungsmäßig beschränkten Monarchie herausgebildet und
ist später im republikanischen Verfassungsrecht beibehalten worden. Überall
in Europa ist auf diese Weise das moderne Verfassungsrecht nach der Französischen Revolution aus der Gewaltenteilung zwischen Regierung und Parlament entstanden und behält das juristische Skelett der Unterscheidung zwischen beiden als jeweils eigenständige Staatsorgane nach wie vor bei. Gerade
deshalb besteht freilich im Grundgesetz wie in anderen gegenwärtigen Verfassungen vieler parlamentarischer Demokratien ein latentes Spannungsverhältnis: zwischen der staatsrechtlichen Unterscheidung der beiden Staatsorgane
Regierung und Parlament auf der einen Seite und dem parlamentarischen
Regierungssystem, in dem Regierung und Parlamentsmehrheit gemeinsam
die maßgebliche politische Handlungseinheit bilden, auf der anderen.[10] In
Deutschland ist dieses Spannungsverhältnis vergleichsweise stark ausgeprägt,
weil hier die konstitutionelle Monarchie bis 1918 eine besonders rigide Trennung zwischen Parlament und Regierung praktiziert und tiefe Spuren auch
im späteren republikanischen Verfassungsrecht hinterlassen hat.[11] Besondere
Plätze für die Regierungsvertreter abseits der Abgeordnetensitze im Plenarsaal können an das elementare juristische Gerippe des Nebeneinanders von
Parlament und Regierung als eigenständiger Staatsorgane anknüpfen. Vor diesem Hintergrund ist es keine Überraschung, dass es im Bundestag getrennte
Sitzplätze für die Regierungsvertreter außerhalb des Halbkreises gibt, wie das
auch in nicht wenigen anderen kontinentaleuropäischen Plenarsälen auf jeweils besondere Weise der Fall ist.[12]

Die räumliche Trennung von Abgeordneten- und Regierungsplätzen entspricht aber auch über die juristische Unterscheidung zwischen Parlament
und Regierung hinaus durchaus Wunschvorstellungen und (Fehl-)Urteilen
über das politische System, die in der Bevölkerung bis heute verbreitet sind.
Denn die enge tatsächliche Verschränkung zwischen Regierung und Parlamentsmehrheit, wie sie seit 1949 im parlamentarischen Regierungssystem des
Grundgesetzes praktiziert wird, stößt in der Bevölkerung nicht selten auf

Unkenntnis oder Ablehnung. Umgekehrt erfreut sich eine strenge Gewaltenteilung zwischen Parlament und Regierung wie in den USA und die damit verbundene Trennung von Abgeordnetenmandat und Regierungsamt nach wie vor großer Beliebtheit.[13] Bedeutsam ist dabei vor allem ein uneinholbarer Vorteil der strengen Gewaltenteilungsvorstellung, mag diese sich nun traditionsheischend auf Montesquieu berufen oder nicht: ihre schnelle und schlichte Fasslichkeit für den Betrachter. Es ist nun einmal sehr viel leichter, Parlament und Regierung als zwei völlig voneinander getrennte Gewalten zu verstehen, als eine Situation nachvollziehen zu müssen, in der beide im Ausgangspunkt verschieden bleiben, aber dann formell und noch stärker informell eng miteinander verwoben werden wie im parlamentarischen Regierungssystem. Selbst juristisch ist der strenge Dualismus zwischen Parlament und Regierung einfacher auszuformen und zu beschreiben als die enge Verbindung zwischen beiden im parlamentarischen Regierungssystem. Die strikte Gewaltenteilung ist unübertreffbar anschaulich und schaubildtauglich – nicht zuletzt für die Didaktik eines seinerseits nicht selten schematisch bleibenden Sozialkundeunterrichts –, das parlamentarische Regierungssystem ist es dagegen nicht. Indem der Plenarsaal Parlament und Regierung räumlich trennt, entspricht er einem gerade durch seine Naivität bestechenden Gewaltenteilungsschema. Daran können sich in der Bevölkerung zudem, wie gleich noch zu erörtern sein wird, ideologische Restbestände traditioneller deutscher Vorstellungen eines mit Regierung und Verwaltung gleichgesetzten «neutralen» Staates anlagern.

Im Abseits

Die zweite Eigenheit des Plenardesigns im Berliner Reichstagsgebäude besteht darin, dass die Regierung in einer räumlichen Abseitsposition sitzt, welche der Interaktion zwischen Regierungsvertretern und Parlamentariern entgegenwirkt. Auch dieses Arrangement findet Gegenstücke im Verfassungssystem und der politischen Praxis der Bundesrepublik. Denn tatsächlich tritt die Bundesregierung häufig nicht als verantwortliche und öffentlich verantwortlich zu machende Institution in Erscheinung, sondern eher als Spinne in einem komplexen Verhandlungsnetz, das unterschiedliche Akteure einbindet,[14] es dadurch aber zugleich sehr erschwert, politische Entscheidungen gerade der Regierung zuzurechnen.

Das beginnt bereits damit, dass die Regierung im deutschen System rechtlich keinerlei gestaltende Verantwortung im Gesetzgebungsprozess trägt.
Zwar besitzt die Bundesregierung nach dem Grundgesetz das Recht der Gesetzesinitiative, und die meisten Gesetzesvorschläge kommen auch tatsächlich
von ihr.[15] Das weitere Gesetzgebungsverfahren liegt indes ganz in der Hand
des Bundestages. Während etwa in Großbritannien und Frankreich die Regierung maßgeblich auch das gesamte parlamentarische Gesetzgebungsverfahren
mitgestaltet, kann dieses in Deutschland von der Regierung nur indirekt über
die jeweiligen Koalitionsfraktionen beeinflusst werden.[16] Das entspricht einem
Parlamentarismus, der sich als «Arbeitsparlament» in die Einzelheiten der Gesetzgebung verbeißt und stolz nach dem Ausspruch des früheren SPD-Frak-
tionsvorsitzenden Peter Struck handelt, demzufolge kein Gesetz den Bundestag so verlässt, wie es hineinkommt. In der Ausschussarbeit hinter den Kulissen
ist die jeweilige Regierungsmehrheit dabei durchaus für Kompromisse mit den
Minderheitsfraktionen offen. Gerade dadurch besteht aber bereits innerhalb
des Bundestages selbst eine Verhandlungssituation, die der öffentlichen Zurechnung von Verantwortung zur Bundesregierung eher entgegenwirkt.[17]
    Die Verwischung von Verantwortlichkeiten setzt sich im Gesetzgebungs-
verfahren durch die Mitwirkung des Bundesrates fort. Diese nötigt Bundesregierung und Bundestagsmehrheit zum permanenten Aushandeln von Kom-
promissen mit den Ländern. Hier zeigt sich eine politische Kultur des Ver- und
Aushandelns, die mit tiefen Wurzeln in der deutschen Konfessionsgeschichte
bis auf die «amicabilis compositio» des Westfälischen Friedens zurückgeht.[18]
Gerade durch diese kompromissorientierte Verhandlungskultur wird aber die
politische Verantwortlichkeit der Bundesregierung für das jeweilige Gesamt-
ergebnis noch weniger erkennbar.
    Da die politische Kultur freundschaftlicher Zusammenarbeit hinter den
Kulissen gerade auch die Arbeitsformen des Bundestages selbst prägt, wirkt
sie zudem der öffentlich sichtbaren und rhetorisch zugespitzten Zurechnung
von Verantwortung im Plenum entgegen. Der Bundestag vernachlässigt vielmehr seine Aufgabe, die politischen Kontroversen zwischen Regierungsmehrheit und Opposition öffentlichkeitswirksam im Plenum auszutragen, nicht
selten geradezu sträflich. Stattdessen referieren allzu häufig vor spärlichem
Publikum Fraktionsexperten in technischem Jargon mühsam den letzten Auf-
guss der in der Ausschussberatung ausgetauschten Argumente.[19] Es kann deshalb auch kaum verwundern, dass an Sitzungstagen des Bundestages Schüler-

gruppe um Schülergruppe die Besuchertribüne auf der zweiten Ebene des Reichstagsgebäudes nach einer Dreiviertelstunde mit erloschenem Blick verlässt.[20]

Die räumliche Abseitsposition der Regierung entspricht aber nicht allein der durch vielfältige Verhandlungssituationen zerfließenden politischen Verantwortlichkeit der Bundesregierung für die Resultate des Gesetzgebungsprozesses. Sie verweist überdies auf die insgesamt gehemmte mündliche Interaktion zwischen Regierungsvertretern und Parlamentariern, wie sie für den Deutschen Bundestag charakteristisch ist. Unabhängig von dem kaum zu beantwortenden Henne-Ei-Problem, wer von beiden zuerst da war, besteht jedenfalls eine auffällige Parallele und Wahlverwandtschaft zwischen der tatsächlichen Interaktionsschwäche im Verhältnis von Regierung und parlamentarischer Opposition und einem Plenardesign, das die Regierung gegenüber Rednerpult und Parlamentarierplätzen gleichermaßen in einer Randlage ansiedelt. Die bereits eingehend geschilderte Schwierigkeit des deutschen Regierungssystems, die Mitglieder der Bundesregierung persönlich in die Verantwortung zu nehmen, sie zur mündlichen Antwort im Parlament zu verpflichten und damit öffentlich zur Rechenschaft zu ziehen, ist in der Randexistenz der Regierungsbank im Plenarsaal geradezu mit Händen zu greifen.

An der Seite des Präsidiums

Das dritte Charakteristikum der Regierungsbank des Bundestages ist ihre räumliche Ansiedlung an der Seite des Präsidiums, wodurch dieses auf beiden Seiten durch Regierungs- und Bundesratsbank eingerahmt wird. Indem der Plenarsaal Präsidium und Regierungsplätze gemeinsam dem Halbkreis der Abgeordneten entgegenstellt, entsteht unter dem Bundesadler im Reichstagsgebäude ein Raum überparteilicher Neutralität, der die Regierungsvertreter umgreift. Auch für diese Inszenierung der Regierung gibt es durchaus gewisse Anknüpfungspunkte im Verfassungsrecht, vor allem aber in staatsideologischen Restbeständen innerhalb der Gesellschaft.

Verfassungsrechtlich liegt ein gewisser Anknüpfungspunkt in dem Umstand, dass das Grundgesetz es der Bundesregierung untersagt, ihre amtlichen Befugnisse zu nutzen, um den Parteienwettbewerb zu Lasten der Oppositionsparteien zu verzerren. So darf die Regierung beispielsweise nicht kurz

vor einer Bundestagswahl ihre Öffentlichkeitsarbeit mit positiven Leistungs-
bilanzen besonders verstärken und damit indirekt die die Regierung tragenden Parteien im Wahlkampf begünstigen.[21] Freilich ist es verfassungsrechtlich
im Einzelnen schwierig zu bestimmen, wo die Grenze zwischen der legitimen
Prägung des Regierungshandelns durch die politischen Orientierungen der
jeweiligen Koalitionsparteien und einem unzulässigen Regierungseingriff in
den Parteienwettbewerb verläuft.[22] Diese feine letzte Trennlinie verweist aber
jedenfalls darauf, dass das Amt der Mitglieder der Regierung deren legitimen
parteipolitischen Prägungen, Bindungen und Präferenzen vorausliegt. So sehr
die Regierung im parlamentarischen Regierungssystem Parteienregierung ist,
so sehr gilt doch zugleich auch, dass sie das verfassungsrechtlich nicht ausschließlich sein darf. Die Plenararchitektur kann also mit ihrer Ansiedlung
der Regierung auf der Präsidiumsseite an diese letzte verfassungsrechtliche
Grenzlinie anknüpfen.

Versucht man allerdings, den Punkt genauer zu bestimmen, an dem die
parteipolitische Prägung des Regierungshandelns in eine unzulässige regie-
rungsamtliche Verzerrung des Parteienwettbewerbs umschlägt, läuft man
immer Gefahr, den demokratisch legitimen parteipolitischen Einfluss innerhalb der Regierung staatsideologisch zu pathologisieren.[23] Diese Gefahr besteht erst recht bei einer Plenararchitektur, welche die Regierung als Teil einer
neutralen Präsidiumsseite der politischen Pluralität des Plenums gegenüber-
stellt. An dieses Plenardesign können nahtlos staatsideologische Restbestände
anknüpfen, die aus der deutschen Gesellschaft seit der Epoche der konstitutionellen Monarchie vor 1918 nie vollständig verschwunden sind. Hier geht es
dann nicht mehr nur um eine äußerste verfassungsrechtliche Grenze für die
Einflussnahme von Regierungshandeln auf den politischen Wettbewerb der
Parteien, sondern um das obrigkeitsstaatliche Leitbild eines mit Regierung
und Verwaltung identifizierten neutralen Staates, der über den Parteien steht[24]
und jenseits des politischen Gezänks Harmonie verbürgt.[25] Man darf zwar
nicht den Fehler machen, über die Verwerfungen des zwanzigsten Jahrhunderts hinweg eine ungebrochene Kontinuität deutscher Staatsbilder aus der
Zeit der Monarchie anzunehmen. «General Dr. von Staat», wie Thomas
Mann diese Vorstellung einmal mit liebevoller Ironie bezeichnet hat,[26] trägt
in der zivilen Bundesrepublik keine Uniform mehr, und auch seine akade-
mischen Würden sind spätestens seit Guttenberg ins Zwielicht geraten. Und
doch verbindet sich in der Idealvorstellung der Regierung, die aus diesen

staatsideologischen Restbeständen erwächst, nicht selten die bereits erörterte
«naive» Gewaltenteilungsvorstellung mit dem verwaltungsstaatlichen Leitbild
neutraler Sachlichkeit und der gesellschaftlichen Sehnsucht nach Harmonie
jenseits des Streits. Insoweit derartige Leitbilder in der deutschen Gesellschaft weiterhin präsent sind, hat der Thron in uns den Sturz der physischen
Throne überlebt. Dass der Thron im Reichstag sein Surrogat schon im Jahr
1871 in den Regierungslogen zu beiden Seiten des Präsidiums fand, wirkt
rückblickend wie eine weitsichtige Überlebenslist, die es der Regierung auch
in der parlamentarischen Demokratie ermöglicht, im Plenarsaal weiterhin
von den Überbleibseln dieser deutschen Ideenwelt zu profitieren.

3. Hinterlassenschaft der Monarchie in der Demokratie

Bei allen Kontinuitätslinien ist die Bundesrepublik offenkundig nicht das
Deutsche Kaiserreich. Umso bemerkenswerter ist es, wie sehr sich der Deutsche Bundestag weiterhin in der Sitzordnung des Reichstags wiederfindet.
Hierin liegt ein räumliches Indiz dafür, dass gewisse Charakteristika des institutionellen Settings der Kaiserzeit langfristig prägend gewirkt haben und
durch die dauerhafte Etablierung der parlamentarischen Demokratie in der
Bundesrepublik nicht beseitigt, sondern vielmehr auf neuartige Weise fortgeführt wurden. Am deutlichsten zeigt sich das in der hohen institutionellen
Kontinuität zwischen Bundestag und Reichstag, die in der Bundesrepublik
gern betont und als Zeichen parlamentarischer Tradition gewürdigt wird.
Weniger gern sieht man, dass der Bundestag damit die Prägungen eines Parlaments übernommen hat, das als Ganzes in Distanz zur Regierung stand,
große Schwierigkeiten hatte, diese verantwortlich zu machen, und sich gerade
deshalb zu einem fleißigen «Arbeitsparlament» entwickelte, das sich in die
Einzelheiten der Gesetzesvorlagen und Haushaltspläne verbiss.[27] Paradoxerweise gehört zu den langfristig wirksamsten Hinterlassenschaften der Monarchie in Deutschland gerade ihr Parlament.[28] Die Sitzordnung dokumentiert
räumlich die Beharrungskraft und Anverwandlung dieser Prägungen im bundesdeutschen Parlamentarismus. Anders als in der Pariser Nationalversamm-

lung ist in Berlin nicht das erhöhte Rednerpult an die Stelle des umgestürzten
Throns getreten, sondern die frühere Thronseite hat sich in ein Amalgam aus
Präsidium und Regierungsvertretern verwandelt. Für diesen gouvernementa-
len Bezirk im Plenarsaal fordern die Bundestagspräsidenten beharrlich jene
Überparteilichkeit ein, die einst der monarchische Obrigkeitsstaat schein-
heilig für sich in Anspruch nahm.

4. Plenararchitektur des «Als Ob»

Die Anlage der Regierungsplätze im Bundestag hebt auf diese Weise diejenigen Elemente in Verfassungsrecht, Verfassungspraxis und politischer Kultur
der Bundesrepublik heraus, die am stärksten in der Kontinuität zur Epoche
der konstitutionellen Monarchie stehen. Zugleich verdeckt die Plenararchitektur damit die grundlegende Veränderung, die zunächst 1918/19 und dann
nochmals stärker 1949 eingetreten ist: den Übergang zum parlamentarischen
Regierungssystem und damit zur parteienstaatlichen Regierung. Sie dementiert diesen Übergang sogar geradezu, weil sie der Verantwortlichkeit der Regierungsmitglieder gegenüber dem Parlament keinerlei räumlichen Ausdruck
verleiht. Die Sitzordnung im Plenarsaal des Reichstagsgebäudes bildet auf
diese Weise eine Plenararchitektur des «Als Ob»: Die Bundesregierung sitzt
im Bundestag, als ob sie von ihm getrennt, ihm nicht verantwortlich und aller
Parteilichkeit entzogen wäre. Aber in diesem architektonischen «Als Ob»
sind doch zugleich manche Eigenheiten des deutschen Verfassungssystems
und der gesellschaftlichen Wahrnehmungen und Erwartungen in dessen Umfeld gespeichert. Wenn man überdies bedenkt, dass die einzige chancenreiche
Alternative zu diesem Plenardesign in der Bundesrepublik der Kreis war, der
sich als Symbol von Einmütigkeit und Harmonie inzwischen auch in den Plenarsälen einiger Landtage etabliert hat,[29] wird man in der Sitzordnung des
Bundestages erst recht nicht allein ein architektonisches Gegenbild zum tatsächlich praktizierten Regierungssystem sehen. Eine Regierung, die einen
überparteilichen Konsens zu verkörpern beansprucht und für ihr Tun nur
schwer verantwortlich gemacht werden kann, ist der Bundesrepublik trotz
und gerade wegen des parlamentarischen Regierungssystems nicht fremd.

Von eben dieser Regierung, der bürgerlichen Verwandten der Monarchie, erzählt ohne Worte der Plenarsaal des Deutschen Bundestages im Reichstagsgebäude.

Epilog
Aufrecht

Am 23. Februar 1981 um 18:23 Uhr war im spanischen Parlament in Madrid die Wahl eines neuen Ministerpräsidenten in vollem Gange. Der bisherige Regierungschef Adolfo Suárez war kurz zuvor zurückgetreten, nachdem er als jüngerer Vertreter des Franquismo in einer knapp fünfjährigen Regierungszeit den Übergang Spaniens von der Franco-Diktatur zu einer parlamentarischen Demokratie maßgeblich mitgestaltet hatte. An diesem schläfrigen Spätnachmittag war der Sitzungssaal der Cortes dicht gefüllt. Rauchende Abgeordnete und dösende Parlamentsdiener sahen ohne Spannung dem erwarteten Ergebnis des zweiten Wahlgangs entgegen, während der Parlamentssekretär vom Rednerpult die Abgeordneten einen nach dem anderen in alphabetischer Reihenfolge namentlich aufrief, worauf diese sich von ihren Plätzen erhoben und in offener Wahl ihre Stimme für oder gegen den vorgeschlagenen Kandidaten abgaben. Der noch geschäftsführend amtierende Ministerpräsident Suárez hatte mit seinem Kabinett in der ersten Reihe des Plenums Platz genommen. Dort sitzt die spanische Regierung traditionell auf blauen Sesseln, während die Abgeordnetenplätze in den Reihen dahinter mit rotem Leder bezogen sind.[1] Suárez saß auf dem Stuhl des Ministerpräsidenten rechts außen,[2] unmittelbar neben ihm sein Stellvertreter und Verteidigungsminister, der fast siebzigjährige General Gutiérrez Mellado. Gerade war der Parlamentssekretär beim Buchstaben «N» angelangt, als plötzlich der schnauzbärtige Oberstleutnant Tejero an der Spitze eines Trupps uniformierter Angehöriger der Militärpolizei in den Plenarsaal stürmte. Tejero trat mit gezückter Pistole an das erhöhte Rednerpult, setzte die Anwesenden gefangen und ließ die Machtübernahme durch das Militär ankündigen. Der Staatsstreich scheiterte in der folgenden Nacht, als der junge König Juan Carlos sich in der Uniform des Oberbefehlshabers der Streitkräfte in einer

Abb. 38: Oberstleutnant Tejero mit Pistole am Rednerpult der spanischen Cortes
in Madrid am 23. Februar 1981

Fernsehansprache den Putschisten entgegenstellte und den Rückzug aller
Soldaten in die Kasernen befahl. Die Besetzung des Parlaments endete am
Vormittag des nächsten Tages.[3]

Im Plenarsaal der Cortes entstand unmittelbar nach der Ankunft Tejeros
mit seinen Getreuen ein Handgemenge, weil General Gutiérrez Mellado sich
von seinem Platz neben Adolfo Suárez auf der Regierungsbank erhob, auf
Tejero zutrat und die Uniformierten als ranghöchster Militär im Saal auffor-
derte, die Waffen niederzulegen. Die Guardia-Civil-Beamten versuchten daraufhin, den alten, schwächlichen General zu Boden zu reißen. Ministerpräsident Suárez stand auf, um seinen Stellvertreter zur Rückkehr auf seinen Platz
zu bewegen. Nun fielen die ersten Schüsse, bald darauf feuerten die Putschisten mehrere Maschinengewehrsalven in die Luft und befahlen den Anwesenden: «Auf den Boden! Alle auf den Boden!» Der alte General blieb inmitten
des Tumults ungerührt vor den Militärpolizisten stehen, die weiter in die Luft
schossen. Während die ersten Kalkstücke aus dem Deckenputz herunter-
fielen, duckten sich Abgeordnete und Regierungsmitglieder in panischer
Angst auf den Boden, unter die Tische der Stenographen, hinter die Rückenlehne ihrer Vorderleute. Die gerade noch vollbesetzten Abgeordnetenreihen
waren binnen Sekunden leergefegt.

Abb. 39: Ministerpräsident Adolfo Suárez (links) in Auseinandersetzung
mit den Putschisten im Plenarsaal der Cortes in Madrid während
des versuchten Staatsstreichs

Den Ministerpräsidenten focht das nicht an. Langsamen Schrittes kehrte
Adolfo Suárez zur Regierungsbank zurück, setzte sich auf seinen Stuhl und
lehnte sich nach hinten. Eine Saalkamera, die in der ersten halben Stunde des
Putsches ungehindert weiterlief, bannte das Bild des Ministerpräsidenten für
die Ewigkeit: Während die Kugeln fliegen und die Putschisten schreien, sitzt
«mittendrin dieser Mann, der den Rücken an die Lehne seines blauen Minis-
terpräsidentensessels presst, einsam, gespenstisch, einer Statue gleich, umgeben von lauter leeren Sesseln».[4] Nach langen zehn Minuten atemloser Stille
forderten die Besetzer die Anwesenden schließlich auf, sich aufzurichten und
wieder auf ihren Stühlen Platz zu nehmen. Neben Suárez und seinem Verteidigungsminister hatte nur noch ein weiterer Abgeordneter dem Befehl der
Putschisten keine Folge geleistet: der Führer der Kommunisten Santiago
Carillo, der rauchend auf seinem Platz in den hinteren Reihen der linken
Saalhälfte sitzen geblieben war. Alle anderen hatten sich im Nu unter ihren
Sitzen verkrochen.

    Adolfo Suárez war an diesem Tag politisch längst am Ende. Als lächelnder

Aufsteiger hatte er sich im Machtapparat der Franco-Diktatur hochgearbeitet und dann vom Franquismus zur Demokratie durchlaviert. Mit den damaligen Problemen Spaniens von der Wirtschaftskrise bis zum ETA-Terrorismus war er aber längst überfordert und persönlich ausgelaugt. Von den Rechten als Verräter geschmäht, von den Linken als Opportunist gescholten, war diesem «Helden des Rückzugs», wie ihn Hans Magnus Enzensberger genannt hat, nur eines gewiss, der Undank des Vaterlandes.[5] Ausgerechnet dieser erschöpfte, einsame Politiker reagierte auf das Maschinengewehrfeuer im Plenarsaal mit der größten Geste in der Geschichte der Regierungsbank. Stolz, furchtlos und unbeugsam trotzte der erste Ministerpräsident der spanischen Demokratie nach Franco der Gewalt der Putschisten. Nie hat die körperliche Präsenz eines Premierministers auf der Regierungsbank mehr bedeutet. Suárez selbst hat sein Handeln später mehrfach lakonisch damit erläutert, er sei nun einmal immer noch der Ministerpräsident gewesen und ein Ministerpräsident könne sich nicht einfach so zu Boden werfen.[6] Hier trat ein gleichsam römischer Institutionensinn, vermischt mit spanischem Stolz, der parlamentarischen Demokratie zur Seite. Denn auf seinem Außenplatz in der ersten Reihe des Plenums saß Adolfo Suárez in diesem Moment nicht nur vor allen Abgeordneten, sondern für alle Abgeordneten. Ein blauer Sessel im vordersten Rang stand für die vielen roten Sessel dahinter ein, deren Inhaber sich weggeduckt hatten. Dem Deutschen Bundestag sind in den Jahrzehnten seiner Existenz Krisensituationen dieser Art glücklicherweise erspart geblieben. Unwillkürlich mag man sich aber fragen, ob die Geste von Suárez auf der Berliner Regierungsbank überhaupt denkbar wäre, ob also eine Regierung im Abseits der Präsidiumsseite ebenfalls wie selbstverständlich für das Parlament als Ganzes einstehen würde oder auch nur könnte. Die Frage ist schon allein aufgrund der unwahrscheinlichen Größe von Adolfo Suárez müßig, wenn auch auf verstörende Weise. Nur eines ist gewiss: Nie sind Regierungsplätze in einem Plenarsaal so überwältigend gerechtfertigt worden wie der blaue Sessel des Ministerpräsidenten in Madrid am frühen Abend des 23. Februar 1981.

Danksagung

In den Jahren der Arbeit an diesem Buch haben mich viele Menschen und Institutionen mit Rat und Tat unterstützt. Einige seien hier besonders hervorgehoben: Den Teilnehmerinnen und Teilnehmern eines Konstanzer Workshops im Juni 2016 danke ich für anregende Diskussionen über Parlamentsarchitektur in der Konzeptionsphase. Für die großzügige Förderung meiner Forschung gilt mein Dank der Deutschen Forschungsgemeinschaft und dem Käte Hamburger Kolleg «Recht als Kultur». Dem Deutschen Bundestag und seinem früheren Direktor, Herrn Prof. Dr. Horst Risse, danke ich in besonderer Weise für die Möglichkeit, das Geschehen im Plenarsaal des Reichstagsgebäudes über einen längeren Zeitraum hinweg von der Pressetribüne aus zu beobachten. Für sorgfältige Lektüre, ermutigendes Lob und weiterführende Kritik möchte ich sehr herzlich Olivier Beaud, Armel Le Divellec, Benjamin Rasidovic und Christian Stoll danken. Nina Sillem und Dirk Setton haben mir geholfen, aus einem Manuskript ein Buch zu machen. Nichts wäre aber gelungen ohne die beiden Frauen meines Lebens: die freundliche Hartnäckigkeit von Sophie Schönberger und die kindliche Ungeduld von Anna Schönberger.

Ich widme das Buch dem Andenken an meinen Vater, Günther Schönberger (1934–2022), der die Bundesrepublik mit der unruhigen Sorge eines Kriegskinds durchlebt und das Manuskript noch mit wachem Interesse gelesen hat.

Christoph Schönberger

Anhang

Anmerkungen

Einführung
Siebenunddreißig blaue Stühle

1 *Parkinson*, Democracy and Public Space; *Schwarte*, Philosophie der Architektur, S. 316 ff.; vgl. allgemein bereits Warnke (Hrsg.), Politische Architektur in Europa vom Mittelalter bis heute.

2 *Goodsell*, The Architecture of Parliaments; *Heurtin*, L'espace public parlementaire, S. 64 ff.; *Schwarte*, Philosophie der Architektur, S. 317 f., 320 ff.

3 *Goodman*, Seating Arrangements: An Elementary Lecture in Functional Planning; zu einzelnen Formen: *Gerhards*, Die Kirchen – Spiegel des Selbstverständnisses der Kirche [Kirchenräume]; *Goodsell*, The Social Meaning of Civic Space; *Koehler*, City Council Chamber Design: The Impact of Interior Design Upon the Meeting Process [Tagungsräume von Stadträten]; *Mulcahy*, Legal Architecture; *Hazard*, Furniture Arrangement as a Symbol of Judicial Roles; *Carlen*, The Staging of Magistrates' Justice; *Legnaro/Aengenheister*, Die Aufführung von Strafrecht, S. 6 ff.; *Wulf*, Ritual und Recht, S. 31 ff. [Gerichtssäle]; *Stone/Stone*, The Administration of Chairs [Sitzungsräume in der Verwaltung]; *Fischer-Lichte*, Ästhetik des Performativen, S. 187 ff. [Theateraufführungen]; *De Long*, Seating Position and Perceived Characteristics of Members of a Small Group [Seminarräume an Universitäten]; *Breidenstein*, KlassenRäume – eine Analyse räumlicher Bedingungen und Effekte des Schülerhandelns [Schulräume].

4 Plastisch dazu *Sternberger*, In der Loge und im Parterre.

5 Zur entsprechenden Semiotik der Architektur näher *Eco*, Einführung in die Semiotik, S. 293 ff.; vgl. auch *Whyte*, How Do Buildings Mean?; *Rapoport*, Vernacular Architecture and the Cultural Determinants of Form.

6 *Goodsell*, The Architecture of Parliaments; *Manow*, Im Schatten des Königs, S. 16 ff.; vgl. auch *Patzelt*, Parlamentarische Selbstsymbolisierung, S. 327 f.

7 Dazu allgemein *Trapp*, Orte der Versammlung, S. 112; zum Sturm auf das Kapitol: *Winkler*, Von Hetzern und Helden; *Klonk*, Revolution im Rückwärtsgang; zum Putschversuch in Spanien 1981 siehe den Epilog dieses Buches.

8 Zum Vergleich der entsprechenden Zeremonialstrukturen: *Müller*, Parliaments and their Liturgies; *dies.*, Politische Liturgie der Parlamente.

9 *Dörner*, Der Bundestag im Reichstag.

10 *Hegel*, Die Phänomenologie des Geistes, Vorrede: «Das Bekannte überhaupt ist darum, weil es *bekannt* ist, nicht *erkannt*» (Hervorhebungen dort).

11 *Stollberg-Rilinger*, Zeremoniell als politisches Verfahren.

12 Abbildungen in: *Fürnrohr*, Der Immerwährende Reichstag zu Regensburg; *Aulinger*, Ikonographie des Reichstags, S. 269 ff. Die Redensart, etwas werde «auf die lange Bank geschoben», stammt wohl ursprünglich aus der Gerichtssprache, weil in älterer Zeit Gerichte durch vier Bänke gebildet wurden; vgl. dazu den Artikel: Bank, in: *Grimm/Grimm*, Werke. Bd. 40, Sp. 1108.

13 *Kyle*, Theater of State.

14 Grundlegend *Kertzer*, Ritual, Politics and Power. Ohnehin gibt es auch weiterhin ein im engeren Sinne förmliches Staatszeremoniell; vgl. dazu für die Bundesrepublik *Hartmann*, Staatszeremoniell; *ders.*, Schriften zum Zeremoniell.

15 Fallstudien: *Abélès*, Un ethnologue à l'assemblée; *Crewe*, Lords and Commons; *Mergel*, Parlamentarische Kultur in der Weimarer Republik.

16 *Friedland*, Political Actors; *Blackbourn*, Politics as Theatre.

17 *Goffman*, Wir alle spielen Theater.

18 *Soeffner*, Erzwungene Ästhetik, S. 285 ff.; *G. Klein*, Die Theatralität des Politischen.

19 *Hennis*, Zur Rechtfertigung und Kritik der Bundestagsarbeit; *Willemsen*, Das Hohe Haus, S. 156 f.; vgl. bereits *Müller-Meiningen*, Parlamentarismus, S. 123.

20 *Heuß*, Der Parlaments-Ausschuss, S. 135; ähnlich zeitgleich *Müller-Meiningen*, Parlamentarismus, S. 122 ff.

21 *Willemsen*, Das Hohe Haus.

22 Zur Kritik daran siehe allgemein *Parkinson*, Democracy and Public Space, S. 77 ff., 104 ff.

23 *O'Connor*, Some Absurdities of the House of Commons.

24 So *Döring*, Die Sitzordnung der Abgeordneten, in verfehlter Projektion konkordanz-demokratischer Leitvorstellungen auf die Halbkreisarchitektur.

25 Siehe dazu unten Kapitel III.

26 So in problematischer Universalisierung der spezifisch französischen Entwicklung 1789–1793: *Manow*, Der demokratische Leviathan; *ders.*, Im Schatten des Königs, S. 19 ff.

27 In den Worten Parkinsons geht es dabei darum, die Analyse von «space» – des physischen Verhandlungsraums – und «place» – der dortigen sozialen Praxis – zu verbinden: *Parkinson*, Democracy and Public Space, S. 77 ff.

28 Vgl. dazu nur *Leisner*, Regierung als Macht kombinierten Ermessens, S. 729; *Gärditz*, Der Begriff der Regierung, S. 46 ff.

29 Beobachtungen dazu etwa bei *Willemsen*, Das Hohe Haus, S. 89, 195, 231.

30 Vgl. etwa: Sudoku bei 130-Mrd-Debatte! Löst Schäuble hier das Rätsel um die Griechen-Krise?, Bild v. 28. Februar 2012.

31 Siehe in diesem Buch S. 168.

32 *Syal*, ‹It will follow him for years›: How Jacob Rees Mogg's Slouch Gambit Backfired.

33 Dazu näher in Kapitel IV.

34 Zu den britischen und französischen Sitzarrangements siehe sogleich näher in Kapitel II und III. In Spanien sitzen die Regierungsmitglieder in der ersten Reihe des Plenums auf Stühlen in blauer Farbe (*banco azul*), die mit der roten Farbe der sonstigen Abgeordnetenplätze kontrastiert; siehe dazu näher S. 155 f. in diesem Band. Im ungarischen Parlament in Budapest sitzen die Abgeordneten in Hufeisenform, wobei der innere Ring um den Tisch des Hauses von den Regierungsmitgliedern eingenommen

wird. Die Regierungsplätze sind durch rote Sessel und die rote Fläche der Pulte von den sonstigen Abgeordnetensitzen abgehoben, die braune Klappsitze und grünflächige Pulte habe

35 *Goodsell*, The Architecture of Parliaments, S. 295.

36 Formulierung im Anschluss an *Benjamin*, Das Kunstwerk im Zeitalter seiner technischen Reproduzierbarkeit, S. 27, Fn. 20, der sich wohl auf den Plenarsaal des Reichstags der Weimarer Republik bezog.

37 Zur Prägung des Bildmaterials aus dem Bundestag durch die räumliche Anordnung der Journalistenplätze: *Kanter*, Ikonische Macht, S. 143 ff.

38 *Goodsell*, The Architecture of Parliaments, S. 295; *Mulder van der Vegt/Cohen de Lara*, XML – Parliament, S. 20; *Szente*, The Symbolism of the Seating Arrangement of Legislatures in Europe, S. 648, 651; *Schirmer*, Die Volkskammer und deren Selbstsymbolisierung, S. 176 ff.; zu den ideologischen Hintergründen: *Lammich*, Grundzüge des sozialistischen Parlamentarismus. Einzelne europäische Länder wie Estland, die Slowakei, Rumänien, Bulgarien und Albanien haben ähnlich wie Russland diese Sitzordnung auch nach dem Ende des Kommunismus mit leichten Anpassungen beibehalten. Eine Klassenzimmerarchitektur, der die Präsidiumsseite mit Regierungsbank gegenüberlag, gab es auch bereits im preußischen Herrenhaus in der zweiten Hälfte des neunzehnten Jahrhunderts und in vielen deutschen Landtagen in den ersten Jahrzehnten der Bundesrepublik; siehe dazu in diesem Buch S. 94 f. f. und 115 f.

39 *Götze*, Das Parlamentsgebäude, S. 116; *Goodman*, Seating Arrangements: An Elementary Lecture in Functional Planning, S. 170 f.

40 Cosentino (Hrsg.), La Camera dei Deputati. Eine interessante Beschreibung des damaligen Sitzungssaals im Palazzo Montecitorio gab bereits 1875 *Fritsch*, Der Sitzungs-Saal des italienischen Abgeordneten-Hauses in Rom, mit der treffenden Anmerkung, diese Anordnung des Ministertisches sei «für die Verhandlung der Minister mit den Abgeordneten sehr bequem […] wenn sie auch deutschen Ministern etwas zu exponiert erscheinen möchte» (S. 518). Die Grundanlage der italienischen Plenarsäle einschließlich der Regierungsbank geht schon auf den Plenarsaal der Abgeordnetenkammer im Palazzo Carignano in Turin zurück. Dort tagte das Parlament des Königreichs Piemont-Sardinien und dann zwischen 1861 und 1865 das erste Parlament des vereinigten Italiens, bevor die Hauptstadt zunächst nach Florenz und später nach Rom verlegt wurde; vgl. näher *Levra*, Il Senato e la Camera dei Deputati; *Ferrari Zumbini*, Tra idealità e ideologia, S. 142 ff.; Grundriss abgebildet in: Museo Nazionale del Risorgimento Italiano (Hrsg.), Il Parlamento Subalpino in Palazzo Carignano, S. 46.

41 Siehe näher Kapitel VII.

42 Siehe dazu *van Baalen/Bos*, Gemeinsam in der Sitzung, S. 107; Abbildung bei *Hoetink/Kaal*, The Material Culture of Parliament, S. 24. Diese Anordnung des Plenarsaals der Zweiten Kammer in Den Haag knüpft an eine jahrhundertealte ständische Tradition an; vgl. dazu in diesem Buch S. 80 f. o f. .

43 *Mulder van der Vegt/Cohen de Lara*, XML – Parliament, S. 45, 191, 303. Zu dieser Gruppe gehört auch das nach portugiesischem Vorbild gestaltete Raumaarrangement im Parlament von Osttimor, ebd., S. 127.

44 Zum österreichischen Plenardesign näher S. 169 ff. in diesem Band.

I.

Zu Füßen des Throns

1 *Schramm*, Herrschaftszeichen und Staatssymbolik, Bd. 3, S. 722 ff.; *Reinle*, Zeichensprache der Architektur, S. 337 ff., 339 ff.

2 *Schramm*, Herrschaftszeichen und Staatssymbolik, Bd. 1, S. 316 ff.; *Charles-Gaffiot*, Trônes en majesté; *Eickhoff*, Himmelsthron und Schaukelstuhl, S. 26 ff.; *Schmidt*, Bank und Stuhl und Thron, S. 98 ff.; *Hahn*, Thronende Herrscher und hockende Völker.

3 *Erler*, Der Hochsitz in der deutschen Rechtsgeschichte; *Glyn Watkin*, «The Powers that Be Are Seated». Symbolism in English Law and in the English Legal System, S. 150 ff.; *S. Lepsius*, Das Sitzen des Richters als Rechtsproblem. Auf das Parlament bezogen, spricht man bis heute von «Sitzen» (seats), um die Parlamentszugehörigkeit zu umschreiben. Parallele Sitzsemantiken gibt es seit dem Mittelalter auch für den Bereich der Universitäten (Katheder, Lehrstuhl, department chair); vgl. dazu *Nöbauer*, Der Körper, der auf dem Sessel sitzt, S. 23, 34 f.

4 Philonenko (Hrsg.), Le Trône de Dieu; *Eickhoff*, Himmelsthron und Schaukelstuhl, S. 59 ff.

5 *Kantorowicz*, Laudes Regiae; *Agamben*, Herrschaft und Herrlichkeit, S. 201 ff.; eigenwillige theologische Ausdeutung: *Peterson*, Christus als Imperator; Von den Engeln.

6 *Erler*, Artikel: Sitzen, Sp. 1679 f.

7 *Schramm*, Herrschaftszeichen und Staatssymbolik, Bd. 1, S. 321 ff.; Bd. 3, S. 629 ff.; *Schmidt*, Bank und Stuhl und Thron, S. 100 f.; zur Bedeutung der Kathedra als Bischofsstuhl: *Stommel*, Bischofsstuhl und hoher Thron; *Keplinger*, Der Vorstehersitz, S. 48 ff., 96 ff., 141 ff.

8 Reiches Bildmaterial dazu bei *Myers*, Parliaments and Estates in Europe to 1789.

9 *Pinon*, La Salle des États Généraux à Versailles, S. 56 ff.; zeitgenössische Beschreibungen der Sitzarrangements: Mercure de France, wieder abgedruckt bei *Brette*, Histoire des Édifices oú ont siégé les Assemblées Parlementaires de la Révolution Française et de la Première République, S. 37; *M. Grimm*, Paris zündet die Lichter an: Literarische Korrespondenz, S. 500 ff.; Lord Dorset to the Duke of Leeds, Brief vom 7. Mai 1789, in: Thompson (Hrsg.), English Witnesses to the French Revolution, S. 29 ff. Die «Menus Plaisirs» waren der Teil der Hofverwaltung, der sich mit allen königlichen Zeremonien beschäftigte und die vielfältigen höfischen Unterhaltungsaktivitäten wie etwa Sport, Kammerkonzerte oder Theateraufführungen organisierte; dazu näher *Lemaigre-Gaffier*, Administrer les Menus Plaisirs du Roi. Das Hôtel des Menus-Plaisirs in Versailles diente der Unterbringung aller Gegenstände, die sich auf diese «kleinen» Zerstreuungen bezogen. Die Salle des Menus-Plaisirs war der dortige große Lagerraum, der zunächst für die Notabelnversammlung von 1787 und dann für die Generalstände von 1789 umgebaut wurde: *Brette*, ebd., S. 12 f. mit Fn. 3.

10 *M. Grimm*, Paris zündet die Lichter an: Literarische Korrespondenz, S. 501.

11 So hat es im Rückblick *Madame de Staël*, Considérations sur les principaux événements de la Révolution Françoise, S. 188, formuliert, die als Augenzeugin in Versailles dabei war: «Les trois ordres étoient, pour ainsi dire, dans le parterre».

12 *Rouanet*, Les débuts du parlementarisme français, S. 179. Im Zeitalter des franzö-

sischen Absolutismus hatten die Höflinge bei feierlichen Zeremonien zunächst stehen müssen. Später wurde besonders privilegierten Personen erlaubt, in Gegenwart des Königs auf einem Sitzhocker ohne Rückenlehne Platz zu nehmen, dem Tabouret. Das Ancien Régime war danach bis zu seinem Ende erfüllt von Prestigestreitigkeiten um das Tabouretrecht: *Eickhoff*, Himmelsthron und Schaukelstuhl, S. 152 f.

13 Formulierung in Anlehnung an *zur Lippe*, Naturbeherrschung am Menschen II: Geometrisierung des Menschen und Repräsentation des Privaten im französischen Absolutismus, S. 39 ff.

14 Zur Rolle der Staatssekretäre in den administrativen Strukturen des Ancien Régime siehe *de Luçay*, Les origines du pouvoir ministériel en France; *Hausherr*, Verwaltungseinheit und Ressorttrennung, S. 149 ff.; *Kraus*, Secretarius und Sekretariat; *Hintze*, Die Entstehung der modernen Staatsministerien.

15 *M. Grimm*, Paris zündet die Lichter an: Literarische Korrespondenz, S. 501; *Pinon*, La Salle des États Généraux à Versailles, S. 49.

16 Melchior Grimm berichtet, rechts und links von der Ministerbank hätten sich weitere Bänke ohne Lehne befunden, die gleichfalls mit violettem und von goldenen Lilien durchwirkten Samt bezogen waren. Die rechten Bänke seien für die fünfzehn zur Sitzung geladenen Mitglieder des Conseil d'État und zwanzig Berichterstatter über Bittschriften, die linken für die Gouverneure und Generalstatthalter der Provinzen vorgesehen gewesen: *M. Grimm*, Paris zündet die Lichter an: Literarische Korrespondenz, S. 501 f. Diese weiteren, von der Ministerbank deutlich abgegrenzten Bänke sind auch auf einem zeitgenössischen Plan der Saalanordnung durch den Architekten Pâris gut erkennbar, der bei *Heurtin*, L'espace public parlementaire, S. 70, abgebildet ist.

17 Zu den Bekleidungsfragen näher *Bombek*, Kleider der Vernunft, S. 47 ff.

18 Näher dazu Kapitel III in diesem Buch.

19 Siehe dazu *Goodsell*, The Architecture of Parliaments, S. 294; näher zum Thron in Westminster Kapitel II; zum Thron im japanischen Oberhaus siehe S. 104 ff. in diesem Band.

20 Zur päpstlichen *sedia gestatoria*, die seit dem Pontifikat Johannes Pauls II. außer Gebrauch gekommen ist, siehe näher *Charles-Gaffiot*, Trônes en majesté, S. 225 ff.

21 Eingehende vergleichende Entwicklungsgeschichte: *von Beyme*, Die parlamentarischen Regierungssysteme in Europa, S. 49 ff.; zusammenfassend *ders.*, Die parlamentarische Demokratie, S. 61 ff.

22 *von Beyme*, Parlament, Demokratie und Öffentlichkeit, S. 34.

23 *Mulder van der Vegt/Cohen de Lara*, XML – Parliament, S. 8.

24 *Hoetink/Kaal*, The Material Culture of Parliament, S. 18 f.; baugeschichtlicher Überblick: *Pevsner*, Funktion und Form. Die Geschichte der Bauwerke des Westens, S. 35 ff.

25 Siehe näher Kapitel III in diesem Buch.

26 Siehe dazu am deutschen Beispiel näher S. 145 f.5 f. in diesem Buch.

27 Vgl. allgemein *Geertz*, Centers, Kings and Charisma: Reflections on the Symbolics of Power, S. 30: «Thrones may be out of fashion, and pageantry too; but political authority still requires a cultural frame in which to define itself and advance its claims, and so does opposition to it.»

II.
London
Zwischen Thronübermacht und Thronabstoßung

1 Zur damaligen Wiederaufbaudiskussion und den erfolglosen Bestrebungen einer Gruppe von «Utilitaristen» zur Errichtung eines stärker funktionalen Neubaus: *Weitzmann*, Die Utilitaristen und die «Houses of Parliament».

2 *Cooper*, The Elizabethan House of Commons and St Stephen's Chapel Westminster.

3 *Götze*, Das Parlamentsgebäude, S. 14 ff., 112.

4 *Wedgwood*, The Throne in the House of Lords and its Setting; *Riding*, The Aura of Sacred Mystery: Thrones in the New Palace of Westminster.

5 Zur Herkunft der «Bar» aus der mittelalterlichen Anlage von Gerichtsplätzen: *Bellot*, Some Early Law Courts and the English Bar, S. 181 ff.; *Graham*, Ordering Law. The Architectural and Social History of the English Law Court to 1914, S. 19 f., 61 f.

6 *Cobb*, The Staging of Ceremonies of State in the House of Lords; *Brooke-Little*, Royal Ceremonies of State, S. 65 ff.; *Ottow*, Die Souveränität des ‹King-in-Parliament›.

7 *Thorne*, The Royal Mace, S. 29 ff., 41 ff.; *Browning*, The Mace, S. 2 ff. Es gehört zu den besonderen Ironien des britischen Verfassungssystems, dass die Autorität des Unterhauses durch ein königliches Symbol verkörpert wird, obwohl das House of Commons dem König seit 1642 den Zutritt verweigert; vgl. dazu sogleich im Text.

8 *Bennion*, Modern Royal Assent Procedure at Westminster, S. 140 f. Für einzelne besondere Arten von Gesetzen werden andere Formeln verwendet. Den Hintergrund für dieses altertümliche *Law French* bietet die historisch starke Prägung des Oberhauses durch die normannischen Eroberer: *Loewenstein*, Staatsrecht und Staatspraxis von Großbritannien, Bd. 1, S. 237 ff.

9 Zum «Speaker's Chair» siehe *Riding*, The Aura of Sacred Mystery: Thrones in the New Palace of Westminster, S. 192 f.

10 Der Bruch des bereits damals etablierten Brauchs, dass dem König das persönliche Erscheinen im Parlament außer bei der Thronrede untersagt ist, durch Karl II. im Jahr 1642 war der Auslöser für die englische Revolution: *Loewenstein*, Staatsrecht und Staatspraxis von Großbritannien, Bd. 1, S. 13, 198.

11 *Crewe*, Lords of Parliament, S. 211. Dennis Skinner (geb. 1932) war von 1970 bis 2019 Mitglied des Unterhauses.

12 Zu diesem Ritual und der Rolle des Ordners des Schwarzen Stabes («*Gentleman Usher of the Black Rod*»): *Puwar*, The Archi-Texture of Parliament: Flaneur as Method in Westminster, S. 307; *Crewe*, Lords of Parliament, S. 210 f.; *dies.*, Lords and Commons, S. 54 ff.; *Müller*, Politische Liturgie der Parlamente, S. 152 ff.

13 Zur wachsenden Kluft zur politischen Realität und den Schwierigkeiten einer Erneuerung der verfassungsrechtlichen Kategorien: *Loughlin*, The State, the Crown and the Law; zur verbliebenen verfassungsrechtlichen Rolle der Monarchie: *Bogdanor*, The Monarchy and the Constitution; *Twomey*, The Veiled Sceptre. Reserve Powers of Heads of State in Westminster Systems.

14 Dazu *Pollard*, The Evolution of Parliament, S. 269: «While the Crown had a recognized place in the parliament chamber [d. h. im Sitzungssaal des Oberhauses, d. V.], it had none in the house of commons».

15   *Richardson/Sayles*, The King's Ministers in Parliament, 1277–1377.

16   House of Lords, Companion to the Standing Orders and Guide to the Proceedings of the House of Lords, ordered by the House of Lords to be printed 29 May 2015, Chapter 1: The House and its Membership, Steps of the Throne 1.72: «The following may sit on the steps of the Throne: […] – Privy Counsellors […]»

17   Zur heutigen Bedeutung des Privy Council *Rogers*, By Royal Appointment; zur Bedeutung der Mitgliedschaft im Privy Council für Premierminister und Minister *Brazier*, Ministers of the Crown, S. 80 ff.; zu den rechtlichen Befugnissen des Privy Council beim Erlass bestimmter königlicher Verordnungen (Orders in Council) ebd., S. 197 ff.; vergleichende Einordnung des Privy Council in die Entwicklungsgeschichte der kontinentaleuropäischen Staatsräte bei *Hintze*, Die Entstehung der modernen Staatsministerien.

18   *Pollard*, The Evolution of Parliament, S. 291 ff.

19   Die Premierministerin nahm am 20. Februar 2017 in ihrer Eigenschaft als Mitglied des Privy Council auf den Stufen des Throns Platz. Das war offenbar das erste Mal, dass ein britischer Premierminister auf diese Weise beobachtend vom Thronraum aus einer Oberhaussitzung beiwohnte.

20   *Pollard*, The Evolution of Parliament, S. 295 ff.; *Neale*, The Elisabethan House of Commons, S. 364 ff., 395 ff.

21   *Kemp*, King and Commons 1660–1832, S. 51 ff., 94 ff.; *Baranger*, Parlamentarisme des Origines, S. 209 ff.; *Hatschek*, Englisches Staatsrecht mit Berücksichtigung der für Schottland und Irland geltenden Sonderheiten, Bd. 1, S. 547 ff.

22   Im *Act of Settlement* war vorgesehen, «that no person who has an office or place of profit under the King, or receives a pension from the Crown, shall be capable of serving as a member of the House of Commons»; vgl. näher *Holmes*, The Attack on «The Influence of the Crown» 1702–16, S. 50 ff.

23   *Redlich*, Recht und Technik des englischen Parlamentarismus, S. 67 f.

24   Siehe dazu in diesem Buch S. 65 f.

25   Dazu näher *Wheare*, Legislatures, S. 4 ff.

26   *Redlich*, Recht und Technik des englischen Parlamentarismus, S. 279 f. So berichtete der Abgeordnete *John Hooker* in einer eingehenden Beschreibung der Sitzordnung im Unterhaus aus der Zeit Elisabeths I., die er dem irischen Parlament gab: «Upon the lower row on both sides the Speaker, sit such personages as be of the King's Privy Council, or of his chief officers; but as for any other, none claimeth nor can claim any place; but sitteth as he cometh»; Mr. Hookers Account of the Method of Proceeding in the Parliament which was held by Sir Henry Sidney, in the eleventh Year of Elisabeth, abgedruckt in: *Mountmorres*, The History of the Principal Transactions of the Irish Parliament, S. 114. Eines der frühesten überlieferten Protokolle des Unterhauses vom 15. November 1558 enthält dazu Folgendes: «The Lord Chancellor, the Lord Treasurer, the Duke of Norfolk, the Earl of Salop, the Earl of Pembroke, the Bishops of Wynchester, London, Lincoln, and Carlyle, the Viscount Montague, the Lord Admiral, and the Lord W. Haward, came into this House; *sitting, where the Queen's Privy Council of this House use to sit*: And the Lord Chancellor by his Oration declared, that by Necessity, for the Safeguard of this Realm from the French and the Scots, a Subsidy must be had; Mr. Speaker, and the Privy Council, *then sitting from them on the lowest*

Benches: And after the Declaration made, the Lords departed» (Journal of the House of Commons, Volume 1 [1547–1629], 1802, S. 52, Hervorhebung nur hier); vgl. dazu *Hatschek*, Englisches Staatsrecht mit Berücksichtigung der für Schottland und Irland geltenden Sonderheiten, Bd. 1, S. 547.

27 Noch *Erskine May*, A Treatise on the Law, Privileges, Proceedings and Usage of Parliament, S. 226, verwendet im Jahr 1883 für die vorderste Bankreihe zur Rechten des Speaker die Bezeichnung «the Treasury, or privy councillors' bench»; vgl. auch *Todd*, Parliamentary Government in England, Bd. 2, S. 104 f.

28 Das Unterhaus übt bis heute einen gewissen zeremoniellen Respekt gegenüber denjenigen Abgeordneten, die zugleich dem Privy Council angehören. So bezeichnen sich die Abgeordneten untereinander als «Honourable Member», während die Mitglieder des Privy Council als «Right Honourable Member» angesprochen werden. Bis in die neunziger Jahre des zwanzigsten Jahrhunderts hinein war es zudem gewohnheitsmäßige Praxis, dass der Speaker bei konkurrierenden Wortmeldungen einem Mitglied des Privy Council stets zuerst das Wort erteilte.

29 *May*, A Treatise on the Law, Privileges, Proceedings and Usage of Parliament, S. 226. Die Bezeichnung *Treasury bench* hat die bis ins neunzehnte Jahrhundert gebräuchliche Bezeichnung *Privy Counsellors' bench* abgelöst.

30 *Kemp*, King and Commons 1660–1832, S. 100 ff., 116, 125 ff.; *Baranger*, Parlamentarisme des Origines, S. 213 ff.

31 *Langford*, Prime Ministers and Parliaments: The Long View, Walpole to Blair, S. 384 ff.

32 *Redlich*, Recht und Technik des englischen Parlamentarismus, S. 275 ff.; *Erskine May*, A Treatise on the Law, Privileges, Proceedings and Usage of Parliament, S. 226.

33 *Redlich*, Recht und Technik des englischen Parlamentarismus, S. 277 f.; *Porritt*, The Unreformed House of Commons, S. 505.

34 *Redlich*, Recht und Technik des englischen Parlamentarismus, S. 67 f.; *Goodsell*, The Architecture of Parliaments, S. 294; *Baranger*, Parlamentarisme des Origines, S. 212.

35 *Saalfeld*, Gesetzgebung im politischen System Großbritanniens, S. 164, 174; *Brazier*, Ministers of the Crown, S. 191; als britische Besonderheit hervorgehoben bereits bei *Redlich*, Recht und Technik des englischen Parlamentarismus, S. 149, 584.

36 Treffend dazu schon *von Waldow*, Die geschichtliche Entwicklung und juristische Tragweite des Artikels 60 der preußischen Verfassungsurkunde in rechtsvergleichender Darstellung, S. 40 f., 43.

37 *Brazier*, Ministers of the Crown, S. 63 ff.

38 *Brazier*, ebd., S. 255.

39 *Norton*, The constitutional position of Parliamentary Private Secretaries, S. 232.

40 *Redlich*, Recht und Technik des englischen Parlamentarismus, S. 275; zur Bar of the House im Oberhaus siehe bereits in diesem Buch S. 37 f. Die in Großbritannien seit dem neunzehnten Jahrhundert so scharfe Trennung zwischen den Regierungsmitgliedern und den Beamten des Civil Service hat in den älteren Epochen des britischen Verfassungsrechts hingegen noch nicht bestanden. Bis in das achtzehnte Jahrhundert hinein fühlten sich Minister wie Beamte gleichermaßen in erster Linie als Diener der Krone, die sich aktiv am politischen Leben beteiligte: *Clark*, «Statesmen in Disguise»: Reflexions on the History of the Neutrality of the Civil Service, S. 27 ff.; *Ritter*, Deut-

scher und britischer Parlamentarismus, S. 26 ff.; *ders.*, Das britische Parlament im 18. Jahrhundert, S. 103 f.

41 Formulierung nach *Hennis*, Der Deutsche Bundestag 1949–1965, S. 36.

42 Siehe dazu näher Kapitel VII in diesem Buch.

43 Treffend dazu *Wheare*, Legislatures, S. 12 f.; vgl. auch *Dreier*, Bemerkungen zum rechts/links-Schema, S. 443.

44 Vgl. dazu *Parkinson*, Democracy and Public Space, S. 109 f.; *Redlich*, Recht und Technik des englischen Parlamentarismus, S. 278 f.; *Götze*, Das Parlamentsgebäude, S. 17.

45 Vgl. nur *Wilhelm*, Die englische Verfassung und der vormärzliche deutsche Liberalismus; *Lamer*, Der englische Parlamentarismus in der deutschen politischen Theorie im Zeitalter Bismarcks (1857–1890).

46 *Goetschmann*, Bayerischer Parlamentarismus im Vormärz, S. 148 ff.; *Denk/Matzerath*, Die sächsischen Landtage und ihre Bauten: Indikatoren für die Entwicklung von der ständischen zur pluralisierten Gesellschaft, S. 121 ff. Zur deutschen Plenarsaalarchitektur vor der Reichsgründung siehe näher S. 78 ff. ff. in diesem Band.

47 Zu diesen preußischen Sitzarrangements näher S. 79 f. f. in diesem Buch.

48 *N. N.*, Berliner Neubauten: Das neue Abgeordnetenhaus des preußischen Landtages, in: Deutsche Bauzeitung 33 (1899), S. 21–25, 33–34, 36–37, 45–46, 59–60. Heute tagt in diesem Gebäude das Abgeordnetenhaus von Berlin.

49 Siehe S. 119 ff.9 ff. in diesem Buch.

III.
Paris Die Verdrängung des Throns durch die Rednertribüne

1 *Fixemer*, Die Assemblée nationale – eine zeitlose Institution?; *Abélès*, Un ethnologue à l'assemblée; *Gardey*, Le Linge du Palais Bourbon.

2 *Sternberger*, Die Geburt der ‹Assemblée nationale›.

3 Unvergesslich gemalt von David (vgl. dazu *Kemp*, Das Revolutionstheater des Jacques-Louis David) und großartig geschildert bei *Michelet*, Histoire de la Révolution Française, Bd. 1, S. 118 ff. Das bis heute erhaltene Gebäude des Versailler Ballhauses diente der Hofgesellschaft für das Jeu de Paume, einen Vorläufer des Tennis.

4 *Brette*, Histoire des Édifices où ont siégé les Assemblées Parlementaires de la Révolution Française et de la Première République; *Brasart*, Paroles de la Révolution, S. 18 ff., 83 ff., 125 ff.; *Heurtin*, L'espace public parlementaire, S. 68 ff.; zu den verschiedenen zeitgenössischen Plenarsaalentwürfen: *Boyer*, Projets de salles pour les assemblées révolutionnaires à Paris (1789–1792); *Leith*, Space and Revolution, S. 79 ff.; zum parallelen Wandel der Gerichtsarchitektur: *Fischer Taylor*, Geometries of Power: Royal, Revolutionary, and Postrevolutionary French Courtrooms.

5 Dazu bereits S. 32 ff. ff. in diesem Buch.

6 Zu dieser letzten *séance royale* im Stil des Ancien Régime eindringlich *de Waresquiel*, Sept jours. 17–23 juin 1789: La France entre en Révolution, S. 335 ff.

7 *Pinon*, La Salle des États Généraux à Versailles, S. 67; *Götze*, Das Parlamentsgebäude, S. 30 f.

8 Die Nationalversammlung richtete die Schranke nach englischem Vorbild ein, um

dort «Fremde» – also alle Nichtmitglieder der Versammlung – anhören zu können; vgl. dazu die Regelung in Kapitel 2 Nr. 11 der Geschäftsordnung der Nationalversammlung vom 29. Juli 1789: «La barre de la Chambre sera réservée pour les personnes étrangères qui auront des pétitions à faire, ou pour celles qui seront appelées ou admises devant l'Assemblée Nationale», abgedruckt bei *Bonnard*, Les Règlements des Assemblées Législatives de la France depuis 1789, S. 119 ff. (121). Eine derartige Schranke gab es zudem bereits in den französischen Gerichtssälen des Ancien Régime: *Fischer Taylor*, Geometries of Power: Royal, Revolutionary, and Postrevolutionary French Courtrooms, S. 468 Fn. 11.

9   *Lintilhac*, Dans la Salle du «Manège», S. 290 f.; *Brasart*, Paroles de la Révolution, S. 20 ff.; *Dodu*, Le Parlementarisme et les Parlementaires sous la Révolution (1789–1799), S. 5 f., 13 ff., 130; *Raschke*, Die Erfindung von Links/Rechts als politisches Richtungsschema, S. 189 ff. In der umgebauten Salle des Menus-Plaisirs hatte sich der Rednerplatz noch zu ebener Erde befunden, so dass der Redner zunächst nicht nur einen Teil der Abgeordneten hinter sich hatte, sondern auch von unten nach oben sprechen musste: *Disch*, Der Redner Mirabeau, S. 68 ff.

10 *Rouanet*, Les débuts du parlementarisme français, S. 181 ff.

11 *Brasart*, Paroles de la Révolution, S. 240 f.

12 *Gauchet*, La Droite et la Gauche, S. 397 ff.; *Laponce*, Left and Right. The Topography of Political Perceptions, S. 47 ff.; *von Albertini*, Parteiorganisation und Parteibegriff in Frankreich, S. 537 f. Zur Bedeutung der rechten Seite siehe insgesamt näher Kapitel VII.

13 *Isambert*, La vie à Paris pendant une année de la Révolution (1791–1792), S. 313 f.; vgl. auch *Heurtin*, The Circle of Discussion and the Semicircle of Criticism, S. 759.

14 Zum Sitzungssaal im umgebauten Tuilerientheater näher *Traeger*, Der Tod des Marat, S. 46 ff.; *Boyer*, Les Tuileries sous la Convention, S. 199 ff.; zur Rolle des Architekten Jacques-Pierre Gisors bei der Errichtung der Säle in den Tuilerien und im Palais Bourbon: *Boyer*, Note sur les architectes Jacques-Pierre Gisors, Charles Percier, Pierre Vignon. Das Tuilerienschloss einschließlich seines Theaters wurde während der Pariser Kommune 1871 von den Aufständischen angezündet und brannte vollständig nieder.

15 Zur Errichtung des ersten Plenarsaals im Palais Bourbon siehe *Boyer*, Le Conseil des Cinq-Cents au Palais-Bourbon, S. 62 ff., 71 ff.

16 Eine Delegation der Stadt Paris hatte der gesetzgebenden Versammlung bereits kurz nach dem Sturz des Königs vorgeschlagen, den künftigen Nationalkonvent im Tuilerientheater tagen zu lassen. Die Paläste seien bis jetzt für die Könige dagewesen, nun sei es recht, dass das Volk den seinigen erhalte: *Brasart*, Paroles de la Révolution, S. 125 f.

17 *Schwarte*, Philosophie der Architektur, S. 318 ff.

18 Dazu *Richter*, Das Anatomische Theater, S. 82, 92 ff.; *Laget*, L'amphithéâtre d'anatomie, genèse d'un nouveau type architectural, S. 196. Das entsprechende architektonische Grundkonzept hatte bereits 1545 der Pariser Anatom Charles Estienne entwickelt; vgl. dazu *Richter*, ebd., S. 30 ff.; *Buschhaus*, Über den Körper im Bilde sein. Eine Medienarchäologie anatomischen Wissens, S. 93 ff.

19 Vgl. dazu den im Oktober 1789 erstatteten Bericht einer sechsköpfigen Kommission der Nationalversammlung über mögliche Tagungsorte in Paris, abgedruckt bei: *Brette*, Histoire des Édifices où ont siégé les Assemblées Parlementaires de la Révolution

Française et de la Première République, Bd. 1, S. 91–96 (95), wo der Saal Gondoins als
«wegen seiner Bauweise berühmt» bezeichnet wird.

20 *Schwarte*, Philosophie der Architektur, S. 319.

21 *Boyer*, Les Salles d'Assemblée sous la Révolution Française et leurs Répliques en
Europe.

22 Zur Egalität der Zuschauer in der antiken Theaterarchitektur *Beyer*, Andrea Palladio.
Teatro Olimpico. Triumpharchitektur für eine humanistische Gesellschaft, S. 43.

23 *Rouanet*, Les débuts du parlementarisme français, S. 185 f.; *Devocelle*, D'un costume
politique à une politique du costume. Approches théoriques et idéologiques du
costume pendant la Révolution française, S. 84; *Hunt*, Freedom of Dress in Revolutionary France, S. 228 f.

24 *Lintilhac*, Dans la Salle du «Manège», S. 292; *Raschke*, Die Erfindung von Links / Rechts
als politisches Richtungsschema, S. 190; *Disch*, Der Redner Mirabeau, S. 68 ff., 78 ff.

25 Erhebliche Schwierigkeiten der Akustik blieben der Versammlung freilich auch im
Tuilerientheater erhalten: *Brasart*, Paroles de la Révolution, S. 127 ff.

26 *Heurtin*, L'espace public parlementaire, S. 100 ff.; *ders.*, The Circle of Discussion and
the Semicircle of Criticism; zu den damaligen Entwürfen: *Leith*, Space and Revolution, S. 79 ff.

27 Zum zeitgenössischen Wandel der Theaterarchitektur: *Schwarte*, Gleichheit und Theaterarchitektur: Voltaires Privattheater; *de Kerckhove*, Des bancs et du parterre: la définition du point de vue du spectateur dans la réception du spectacle dramatique au 18e
siècle.

28 *Heurtin*, L'espace public parlementaire, S. 100 ff.; *ders.*, The Circle of Discussion and
the Semicircle of Criticism; zu den damaligen Entwürfen: *Leith*, Space and Revolution, S. 79 ff.

29 Vgl. allgemein *Parkinson*, Democracy and Public Space, S. 112.

30 *Starobinski*, La Chaire, la tribune, le barreau, S. 458 ff.; *Brasart*, Paroles de la Révolution, S. 9 ff.

31 Formulierung: *Schwarte*, Philosophie der Architektur, S. 321; zum Phänomen: *Heurtin*,
L'espace public parlementaire, S. 152 ff.

32 Zum Kontrast *Wheare*, Legislatures, S. 13 ff.; zur im französischen neunzehnten Jahrhundert immer wieder neu aufflammenden Kritik an der «Theatralität» der Rednertribüne: *Heurtin*, L'espace public parlementaire, S. 108 ff.

33 *Furet*, Penser la Révolution Française, S. 85; *Lefort*, Essais sur le politique. XIXe–XXe
siècle, S. 134.

34 Zitiert bei *Heurtin*, L'espace public parlementaire, S. 113; zu Vaublancs Kritik der Rednertribüne näher *Gunn*, When the French Tried to Be British, S. 140 ff. Vaublanc
rühmte demgegenüber das weniger pompöse Sprechen vom Platz aus in der damaligen französischen Pairskammer. Deren Debatten waren unter der Restauration allerdings nichtöffentlich: *de Waresquiel*, Un groupe d'hommes considérables, S. 82 f.

35 Siehe dazu in diesem Buch S. 59, 61 ff.

36 Die Nationalversammlung regelte die Anwesenheit des Königs im Parlament schließlich auch in der Verfassung von 1791 und legte zugleich fest, dass in Gegenwart des
Königs nicht verhandelt werden durfte: «Le corps législatif cessera d'être corps délibé-
rant, tant que le roi sera présent», Titel III, Kapitel III, Sektion IV, Artikel 6 und

8 Französische Verfassung vom 3. September 1791; zur damaligen persönlichen Interaktion zwischen dem König und den revolutionären Versammlungen insgesamt *Durand*, Le droit d'entrée et de parole du gouvernement aux assemblées constituantes et législatives en France, S. 7 ff., 25 ff.

37 Nur eine kleine Minderheit anglophiler Liberalkonservativer («Monarchiens») befürwortete dort die Einrichtung eines Oberhauses nach britischem Vorbild: *de Waresquiel*, Un groupe d'hommes considérables, S. 38 ff.

38 *De Baecque*, From Royal Dignity to Republican Austerity. The Ritual for the Reception of Louis XVI. in the French National Assembly (1789–1792), S. 676 ff.; *Reinhard*, La Chute de la Royauté: 10 août 1792, S. 209 ff., jeweils mit Analyse zahlreicher parlamentarischer Einzelkontroversen zum Arrangement der Sessel für König und Parlamentspräsident, zu Fragen der Anrede, der Koordination von Sitzen und Stehen sowie des Ab- und Aufsetzens von Kopfbedeckungen zwischen König und Abgeordneten.

39 *Couthon*, Rede in der Assemblée nationale législative am 5. Oktober 1791, Archives Parlementaires de 1787 à 1860, Première Série (1787–1799), Bd. 34, S. 83 (Übersetzung vom Verf.).

40 *Soboul*, Le procès de Louis XVI, S. 145 ff., 178 ff.

41 *Gooch*, Parliamentary Government in France: Revolutionary Origins, 1789–1791.

42 Zur äußerst schillernden Person: *Furet*, Mirabeau, in: Furet/Ozouf (Hrsg.), Dictionnaire critique de la Révolution Française: Acteurs, S. 215–227; zu Mirabeaus Ideal des parlamentarischen Regierungssystems: *Chevallier*, The Failure of Mirabeau's Political Ideas, S. 95 ff.

43 *Mirabeau*, Rede in der Nationalversammlung vom 6. November 1789, Archives Parlementaires de 1787 à 1860. Première Série (1787–1799), Bd. 9, S. 705–711 (710).

44 *Mirabeau*, Rede in der Nationalversammlung vom 7. November 1789, ebd., S. 716–718.

45 Nach mehreren vorläufigen Dekreten regelte die Nationalversammlung dies endgültig in: Titel III, Kapitel 2, Sektion IV, Artikel 2 Französische Verfassung vom 3. September 1791. Dazu näher *Demichel*, De l'incompatibilité entre les fonctions de ministre et le mandat parlementaire, S. 624 ff.

46 «Les ministres du Roi auront entrée dans l'Assemblée nationale législative; ils y auront une place marquée; ils seront entendus toutes les fois qu'ils le demanderont, sur les objets relatifs à leur administration, ou lorsqu'ils seront requis de donner des éclaircissements. Ils seront également entendus sur les objets étrangers à leur administration, quand l'Assemblée nationale leur accordera la parole»: Titel III, Kapitel 3, Sektion IV, Artikel 10 Französische Verfassung vom 3. September 1791.

47 *Redslob*, Die Staatstheorien der französischen Nationalversammlung von 1789, S. 278 ff.; *Durand*, Le droit d'entrée et de parole du gouvernement aux assemblées constituantes et législatives en France, S. 3 ff.; *Dodu*, Parlementarisme et Parlementaires sous la Révolution (1789–1799), S. 155 ff.; *Glénard*, L'Exécutif et la Constitution de 1791, S. 423 ff.

48 Die Verfassung von 1791 sprach zwar davon, die Minister sollten in der Versammlung einen «gekennzeichneten Platz» (*une place marquée*) haben. Es ist aber nicht ersichtlich, dass solche festen Plätze 1791/92 auch tatsächlich eingerichtet worden wären. Zu möglichen Gegenindizien: *Castaldo*, Les méthodes de travail de la Constituante, S. 302 f. mit Fn. 68; *Heurtin*, L'espace public parlementaire, S. 164.

49 *Vigne*, Ministres et assemblées délibérantes, leurs rapports de 1789 à 1830, S. 30 f.;

Durand, Le droit d'entrée et de parole du gouvernement aux assemblées constituantes et législatives en France, S. 33, 50; vgl. bereits *Dumont*, Note sur la présence des ministres dans l'assemblée, S. 87. In Artikel 76 und 77 der Verfassung vom 24. Juni 1793 wurde in Kodifizierung der vorherigen Praxis auch erstmals das Zitierrecht ausdrücklich verankert: *Durand*, ebd., S. 41 f. Zur allgemeinen Bedeutung der Schranke siehe S. 51 in diesem Band.

50   *Dodu*, Le Parlementarisme et les Parlementaires sous la Révolution (1789–1799), S. 157 mit Fn. 1: «sur la sellette».

51   *Boyer*, Le Palais-Bourbon sous le Premier Empire, S. 107 ff., 120 f.; *Siebeneicker*, «Repräsentanten der ganzen westphälischen Nation». Das Parlament im politischen System des Königreichs Westphalen, S. 117; *Branda*, Napoléon et ses hommes. La Maison de l'Empereur 1804–1815, S. 373 f.

52   *Boyer*, Le Palais-Bourbon sous le Premier Empire, S. 120 f. Das änderte sich erst nach einem Umbau, in dessen Zug auch die antikisierende Nordfassade des Palais Bourbon zur Seine hin errichtet und nunmehr für den Einzug des Kaisers zur Parlamentseröffnung genutzt wurde: Délégation à l'Action Artistique de la Ville de Paris (Hrsg.), Le Faubourg Saint-Germain: Palais Bourbon, Sa Place, S. 64 ff.

53   *Durand*, Le droit d'entrée et de parole du gouvernement aux assemblées constituantes et législatives en France, S. 60 ff.; zum damaligen komplexen Gesetzgebungsverfahren näher *Lentz*, La France et l'Europe de Napoléon 1804–1814. Nouvelle Histoire du Premier Empire, S. 110 ff.

54   *Lentz*, La France et l'Europe de Napoléon 1804–1814. Nouvelle Histoire du Premier Empire, S. 119; *Boyer*, Le Palais-Bourbon sous le Premier Empire, S. 94, 97; vgl. dazu Artt. 6, 18, 19 der Geschäftsordnung des Corps Législatif vom 27. Nivôse des Jahres VIII (17. Januar 1800), abgedruckt bei *Bonnard*, Les Règlements des Assemblées Législatives de la France depuis 1789, S. 199 ff.

55   Zur räumlichen Kontinuitätslinie zwischen Schranke und späterer Regierungsbank: *Dodu*, Le Parlementarisme et les Parlementaires sous la Révolution (1789–1799), S. 187.

56   Von einer entsprechenden Zeremonie im Palais Bourbon ging auch das 1814 erlassene Gesetz über die Beziehungen der Kammern mit dem König und untereinander aus, das ausdrücklich den Empfang und die Verabschiedung des Königs durch Delegationen beider Kammern «am Fuß der Haupttreppe» und dessen Begleitung bis zu den Stufen des Throns vorsah: Loi du 13 août 1814 concernant les relations des Chambres avec le Roi et entre elles, Titre Premier: De l'ouverture des Chambres, Artikel 1, Abs. 3 u. Abs. 7, abgedruckt in: *Bonnard*, Les Règlements des Assemblées Législatives de la France depuis 1789, S. 208 ff. Mit der «Haupttreppe» waren dabei die 32 Stufen gemeint, die seit dem Umbau des Palais Bourbon unter Napoleon zu den Propyläen auf der zur Seine hin gelegenen Nordseite des Gebäudes hinaufführen. Diese Treppe wurde von Ludwig XVIII. wie zuvor von Napoleon beim Betreten des Palais Bourbon am Tag der Parlamentseröffnung genutzt.

57   *Rausch*, Konstitution und Revolution. Eine Kulturgeschichte der Verfassung in Frankreich 1814–1851, S. 65 ff.

58   Séance Royale d'Ouverture du 16 mars 1815, in: Archives Parlementaires de 1787 à 1860, Deuxième Série (1800–1860), Bd. 14, S. 337–338.

59 Ein Beispiel bietet etwa die Parlamentseröffnung im Louvre durch Ludwig XVIII. im
    Januar 1823, an der Chateaubriand als Außenminister teilnahm; vgl. dazu seinen Be-
    richt in: *Chateaubriand*, De l'Ancien Régime au Nouveau Monde, S. 201 f. Zu den da-
    maligen Parlamentseröffnungen nicht ganz genau *Bastid*, Les institutions politiques de
    la monarchie parlementaire française 1814–1848, S. 284 mit Fn. 2; unzutreffend inso-
    weit *Rausch*, Konstitution und Revolution. Eine Kulturgeschichte der Verfassung in
    Frankreich 1814–1851, S. 68.

60 *Waquet*, Les Fêtes Royales sous la Restauration ou l'Ancien Régime Retrouvé; *Kroen*,
    Politics and Theater. The Crisis of Legitimacy in Restoration France 1815–1830; *Scholz*,
    Die imaginierte Restauration. Repräsentationen der Monarchie im Frankreich Lud-
    wigs XVIII.

61 *De Baecque*, From Royal Dignity to Republican Austerity. The Ritual for the Recep-
    tion of Louis XVI. in the French National Assemby (1789–1792), S. 674. Die Er-
    öffnungszeremonie in den Pariser Schlössern erlaubte es zudem, die Abgeordneten
    der Chambre des députés symbolisch gegenüber den Mitgliedern der Chambre des
    pairs zurückzusetzen; vgl. dazu de *Waresquiel*, Un groupe d'hommes considérables,
    S. 291 f.

62 *Trétout*, Le politique à la grâce de Dieu? Les messes du Saint-Esprit sous la Restaura-
    tion, S. 97 f.

63 Schilderung der Eröffnungszeremonie im Palais Bourbon etwa für das Jahr 1847 bei
    Victor Hugo, Choses Vues, Bd. 1, 1913, S. 227 f.

64 Vgl. *Reichardt*, Thronstürze in Frankreich: Bildpublizistische Diskurse (1789–1848),
    S. 132 f. Das wurde auch im Bildprogramm der Julimonarchie für das Palais Bourbon
    deutlich: *Marrinan*, Painting Politics for Louis-Philippe. Art and Ideology in Orlea-
    nist France 1830–1848, S. 79 ff.

65 Zum Umbau des Palais Bourbon unter der Leitung von Jules de Joly in den Jahren
    1828 bis 1832 zusammenfassend *Marchand*, Le Palais Bourbon, S. 18 ff.; eingehend *de
    Joly*, Plans, coupes, élévations et détails de la Restauration de la Chambre des Députés.

66 *Ribner*, Broken Tablets. The Cult of the Law in French Art from David to Delacroix,
    S. 73 ff., 80 ff.; *Mopin*, L'assemblée nationale et le Palais Bourbon d'hier à aujourd'hui,
    S. 35 ff., 39 ff.

67 *Faublée*, Les trônes de Napoléon Ier: un symbole, quatre destins, Rdnr. 11 ff., 27 ff., 35 f.
    Napoleon hatte dieser Thron allerdings missfallen, so dass er während seines Kaiser-
    tums nur bei der ersten Parlamentseröffnung im Palais Bourbon zum Einsatz kam,
    während danach jeweils ein anderer Thron aus den Tuilerien herbeigeschafft wurde:
    Boyer, Le Palais-Bourbon sous le Premier Empire, S. 107 ff..

68 Schilderung für die Eröffnungssitzung im Jahr 1847 bei *Victor Hugo*, Choses Vues,
    Bd. 1 1913, S. 227 f. Durch den Umbau des Palais Bourbon wurde es möglich, dass der
    König das Gebäude von der Hofseite im Süden her betrat und damit auch im Plenar-
    saal unmittelbar auf die Thronseite gelangte. Damit entfiel zugleich die feierliche Ein-
    zugsprozession in den Plenarsaal, die es unter Napoleon und zu Beginn der Restaura-
    tion von der Nordseite ausgehend gegeben hatte.

69 *Mansel*, The Court of France 1789–1830, S. 185 ff.; *Vial*, Les derniers feux de la monar-
    chie. La cour au siècle des révolutions 1789–1870, S. 411 ff.

70 Zur «Unmöglichkeit» der nachrevolutionären Monarchie: *Rosanvallon*, La monarchie

impossible. Les Chartes de 1814 et de 1830; zu den zeitgenössischen Deutungsangeboten: *Ferreira*, Le Pouvoir Royal (1814–1848). À la Recherche du Quatrième Pouvoir?

71 *Faublée*, Les trônes de Napoléon Ier: un symbole, quatre destins, Rdnr. 48 f., 53 ff. Der früher im Palais Bourbon aufgestellte Thron befindet sich seit 1907 im «Musée des Arts décoratifs». Im Palais du Luxembourg, wo gegenwärtig der französische Senat sitzt, wird hingegen noch heute ein Thron Napoleons ausgestellt, der unter mehrfacher Veränderung seiner Symbole unter Napoleon I., Ludwig XVIII., Louis Philippe und Napoleon III. für Empfänge in der ersten Kammer genutzt wurde: *Faublée*, ebd., Rdnr. 56 ff.

72 *Agulhon*, Marianne au pouvoir. L'imagerie et la symbolique républicaines de 1880 à 1914.

73 *Laquièze*, Les origines du régime parlementaire en France (1814–1848), S. 175 ff., 222 ff.

74 *Fauser*, Die Stellung der Regierungsmitglieder und ihrer Vertreter im Parlament, S. 16 ff. In Deutschland wurde das verfassungsrechtliche Zutritts- und Rederecht jedoch nicht auf die Minister beschränkt, sondern auf nachgeordnete Beamte als Regierungsbeauftragte erweitert; siehe dazu in diesem Buch Kapitel VIII.

75 Dazu näher *Gangl*, Die Verfassungsentwicklung in Frankreich 1814–1830, S. 289 ff., 296 ff.

76 *Bastid*, Les institutions politiques de la monarchie parlementaire française 1814–1848, S. 311; *Barthélémy*, L'introduction du régime parlementaire en France sous Louis XVIII et Charles X, S. 204. Erst nach der Julirevolution von 1830 wurden die Minister nur noch mit «Monsieur le Ministre» angesprochen.

77 Eine diesbezügliche Regelung enthielt bereits Titel II Artikel 5 des Gesetzes über die Beziehungen der Kammern mit dem König und untereinander vom 13. August 1814 (abgedruckt bei *Bonnard*, Les Règlements des Assemblées Législatives de la France depuis 1789, S. 208 ff.): «Les commissaires du Roi se placent sur des sièges qui leur sont réservés vis-à-vis le bureau». Zur Rolle der königlichen Kommissare unter der Restauration siehe näher *Barthélémy*, L'introduction du régime parlementaire en France sous Louis XVIII et Charles X, S. 207 ff.; *Laquièze*, Les origines du régime parlementaire en France (1814–1848), S. 228 ff.

78 Räumlich am präzisesten formuliert war die Regelung in der für Platz- und Rangfragen besonders sensiblen Chambre des pairs, deren Geschäftsordnung vom 2. Juli 1814 in Artikel 82 bestimmte: «Les ministres, qui ne sont pas pairs, ont place dans la Chambre sur des sièges pareils à ceux des pairs et placés dans le parquet en face du Président.» Im Plenarsaal der Pairskammer im Palais du Luxembourg saßen die Minister in der ersten Reihe des Halbkreises, in der Reihe dahinter die Kardinäle: *de Waresquiel*, Un groupe d'hommes considérables, S. 291, mit Abbildung des Sitzplans nach S. 110. Allgemeiner gefasst war die Regelung in Artikel 18 der Geschäftsordnung der Chambre des députés vom 25. Juni 1814: «Il y a, dans la salle, des places exclusivement réservées aux ministres», beide abgedruckt in: *Bonnard*, Les Règlements des Assemblées Législatives de la France depuis 1789, S. 212 ff., 221 ff.

79 Dazu früh und klar *Chateaubriand*, De la Monarchie Selon la Charte, 1816, Chapitre XL: Que les ministres doivent toujours aller aux Chambres, S. 62 f.

80 *Laquièze*, Les origines du régime parlementaire en France (1814–1848), S. 222 ff.

81 Instruction Générale du Bureau de l'Assemblée Nationale vom 22. Juli 1959, zuletzt geändert am 3. August 2018, Titel III, Artikel 26, Abschnitt VII, Abs. 4: «Ils (d. h. die zu Regierungskommissaren ernannten Fachbeamten, d. V.) ne peuvent prendre place au banc du Gouvernement (deuxième rang) que sur demande du ministre intéressé.»

82 *Lavisse*, Essais sur l'Allemagne Impériale, S. 101, mit Kontrastierung zur Situation in Frankreich unter Napoleon III. und im Reichstag des deutschen Kaiserreichs.

83 *Durand*, Le droit d'entrée et de parole du gouvernement aux assemblées constituantes et législatives en France, S. 183 ff.

84 Dazu näher *Durand*, Le droit d'entrée et de parole du gouvernement aux assemblées constituantes et législatives en France, S. 177 ff.; dort, S. 186 ff., auch zur schrittweisen Liberalisierung des Regimes seit 1860 und der damit einhergehenden stärkeren Plenarpräsenz der Minister bei gleichzeitiger Zurückdrängung der Bedeutung der Staatsratsmitglieder im Palais Bourbon.

85 *Mopin*, L'Assemblée Nationale et le Palais-Bourbon d'hier à aujourd'hui, S. 46; *Lavisse*, Essais sur l'Allemagne Impériale, S. 101.

86 Artikel 23 Abs. 1 Verfassung der Französischen Republik vom 4. Oktober 1958 ordnet die Unvereinbarkeit von Regierungsamt und Parlamentsmandat an: «Les fonctions de membre du Gouvernement sont incompatibles avec l'exercice de tout mandat parlementaire»; dazu näher *Demichel*, De l'incompatibilité entre les fonctions de ministre et le mandat parlementaire.

87 Siehe dazu Artikel el 31, 49 f. Französische Verfassung.

88 Artikel 18 Französische Verfassung. Zu dieser Redemöglichkeit des Staatspräsidenten vor dem «Kongress» siehe näher *Afroukh*, La portée du nouveau droit de message à la lumière de la déclaration du Président de la République au Congrès du 22 juin 2009; *Fraisseix*, Du droit de message au droit de parole présidentiel: itinéraire d'une réforme en trompe-l'oeil.

89 *Siebeneicker*, «Repräsentanten der ganzen westphälischen Nation». Das Parlament im politischen System des Königreichs Westphalen, S. 117.

90 *Klimmt*, Der Landtag des Saarlandes: Vom Casino zum Parlament, S. 302; Abbildung mit dem letzten Kabinett von Johannes Hoffmann in: Burgard/Linsmayer (Hrsg.), Der Saarstaat. Bilder einer vergangenen Welt, S. 103.

91 *Klimmt*, ebd., S. 304 f.

IV.
Washington
Weder Thron noch Bank

1 *Wheare*, Legislatures, S. 11 f.

2 *Brownell*, A Constitutional Chameleon: The Vice President's Place within the American System of Separation of Powers, S. 27 ff.

3 Zur Architektur des Kapitols und der dortigen Plenarsäle: *Norton*, Latrobe-Klassizismus.

4 *Nelson*, The Royalist Revolution. Monarchy and the American Founding; *Prakash*, Imperial from the Beginning: The Constitution of the Original Executive.

5 Zusammenfassend zum Folgenden *Fraenkel*, Das amerikanische Regierungssystem, S. 286 ff.

6 U. S. Const. Art. I, § 6 Clause 2: «No Senator or Representative shall, during the time for which he was elected, be appointed to any civil office under the authority of the United States [...] and no person holding any office under the United States, shall be a member of either House during his continuance in office». Näher zu dieser Inkompatibilitätsregelung *Calabresi/Larsen*, One Person, one Office: Separation of Powers or Separation of Personnel.

7 Trotz des Fehlens eines förmlichen Gesetzesinitiativrechts von Präsident und Kabinett werden auch in den USA indes viele Gesetzesentwürfe aufgrund von deren Expertise in der Bundesbürokratie ausgearbeitet und dann förmlich durch dem Präsidenten nahestehende Kongressmitglieder in den Kongress eingebracht; vgl. näher *Sitamaran*, The Origins of Legislation, S. 103 ff.

8 *Helms*, Die historische Entwicklung und politische Bedeutung des Kabinetts im Regierungssystem der USA.

9 Sehr treffend dazu *Maier*, Die Kabinettsregierung. Entstehung, Wirkungsweise, aktuelle Probleme, S. 14 f.; vgl. eingehend *Fraenkel*, Das amerikanische Regierungssystem, S. 244 ff., 262 ff.; *Huntington*, Political Order in Changing Societies, S. 93 ff.

10 *Casper*, Executive-Congressional Separation of Power During the Presidency of Thomas Jefferson, S. 478 ff.

11 Dazu *Kesavan/Sidak*, The Legislator-In-Chief, S. 15, 17 ff.; *Fraenkel*, Das amerikanische Regierungssystem, S. 286 f.

12 «He shall from time to time give to the Congress Information on the State of the Union, and recommend to their Consideration such Measures as he shall judge necessary and expedient» (US. Const. Article 2 § 3 Clause 1); zur verfassungsrechtlichen Bedeutung dieser Vorschrift näher *Kesavan/Sidak*, The Legislator-In-Chief; *Sidak*, The Recommendation Clause.

13 Die entsprechende «Concurrent Resolution» beider Kongresskammern legte den 5. Februar 2019 als Zeitpunkt für eine gemeinsame Sitzung «in the Hall of the House of Representatives» fest «for the purpose of receiving such communication as the President of the United States shall be pleased to make to them»: H. Con. Res. 9 v. 4. Februar 2019 (116th Congress 2019–2020).

14 *Fraenkel*, Das amerikanische Regierungssystem, S. 287 f. Inwieweit entsprechenden Kongressvorladungen ein «executive privilege» entgegengehalten werden kann, ist dann aber im Einzelfall häufig umstritten: *Chafetz*, Executive Branch Contempt of Congress.

15 *Dodge*, Cabinet Officers in Congress; *Horn*, The Cabinet and Congress.

16 Dazu näher *Dodge*, Cabinet Officers in Congress, S. 131 ff.; *Horn*, The Cabinet and Congress, S. 51 ff., 78 ff.

17 *Horn*, The Cabinet and Congress, S. 55 ff., 62 f., 67 f., 95.

18 *Horn*, The Cabinet and Congress, S. 65, 81 f.

19 *Dodge*, Cabinet Officers in Congress, S. 136 f.

20 Vgl. dazu in diesem Buch S. 69. Auch die Verfassung des Deutschen Kaiserreichs von 1871 kannte eine ähnliche Situation. Diese sah eine Unvereinbarkeit der gleichzeitigen Mitgliedschaft in Reichstag und Bundesrat vor (Art. 9 Satz 2 RV 1871). Da damals der

Reichskanzler und die Staatssekretäre der Reichsämter immer gleichzeitig zu preußischen Bundesratsbevollmächtigten ernannt wurden, bedeutete das faktisch die Unvereinbarkeit von Regierungsamt und Parlamentsmandat. Zugleich verbürgte die Reichsverfassung den Mitgliedern des Bundesrates aber ein Anwesenheits- und Rederecht im Reichstag (Art. 9 Satz 1 RV 1871) und gab es für diese deshalb im Plenarsaal des Reichstags besondere Plätze.

21 *Horn*, The Cabinet and Congress, S. 63, 65.

22 *Horn*, The Cabinet and Congress, S. 63, 65; *Robinson*, The Renewal of American Constitutionalism, mit dem Vorschlag, die Unvereinbarkeit zwischen Parlamentsmandat und Regierungsamt ganz abzuschaffen (S. 54); eingehende Antikritik dazu bei *Calabresi/Larsen*, One Person, One Office: Separation of Powers or Separation of Personnel, S. 1097 ff.

23 Ein derartiger Weg ist etwa im Jahr 1994 durch ausdrückliche Verfassungsänderungen in Argentinien eingeschlagen worden (Art. 71, 100, 101 Verfassung Argentinien). Dort wurde das vorher nach US-amerikanischem Vorbild bestehende Präsidialsystem durch die Einführung eines vom Präsidenten ernannten Kabinettschefs (*Jefe de Gabinete de Ministros*) abgeschwächt. Dieser Kabinettschef kann mit der absoluten Mehrheit beider Kammern abgelöst werden. Er hat ebenso wie die übrigen Minister ein Anwesenheits- und Rederecht im Kongress, und ihn treffen gegenüber den beiden Kammern regelmäßige Informations- und Antwortpflichten. Hierdurch ist das Präsidialsystem um Elemente parlamentarischer Verantwortlichkeit des Kabinetts ergänzt worden, ohne dass es in der Folge bisher zu einem Übergang zum parlamentarischen Regierungssystem gekommen wäre; vgl. dazu näher *Krumwiede/Nolte*, Die Rolle der Parlamente in den Präsidialdemokratien Lateinamerikas.

24 *Laski*, The American Presidency. An Interpretation, S. 96 ff.

V.
Berlin
Die Regierungsbank als Thronersatz

1 Der kreisrunde Saal der Frankfurter Paulskirche, wo 1848/49 die deutsche Nationalversammlung tagte, blieb als Tagungsraum ein bloßes Zwischenspiel. Die Abgeordneten saßen dort in einem Halbkreis, der auf die erhöhte Rednerkanzel ausgerichtet war; vgl. näher *Götze*, Das Parlamentsgebäude, S. 67 ff.; *Siemann*, Parlamentsarchitektur als politische Konfession, S. 120 ff.

2 *Hort*, Zwischen monarchischer Repräsentation und parlamentarischer Selbstdarstellung. Parlamentsarchitektur im 19. Jahrhundert; *Siemann*, Parlamentsarchitektur als politische Konfession, S. 111 ff.

3 Zu den Plenarsälen in Württemberg und Baden siehe sogleich näher im Text. Zu Bayern und Sachsen: *Goetschmann*, Bayerischer Parlamentarismus im Vormärz, S. 148 ff.; *Denk/Matzerath*, Die sächsischen Landtage und ihre Bauten: Indikatoren für die Entwicklung von der ständischen zur pluralisierten Gesellschaft, S. 121 ff.

4 *Fauser*, Die Stellung der Regierungsmitglieder und ihrer Vertreter im Parlament, S. 6 ff.

5 *Engel*, Parlamentarische Provisorien. Die Tagungslokale der preußischen Parlamente von 1847 bis zur Reichsgründung, S. 19 ff. Zum ähnlich interaktiven Arrangement im runden Plenarsaal des Großherzogtums Hessen-Darmstadt siehe näher S. 127 f. 7 f. in diesem Buch.

6 *Unger*, Ueber die Gestaltung der Parlamentssäle, S. 123 f.; *Fritsch*, Zur Frage über die Form und Einrichtung des Sitzungssaales für das Haus des deutschen Reichstages, S. 20; *Engel*, ebd., S. 21 f.

7 Eine gewisse Abschwächung des Gegenübers zwischen Redner und Regierung lag allerdings darin, dass die Ministerbank in den letzten Reihen vor der Saalwand stand und sich davor noch mehrere Bankreihen mit Abgeordnetenplätzen befanden. Diese Eigentümlichkeit ging bereits auf das Frühjahr 1849 zurück. Anfangs hatte man die Sitzreihen der Parlamentarier vollständig auf zwei gegenüberliegende Blöcke verteilt, getrennt durch einen Gang, an dessen beiden Enden der Präsidententisch und die Ministerbank aufgestellt waren. Gegen die dadurch vorgenommene strikte räumliche Trennung zwischen linker und rechter Seite des Hauses wehrte sich jedoch eine Gruppe von Abgeordneten, die sich keiner dieser Seiten politisch zuordnen wollten. Für sie wurden deshalb vor der Regierungsbank einige Bankreihen in der Form eines angedeuteten Halbkreises angebracht: *Grünthal*, Parlamentarismus in Preußen 1848/49–1857/58, S. 388. Die «Zentrumssitze» vor der Regierungsbank wurden bereits zeitgenössisch im Hinblick auf die Interaktion von Redner und Regierung als störend empfunden; vgl. dazu *Unger*, Ueber die Gestaltung der Parlamentssäle, S. 124, 164.

8 *Engel*, Parlamentarische Provisorien. Die Tagungslokale der preußischen Parlamente von 1847 bis zur Reichsgründung, S. 16, 21.

9 *Döring*, Die Sitzordnung der Abgeordneten, S. 286 f.; *Boyer*, Les Salles d'Assemblée sous la Révolution Française et leurs Répliques en Europe, S. 90 f. Fn. 2; *Hoetink/Kaal*, The Material Culture of Parliament, S. 24.

10 Dazu *Dill*, Der Parlamentarier Eduard Lasker und die parlamentarische Stilentwicklung der Jahre 1867–1884, S. 22; *Döring*, ebd., S. 286 f.; *Andeweg/Nijzink*, Beyond the Two-Body Image: Relations between Ministers and MPs, S. 157 f. Erst mit dem im Jahr 1992 bezogenen Plenarsaal ist die niederländische Zweite Kammer zum Halbkreis übergegangen, dem das Präsidium mit Rednertribüne und die Regierungsbank in angewinkelter Zuordnung gegenüberliegen; vgl. dazu *van Baalen/Bos*, Gemeinsam in der Sitzung, S. 107; Abbildung bei *Hoetink/Kaal*, The Material Culture of Parliament, S. 24.

11 Sitzplan bei *Mulder van der Vegt/Cohen de Lara*, XML – Parliament, S. 225; zum dortigen Parlamentsgebäude näher *Als/Philippart*, La Chambre des Députés: Histoire et Lieux de Travail.

12 Zur Plenararchitektur des Stuttgarter Halbmondsaals siehe *Brandt*, Parlamentarismus in Württemberg 1819–1870. Anatomie eines deutschen Landtags, S. 216 ff.; zum Sprechen der Abgeordneten vom Platz ebd., S. 209.

13 Da der Halbmondsaal – er fiel im Jahr 1944 einem Bombenangriff zum Opfer – den Landtag bis zum Ende der Weimarer Republik weiter beherbergte und nicht grundlegend umgestaltet wurde, blieb das Plenarsaalarrangement in Württemberg über mehr als hundert Jahre konstant und wirkte noch in der frühen Bundesrepublik nach;

vgl. dazu die Abbildungen bei *Grube*, Der Stuttgarter Landtag 1457–1957: Abbildung 51 nach S. 560, Abbildung 52 nach S. 566, Abbildung 59 nach S. 572.

14 Zum Zuschnitt der italienischen Plenarsäle siehe bereits S. 21 ff. ff. in diesem Buch.

15 Näher *Becht*, Badischer Parlamentarismus 1819–1870. Ein deutsches Parlament zwischen Reform und Revolution, S. 123 ff.; *Everke*, Das Karlsruher Ständehaus, S. 464 ff. Das historische Ständehaus ist bei einem Luftangriff auf Karlsruhe im Jahr 1944 zerstört und seine Ruine 1961 abgerissen worden.

16 *Denk / Matzerath*, Die sächsischen Landtage und ihre Bauten: Indikatoren für die Entwicklung von der ständischen zur pluralisierten Gesellschaft, S. 116 ff.

17 *Freiherr von Closen*, Rede vom 16. Januar 1846, in: Verhandlungen der Kammer der Abgeordneten der Ständeversammlung des Königreichs Bayern im Jahre 1845/46, Bd. 2, 1846, S. 348–352 (350). Von Closen forderte für Bayern angesichts der damals dort noch rechteckigen Anordnung der Sitze zudem den Übergang zum Halbkreis und schlug weiterhin vor, die Abgeordnetenplätze ähnlich wie den Ministertisch mit einem Pult für Unterlagen und Notizen zu versehen. Die königlich bayerische Regierung hatte keinerlei Interesse, die Arbeitsfähigkeit des Landtags zu verbessern, und lehnte alle Ideen dieser Art mit dem Argument ab, die entsprechenden Umbaumaßnahmen seien zu teuer: *Götschmann*, Bayerischer Parlamentarismus im Vormärz, S. 150 f.

18 Zu den verschiedenen Tagungslokalen des Reichstags: *Richter*, Bauplatz Leipziger Straße 3/4. Der lange Weg zum neuen Haus des Preußischen Landtags, S. 51 ff.; *Biefang*, Die andere Seite der Macht, S. 123 ff.

19 *Fritsch*, Zur Frage über die Form und Einrichtung des Sitzungssaales für das Haus des deutschen Reichstages, S. 19; *Richter*, ebd., S. 59 f.

20 Eingehende Beschreibungen des Saales bei *Fritsch*, Das provisorische Haus des deutschen Reichstages; *Freyer*, Der Deutsche Reichstag, S. 105 ff.; *Biefang*, Bismarcks Reichstag, S. 69 ff., mit reichem Bildmaterial; zum sehr ähnlichen Raumarrangement im späteren Wallot-Bau *Wallot*, Das Reichstagsgebäude in Berlin, S. 28 f.

21 Zur Stellung des Kaisers nach der Reichsverfassung früh und klar: *Laband*, Das Staatsrecht des Deutschen Reiches, Bd. 1, S. 206 ff.

22 *Boldt*, Deutscher Konstitutionalismus und Bismarckreich, S. 125 f.

23 Art. 11 Abs. 1 Satz 1 Verfassung des Deutschen Reichs vom 16. April 1871.

24 So schloss auch eine vergoldete Reichskrone die Laterne über der Reichstagskuppel ab: *Wallot*, Das Reichstagsgebäude in Berlin, S. 36; Abbildung bei: *Cullen*, Der Reichstag. Die Geschichte eines Monuments, S. 213. Zu den unzähligen Kronen und Wappenschildern im neu errichteten Reichstagsgebäude siehe den ironischen Tagebucheintrag der *Baronin Spitzemberg* vom 28. Mai 1894, in: Vierhaus (Hrsg.), Das Tagebuch der Baronin Spitzemberg, geb. Freiin von Varnbüler. Aufzeichnungen aus der Hofgesellschaft des Hohenzollernreiches, S. 325.

25 *Von Stillfried-Rattonitz*, Die Attribute des Neuen Deutschen Reiches, S. 22 f., mit Abbildung im Anhang.

26 *Biehn*, Die Kronen Europas und ihre Schicksale, S. 15 f., 60, 218 f.; *Liermann*, Untersuchungen zum Sakralrecht des protestantischen Herrschers, S. 383.

27 *Fehrenbach*, Wandlungen des deutschen Kaisergedankens 1871–1918, S. 89 ff.; C. *Schönberger*, Das Parlament im Anstaltsstaat, S. 183 ff.; *Haardt*, Bismarcks ewiger Bund, S. 281 ff.

28 *Biefang/Epkenhans/Tenfelde*, Das politische Zeremoniell im Deutschen Kaiserreich, S. 11; zur öffentlichen Inszenierung der preußisch-deutschen Monarchie insgesamt: Biefang/Epkenhans/Tenfelde (Hrsg.), Das politische Zeremoniell im Deutschen Kaiserreich 1871–1918; *Kohlrausch*, Der Monarch im Skandal.

29 *Matzerath*, Parlamentseröffnungen im Reich und in den Bundesstaaten, S. 208 ff.; *Biefang*, Integration und Repräsentation. Zur Stellung des Reichstags in der politischen Kultur der konstitutionellen Monarchie 1871–1888, S. 13 ff.; *von Keller*, Vierzig Jahre im Dienst der Kaiserin, S. 282 f. In der Bismarckzeit wurden die Reichstage allerdings nicht immer durch den greisen Kaiser Wilhelm I. selbst eröffnet, sondern gelegentlich auch durch den Reichskanzler, den Leiter der Reichskanzlei oder den Staatssekretär des Inneren, was manchmal sogar ganz unspektakulär im Sitzungssaal des Reichstages geschah: *Biefang*, ebd., S. 15.

30 *Kohlrausch*, Hof und Hofgesellschaft in der Kaiserzeit, S. 123 f.; *Viktoria Luise*, Im Glanz der Krone, S. 183 ff.; *Klahr*, Wilhelm II's Weißer Saal and its Doppelthron.

31 *Schwengelbeck*, Die Politik des Zeremoniells, S. 313, 315 f.

32 *Klahr*, Wilhelm II's Weißer Saal and its Doppelthron, S. 509 ff.; *Hort*, Architektur der Diplomatie, S. 272.

33 *Von Keller*, Vierzig Jahre im Dienst der Kaiserin, S. 282 f.; ähnlich für Sachsen *Matzerath*, Parlamentseröffnungen im Reich und in den Bundesstaaten, S. 220.

34 *Schwengelbeck*, Die Politik des Zeremoniells, S. 301 ff.

35 *Biefang*, Die andere Seite der Macht, S. 303.

36 *Von Keller*, Vierzig Jahre im Dienst der Kaiserin, S. 283.

37 *Biefang*, Die andere Seite der Macht, S. 290 f.; *Unger*, Ueber die Gestaltung der Parlamentssäle, S. 186. Die frühere Hofloge wurde in der Zeit der Weimarer Republik vom Reichspräsidenten genutzt. Im September 1949 lehnte der Geschäftsordnungsausschuss des ersten Bundestages hingegen das Ansinnen von Theodor Heuß ab, für den Bundespräsidenten eine eigene Loge im Plenarsaal des Bonner Bundeshauses zur Verfügung zu stellen: *Pikart*, Theodor Heuß und Konrad Adenauer, S. 78.

38 Zum Kontrast zu den damaligen Sitzarrangements der beiden preußischen Kammern: *Richter*, Bauplatz Leipziger Straße 3/4. Der lange Weg zum neuen Haus des Preußischen Landtags, S. 59.

39 So aber *Biefang*, Die andere Seite der Macht, S. 133 f.

40 Dazu C. *Schönberger*, Das Parlament: Geschichte einer europäischen Erfindung, Rdnr. 32.

41 *Biefang*, Die andere Seite der Macht, S. 132 f.; zur Entwicklung der Reichsflagge näher *Fehrenbach*, Über die Bedeutung der politischen Symbole im Nationalstaat, S. 344 ff.

42 Zum Herrenhaus: *Spenkuch*, Das Preußische Herrenhaus, 1998; zu den stark vom Adel geprägten ersten Kammern allgemein: *Löffler*, Die Ersten Kammern und der Adel.

43 *Fritsch*, Das Lokal des Preußischen Herrenhauses, S. 284. Das preußische Herrenhaus hatte nach 1849 zwar zunächst in einer ähnlichen Sitzordnung getagt wie das Abgeordnetenhaus. Von diesem Arrangement hatte das nunmehr endgültig vom Adel dominierte Herrenhaus aber bereits im Jahr 1851 Abstand genommen, als es wegen eines Brandes einen neuen Sitzungssaal beziehen musste, und war zu einem völlig veränderten Raumarrangement übergegangen: *Engel*, Parlamentarische Provisorien. Die

Tagungslokale der preußischen Parlamente von 1847 bis zur Reichsgründung, S. 21 ff. Bei einem Umbau 1874/75 wurde die Zahl der Abgeordnetensessel im Saal stark vermindert und zugleich eine stärker fächerförmige Aufstellung gewählt. Das Herrenhaus folgte also später nun seinerseits in der Tendenz der Sitzplatzanordnung im Reichstag: *Richter*, Bauplatz Leipziger Straße 3/4. Der lange Weg zum neuen Haus des Preußischen Landtags, S. 63. Mit der Errichtung seines im Jahr 1904 fertiggestellten Neubaus – dem heutigen Sitz des Bundesrates – ging auch das Herrenhaus dann ganz zum Sitzarrangement des Reichstags mit Halbkreis über: *N. N.*, Das neue Herrenhaus des preußischen Landtages, in: Deutsche Bauzeitung 38 (1904), S. 137 f.

44 Zum autoritätshörigen Charakter dieser Form des Sitzungslokals siehe allgemein: *Götze*, Das Parlamentsgebäude, S. 116; *Goodman*, Seating Arrangements: An Elementary Lecture in Functional Planning, S. 170 f.; *Mulder van der Vegt/Cohen de Lara*, XML – Parliament, S. 20 f. Sie tauchte im zwanzigsten Jahrhundert in der Plenararchitektur der kommunistischen Systeme wieder auf; vgl. dazu S. 21 f. f. in diesem Buch.

45 Siehe die Beilage «Situationsplan des Sitzungslokals des Norddeutschen Reichstages», in: Hirths Parlaments-Almanach, II. Ausgabe, Berlin, 28. Februar 1867; plastische Beschreibung der damaligen räumlichen Situation: *Robolsky*, Der Deutsche Reichstag, S. 24 ff.

46 *Fritsch*, Zur Frage über die Form und Einrichtung des Sitzungssaales für das Haus des deutschen Reichstages, S. 18 f.; *Richter*, Bauplatz Leipziger Straße 3/4. Der lange Weg zum neuen Haus des Preußischen Landtags, S. 59.

47 *Cullen*, Der Reichstag. Die Geschichte eines Monumentes, S. 51 ff.; *Goldberg*, Bismarck und seine Gegner, S. 43 f.; *Fritsch/Jacobsthal*, Für das Haus des Deutschen Reichstages, S. 13.

48 Näher zum Folgenden *Boldt*, Deutsche Verfassungsgeschichte, Bd. 2, S. 178 ff.

49 Das Auswärtige Amt entstand dadurch, dass der Norddeutsche Bund im Januar 1870 das preußische Ministerium der auswärtigen Angelegenheiten als Bundesbehörde übernahm: *Morsey*, Die Oberste Reichsverwaltung unter Bismarck 1867–1890, S. 104 ff.; *Conze*, Das Auswärtige Amt, S. 12 ff.

50 *Rosenthal*, Die Reichsregierung; *Wittmayer*, Herrschaftliche und genossenschaftliche Elemente im deutschen und österreichischen Ministerialsystem, S. 861 ff.

51 *Pohl*, Der Bundesratsbevollmächtigte im Reichstag.

52 *Rosenthal*, Die Reichsregierung, S. 55 ff.; zur zunehmenden «Verreichlichung» der preußischen Bundesratsvertreter im Kaiserreich: *Haardt*, Innenansichten des Bundesrates im Deutschen Kaiserreich 1871–1918, S. 344 ff.

53 *Bornhak*, Wandlungen der Reichsverfassung, S. 389; *Rosenthal*, Bismarcks Erbe in der Reichsverfassung, Sp. 483.

54 *Rauh*, Föderalismus und Parlamentarismus im Wilhelminischen Reich, S. 47 ff.; *Kaufmann*, Bismarcks Erbe in der Reichsverfassung, S. 57 ff. Damit wurde zugleich die preußische Hegemonie über das Reich kunstvoll verdeckt.

55 Zur Bedeutung der Platzierung rechts des Präsidiums näher Kapitel VII.

56 *Fritsch*, Zur Frage über die Form und Einrichtung des Sitzungssaales für das Haus des deutschen Reichstages, S. 20.

57 Artikel 17 Satz 2 Verfassung des Deutschen Reiches vom 16. April 1871: «Die Anordnungen und Verfügungen des Kaisers werden im Namen des Reiches erlassen und

bedürfen zu ihrer Gültigkeit der Gegenzeichnung des Reichskanzlers, welcher dadurch die Verantwortlichkeit übernimmt.»

58 Artikel 9 Satz 1 Verfassung des Deutschen Reiches vom 16. April 1871: «Jedes Mitglied
des Bundesrathes hat das Recht, im Reichstage zu erscheinen und muß daselbst auf
Verlangen jederzeit gehört werden, um die Ansichten seiner Regierung zu vertreten,
auch dann, wenn dieselben von der Majorität des Bundesrathes nicht adoptirt worden
sind.»

59 *Reichskanzler Fürst von Bismarck*, Rede vom 24. Januar 1882, in: Stenographische Berichte über die Verhandlungen des Reichstages, V. Legislaturperiode, I. Session 1881/82,
S. 893–900 (893); vgl. auch *Bismarck*, Gedanken und Erinnerungen, Bd. 2, 1909,
S. 336 f.; zu Bismarcks Interpretation sehr treffend *Boldt*, Deutscher Konstitutionalismus und Bismarckreich, S. 125 f. Bismarcks extrem «föderalistische» Ausdeutung des
Rederechts des Reichskanzlers im Reichstag war allerdings staatsrechtlich durchaus
nicht unzweifelhaft: *Hensel*, Die Stellung des Reichskanzlers nach dem Staatsrechte
des Deutschen Reiches, S. 15.

60 *Fritsch*, Das Lokal des Preußischen Herrenhauses, S. 284.

61 *Fritsch*, Zur Frage über die Form und Einrichtung des Sitzungssaales für das Haus des
deutschen Reichstages, S. 19; *Unger*, Ueber die Gestaltung der Parlamentssäle, S. 164 f.

62 Zu den Folgen einer geteilten Regierungsbank siehe näher S. 134 ff. 4 ff. in diesem Buch.

63 Reichstagsbericht. Aus Berlin, 22. Oktober, in: Im Neuen Reich I (1871), Bd. 2, S. 667–
670 (668). Der Ausdruck «Reichsboten» wurde zeitgenössisch häufig als Bezeichnung
für die Mitglieder des Reichstags gebraucht.

64 *Lavisse*, Essais sur l'Allemagne Impériale, S. 103 (Übersetzung vom Verf.).

65 *Robolsky*, Der Deutsche Reichstag, S. 27 f.; *Goldberg*, Bismarck und seine Gegner,
S. 382 ff.; *C. Schönberger*, Die überholte Parlamentarisierung, S. 641. Bismarcks Reichs-
tagsauftritte in Uniform standen dabei in deutlichem Kontrast zu seinem Auftreten
als Ministerpräsident im preußischen Abgeordnetenhaus der sechziger Jahre, wo er im
bürgerlichen Anzug erschienen war; vgl. dazu *Goldberg*, ebd., S. 384 Fn. 15.

66 *Dill*, Der Parlamentarier Eduard Lasker und die parlamentarische Stilentwicklung der
Jahre 1867–1884, S. 22; *Goldberg*, Bismarck und seine Gegner, S. 385.

67 Sehr plastisch dazu: Reichstagsbericht. Aus Berlin, 22. Oktober, in: Im Neuen Reich I
(1871), Bd. 2, S. 667–670 (667 f.).

68 Zeitgenössische Kritik: *Fritsch/Jacobsthal*, Für das Haus des deutschen Reichstages,
S. 12; *Unger*, Ueber die Gestaltung der Parlamentssäle, S. 123; vgl. dazu auch *Dill*, Der
Parlamentarier Eduard Lasker und die parlamentarische Stilentwicklung der Jahre
1867–1884, S. 22.

69 Zur erhöhten Anordnung des Präsidentenplatzes im Reichstag *Mergel*, Parlamentarische Kultur in der Weimarer Republik, S. 145.

70 Reichstagsbericht. Aus Berlin, 22. Oktober, in: Im Neuen Reich I (1871), Bd. 2, S. 667–
670 (668).

71 *Pohl*, Der Bundesratsbevollmächtigte im Reichstag, S. 21, mit eingehender Darstellung
der Vorgeschichte im preußischen Landtag der Konfliktszeit.

72 Siehe dazu in diesem Buch S. 165 f.

73 Diese Neutralität wurde im Reichstag besonders deutlich auch dadurch markiert, dass
der jeweilige Reichstagspräsident – anders als heute der Bundestagspräsident – förm-

lich aus seiner Fraktion ausschied; vgl. dazu *Spengler*, Die rechtliche Stellung und die Befugnisse des Reichstagspräsidenten, S. 11.

74 Dazu *von Mohl*, Kritische Erörterungen über Ordnung und Gewohnheiten des deutschen Reiches, S. 75.

75 Zu Bismarcks Auftritten im Reichstag näher *Goldberg*, Bismarck und seine Gegner, S. 377 ff.; *Morat*, Parlamentarisches Sprechen und politisches Hör-Wissen im deutschen Kaiserreich; dort, S. 322 ff., insbesondere zu Bismarcks schwacher Stimme und stockender Vortragsweise.

76 *Reichskanzler Fürst von Bismarck*, Rede vom 1. Dezember 1885, in: Stenographische Berichte über die Verhandlungen des Reichstages, VI. Legislaturperiode, II. Session 1885/86, S. 130 f.; zu den Hintergründen näher *Haardt*, Bismarcks ewiger Bund, S. 642 ff.

77 Aufschlussreich insoweit die Beschreibung durch den Architekten: *Wallot*, Das Reichstagsgebäude in Berlin, S. 28.

78 Treffend dazu *Wefing*, Parlamentsarchitektur, S. 158; vgl. auch *Biefang*, Bismarcks Reichstag, S. 71.

79 Zeitgenössische Kritik: *Fritsch/Jacobsthal*, Für das Haus des deutschen Reichstages, S. 11. Anders war die Situation noch in den Jahren zwischen 1867 und 1870 gewesen, als der Reichstag im preußischen Herrenhaus tagte. Dort hatte sich die Rednertribüne zwei Stufen über der ersten Reihe der Bundesratsbank befunden, so dass der Redner den Reichskanzler erhöht von hinten kritisieren konnte und dieser sich zu ihm umwenden musste, um Blickkontakt aufzunehmen: *Robolsky*, Der Deutsche Reichstag, S. 26; *Dill*, Der Parlamentarier Eduard Lasker und die parlamentarische Stilentwicklung der Jahre 1867–1884, S. 18.

80 *Dill*, Der Parlamentarier Eduard Lasker und die parlamentarische Stilentwicklung der Jahre 1867–1884, S. 24; *Goldberg*, Bismarck und seine Gegner, S. 177, 283; dort, S. 282 ff., auch anschaulich zu den Schwierigkeiten des bismarckkritischen – und überdies kleinwüchsigen – Zentrumspolitikers Ludwig Windthorst, einen geeigneten Standort für seine Reden zu finden. Auch in anderen deutschen Plenarsälen, in denen die Regierungsbank zur Rechten des Präsidiums angesiedelt war, blieb im neunzehnten Jahrhundert die Rednertribüne nicht selten ungenutzt, weil die Parlamentarier vom Platz sprachen; vgl. dazu für das vormärzliche Bayern *von Wickede*, Vergleichende Charakteristik der Ständeversammlungen, S. 299 f.

81 *Von Mohl*, Kritische Erörterungen über Ordnung und Gewohnheiten des deutschen Reiches, S. 74 f.; *Fritsch/Jacobsthal*, Für das Haus des deutschen Reichstages, S. 15; *Müller-Meiningen*, Parlamentarismus, S. 131 f.; *Goldberg*, Bismarck und seine Gegner, S. 68 f., 283 f.

82 *Lavisse*, Essais sur l'Allemagne Impériale, S. 103 (Übersetzung vom Verf.).

83 *Peschel*, Der Sitzungssaal der großen Parlamente, S. 7 f.; *Burckhardt*, Das Parlament und seine Sprache, S. 254 f.

84 Zur Person *Cullen*, Der Reichstag. Die Geschichte eines Monuments, S. 55 f.

85 *Fritsch*, Zur Frage über die Form und Einrichtung des Sitzungssaales für das Haus des deutschen Reichstages; *Fritsch/Jacobsthal*, Für das Haus des deutschen Reichstages; vgl. auch *Unger*, Ueber die Gestaltung der Parlamentssäle.

86 Das Reichstagsdesign der Regierungsplätze übernahmen auch die Nationalsozialisten,

als sie nach der Zerstörung des Plenarsaals im Wallot-Bau durch den Reichstagsbrand im provisorischen Sitzungssaal in der Krolloper gegenüber dem Reichstagsgebäude im März 1933 wiederum zu beiden Seiten von Hermann Görings Reichstagspräsidium erhöhte Bankreihen für die Regierungsvertreter einrichteten. So erhob sich auch während der NS-Zeit weiterhin Adolf Hitler vom angestammten Platz des Reichskanzlers rechts vom Präsidium, um vom Rednerpult die Kulisse eines braun uniformierten Reichstags für wichtige Erklärungen zu nutzen; zum Reichstag der NS-Zeit siehe näher *Hubert*, Der uniformierte Reichstag.

87 Bau und Gestaltung des Reichstagsgebäudes vollzogen sich insgesamt in einem komplizierten Zusammenspiel zwischen Reichstag und Bundesrat: *Haltern*, Architektur und Politik. Zur Baugeschichte des Berliner Reichstags.

88 *Fritsch*, Zur Frage über die Form und Einrichtung des Sitzungssaales für das Haus des deutschen Reichstages, S. 19, mit Bezug auf den provisorischen Sitzungssaal der italienischen Abgeordnetenkammer in Florenz.

89 Treffend dazu *Fritsch*, Der Sitzungs-Saal des italienischen Abgeordneten-Hauses in Rom, S. 518.

90 Bemerkenswerterweise betont der scharfsinnigste damalige Kritiker des 1871 gewählten Plenardesigns besonders, es dürfe nicht um die Übernahme «fremdländischer» Vorbilder gehen, man brauche vielmehr ein «deutsches» Parlamentshaus, und erwähnt im Hinblick auf das Palais Bourbon die dortige Anlage der Regierungsplätze gar nicht erst: *Fritsch*, Zur Frage über die Form und Einrichtung des Sitzungssaales für das Haus des deutschen Reichstages, S. 18 f.

91 In diese Richtung der zeitgenössische Vorschlag bei *Fritsch/Jacobsthal*, Für das Haus des deutschen Reichstages, S. 14; vgl. auch *Unger*, Ueber die Gestaltung der Parlamentssäle, S. 165.

92 *Ando*, Japan und die preußische Verfassung; *Schenck*, Der deutsche Anteil an der Gestaltung des modernen japanischen Rechts- und Verfassungswesens. Deutsche Rechtsberater im Japan der Meji-Zeit, S. 108 ff.

93 Siehe dazu: Deutsche Entwürfe für japanische Monumentalbauten I, in: Deutsche Bauzeitung 25 (1891), S. 121 f. (mit Grundriss der Säle beider Kammern); Parlamentshaus für Japan, in: Architektonische Rundschau. Skizzenblätter aus allen Gebieten der Baukunst 9 (1893), Tafel 19; *Meid*, Der Einführungsprozess der europäischen und nordamerikanischen Architektur in Japan seit 1542, S. 203 ff., 222 ff.; *Horiuchi*, Die Beziehungen der Berliner Baufirma Ende & Böckmann zu Japan; *Reynolds*, Japan's Imperial Diet Building: Debate Over Construction of a National Identity, S. 39 ff.

94 *Goodsell*, The Architecture of Parliaments, S. 294. Im Plenarsaal des japanischen Unterhauses gibt es im ersten Stock über dem Präsidium einen gleichfalls durch Vorhänge verhüllten Balkon des Kaisers.

95 *Barthes*, Das Reich der Zeichen, S. 47 ff.; zur eigenartigen staatsrechtlichen Stellung des Tenno als «leere Mitte» der japanischen Verfassung seit der Meji-Zeit: *Wiegand*, Demokratie und Kaisertum.

96 Reichstagsbericht. Aus Berlin, 22. Oktober, in: Im Neuen Reich I (1871), Bd. 2, S. 667–670 (667).

97 *Gutsche*, Ein Kaiser im Exil.

98 *Mergel*, Parlamentarische Kultur in der Weimarer Republik, S. 89 f. Zur Verwendung

der – physisch inexistenten – Reichskrone als symbolisches Emblem während des Deutschen Kaiserreiches siehe S. 90 in diesem Buch.

99 Artikel 33 Abs. 2 Satz 1 und Abs. 3 Weimarer Reichsverfassung: «Der Reichskanzler, die Reichsminister und die von ihnen bestellten Beauftragten haben zu den Sitzungen des Reichstags und seiner Ausschüsse Zutritt […] Auf ihr Verlangen müssen die Regierungsvertreter während der Beratung, die Vertreter der Reichsregierung auch außerhalb der Tagesordnung gehört werden.»

100 Artikel 33 Abs. 2 Satz 2 Weimarer Reichsverfassung: «Die Länder sind berechtigt, in diese Sitzungen Bevollmächtigte zu entsenden, die den Standpunkt ihrer Regierung zu dem Gegenstande der Verhandlung darlegen.» Die Staatspraxis der Weimarer Republik erweiterte dieses Rederecht um die Möglichkeit, dass ein einzelner Ländervertreter – in der Regel der preußische – vom Reichsrat durch Mehrheitsbeschluss beauftragt werden konnte, dem Reichstag die abweichende Auffassung des Reichsrats zu einem Gesetzesvorschlag darzulegen: Meyer-Lüerßen, Die rechtliche Stellung der Bevollmächtigten zum Reichsrat unter besonderer Berücksichtigung der von den preußischen Provinzialverwaltungen bestellten Vertreter, S. 52 ff.

101 Gemeinsame Geschäftsordnung der Reichsministerien. Besonderer Teil (GGO II), 2. Ausgabe 1929, Abschnitt A. Verkehr mit Reichsrat, Reichswirtschaftsrat und Reichstag im allgemeinen [sic!] und außerhalb der Gesetzgebung, § 15 Abs. 1: «Für die Vertreter der Reichsministerien ist die zweite Reihe der Regierungsbank rechts vom Präsidententisch bestimmt; die erste Reihe ist den Ministern und Staatssekretären […] vorbehalten. Beide Reihen der Regierungsbank links vom Präsidententisch stehen den Mitgliedern des Reichsrats und den Vertretern der Landesregierungen zu.» Die Gemeinsame Geschäftsordnung der Reichsministerien hatte keinen Vorläufer im Kaiserreich. Ihr «Besonderer Teil» wurde 1924 erlassen, der «Allgemeine Teil» folgte 1926. Im «Besonderen Teil» wurde insbesondere der Verkehr der Reichsministerien mit anderen Reichsorganen wie dem Reichstag geregelt; zu den Hintergründen näher Brecht, Die Geschäftsordnung der Reichsministerien, S. 1 ff., 6 ff.

102 Vgl. dazu die Beschreibung bei Lambach, Die Herrschaft der Fünfhundert, S. 20.

VI.
Herunter ins Parterre

1 Treffend dazu Rapp, Der Bundestag sitzt nicht eng genug. Stimmen und Argumente zum Umbau des Plenarsaales, S. 8.

2 Treffend zu diesem Kontinuitätsbedürfnis nach 1945: Fauser, Die Stellung der Regierungsmitglieder und ihrer Stellvertreter im Parlament, S. 11 f.; Recker, «Es braucht nicht niederreißende Polemik, sondern aufbauende Tat». Zur Parlamentskultur der Bundesrepublik Deutschland, S. 72 f.

3 Zur Auseinandersetzung zwischen Schwippert und Adenauer siehe Wefing, Parlamentsarchitektur, S. 163 ff.

4 Schwarz, Adenauer. Der Aufstieg: 1876–1952, S. 180.

5 Siehe dazu den Brief von Hermann Wandersleb an Hans Schwippert vom 14. Januar 1963, zitiert in: Werhahn, Hans Schwippert (1899–1973), S. 229 f.

6 *Werhahn*, ebd., S. 230.

7 Siehe dazu in diesem Buch S. 124 ff.

8 *Wefing*, Parlamentsarchitektur, S. 167 f.; *Peschel*, Der Sitzungssaal der großen Parlamente, S. 9 f.

9 *Breuer*, Architektur der «Stunde Null». Das neue Parlamentsgebäude der jungen BRD in Bonn, S. 113; *Henkels*, Die Regierungsbank. Ein halbes Hundert Stühle, schwarzes Holz und grünes Leder.

10 *Ascher Barnstone*, The Transparent State. Architecture and Politics in Postwar Germany; *Buslei-Wuppermann/Zeising*, Das Bundeshaus von Hans Schwippert in Bonn. Architektonische Moderne und demokratischer Geist.

11 Zu diesem Kontrast zwischen alt und neu treffend *Burckhardt*, Das Parlament und seine Sprache, S. 257.

12 *Peschel*, Der Sitzungssaal der großen Parlamente, S. 5 ff.; *Burckhardt*, Das Parlament und seine Sprache, S. 251 f. Aufgrund des Ansteigens der Sitzreihen im Wallot-Bau kamen dort bereits die Stuhllehnen der achten Sitzreihe des Halbkreises auf die Höhe der Regierungsbank.

13 So zeitgenössisch die FDP-Abgeordnete Marie-Elisabeth Lüders in einem BBC-Interview 1954, nach dem damaligen Pressemanuskript zitiert bei *Dill*, Der Parlamentarier Eduard Lasker und die parlamentarische Stilentwicklung der Jahre 1867–1884, S. 22 Fn. 13.

14 Zur politischen Bedeutung der räumlichen Vertikalität: *Laponce*, Left and Right. The Topography of Political Perceptions, S. 69 ff.; *Lakoff/Johnson*, Metaphors We Live By, S. 14 ff.; *Goodsell*, The Social Meaning of Civic Space, S. 73 ff.

15 Die Montagnards bezogen dabei die höher gelegenen Sitzreihen der ehemals linken Seite der Salle du Manège: *Ozouf*, Montagnards, S. 178 f.

16 *Raschke*, Die Erfindung von Links/Rechts als politisches Richtungsschema, S. 200 f.

17 *Kaiser*, Eins runter mit der Regierung. Umbaupläne für den Plenarsaal des Bundestages; *Cramer*, Eine Schönheitskur für den Bundesadler. Kanzler und Abgeordnete künftig Aug' in Aug'.

18 *Rapp*, Der Bundestag sitzt nicht eng genug. Stimmen und Argumente zum Umbau des Plenarsaales; *Thorn-Prikker*, Keine Experimente. Alltägliches am Rande der Staatsarchitektur, S. 250; *Burckhardt*, Das Parlament und seine Sprache, S. 249.

19 Siehe dazu *Düding*, Parlamentarismus in Nordrhein-Westfalen 1946–1980, S. 215 f. Ähnlich war es nochmals zwischen 1990 und 2017 im Landtag von Mecklenburg-Vorpommern: *Carstensen*, Der Landtag von Mecklenburg-Vorpommern im Schweriner Schloss, S. 216 f. mit Abbildung.

20 *Koeppen*, Das Treibhaus, S. 54.

21 Art. 43 Abs. 2 GG: «Die Mitglieder [...] der Bundesregierung sowie ihre Beauftragten haben zu allen Sitzungen des Bundestages und seiner Ausschüsse Zutritt. Sie müssen jederzeit gehört werden.»

22 Siehe dazu *Hennis*, Therapie für parlamentarische Schwächen.

23 Entscheidungen des Bundesverfassungsgerichts (BVerfGE) 10, 4 (18 f.) – Redezeit (1959); zeitgenössische Kritik aus Sicht der damaligen SPD-Opposition: *Arndt*, Die Entmachtung des Bundestages, S. 436 ff.; näher zu diesem Urteil und seiner Problematik: *Lipphardt*, Die kontingentierte Debatte, S. 50 ff.; *Canzik*, Parlamentarismus

vor dem Bundesverfassungsgericht. Das Redezeiturteil und die Verfassungswirklichkeit.

24 Seit 1969 verlangt § 28 Abs. 1 Satz 2 der Geschäftsordnung des Bundestages (GO-BT), dass bei der Bestimmung der Reihenfolge der Redner «Rede und Gegenrede» berücksichtigt werden und «nach der Rede eines Mitgliedes oder Beauftragten der Bundesregierung eine abweichende Meinung zu Wort kommen» soll. Seit 1972 werden Regierungsreden auf der Grundlage interfraktioneller Vereinbarungen und Absprachen mit der Regierung auf die Redezeit der Mehrheitsfraktionen angerechnet; vgl. dazu Besch, Rederecht und Redeordnung, Rdnr. 25, 29.

25 Sternberger, In der Loge und im Parterre.

26 Siehe etwa die Redebeiträge der SPD-Abgeordneten Erwin Schoettle und Karl Mommer in der Bundestagsdebatte über die Umgestaltung des Plenarsaals am 8. März 1961, BT-Plenarprotokoll 3/147, 8305, 8306; vgl. auch Arndt, Das zeitgerechte Parlamentsgebäude, S. 438.

27 Dazu Ferdinand, Beginn in Bonn. Erinnerungen an den ersten Deutschen Bundestag, S. 42.

28 Schoettle (SPD), Rede am 8. März 1961, BT-Plenarprotokoll 3/147, 8305.

29 Vgl. etwa R. S., Aug' in Aug' parlieren – nicht dozieren, in: Die Zeit v. 20. November 1959, Beilage, S. II.

30 Partsch, Parlament und Regierung im modernen Staat, S. 108 f.; Rapp, Der Bundestag sitzt nicht eng genug. Stimmen und Argumente zum Umbau des Plenarsaales; Sternberger, In der Loge und im Parterre; Hennis, Der Deutsche Bundestag 1949–1965, S. 36; Varain, Hat der Bundestag noch eine Chance? Bemerkungen zum parlamentarischen Selbstbewusstsein, S. 31 f.; Ellwein, Auf erhöhtem Sitz. Parlamente müssen wieder Stätten lebendiger Auseinandersetzung werden.

31 Prägnant dazu Partsch, Parlament und Regierung im modernen Staat, S. 108 f.; vgl. auch Peschel, Der Sitzungssaal der großen Parlamente, S. 9 f.

32 Recker, Westminster als Modell? Der Deutsche Bundestag und das britische Regierungssystem, S. 328 ff.

33 Wefing, Parlamentsarchitektur, S. 168 ff.; zu den parallelen Wahlrechtsdiskussionen zusammenfassend Jesse, Wahlrecht zwischen Kontinuität und Reform, S. 111 ff.

34 D. Dr. Gerstenmaier (CDU/CSU), Rede am 8. März 1961, BT-Plenarprotokoll 3/147, 8302 f.

35 Zur Hufeisenform als verbreiteter Abwandlung des britischen Plenardesigns bei dessen Übernahme durch andere Länder siehe Mulder van der Vegt/Cohen de Lara, XML – Parliament, S. 16.

36 Recker, Parlamentarismus in der Bundesrepublik Deutschland. Der Deutsche Bundestag 1949–1969, S. 210; vgl. auch den Artikel: Im Hufeisen, in: Frankfurter Allgemeine Zeitung v. 21. November 1957, S. 2.

37 Dazu Loewenberg, Parlamentarismus im politischen System der Bundesrepublik Deutschland, S. 60 f.; vgl. auch die hervorragende zeitgenössische Dokumentation bei Rapp, Der Bundestag sitzt nicht eng genug. Stimmen und Argumente zum Umbau des Plenarsaales.

38 Gerstenmaier, Streit und Friede hat seine Zeit. Ein Lebensbericht, S. 396 f.

39 Zu den unterschiedlichen Traditionslinien *Ritter*, Deutscher und britischer Parlamentarismus.

40 Plastisch zum Kontrast *Pfleiderer*, Ein weiter Weg zur Rednertribüne. Kritik am Plenarsaal des Bundestages: Ein Theatersaal, kein Diskussionsraum; *Schneider*, Diskussion und Evidenz im parlamentarischen Regierungssystem, S. 19 f.

41 So aber noch im Jahr 1958 *Merk*, Neue Sitzordnung der Regierung im Bundestag?

42 Zeitgenössisch hervorgehoben bei *Merk*, ebd.; zu den bis heute fortbestehenden Unterschieden zusammenfassend *Wefing*, Parlamentsarchitektur, S. 187 ff.

43 Vgl. etwa den Artikel: Die Regierungsbank bleibt, in: Frankfurter Allgemeine Zeitung v. 29. August 1957, S. 4.

44 *Peschel*, Der Sitzungssaal der großen Parlamente, S. 10.

45 Zur Parallele *Kaiser*, Eins runter mit der Regierung. Umbaupläne für den Plenarsaal des Bundestages; zur zeitgenössischen Diskussion über die erhöhten Plätze der Staatsanwaltschaft in den Gerichtssälen: *Hazard*, Furniture Arrangement as a Symbol of Judicial Roles, S. 185.

46 *D. Dr. Gerstenmaier* (CDU / CSU), BT-Plenarprotokoll vom 8. März 1961, 3 / 147, 8307.

47 *Präsident D. Dr. Gerstenmaier*, BT-Plenarprotokoll vom 16. Oktober 1968, 5 / 188, 10149 f.

48 *Eichhorn*, Durch alle Klippen hindurch zum Erfolg. Die Regierungspraxis der ersten Großen Koalition (1966–1969), S. 162 mit Fn. 133; *Kaiser*, Eins runter mit der Regierung. Umbaupläne für den Plenarsaal des Bundestages.

49 *Fauser*, Die Stellung der Regierungsmitglieder und ihrer Vertreter im Parlament, S. 14.

50 Plastisch dazu: *Zimmermann*, Rationalisierung im Deutschen Bundestag: Plenarsaal wird umgebaut.

51 *Cramer*, Eine Schönheitskur für den Bundesadler. Kanzler und Abgeordnete künftig Aug' in Aug'.

52 Eine derartige Situation hatte sich Bismarck zwischen 1867 und 1870 im Reichstag des Norddeutschen Bundes gefallen lassen müssen; vgl. dazu in diesem Buch die Anmerkung 79 auf S. 228.28.

53 *Wefing*, Parlamentsarchitektur, S. 107 ff.; *Hamm*, Am Ende eines langen, steinigen Weges. Neuer Plenarbereich des Deutschen Bundestages in Bonn, S. 2341.

54 *Wefing*, Parlamentsarchitektur, S. 173 ff.

55 *Kil*, Das sympathische Experiment. Der Bonner Plenarsaal nach vierzig Jahren Streit über «Bauen für die Demokratie».

56 Siehe dazu näher in diesem Buch S153153.

57 *Wefing*, Parlamentsarchitektur, S. 177, 190 f.; vgl. auch *Mönninger*, Wer im Glashaus sitzt. Denkmal des Transitorischen: Der neue Bundestag in Bonn; *Sack*, Bonn leuchtet.

58 *Rigotti*, Der «runde Tisch» und der Mythos symmetrischer Kommunikation; *Sauer*, Der «Runde Tisch» und die Raumaufteilung der Demokratie. Eine politische Institution des Übergangs?; *Lurker*, Der Kreis als Symbol im Denken, Glauben und künstlerischen Gestalten der Menschheit, S. 160.

59 So saßen in der Mitte des runden Plenarsaals in Bonn die Stenographen: *Mönninger*, Wer im Glashaus sitzt. Denkmal des Transitorischen: Der neue Bundestag in Bonn.

60 Siehe dazu *Jaeger*, Gehäuse des Föderalismus. Neubauten deutscher Landtage nach

1949, S. 99; *Cullen*, Parlamentsbauten zwischen Zweckmäßigkeit, Repräsentationsanspruch und Denkmalpflege, Rdnr. 73; *Galetti*, Der Bundestag als Bauherr in Berlin,
S. 281.

61 Vgl. dazu: Beschlussempfehlung und Bericht des Ältestenrates: Gestaltung der Sitzanordnung im neuen Plenarsaal im Reichstagsgebäude in Berlin, BT-Drs. 13/685 v.
7. März 1995; *Galetti*, Der Bundestag als Bauherr in Berlin, S. 309 f.

62 Siehe dazu *Heurtin*, The Circle of Discussion and the Semicircle of Criticism; *Sauer*,
Der «Runde Tisch» und die Raumaufteilung der Demokratie. Eine politische Institution des Übergangs?, S. 112, 122 ff.

63 *Heurtin*, The Circle of Discussion and the Semicircle of Criticism.

64 Auf der ganzen Welt tagen nur elf nationale Parlamente in Kreisform (Jordanien, Le-
sotho, Liechtenstein, Mikronesien, Saint Lucia, Samoa, Senegal, Sierra Leone, Slowe-
nien, Solomoninseln, Usbekistan); vgl. *Mulder van der Vegt/Cohen de Lara*, XML –
Parliament, S. 18 f., 417 f. Hingegen ist die Kreisform auf völkerrechtlicher Ebene für
die Tagungsräume der Räte internationaler Organisationen durchaus gebräuchlich,
um die souveräne Gleichheit der am runden Tisch vertretenen Staaten auszudrücken,
etwa im UN-Sicherheitsrat: *Wefing*, Parlamentsarchitektur, S. 189 f.

65 Siehe näher dazu *Götze*, Das Parlamentsgebäude, S. 86 f. Die Rednertribüne war allerdings in Darmstadt in wenig zweckmäßiger Weise links neben der Regierungsbank
aufgestellt und wurde auch im Vormärz noch regelmäßig benutzt; vgl. dazu *von Wickede*, Vergleichende Charakteristik der Ständeversammlungen, S. 302. Später blieb sie
hingegen ungenutzt, weil die Abgeordneten vom Platz sprachen: *Wagner/Wallot*,
Handbuch der Architektur, S. 43.

66 Dieses Problem hatte etwa im preußischen Abgeordnetenhaus nach 1848/49 dazu geführt, dass man vor der Regierungsbank nachträglich einige Abgeordnetenbänke auf-
stellte, auf denen die Abgeordneten des «Zentrums» Platz nahmen, die weder auf der
rechten noch auf der linken Seite des Hauses sitzen wollten: *Grünthal*, Parlamentarismus in Preußen 1848/49–1857/58, S. 388. Zu den damaligen preußischen Sitzarrangements vgl. in diesem Buch S. 79 f.

67 Zur Ausgestaltung: *Wefing*, Parlamentsarchitektur, S. 186; *Burckhardt*, Das Parlament
und seine Sprache, S. 265; zum Wunsch Kohls: *Conradi* (SPD), Rede vom 9. März
1995, BT-Plenarprotokoll 13/24, 1658; *Sack*, Bonn leuchtet. Ähnlich ist es bis heute im
runden Plenarsaal des Landtags von Nordrhein-Westfalen; vgl. dazu *Jaeger*, Gehäuse
des Föderalismus. Neubauten deutscher Landtage nach 1949, S. 99.

68 *Wefing*, Parlamentsarchitektur, S. 193 ff.; *Ueding*, Im Gasthaus diskutiert man am besten. Vortragssaal oder Diskussionsforum: Wie die Form eines Plenums die Debattenkultur prägt.

69 Siehe zu den einzelnen Plenarsälen der deutschen Landesparlamente näher Schwan-
holz/Theiner (Hrsg.), Die politische Architektur deutscher Parlamente.

70 Siehe dazu in diesem Buch S153153.

VII.
Zur Rechten des Herrn

1 Vgl. allgemein *Fritsch*, Links und Rechts in Wissenschaft und Leben.

2 *De Wolf*, Sur une des formes les plus élémentaires de la symbolisation: les significations de la gauche et de la droite, S. 97 f., mit instruktiver Gegenüberstellung zur Unterscheidung von «oben» und «unten».

3 *Hall*, The Sinister Side. How Left-Right-Symbolism Shaped Western Art, S. 25 ff.

4 *Nussbaum*, Die Bewertung von Rechts und Links in der römischen Liturgie, S. 288 ff.;
   I. Müller, Frauen rechts. Männer links. Historische Platzverteilung in der Kirche,
   S. 71 ff. Die ältere Anordnung von Evangelien- und Epistelseite wurde beibehalten,
   als der Kirchenraum seit dem frühen Mittelalter zunehmend auf den Altar ausgerichtet wurde und die Kathedra aus der Apsis an die Wand auf der Evangelienseite
   rückte: *Keplinger*, Der Vorstehersitz, S. 141 ff. mit Fn. 664.

5 *Hertz*, La Prééminence de la Main Droite.

6 *Von Meyer*, Über den Ursprung von Rechts und Links; *Sattler*, Links und Rechts in
   der Wahrnehmung des Menschen. Zur Geschichte der Linkshändigkeit, S. 28 ff.;
   Chelhod, Contribution au problème de la prééminence de la droite, d'après le témoignage arabe, S. 536 ff.

7 *Heimpel*, Sitzordnung und Rangstreit auf dem Basler Konzil, S. 2 f.

8 *Hengel*, «Setze Dich zu meiner Rechten!». Die Inthronisation Christi zur Rechten
   Gottes und Psalm 110,1; *Deitmaring*, Die Bedeutung von Rechts und Links in theologischen und literarischen Texten bis um 1200, S. 278 ff.

9 *Deitmaring, ebd.*, S. 279 f.; *Frauenfelder*, Rechts und links in der Symbolik der mittelalterlichen Kunst.

10 *Goetz*, Der «rechte» Sitz. Die Symbolik von Rang und Herrschaft im Hohen Mittel-
    alter im Spiegel der Sitzordnung, S. 21 ff.

11 *Goetz, ebd.*, S. 21 ff.; *Raschke*, Die Erfindung von Links/Rechts als politisches Rich-
    tungsschema, S. 197.

12 Dazu *Münkler*, Politische Bilder, Politik der Metaphern, S. 50 ff.

13 Siehe dazu am Beispiel des Sitzungssaals der zweiten badischen Kammer im Karls-
    ruher Ständehaus S. 83 ff. ff. in diesem Buch.

14 *Goodsell*, The Architecture of Parliaments, S. 294; vgl. auch *ders.*, The Social Meaning
    of Civic Space, S. 73 ff.

15 Vgl. dazu für Preußen *Grünthal*, Parlamentarismus in Preußen 1848/49–1857/58,
    S. 388; für die Niederlande bis 1992: *Hoetink/Kaal*, Designed to Represent: Parlia-
    mentary Architecture, Conceptions of Democracy, and Emotions in the Postwar
    Netherlands, S. 28. Zu den entsprechenden Sitzarrangements näher bereits in diesem
    Buch S. 80 ff.

16 Siehe dazu in diesem Buch S. 54.

17 *De Waresquiel*, Penser la Restauration 1814–1830, S. 133 ff.; *Mönch*, Der politische
    Wortschatz der französischen Restauration in Parlament und Presse, S. 54 ff.; *Gau-
    chet*, La Droite et la Gauche, S. 402 ff.

18 Dazu *Wheare*, Legislatures, S. 10 f., mit Hinweis auf Ausnahmen wie Schweden und

Norwegen, wo die Abgeordnetensitze im Plenum nicht nach politischen Richtungen vergeben werden, sondern unabhängig von der politischen Orientierung nach den jeweiligen Wahlkreisen; vgl. auch *Patterson*, Party Opposition in the Legislature: The Ecology of Legislative Institutionalization. In Deutschland geschah die Einnahme der Sitzplätze entsprechend den politischen Richtungen erstmals 1843 in der zweiten badischen Kammer: *Kramer*, Fraktionsbindungen in den deutschen Volksvertretungen 1819–1849, S. 50 ff.

19 Vgl. *Raschke*, Die Erfindung von Links/Rechts als politisches Richtungsschema, S. 200 f.

20 Nicht zufällig entwickelten ausgerechnet einige der legitimistischen «Ultras» auch als Erste die moderne Leitidee eines parlamentarischen Regierungssystems: *Corciulo*, La Chambre introuvable et les principes du régime parlementaire; *Gunn*, When the French Tried to be British. Party, Opposition, and the Quest for Civil Disagreement 1814–1848, S. 130 ff.

21 So etwa *Laponce*, Left and Right, S. 47 ff.; *Oberreuter*, Sitzordnung, S. 447.

22 *Gauchet*, La Droite et la Gauche, S. 396 ff., spricht deshalb zu Recht von einem «faux départ»; zu den Gründen für das rasche Verblassen der Links-Rechts-Unterscheidung in Frankreich schon während der Revolutionsjahre zusammenfassend *Scherer*, Links und rechts im Wandel, S. 43 ff. Als gesellschaftlich-politische Unterscheidung etablierte sich der Links-Rechts-Gegensatz in Frankreich sogar erst unter der Dritten Republik um 1900: *Crapez*, De quand date le clivage Gauche/Droite en France?

23 Zutreffend betont bei *Manow*, Der demokratische Leviathan, S. 329 f.

24 Siehe dazu in diesem Buch S. 54.

25 Diese Mitte war denn auch schon unter der französischen Restauration für die Mehrheitsverhältnisse im Palais Bourbon entscheidend: *Gauchet*, La Droite et la Gauche, S. 403 ff.; vgl. dazu auch die diesbezüglichen Kontroversen am Beginn der Fünften Republik: *Heurtin*, L'espace public parlementaire, S. 170 ff.

26 Siehe dazu in diesem Buch S. 95 ff.

27 *Riedl*, Ideen aus Karton. Drei Modelle zum Plenarsaal des Wiener Parlaments, S. 46 ff., 110 ff. Der Bundeskanzler teilte dem Nationalratspräsidenten als ausdrücklichen Wunsch der Bundesregierung mit, «daß es bei der bisherigen Tradition, d. h. bei der ungeteilten Ministerbank vor dem Präsidium, so wie dies im großen Parlamentssitzungssaal [also dem Sitzungssaal des früheren Abgeordnetenhauses des Reichsrats in der Habsburgermonarchie] der Fall ist, bleiben möge»: Brief von Bundeskanzler Julius Raab an den Präsidenten des Nationalrats v. 18. Mai 1955 (Az. Zl. 3771- PrM/55).

28 Zur österreichischen Regierungsbank siehe näher in diesem Buch, S. 23 f., 169 ff.

29 Siehe dazu näher Kapitel VIII.

30 *Petrzik*, Der neue Plenarsaal des Bayerischen Landtags – hell, modern, funktional, S. 35.

31 *Fritsch*, Das Lokal des Preußischen Herrenhauses, S. 284.

32 *Von Bargen/Zapf*, Das Hamburger Rathaus, S. 38 f.

33 Siehe dazu näher in diesem Buch S. 149 ff.

34 *Burckhardt*, Das Parlament und seine Sprache, S. 270 Fn. 46; *Henkels*, Die Regierungsbank. Ein halbes Hundert Stühle, schwarzes Holz und grünes Leder.

35   Zum räumlichen Arrangement der Vereidigungen im Bundestag: *S. Schönberger*, Der Plenarsaal als Ort des Gedenkens, S. 463 f.

36   Dazu *Goodsell*, The Social Meaning of Civic Space, S. 94 f.

37   Plastische Beschreibung für den Reichstag des Norddeutschen Bundes, wo die räumliche Nähe zwischen Regierungsbank und rechter Seite des Hauses durch die damalige Klassenzimmeranordnung der Abgeordnetenplätze im Sitzungssaal des preußischen Herrenhauses noch zusätzlich begünstigt wurde: *Robolsky*, Der Deutsche Reichstag, S. 29.

38   So der Vorschlag des SPD-Abgeordneten und langjährigen Vorsitzenden des Geschäftsordnungsausschusses Heinrich Ritzel, wiedergegeben in: *Rapp*, Der Bundestag sitzt nicht eng genug. Stimmen und Argumente zum Umbau des Plenarsaales.

39   Zur Neutralität des Amts des Parlamentspräsidenten, die freilich wegen dessen gleichzeitiger Eigenschaft als gewählter Abgeordneter strukturell prekär ist: *Partsch*, Die Wahl des Parlamentspräsidenten, S. 31 ff. Die entsprechende Neutralitätspflicht wird besonders deutlich in den Vorschriften über die Sitzungsleitung formuliert; vgl. § 7 Abs. 1 Satz 2 Geschäftsordnung des Deutschen Bundestages: «Er [der Präsident] [...] leitet die Verhandlungen gerecht und unparteiisch».

40   *S. Schönberger*, Der Plenarsaal als Ort des Gedenkens, S. 457 ff.

41   *Merk*, Neue Sitzordnung der Bundesregierung im Bundestag?, S. 603.

42   Siehe dazu näher in diesem Buch S 138 138.

43   *Hereth*, Die parlamentarische Opposition in der Bundesrepublik Deutschland, S. 46.

44   Plastische Kritik daran für den Plenarsaal im Bonner Bundeshaus bereits bei *Pfleiderer*, Ein weiter Weg zur Rednertribüne. Kritik am Plenarsaal des Bundestages: Ein Theatersaal, kein Diskussionsraum; *Dill*, Der Parlamentarier Eduard Lasker und die parlamentarische Stilentwicklung der Jahre 1867–1884, S. 24; zur ähnlichen Kritik im Kaiserreich siehe in diesem Buch S. 101 f.

45   Das galt vor allem für die linksliberalen Regierungskritiker, die von ihren Plätzen der linken Mitte aus diagonal hinüber zur Regierungsbank sprechen konnten. Siehe zum Ganzen bereits in diesem Buch S. 102 f.

46   Die Geschäftsordnung des Deutschen Bundestages sieht in § 34 zum «Platz des Redners» vor: «Die Redner sprechen von den dafür bestimmten Saalmikrofonen oder vom Rednerpult aus.»

47   Siehe dazu näher in diesem Buch S. 182 f.

VIII.
Wenige unter Vielen

1   Eine Zahl von sechzehn Mitgliedern war seit den siebziger Jahren – von der Zeit der Wiedervereinigung abgesehen – konstant, während die Kabinette der frühen Bundesrepublik noch etwa 20 Mitglieder hatten: *Kaja*, Ministerialverfassung und Grundgesetz, S. 381 ff.; *Oldiges*, Die Bundesregierung als Kollegium, S. 432. Das seit Dezember 2021 amtierende Kabinett Scholz hat siebzehn Mitglieder.

2   Die gesetzliche Regelgröße des Bundestages (598 Abgeordnete) wird aus Gründen des Wahlrechts regelmäßig erheblich überschritten.

3 Zur Doppelrolle der Minister als Mitglieder des Kollegialorgans Bundesregierung und Behördenchefs zusammenfassend *Kölble*, Die Ministerialverwaltung im parlamentarisch-demokratischen Regierungssystem des Grundgesetzes.

4 Italien: 22; Österreich: 18; Portugal: 15; Niederlande: 14. Die jeweilige Zahl der Plätze wurde ermittelt nach den Plenarsaaldarstellungen für die jeweiligen Länder in: *Mulder van der Vegt/Cohen de Lara*, XML – Parliament, S. 191, 45, 303, 271, bzw. für Österreich: *Universität für angewandte Kunst*, Der Plenarsaal des Österreichischen Nationalrats im Parlament, S. 78 Fn. 170. Nach freundlicher Auskunft von Frau Diplomingenieurin Andrea Schenk, Parlamentsdirektion Wien, können die 18 Plätze in Österreich je nach der Größe des Kabinetts räumlich auf bis zu 22 Plätze aufgestockt werden. In den Plenarsälen, in denen die Regierung in den ersten Abgeordnetenreihen Platz nimmt, liegt die Zahl erst recht nicht höher.

5 Zur Zahl der Plätze in Japan vgl. den Sitzplan bei *Mulder van der Vegt/Cohen de Lara*, XML – Parliament, S. 195; zu deren Nutzung: Secretariat of the House of Representatives (Hrsg.), The National Diet of Japan. The House of Representatives, Sp. 8; zur Vorbildfunktion des Reichstags für das japanische Plenardesign siehe bereits S. 104 ff. in diesem Buch.

6 Dazu *Blondel*, Cabinets in Western Europe, S. 8 f.; *Schnapp*, Ministerialbürokratien in westlichen Demokratien: eine vergleichende Analyse, S. 242. Vor dem Ersten Weltkrieg hatte diese Zahl international bei etwa zehn Kabinettsmitgliedern gelegen (*Blondel*, ebd., S. 8), in Deutschland war das auch noch in der Zeit der Weimarer Republik der Fall: *Pünder*, Das Schaltwerk von Politik und Verwaltung im Reich, in der Bizone und im Bund. Reichskanzlei Berlin – Direktorialkanzlei Frankfurt – Bundeskanzleramt Bonn, S. 4.

7 Zur verwaltungsmäßigen Anmutung des Plenarsaals: *Rauterberg*, Der deutsche Kummerkasten.

8 Reichstagsbericht. Aus Berlin, 22. Oktober, in: Im Neuen Reich I (1871), Bd. 2, S. 667–670 (667).

9 Dazu *Clauß*, Der Staatsbeamte als Abgeordneter in der Verfassungsentwicklung der deutschen Staaten, S. 170 ff., 176 f. Auf Reichsebene lagen die Dinge allerdings durch die Verknüpfung von Reichsleitung und Bundesrat anders, weil die Reichsverfassung von 1871 die gleichzeitige Mitgliedschaft in Bundesrat und Reichstag verbot (Art. 9 Satz 2 RV). Die Reichsverfassung sah überdies vor, dass das Abgeordnetenmandat erlosch, wenn ein Abgeordneter ein besoldetes Staatsamt annahm (Art. 21 Abs. 2 RV). Diese verfassungsrechtliche Situation erschwerte noch die Parlamentarisierung im Oktober 1918 erheblich; zusammenfassend dazu *Fauser*, Die Stellung der Regierungsmitglieder und ihrer Vertreter im Parlament, S. 19 f.

10 *Fauser*, Die Stellung der Regierungsmitglieder und ihrer Vertreter im Parlament, S. 6 f.

11 *Schönfeld*, Das Zitier-, Zutritts- und Rederecht des Artikels 43 Grundgesetz, S. 12, 18 ff.

12 *Fraenkel*, Historische Vorbelastungen des deutschen Parlamentarismus, S. 38 ff.

13 Dazu *Ellwein*, Das Erbe der Monarchie in der deutschen Staatskrise, S. 321; *Eschenburg*, Die improvisierte Demokratie, S. 20 f.

14 *Herzog*, Relikte des konstitutionellen Verfassungswesens im Grundgesetz, S. 87, 89; *Hintze*, Die Entstehung der modernen Staatsministerien, S. 106 f., mit Kontrastierung

zur britischen Entwicklung; anschaulich dazu für die schwierige Stellung der preußischen Regierung, des sogenannten «Staatsministeriums», in der Zeit der konstitutionellen Monarchie: E. *Klein*, Funktion und Bedeutung des preußischen Staatsministeriums.

15 *Böckenförde*, Die Organisationsgewalt im Bereich der Regierung, S. 169 f.

16 Siehe dazu S. 95 ff. ff. in diesem Buch.

17 *M. Weber*, Parlament und Regierung im neugeordneten Deutschland, S. 449 ff.

18 *Eschenburg*, Die Richtlinien der Politik im Verfassungsrecht und in der Verfassungswirklichkeit, S. 194 ff.; *Ritter*, Deutscher und britischer Parlamentarismus, S. 46 ff.; *Köttgen*, Das deutsche Berufsbeamtentum und die parlamentarische Demokratie, S. 51 ff.

19 Früh und klar diagnostiziert bei *Böckenförde*, Die Organisationsgewalt im Bereich der Regierung, S. 170 ff., mit instruktiver Kontrastierung zur englischen Regierungsorganisation; *Hüttl*, Institutionelle Schwächen des deutschen Kabinettsystems. Das gilt trotz durchaus nicht unbeträchtlicher förmlicher Befugnisse der Bundesregierung als Kollegialorgan; zu diesen *Oldiges*, Die Bundesregierung als Kollegium, S. 151 ff.

20 *Guilleaume*, Das Ressortprinzip, S. 329 f.

21 *Schöne*, Von der Reichskanzlei zum Bundeskanzleramt, S. 181 ff.; *Knoll*, Das Bonner Bundeskanzleramt. *Busse*, Bundeskanzleramt und Bundesregierung.

22 *Rudzio*, Informelles Regieren; *Miller*, Der Koalitionsausschuss.

23 Plastisch zeitgenössisch *Rapp*, Der Bundestag sitzt nicht eng genug. Stimmen und Argumente zum Umbau des Plenarsaales; vgl. auch: *Pfleiderer*, Ein weiter Weg zur Rednertribüne. Kritik am Plenarsaal des Bundestages: Ein Theatersaal, kein Diskussionsraum; *Schönfeld*, Das Zitier-, Zutritts- und Rederecht des Artikels 43 Grundgesetz, S. 103 ff.

24 *Zimmermann*, Rationalisierung im Deutschen Bundestag: Plenarsaal wird umgebaut.

25 *Genscher* (FDP), Rede v. 27. März 1969, BT-Plenarprotokoll 5/225, 12366 f.

26 § 15 Gemeinsame Geschäftsordnung der Reichsministerien. Besonderer Teil (GGO II), 2. Ausgabe 1929.

27 § 3 Gemeinsame Geschäftsordnung der Bundesministerien (GGO II) in der Fassung der Bekanntmachung v. 15. Oktober 1976 (GMBl., S. 550).

28 Anschauliche Schilderung bei *Henkels*, Die Regierungsbank. Ein halbes Hundert Stühle, schwarzes Holz und grünes Leder.

29 Plastisch zum Kontrast schon *Hennis*, Der Deutsche Bundestag 1949–1965, S. 36.

30 § 15 Abs. 1 Gemeinsame Geschäftsordnung der Reichsministerien. Besonderer Teil (GGO II), 2. Ausgabe 1929.

31 Artikel 43 Abs. 2 Grundgesetz: «Die Mitglieder des Bundesrates […] sowie ihre Beauftragten haben zu allen Sitzungen des Bundestages und seiner Ausschüsse Zutritt. Sie müssen jederzeit gehört werden.»

32 Sehr klar dazu schon am Anfang der Weimarer Republik *Wittmayer*, Kritische Vorbetrachtungen zur neuen Reichsverfassung, S. 394 ff.

33 Dazu *Clostermeyer/Exo*, Bundesstaatsprinzip und parlamentarische Debatte: Zu den Beteiligungsrechten des Bundesrates im Bundestag, S. 213 f.

34 Prägnant herausgearbeitet bei *Wilke/Schulte*, Der Bundestag als Forum des Bundesrates.

35 Zur Statistik der Wortmeldungen von Bundesratsmitgliedern im Bundestag siehe *Schindler*, Deutscher Bundestag 1976–1994: Parlaments- und Wahlstatistik, in: Zeitschrift für Parlamentsfragen 26 (1995), S. 551–566 (564); Datenhandbuch zur Geschichte des Deutschen Bundestages, Kapitel 7.8.: Wortmeldungen von Bundesratsmitgliedern, Onlineausgabe, Stand: 3. Januar 2018.

36 Dazu bereits *Löbe*, Reichstag und Bundestag, S. 381; *Loewenberg*, Parlamentarismus im politischen System der Bundesrepublik Deutschland, S. 57; *Henkels*, Die Regierungsbank. Ein halbes Hundert Stühle, schwarzes Holz und grünes Leder.

37 *Kiep* (CDU/CSU), Rede v. 27. März 1969, Plenarprotokoll 5/225, 12376.

38 *Lehmbruch*, Parteienwettbewerb im Bundesstaat, S. 147 ff.; *Schneider*, Gastredner im Bundestag.

39 *Brössler*, Und jetzt seid ihr dran; *Brössler/von Bullion/Rossbach/Szymanski*, Chronik eines angekündigten Scheiterns.

40 Vgl. dazu die aus Anlass der Bundestagauftritte Kohls im Vorfeld der Bundestagswahl 1976 geführte Kontroverse zwischen Claus Arndt und Winfried Steffani: *Arndt*, Zum Rederecht der Mitglieder des Bundesrates im Bundestag; *Steffani*, Zum Rederecht von Mitgliedern des Bundesrates im Bundestag. Ähnliches galt für einen Auftritt des Hamburger Innensenators Ronald Schill im Bundestag im Jahr 2002, der die Frage nach dem Umfang der sitzungsleitenden Befugnisse des Bundestagspräsidenten gegenüber Bundesratsrednern neu aufwarf: *Lang*, Zur Bindung der Mitglieder des Bundesrates und ihrer Beauftragten gemäß Artikel 43 Abs. 2 GG an die parlamentarische Ordnung des Deutschen Bundestages.

IX.
Unter der gläsernen Kuppel

1 Zur Plenararchitektur des Bundestages im Reichstagsgebäude: *Wefing*, Abschied vom Glashaus. Die architektonische Selbstdarstellung der Bundesrepublik im Wandel, S. 158 ff.; *Rauterberg*, Der deutsche Kummerkasten.

2 So beschrieb den Plenarsaal des Reichstags der Kaiserzeit zeitgenössisch der langjährige Berliner Korrespondent der Frankfurter Zeitung August Stein: *Stein*, Unsere Volksvertretung, wie sie ißt und trinkt, S. 99.

3 *Willemsen*, Das Hohe Haus, S. 113.

4 Beschlussempfehlung und Bericht des Ältestenrates: Gestaltung der Sitzanordnung im neuen Plenarsaal in Berlin, BT-Drs. 13/685 v. 7. März 1995; Beschluss des Bundestages vom 9. März 1995, BT-Plenarprotokoll 13/24, 1667; zugehörige Plenardebatte: BT-Drs. 13/685 v. 9. März 1995, 1655–1667; näher dazu und zur vorhergegangenen Diskussion in der Baukommission des Bundestages: *Galetti*, Der Bundestag als Bauherr in Berlin, S. 281 ff., 309 ff.

5 Siehe dazu schon S. 1288 in diesem Buch.

6 Beschlussempfehlung und Bericht des Ältestenrates: Gestaltung der Sitzanordnung im neuen Plenarsaal in Berlin, BT-Drs. 13/685 v. 7. März 1995; *Baumeister* (CDU/CSU), Rede vom 9. März 1995, BT-Plenarprotokoll 13/24, 1655 ff.

7 *Gentil Baldrich*, La tipología arquitectónica de las salas parlamentarias doceañistas:

una hipótesis de origen y significación, S. 315 ff., mit Hinweis auf die – durch entsprechende elliptische Kirchenbauten geprägten – ersten Verhandlungssäle der spanischen Cortes im frühen neunzehnten Jahrhundert; *Kapsch*, Building Washington, S. 169, 173 f., 176 f., 195. In Washington hatte der erste Architekt des Kapitols, William Thornton, für das Repräsentantenhaus eine elliptische Sitzordnung geplant und auch in dessen erstem provisorischen Sitzungssaal realisiert. Benjamin Latrobe veränderte später die endgültige Planung auch aus baustatischen Gründen hin zu einem Saal mit Anordnung der Plätze im Halbkreis.

8 Siehe dazu S. 122 ff.2 ff. in diesem Buch.

9 Siehe dazu die Reden von *Brigitte Baumeister* (CDU/CSU) einerseits, *Gerald Häfner* (BÜNDNIS 90/DIE GRÜNEN) andererseits, in der Bundestagsdebatte vom 9. März 1995, BT-Plenarprotokoll 13/24, 1656, 1661, 1662; zeitgenössische publizistische Kritik etwa bei *Monath*, Berliner Höhenluft für den Kanzler.

10 *Galetti*, Der Bundestag als Bauherr in Berlin, S. 282.

11 *Kansy*, Zitterpartie. Der Umzug des Bundestages von Bonn nach Berlin, S. 106.

12 Siehe dazu S. 1288 in diesem Buch.

13 Dass es jedenfalls nicht allein um architektonische Funktionalität ging, legt auch die damals in der Diskussion – folgenlos – bekundete Bereitschaft der Regierungsmehrheit nahe, auf die Erhöhung zu verzichten, die zugleich mit Vorwürfen an die Opposition einherging, diese argumentiere «ideologisch»; siehe dazu die Redebeiträge von *Brigitte Baumeister* (CDU/CSU) in der Bundestagsdebatte vom 9. März 1995, BT-Plenarprotokoll 13/24, 1656, 1662.

14 Ursprünglich hatte der Architekt graue Sitzbezüge vorgesehen, welche die im Plenarsaal vorherrschenden Grautöne aufnehmen sollten. Nach Kritik der Baukommission des Bundestages und des damaligen Bundeskanzlers Helmut Kohl, die sich frischere Farben wünschten, schlug Foster schließlich die blauen Bezüge vor, die es mit anderer Tönung auch bereits im Bonner Behnisch-Bau gegeben hatte: *Galetti*, Der Bundestag als Bauherr in Berlin, S. 324 f.; *Wefing*, Abschied vom Glashaus. Die architektonische Selbstdarstellung der Bundesrepublik im Wandel, S. 159.

15 Zur Entwicklungsgeschichte des Plenardesigns der Cortes siehe allgemein *Gentil Baldrich*, Tipología Architectónica de las Salas Parlamentarias. Sobre el simbolismo de la forma architectónica de las salas parlamentarias españolas y algunos ejemplos andaluces.

16 Der neuberufene liberale Ministerpräsident José Calatrava fand mit diesem Sitzarrangement eine Kompromisslösung. Die Verfassung von 1837 verzichtete auch darauf, Parlamentsmandat und Regierungsamt für unvereinbar zu erklären und sah allein vor, dass sich Abgeordnete bei der Annahme von Regierungsämtern einer erneuten Wahl stellen mussten: *Pazos*, Hacia la Consolidacion del regimen parlamentario en España: El Congreso del los Diputados en la Constitución de 1837, S. 97 ff.; *Gmelin*, Studien zur spanischen Verfassungsgeschichte des neunzehnten Jahrhunderts, S. 27 f., 59, 61. Die Regierungsmitglieder erhielten das Anwesenheits- und Rederecht und damit auch Sitzplätze in beiden Kammern. Mit der Wahl der blauen Farbe der spanischen Bourbonen wurde indes die Distanz zwischen den Kammern und der königlichen Regierung betont: *Comellas*, Historia de España contemporánea, S. 162. Zur spanischen Regierungsbank siehe auch den Epilog dieses Buches.

17 Abbildung bei *Hoetink/Kaal*, The Material Culture of Parliament, S. 24.

18 Vgl. dazu *W. Weber*, Parlamentarische Unvereinbarkeiten (Inkompatibilitäten), S. 180 f.

19 § 15 Abs. 4 Gemeinsame Geschäftsordnung der Reichsministerien. Besonderer Teil (GGO II), 2. Ausgabe 1929.

20 § 3 Gemeinsame Geschäftsordnung der Bundesministerien (GGO II) in der Fassung der Bekanntmachung v. 15. Oktober 1976 (GMBl., S. 550).

21 § 27 Abs. 2 Satz 1 Gemeinsame Geschäftsordnung der Bundesministerien (GGO) in der Fassung der Bekanntmachung v. 30. August 2000 (GMBl., S. 526).

22 Vgl. beispielhaft die Bekanntmachung der Regierungsbildung am 8. Dezember 2021 durch das Bundeskanzleramt vom 9. Dezember 2021, die als Anlage 2 den Beschluss der Bundesregierung vom 8. Dezember 2021 über die Liste der Bundesministerinnen und Bundesminister gemäß der amtlichen Reihenfolge bekannt macht: Bundesanzeiger Amtlicher Teil 10. Dezember 2021 B 1.

23 Vgl. *Münch*, Die Bundesregierung, S. 199 f.; Hoffmann (Bearbeiter), Die Bundesministerien 1949–1999, S. 12, 50 ff., 56, 58, mit Hinweis auf Unsicherheiten in der Bezeichnungsfrage in den Anfangsjahren der Bundesrepublik.

24 *Krüger*, Das Amt Blank: die schwierige Gründung des Bundesministeriums für Verteidigung.

25 Hoffmann (Bearbeiter), Die Bundesministerien 1949–1999, S. 12, 56, 59.

26 *Dr. Dr.h.c. Erhard, Stellvertreter des Bundeskanzlers*, und *Dr. Mommer (SPD)*, BT-Plenarprotokoll v. 13. Dezember 1961, 4/8, 146.

27 Siehe dazu S. 1466 in diesem Band.

28 Art. 43 Abs. 2 Grundgesetz: «Die Mitglieder [...] der Bundesregierung sowie ihre Beauftragten haben zu allen Sitzungen des Bundestages und seiner Ausschüsse Zutritt. Sie müssen jederzeit gehört werden.»

29 *Schröder*, in: Bonner Kommentar zum Grundgesetz, Art. 43 GG, Stand: 134. Akualisierung, Juni 2008, Rdnr. 58 f.

30 Nach dem Geschäftsordnungsrecht konnten die Regierungsvertreter in Preußen und im Reich vor 1918 sogar verlangen, dass ihren «Assistenten» das Wort erteilt wurde, § 44 Satz 2 Geschäftsordnung für das Haus der Abgeordneten (Preußen), § 43 Satz 2 Geschäftsordnung für den Deutschen Reichstag; vgl. dazu *Plate*, Die Geschäftsordnung des Preußischen Abgeordnetenhauses, ihre Geschichte und ihre Anwendung, unter Berücksichtigung der Geschäftsordnung und der Gewohnheiten des Deutschen Reichstages, § 44 Nr. 10. «Assistenten» waren nach damaligem Verständnis nicht ausdrücklich durch Schreiben an den Parlamentspräsidenten zu Regierungsvertretern ernannte Staatsbeamte, deren Anwesenheit im Plenarsaal man voraussetzte.

31 Zur Stellung der Ministerialbeamten im Plenarsaal *Fauser*, Die Stellung der Regierungsmitglieder und ihrer Vertreter im Parlament, S. 30. Nach der Hausordnung des Bundestages haben während der Sitzungen Zutritt zum Plenarsaal unter anderen die Mitglieder der Bundesregierung und deren Beauftragte sowie «auf Grund einer Einlasskarte zur Regierungs- oder Bundesratsbank Mitarbeiterinnen und Mitarbeiter der Regierungs- und Bundesratsmitglieder»; vgl. dazu § 3 Abs. 1 Nr. 1 b, Nr. 3 Hausordnung des Deutschen Bundestages in der Fassung der Bekanntmachung vom 7. August 2002, zuletzt geändert durch Bekanntmachung vom 29. Juni 2020.

32 Zur Regelung seiner Sitzordnung durch den Bundestag siehe *C. Schönberger*, Der rechte, rechte Platz ist leer.

33 Instruction Générale du Bureau de l'Assemblée Nationale vom 22. Juli 1959, zuletzt geändert am 3. August 2018, Titel III, Artikel 26, Abschnitt VII, Abs. 4: «Ils [die Regierungskommissare, d. V.] ne peuvent prendre place au banc du Gouvernement (deuxième rang) que sur demande du ministre intéressé.»

34 Siehe dazu bereits S. 139 f. 9 f. in diesem Band.

35 Vgl. *Ritzel/Bücker/Schreiner*, Handbuch, Vorbem. zu §§ 36–41 GOBT, Stand: Dezember 2011, Anmerkung 1c)hh) am Ende.

36 *Präsident D. Dr. Gerstenmaier*, BT-Plenarprotokoll v. 9. November 1962, 4/47, 2090 B.

37 *Schmidt-Jortzig*, Das rechtliche Fundament der Ministerkompatibilität unter dem Grundgesetz; rechtspolitische Kritik: *Meyer*, Die Stellung der Parlamente in der Verfassungsordnung des Grundgesetzes, Rdnr. 29 ff.; *von Münch*, Minister und Abgeordneter in einer Person: die andauernde Verhöhnung der Gewaltenteilung; *Epping*, Die Trennung von Amt und Mandat.

38 *Hess*, Zur Parlamentsmitgliedschaft der Minister; *Schmidt-Jortzig*, Die Bundestagszugehörigkeit der Bonner Minister.

39 Das entsprechende Video ist abrufbar unter: https://www.bundestag.de/mediathek? videoid=7523369#url=L21lZGlhdGhla292ZXJsYXk/dmlkZW9pZD03NTIzMzY Y 5&mod=mediathek, aufgerufen am 7. Februar 2022.

40 BT-Plenarprotokoll v. 21. Mai 2021, 19/231, 29702 f.

41 *Fauser*, Die Stellung der Regierungsmitglieder und ihrer Vertreter im Parlament, S. 83; *Ritzel/Bücker/Schreiner*, Handbuch, § 48 GOBT, Stand: September 2013, Anmerkung 2d.

42 *Fauser*, Die Stellung der Regierungsmitglieder und ihrer Vertreter im Parlament, S. 79 ff.; *Ritzel/Bücker/Schreiner*, Handbuch, Vorbem. zu §§ 36–41 GOBT, Stand: Dezember 2011, Anmerkung 1c)hh).

43 *Kauder* (CDU/CSU), Rede am 5. September 2017, BT-Plenarprotokoll 18/245, 25277. In der Praxis wird diese informelle Regel für Zwischenrufe aber durchaus immer wieder durchbrochen; siehe dazu sogleich im Text.

44 Anschaulich dazu *Sternberger*, Gewaltenteilung und parlamentarische Regierung in der Bundesrepublik Deutschland, S. 23 f.; *Loewenberg*, Parlamentarismus im politischen System der Bundesrepublik Deutschland, S. 460; *Schmidt-Jortzig*, Die Pflicht zur Geschlossenheit der kollegialen Regierung, S. 41 f.

45 Zur staatsrechtlichen Diskussion siehe zusammenfassend *Blum*, Leitungsorgane, Rdnr. 27 ff. (dort auch zur teilweise abweichenden Rechtslage in den Ländern).

46 Dafür schon in der Weimarer Zeit *Hatschek*, Deutsches und Preußisches Staatsrecht, Bd. 1, S. 439, mit Hinweis auf die damalige französische und englische Rechtslage.

47 Vgl. dazu ebenfalls bereits in der Weimarer Zeit *von Brentano*, Die Rechtsstellung des Parlamentspräsidenten nach deutschem Verfassungs- und Geschäftsordnungsrecht, S. 69 Fn. 177 mit Nachweisen.

48 Nach einer Auslegungsentscheidung des Geschäftsordnungsausschusses des Bundestages von 1997 sind die förmlichen Ordnungsmaßnahmen nach der Geschäftsordnung gegenüber dem nach Art. 43 Abs. 2 GG anwesenheits- und zutrittsberechtigten Personenkreis nicht anwendbar, der amtierende Präsident kann diesem gegenüber aber im

Rahmen der Verhältnismäßigkeit vergleichbare Maßnahmen treffen: Auslegungsentscheidung 13/8 des Ausschusses für Wahlprüfung, Immunität und Geschäftsordnung
des Deutschen Bundestages v. 30. Januar 1997, abgedruckt in: *Ritzel/Bücker/Schreiner*,
Handbuch, Vorbem. zu §§ 36–41 GOBT, Stand: Dezember 2011, Anmerkung 2 b. Die
Anwendbarkeit der Ordnungsmaßnahmen der Geschäftsordnung auch gegenüber
Regierungsvertretern wird aber im juristischen Schrifttum von einer im Vordringen
befindlichen Ansicht mit sehr beachtlichen Gründen vertreten; vgl. nur *Röper*, Parla-
mentarische Ordnungsmaßnahmen gegenüber Regierungsmitgliedern; *Schmidt*, Die
Geschäftsordnungen der Verfassungsorgane als individuell-abstrakte Regelungen des
Innenrechts, S. 614 f.

49 *Ritzel/Bücker/Schreiner*, Handbuch, Vorb. zu §§ 36–41 GOBT, Stand: Dezember
    2011, Bem. 2 b, § 41 GOBT, Bem. I d; *Lang*, Zur Bindung der Mitglieder des Bundes-
    rates und ihrer Beauftragten gemäß Artikel 43 Abs. 2 GG an die parlamentarische
    Ordnung des Deutschen Bundestages, S. 303; zur entsprechenden Praxis des Reichs-
    tags der Kaiserzeit siehe S. 99 f. in diesem Buch.

50 *Vizepräsident Dr. Becker*, BT-Plenarprotokoll v. 19. Februar 1960, 3/104, 5643.

51 *Fritsch/Jacobsthal*, Für das Haus des deutschen Reichstages, S. 12.

52 Dazu *Burckhardt*, Zwischen Monolog und Dialog. Zur Theorie, Typologie und Ge-
    schichte des Zwischenrufs im deutschen Parlamentarismus, S. 29 ff.

53 Anschaulich dazu *Kirst*, «Vor allem der Politikus gönnt sich der Rede Vollgenuß». Der
    Redner, die Rede und das Parlament, S. 8.

54 *Schmidt, Bundeskanzler*, BT-Plenarprotokoll v. 11. Dezember 1974, 7/135, 9251, 9255.

55 BT-Plenarprotokoll v. 4. Februar 1988, 11/58, 3982. Es ging dort um einen umstrittenen
    Besuch des bayerischen Ministerpräsidenten Franz Josef Strauß im Südafrika der
    Apartheid-Zeit.

56 Zur irritierenden Wirkung derartiger pejorativer Gesten im Plenum allgemein *Kirst*,
    «Vor allem der Politikus gönnt sich der Rede Vollgenuß». Der Redner, die Rede und
    das Parlament, S. 8.

57 *Goetz*, Klage, S. 48.

58 Die österreichische Version der Regierungsbank stammt ursprünglich aus den beiden
    Sälen für die Kammern des Reichsrats der österreichischen Hälfte der Doppelmonar-
    chie. Der Grundriss der Säle im von Theophil Hansen 1874–1883 errichteten Parla-
    mentsgebäude an der Wiener Ringstraße findet sich in: *Wagner/Wallot*, Handbuch
    der Architektur, S. 33; zur Prägung der dortigen Regierungsbank durch die Epoche
    der konstitutionellen Monarchie: *Brauneder*, Deutsch-Österreich 1918. Die Republik
    entsteht, S. 179; zeitgenössische Kritik dieser Anordnung der Regierungsplätze:
    Fritsch, Der Hansen'sche Entwurf zu dem Oesterreichischen Parlamentshause in
    Wien, S. 264.

59 *S. S.*, Sitzungssaal im Österreichischen Parlament, in: Bau- und Architekturzeitschrift
    11 (1956), S. 170–176; *Riedl*, Ideen aus Karton. Drei Modelle zum Plenarsaal des Wie-
    ner Parlaments, S. 110 ff.

60 *Kühn*, Die Regierung nicht mehr im Genick.

61 Mündliche Auskunft von Frau Diplomingenieurin Andrea Schenk, Parlamentsdirek-
    tion, Wien; siehe dazu auch *Kühn*, ebd., S. 11: «eine Verbesserung, immerhin: Bisher
    saß die Regierung dem Redner ja im Genick.»

62 Zum italienischen Plenararrangement und dem Kontrast zur österreichischen Situation siehe bereits S. 23 f. f. in diesem Band.

63 *Wirth*, «Ist der Bundesregierung bekannt ...?»

64 *Henkels*, Statisten auf parlamentarischer Bühne.

65 *Schindler*, Die Fragestunde des Deutschen Bundestages, S. 414 f., 418.

66 *Vizepräsident Dr. Jaeger*, Erklärung zur Fragestunde vom 11. November 1959, BT-Plenarprotokoll 3/89, 480; Mikrofone für die Minister, in: Deutsche Zeitung und Wirtschaftszeitung v. 4. November 1959, S. 2.

67 Dazu *Fauser*, Die Stellung der Regierungsmitglieder und ihrer Vertreter im Parlament, S. 131 mit Fn. 1.

68 *S. Schönberger*, Der Plenarsaal als Ort des Gedenkens, S. 461.

69 Zum Vergleich: *Baddenhause-Lange*, Die «Question Period» im kanadischen Unterhaus, die Befragung der Bundesregierung im Deutschen Bundestag und die «Questions au Gouvernement» in der französischen Nationalversammlung; *Hierlemann/Sieberer*, Sichtbare Demokratie. Debatten und Fragestunden im Deutschen Bundestag.

70 *Fauser*, Die Stellung der Regierungsmitglieder und ihrer Vertreter im Parlament, S. 124 f.

71 *Stüwe*, Die Rede des Kanzlers. Regierungserklärungen von Adenauer bis Schröder.

72 *C. Schönberger*, Die Befragung der Bundesregierung durch den Deutschen Bundestag.

73 *Fried*, Sonst ist aber alles ok.

74 § 106 Abs. 2 Geschäftsordnung des Deutschen Bundestages mit Anlage 7 Nr. 7.

75 Treffend nach wie vor *Loewenberg*, Parlamentarismus im politischen System der Bundesrepublik Deutschland, S. 453 ff.

76 *Gärditz*, Die Reform der Regierungsbefragung im Deutschen Bundestag, S. 1305.

77 Formulierung bei *Meinel*, Vertrauensfrage, S. 178.

78 Vgl. *Burckhardt*, Das Parlament und seine Sprache, S. 242 f., 270 f.

79 Fragestunde am 23. Februar 2011, BT-Plenarprotokoll 17/92, 10362 f. Zu Guttenbergs damaligem Auftritt in der Fragestunde siehe näher sogleich im Text.

80 Zur «Spiegel»-Affäre eingehend *Schoenbaum*, Ein Abgrund von Landesverrat; zu den entsprechenden Fragestunden *Schindler*, Die Fragestunde des Deutschen Bundestages, S. 427 ff.

81 Das ist eingehend aufgearbeitet im Einstellungsbeschluss des Leitenden Oberstaatsanwalts beim Landgericht Bonn in dem strafrechtlichen Ermittlungsverfahren wegen Amtsanmaßung und Freiheitsberaubung gegen Bundesminister a. D. Dr. h. c. Franz Josef Strauß (MdB), Präsident Volkmar Hopf und Oberst Achim Oster vom 2. Juni 1965, abgedruckt in: Grosser/Seifert (Hrsg.), Die Staatsmacht und ihre Kontrolle, S. 563 ff., 565 ff.

82 Treffend dazu zeitgenössisch *Eschenburg*, Die Affäre: Eine Analyse, S. 9 ff.; Apologieversuch: *Möller*, Franz Josef Strauß, S. 265 ff.

83 Fragestunde am 17. Januar 2001, BT-Plenarprotokoll 14/142, 13896.

84 Fragestunde am 23. Februar 2011, BT-Plenarprotokoll 17/92, 10366; vgl. dazu *Fried*, Doktor Guttenberg und die Quadratur des Kreises.

85 O. Lepsius/Meyer-Kalkus (Hrsg.), Inszenierung als Beruf. Der Fall Guttenberg.

86 *Pfleiderer*, Ein weiter Weg zur Rednertribüne. Kritik am Plenarsaal des Bundestages: Ein Theatersaal, kein Diskussionsraum.

87 *Löbe*, Reichstag und Bundestag, S. 381.

88 S. *Schönberger*, Der Plenarsaal als Ort des Gedenkens, S. 442.

89 Siehe dazu S. 50 ff. ff. in diesem Band.

90 Zu dieser älteren und vordemokratischen Bedeutung von Repräsentation eindringlich *Hofmann*, Repräsentation, S. 38–190, mit Betonung der theologisch-sakramentalen, ästhetischen und absolutistischen Traditionslinien, die in diesem Repräsentationsverständnis aufgehoben sind: ebd., S. 24.

91 *Walter*, Oper. Geschichte einer Institution, S. 388.

92 Siehe dazu S. 149 ff. 9 ff. in diesem Band.

93 So etwa *Wefing*, Parlamentsarchitektur, S. 192 f.

94 Artikel 43 Abs. 1 Grundgesetz: «Der Bundestag und seine Ausschüsse können die Anwesenheit jedes Mitgliedes der Bundesregierung verlangen.»

95 Kritisch dazu schon *Löbe*, Reichstag und Bundestag, S. 381 f.

96 *Willemsen*, Das Hohe Haus, S. 88.

X.
Der Thron in uns

1 *Franke*, Vom Seniorenkonvent des Reichstages zum Ältestenrat des Bundestages; *Heer*, Parlamentsmanagement. Herausbildung- und Funktionsmuster parlamentarischer Steuerungsstrukturen in Deutschland vom Reichstag bis zum Bundestag.

2 *Trossmann*, Reichstag und Bundestag – Organisation und Arbeitsweise; *Zeh*, Altersschichten in der Geschäftsordnung des Deutschen Bundestages.

3 Dazu S. 1233 in diesem Band.

4 Dazu S. 60, 60, 68 in diesem Band.

5 *Schmidt-Jortzig*, Regierungskontrolle durch die Parlamentsmehrheit.

6 *C. Schönberger*, Die Befragung der Bundesregierung durch den Deutschen Bundestag, S. 177 ff.

7 Statt vieler: *Steffani*, Parlamentarische und präsidentielle Demokratie, S. 37 ff.; *Scheuner*, Die Lage des parlamentarischen Regierungssystems in der Bundesrepublik.

8 Hervorgehoben bereits bei *Oberreuter*, Sitzordnung, S. 447.

9 So plastisch *Varain*, Hat der Bundestag noch eine Chance? Bemerkungen zum parlamentarischen Selbstbewusstsein, S. 31.

10 Sehr treffend dazu *Le Divellec*, Le Gouvernement Parlementaire en Allemagne, S. 58 f., 251 f., 575.

11 *Herzog*, Relikte des konstitutionellen Verfassungswesens im Grundgesetz; *Meyer*, Die Stellung der Parlamente in der Verfassungsordnung des Grundgesetzes, Rdnr. 2 f., 18; *C. Schönberger*, Das Parlament: Geschichte einer europäischen Erfindung, Rdnr. 39 ff., 55, 59 ff.; *ders.*, Gibt es im Grundgesetz ein Erbe der Monarchie?

12 Zu den verschiedenen Varianten siehe bereits S. 21 ff. ff. in diesem Band.

13 *Patzelt*, Ein latenter Verfassungskonflikt? Die Deutschen und ihr parlamentarisches Regierungssystem; gleichsam naiv formuliert etwa auch bei *Willemsen*, Das Hohe Haus, S. 16, 156.

14 Anschaulich aus der Perspektive eines langjährigen Praktikers der Regierungsmacht: *de Maizière*, Regieren: Innenansichten der Politik.

15 Zusammenfassend *von Bogdandy*, Gubernative Rechtsetzung, S. 136 ff.

16 *Hereth*, Die Reform des Deutschen Bundestages, S. 33 ff.; vergleichend: *Döring*, Time as a Scarce Resource: Government Control of the Agenda; *Vintzel*, Les armes du gouvernement dans la procédure législative.

17 *Friedrich*, Anlage und Entwicklung des parlamentarischen Regierungssystems in der Bundesrepublik, S. 509 ff.; *Hereth*, Die Reform des Deutschen Bundestages, S. 24 ff.

18 *Lehmbruch*, Parteienwettbewerb im Bundesstaat, S. 14 ff.

19 Nach wie vor treffend dazu *Hereth*, Die Öffentlichkeitsfunktion des Parlaments.

20 Plastisch *Willemsen*, Das Hohe Haus, S. 20, 155, 216.

21 Entscheidungen des Bundesverfassungsgerichts (BVerfGE) 44, 125 – Öffentlichkeitsarbeit in Wahlkampfzeiten (1977); siehe dazu *Häberle*, Öffentlichkeitsarbeit der Regierung zwischen Parteien- und Bürgerdemokratie.

22 Bestandsaufnahmen mit unterschiedlicher Bewertung: *Payandeh*, Die Neutralitätspflicht staatlicher Amtsträger im öffentlichen Meinungskampf; *Kuch*, Politische Neutralität in der Parteiendemokratie.

23 Kritisch insoweit schon die Abweichende Meinung des Richters Joachim Rottmann, in: Entscheidungen des Bundesverfassungsgerichts (BVerfGE) 44, 125 (181 ff.) – Öffentlichkeitsarbeit in Wahlkampfzeiten (1977); *Gusy*, Parlamentarische oder «neutrale» Regierung? Eine Anfrage.

24 Mit derartigen Vorstellungen ist das überkommene Plenardesign noch in der Adenauerzeit gerechtfertigt worden: *Merk*, Neue Sitzordnung der Regierung im Bundestag?

25 *Ellwein*, Das Erbe der Monarchie in der deutschen Staatskrise, S. 313 ff.; *Fraenkel*, Historische Vorbelastungen des deutschen Parlamentarismus, S. 38 ff.; *Grosser*, Die Sehnsucht nach Harmonie: Historische und verfassungsstrukturelle Vorbelastungen der Opposition in Deutschland, S. 222.

26 *T. Mann*, Betrachtungen eines Unpolitischen, S. 247.

27 Zu diesen Prägungen und Eigenheiten des Reichstags siehe näher *C. Schönberger*, Die überholte Parlamentarisierung.

28 Die beste Analyse dazu bietet nach wie vor *Loewenberg*, Parlamentarismus im politischen System der Bundesrepublik Deutschland; vgl. dort insbesondere S. 57, 453 f., 460, 467 f., 508 ff.

29 Zum Kreis als Plenarsaalarchitektur siehe S. 124 ff. 4 ff. in diesem Band.

Epilog
Aufrecht

1 Zur spanischen Regierungsbank siehe S. 155 f. 5 f. in diesem Band.

2 Im heutigen Spanien tritt auf der Regierungsbank im Rahmen des Parteiensystems unter der Verfassung von 1978 bisher insofern jeweils ein Wechsel ein, als ein konservativer Ministerpräsident jeweils in der vordersten Reihe rechts außen Platz nimmt, ein sozialistischer hingegen links außen. Die Regierungsmitglieder haben auf diese Weise jeweils überwiegend die Abgeordneten ihres eigenen politischen Lagers hinter sich.

3 Zu den damaligen Ereignissen innerhalb und außerhalb des Plenarsaals: *Cercas*, Ana

tomie eines Augenblicks; zur Bedeutung des Königs bei der Abwehr des Putschver-
suchs: *Bernecker*, Die Rolle von König Juan Carlos, S. 162, 166 f.

4 Zitat: *Cercas*, Anatomie eines Augenblicks, S. 17.

5 *Enzensberger*, Die Helden des Rückzugs. Brouillon zu einer politischen Moral der
Entmachtung, S. 59.

6 *Cercas*, Anatomie eines Augenblicks, S. 41.

Bibliographie

Parlamentarische Drucksachen und Sitzungsprotokolle werden ausschließlich in den An-
merkungen zitiert. Anonyme oder lediglich mit einem Autorenkürzel versehene Beiträge
aus Zeitungen und Zeitschriften finden sich mit Titel und Fundstelle ebenfalls nur in den
Endnoten.

Abélès, Marc, Un ethnologue à l'assemblée, Paris 2000.

Afroukh, Mustapha, La portée du nouveau droit de message à la lumière de la déclaration du
Président de la République au Congrès du 22 juin 2009, in: Revue française de droit
constitutionnel Nr. 87 (2011), S. 1–23.

Agamben, Giorgio, Herrschaft und Herrlichkeit. Zur theologischen Genealogie von Ökono-
mie und Regierung, Berlin 2010.

Agulhon, Maurice, Marianne au pouvoir. L'imagerie et la symbolique républicaines de 1880 à
1914, Paris 1989.

Albertini, Rudolf von, Parteiorganisation und Parteibegriff in Frankreich 1789–1940, in:
Historische Zeitschrift 193 (1961), S. 529–600.

Als, Nicolas/Philippart, Robert L., La Chambre des Députés: Histoire et Lieux de Travail,
Luxemburg 1994.

Andeweg, Rudy B./Nijzink, Lia, Beyond the Two-Body Image: Relations between Ministers
and MPs, in: Herbert Döring (Hrsg.), Parliaments and Majority Rule in Western Europe, Frankfurt am Main 1995, S. 152–178.

Ando, Junko, Japan und die preußische Verfassung, in: Gerhard Krebs (Hrsg.), Japan und
Preußen, München 2002, S. 163–184.

Arndt, Adolf, Die Entmachtung des Bundestages, in: Die neue Gesellschaft 6 (1959), S. 431–
438.

Arndt, Adolf, Das zeitgerechte Parlamentsgebäude, in: Die neue Gesellschaft 9 (1962),
S. 429–438.

Arndt, Claus, Zum Rederecht der Mitglieder des Bundesrates im Bundestag, in: Zeitschrift
für Parlamentsfragen 7 (1976), S. 317–322.

Ascher Barnstone, Deborah, The Transparent State. Architecture and Politics in Postwar
Germany, London 2005.

Aulinger, Rosemarie, Ikonographie des Reichstags. Zur Darstellung der Ständeversammlung des Heiligen Römischen Reiches Deutscher Nation in bildlichen Quellen, in: Rainer A. Müller (Hrsg.), Bilder des Reiches, Sigmaringen 1997, S. 255–274.

Baddenhause-Lange, Heike, Die ‹Question Period› im kanadischen Unterhaus, die Befragung der Bundesregierung im Deutschen Bundestag und die ‹Questions au Gouverne-

ment› in der französischen Nationalversammlung, in: Zeitschrift für Parlamentsfragen 28 (1997), S. 29–45.

Baecque, Antoine de, From Royal Dignity to Republican Austerity. The Ritual for the Reception of Louis XVI. in the French National Assembly (1789–1792), in: The Journal of Modern History 66 (1994), S. 671–696.

Baranger, Denis, Parlamentarisme des Origines. Essai sur les conditions de formation d'un exécutif responsable en Angleterre (des années 1740 au début de l'âge victorien), Paris 1999.

Bargen, Susanne von / Zapf, Michael, Das Hamburger Rathaus, Hamburg 2012.

Barthélémy, Joseph, L'introduction du régime parlementaire en France sous Louis XVIII et Charles X, Paris 1904.

Barthes, Roland, Das Reich der Zeichen (1970), Frankfurt am Main 1981.

Bastid, Paul, Les institutions politiques de la monarchie parlementaire française 1814–1848, Paris 1954.

Becht, Hans-Peter, Badischer Parlamentarismus 1819–1870. Ein deutsches Parlament zwischen Reform und Revolution, Düsseldorf 2009.

Bellot, Hugh H. L., Some Early Law Courts and the English Bar, in: Law Quarterly Review 38 (1922), S. 168–184.

Benjamin, Walter, Das Kunstwerk im Zeitalter seiner technischen Reproduzierbarkeit (1936), in: *ders.*, Das Kunstwerk im Zeitalter seiner technischen Reproduzierbarkeit, Berlin 1963.

Bennion, Francis, Modern Royal Assent Procedure at Westminster, in: Statute Law Review 3 (1981), S. 133–147.

Bernecker, Walther R., Die Rolle von König Juan Carlos, in: ders. / Carlos Collado Seidel (Hrsg.), Spanien nach Franco. Der Übergang von der Diktatur zur Demokratie 1975–1982, München 1993, S. 150–170.

Besch, Johann Christoph, Rederecht und Redeordnung, in: Hans-Peter Schneider / Wolfgang Zeh (Hrsg.), Parlamentsrecht und Parlamentspraxis in der Bundesrepublik Deutschland. Ein Handbuch, Berlin 1989, § 33.

Beyer, Andreas, Andrea Palladio. Teatro Olimpico. Triumpharchitektur für eine humanistische Gesellschaft, Frankfurt am Main 1987.

Beyme, Klaus von, Die parlamentarischen Regierungssysteme in Europa, 2. Aufl., München 1973.

Beyme, Klaus von, Parlament, Demokratie und Öffentlichkeit. Die Visualisierung demokratischer Grundprinzipien im Parlamentsneubau, in: Ingeborg Flagge / Wolfgang Jean Stock (Hrsg.), Architektur und Demokratie. Bauen für die Politik von der amerikanischen Revolution bis zur Gegenwart, Stuttgart 1992, S. 32–45.

Beyme, Klaus von, Die parlamentarische Demokratie. Entstehung und Funktionsweise 1789–1999, 3. Aufl., Opladen / Wiesbaden 1999.

Biefang, Andreas, Bismarcks Reichstag. Das Parlament in der Leipziger Straße. Fotografiert von Julius Braatz, Düsseldorf 2002.

Biefang, Andreas, Integration und Repräsentation. Zur Stellung des Reichstags in der politischen Kultur der konstitutionellen Monarchie 1871–1888, in: Marie-Luise Recker (Hrsg.), Parlamentarismus in Europa. Deutschland, England und Frankreich im Vergleich, München 2004, S. 1–16.

Biefang, Andreas, Die andere Seite der Macht. Reichstag und Öffentlichkeit im ‹System Bismarck› 1871–1890, Düsseldorf 2009.

Biefang, Andreas/Epkenhans, Michael/Tenfelde, Klaus (Hrsg.), Das politische Zeremoniell im Deutschen Kaiserreich 1871–1918, Düsseldorf 2008.

Biefang, Andreas /Epkenhans, Michael/ Tenfelde, Klaus, Das politische Zeremoniell im Deutschen Kaiserreich. Zur Einführung, in: dies. (Hrsg.), Das politische Zeremoniell im Deutschen Kaiserreich 1871–1918, Düsseldorf 2008, S. 11–30.

Biehn, Heinz, Die Kronen Europas und ihre Schicksale, Wiesbaden 1957.

Bismarck, Otto Fürst von, Gedanken und Erinnerungen, Bd. 2, Stuttgart 1909.

Blackbourn, David, Politics as Theatre: Metaphors of the Stage in German History 1848–1933, in: ders., Populists and Patricians. Essays in Modern German History, London 1987, S. 246–264.

Blondel, Jean, Cabinets in Western Europe, Basingstoke 1988.

Blum, Peter, Leitungsorgane, in: Martin Morlok/Urs Schliesky/Dieter Wiefelspütz (Hrsg.), Parlamentsrecht. Ein Handbuch, Baden-Baden 2016, § 21.

Böckenförde, Ernst-Wolfgang, Die Organisationsgewalt im Bereich der Regierung. Eine Untersuchung zum Staatsrecht der Bundesrepublik Deutschland (1964), 2. Aufl., Berlin 1998.

Bogdanor, Vernon, The Monarchy and the Constitution, Oxford 1995.

Bogdandy, Armin von, Gubernative Rechtsetzung. Eine Neubestimmung der Rechtsetzung und des Regierungssystems unter dem Grundgesetz in der Perspektive gemeineuropäischer Dogmatik, Tübingen 2000.

Boldt, Hans, Deutscher Konstitutionalismus und Bismarckreich, in: Michael Stürmer (Hrsg.), Das kaiserliche Deutschland. Politik und Gesellschaft 1871–1918, Düsseldorf 1970, S. 119–142.

Boldt, Hans, Deutsche Verfassungsgeschichte, Bd. 2, München 1990.

Bombek, Marita, Kleider der Vernunft. Die Vorgeschichte bürgerlicher Präsentation und Repräsentation in der Kleidung, Münster 2005.

Bonnard, Roger, Les Règlements des Assemblées Législatives depuis 1789, Paris 1926.

Bornhak, Conrad, Wandlungen der Reichsverfassung, in: Archiv des öffentlichen Rechts 26 (1910), S. 373–400.

Boyer, Ferdinand, Projets de salles pour les assemblées révolutionnaires à Paris (1789–1792), in: Bulletin de la Société de l'Histoire de l'Art Français 1933, S. 170–183.

Boyer, Ferdinand, Note sur les architectes Jacques-Pierre Gisors, Charles Percier, Pierre Vignon, in: Bulletin de la Société de l'Histoire de l'Art Français 1933, S. 258–279.

Boyer, Ferdinand, Les Tuileries sous la Convention, in: Bulletin de la Société de l'Histoire de l'Art Français 1934, S. 197–242.

Boyer, Ferdinand, Le Conseil des Cinq-Cents au Palais-Bourbon, in: Bulletin de la Société de l'Histoire de l'Art Français 1935, S. 59–82.

Boyer, Ferdinand, Le Palais-Bourbon sous le Premier Empire, in: Bulletin de la Société de l'Histoire de l'Art Français 1936, S. 91–123.

Boyer, Ferdinand, Les Salles d'Assemblée sous la Révolution Française et leurs Répliques en Europe, in: Bulletin de la Société de l'Histoire de l'Art Français 1952, S. 88–93.

Branda, Pierre, Napoléon et ses hommes. La Maison de l'Empereur 1804–1815, Paris 2011.

Brandt, Hartwig, Parlamentarismus in Württemberg 1819–1870. Anatomie eines deutschen Landtags, Düsseldorf 1987.

Brasart, Patrick, Paroles de la Révolution. Les Assemblées Parlementaires 1789–1794, Paris 1988.

Brauneder, Wilhelm, Deutsch-Österreich 1918. Die Republik entsteht, München/Wien 2000.

Brazier, Rodney, Ministers of the Crown, Oxford 1997.

Brecht, Arnold, Die Geschäftsordnung der Reichsministerien. Ihre staatsrechtliche und geschäftstechnische Bedeutung. Zugleich ein Lehrbuch der Büroreform, Berlin 1927.

Breidenstein, Georg, KlassenRäume – eine Analyse räumlicher Bedingungen und Effekte des Schülernhandelns, in: Zeitschrift für qualitative Bildungs-, Beratungs- und Sozialforschung 5 (2004), S. 87–107.

Brentano, Heinrich von, Die Rechtsstellung des Parlamentspräsidenten nach deutschem Verfassungs- und Geschäftsordnungsrecht, Gießen 1930.

Brette, Armand, Histoire des Édifices où ont siégé les Assemblées Parlementaires de la Révolution Française et de la Première République, Bd. 1, Paris 1902.

Breuer, Gerda, Architektur der ‹Stunde Null›. Das neue Parlamentsgebäude der jungen BRD in Bonn, in: Gerda Breuer/Pia Mingels/Christopher Oestreich (Hrsg.), Hans Schwippert 1899–1973. Moderation des Wiederaufbaus, Berlin 2010, S. 107–119.

Brössler, Daniel, Und jetzt seid ihr dran. Mal betont seriös, mal pathetisch: Die drei Kandidaten von SPD, Grünen und Union setzen sich bei der Europa-Debatte im Bundestag in Szene, in: Süddeutsche Zeitung v. 25. Juni 2021, S. 2.

Brössler, Daniel/von Bullion, Constanze/Rossbach, Henrike/Szymanski, Mike, Chronik eines angekündigten Scheiterns. An diesem Tag geht es um Afghanistan, die Flut, Corona, also um die gesammelten Desaster der Legislaturperiode. Szenen einer Sondersitzung, wie es sie im Bundestag noch nicht gegeben hat, in: Süddeutsche Zeitung v. 26. August 2021, S. 3.

Brooke-Little, John, Royal Ceremonies of State, London 1980.

Brownell, Roy E., A Constitutional Chameleon: The Vice President's Place within the American System of Separation of Powers, Part 1: Text, Structure, Views of the Framers and the Courts, in: Kansas Journal of Law & Public Policy, S. 24 (2014) 1–77.

Browning, A. R., The Mace. A Brief History of the Mace and its use in the House of Commons, the House of Representatives, the Australian States, and the Territory of Papua and New Guinea, Canberra 1970.

Burckhardt, Armin, Das Parlament und seine Sprache. Studien zu Theorie und Geschichte politischer Kommunikation, Tübingen 2003.

Burckhardt, Armin, Zwischen Monolog und Dialog. Zur Theorie, Typologie und Geschichte des Zwischenrufs im deutschen Parlamentarismus, Tübingen 2004.

Burgard, Paul/Linsmayer, Ludwig (Hrsg.), Der Saarstaat. Bilder einer vergangenen Welt, Saarbrücken 2005.

Buschhaus, Markus, Über den Körper im Bilde sein. Eine Medienarchäologie anatomischen Wissens, Bielefeld 2005.

Buslei-Wuppermann, Agatha/Zeising, Andreas, Das Bundeshaus von Hans Schwippert in Bonn. Architektonische Moderne und demokratischer Geist, Düsseldorf 2009.

Busse, Volker, Bundeskanzleramt und Bundesregierung: Handbuch für Wissenschaft und Praxis, 7. Aufl., Baden-Baden 2019.

Calabresi, Stephen / Larsen, Joan L., One Person, one Office: Separation of Powers or Separation of Personnel, in: Cornell Law Review 79 (1994), S. 1045–1157.

Canzik, Pascale, Parlamentarismus vor dem Bundesverfassungsgericht. Das Redezeiturteil und die Verfassungswirklichkeit, in: Florian Meinel (Hrsg.), Verfassungsgerichtsbarkeit in der Bonner Republik. Aspekte einer Geschichte des Bundesverfassungsgerichts, Tübingen 2019, S. 199–228.

Carlen, Pat, The Staging of Magistrates' Justice, in: British Journal of Criminology 16 (1976), S. 48–55.

Carstensen, Franziska, Der Landtag von Mecklenburg-Vorpommern im Schweriner Schloss, in: Julia Schwanholz / Patrick Theiner (Hrsg.), Die politische Architektur deutscher Parlamente. Von Häusern, Schlössern und Palästen, Wiesbaden 2020, S. 207–227.

Casper, Gerhard, Executive-Congressional Separation of Power During the Presidency of Thomas Jefferson, in: Stanford Law Review 47 (1995), S. 473–497.

Castaldo, André, Les Méthodes de Travail de la Constituante. Les techniques délibératives de l'Assemblée Nationale 1789–1791, Paris 1989.

Cercas, Javier, Anatomie eines Augenblicks. Die Nacht, in der Spaniens Demokratie gerettet wurde, Frankfurt am Main 2011.

Chafetz, Josh, Executive Branch Contempt of Congress, in: The University of Chicago Law Review 76 (2009), S. 1083–1156.

Charles-Gaffiot, Jacques, Trônes en majesté. L'autorité et son symbole, Paris 2011.

Chateaubriand, François-René Vicomte de, De la Monarchie Selon la Charte, Paris 1816.

Chateaubriand, François-René de, De l'Ancien Régime au Nouveau Monde. Écrits politiques, hrsg. v. Jean-Paul Clément, Paris 1987.

Chelhod, Joseph, Contribution au problème de la prééminence de la droite, d'après le témoignage arabe, in: Anthropos 59 (1964), S. 529–545.

Chevallier, Jean Jacques, The Failure of Mirabeau's Political Ideas, in: The Review of Politics 13 (1951), S. 88–107.

Clark, G. Kitson, ‹Statesmen in Disguise›: Reflexions on the History of the Neutrality of the Civil Service, in: The Historical Journal 2 (1959), S. 19–39.

Clauß, Wilhelm, Der Staatsbeamte als Abgeordneter in der Verfassungsentwicklung der deutschen Staaten, Karlsruhe 1906.

Clostermeyer, Claus-Peter / Exo, Astrid, Bundesstaatsprinzip und parlamentarische Debatte: Zu den Beteiligungsrechten des Bundesrates im Bundestag, in: Jahrbuch des Föderalismus 2010, S. 212–218.

Cobb, Henry S., The Staging of Ceremonies of State in the House of Lords, in: Christine Riding / Jacqueline Riding (Hrsg.), The Houses of Parliament. History, Art, Architecture, London 2000, S. 31–48.

Comellas, José Luis, Historia de España contemporánea, Madrid 2014.

Conze, Eckhard, Das Auswärtige Amt. Vom Kaiserreich bis zur Gegenwart, München 2013.

Cooper, J. P. D., The Elizabethan House of Commons and St Stephen's Chapel Westminster, in: Parliamentary History 38 (2019), S. 34–59.

Corciulo, Maria Sofia, La Chambre introuvable et les principes du régime parlementaire, in: Parliaments, Estates and Representation 1 (1981), S. 51–70.

Cosentino, Francesco (Hrsg.), La Camera dei Deputati, Rom 1971.

Cramer, Dettmar, Eine Schönheitskur für den Bundesadler. Kanzler und Abgeordnete künftig Aug' in Aug', in: Frankfurter Allgemeine Zeitung v. 7. August 1969, S. 4.

Crapez, Marc, De quand date le clivage Gauche / Droite en France?, in: Revue française de science politique 48 (1998), S. 42–75.

Crewe, Emma, Lords of Parliament. Manners, rituals and politics, Manchester 2005.

Crewe, Emma, Lords and Commons: A short anthropology of Parliament, London 2015.

Cullen, Michael S., Der Reichstag. Die Geschichte eines Monumentes, Berlin 1983.

Cullen, Michael S., Parlamentsbauten zwischen Zweckmäßigkeit, Repräsentationsanspruch und Denkmalpflege, in: Hans-Peter Schneider / Wolfgang Zeh (Hrsg.), Parlamentsrecht und Parlamentspraxis in der Bundesrepublik Deutschland. Ein Handbuch, Berlin 1989, § 69.

De Long, A. J., Seating Position and Perceived Characteristics of Members of a Small Group, in: The Cornell Journal of Social Relations 5 (1970), S. 134–151.

Deitmaring, Ursula, Die Bedeutung von Rechts und Links in theologischen und literarischen Texten bis um 1200, in: Zeitschrift für deutsches Altertum und deutsche Literatur 98 (1969), S. 265–292.

Délégation à l'Action Artistique de la Ville de Paris (Hrsg.), Le Faubourg Saint-Germain: Palais Bourbon, Sa Place, rédigée par Françoise Magny, Paris 1987.

Demichel, André, De l'incompatibilité entre les fonctions de ministre et le mandat parlementaire, in: Revue du droit public et de la science politique en France et à l'étranger 76 (1960), S. 616–647.

Deneke, J. F. Volrad, Das Parlament als Kollektiv, in: Zeitschrift für die gesamte Staatswissenschaft 109 (1953), S. 503–531.

Denk, Andreas / Matzerath, Josef, Die sächsischen Landtage und ihre Bauten: Indikatoren für die Entwicklung von der ständischen zur pluralisierten Gesellschaft, Wolfratshausen 2000.

Devocelle, Jean-Marc, D'un costume politique à une politique du costume. Approches théoriques et idéologiques du costume pendant la Révolution française, in: Musée de la Mode et du Costume (Hrsg.), Modes & Révolutions. 1780–1804, Paris 1989, S. 83–103.

Dill, Richard W., Der Parlamentarier Eduard Lasker und die parlamentarische Stilentwicklung der Jahre 1867–1884. Ein Beitrag zur Geistesgeschichte des politischen Stils in Deutschland, Nürnberg 1956.

Disch, Ursula, Der Redner Mirabeau. Eine publizistische Studie, Berlin 1965.

Dodge, Edmund Arthur, Cabinet Officers in Congress, in: The Sewanee Review 11 (1903), S. 129–143.

Dodu, Gaston, Le Parlementarisme et les Parlementaires sous la Révolution (1789–1799), Paris 1911.

Döring, Herbert, Die Sitzordnung der Abgeordneten: Ausdruck kulturell divergierender Auffassungen von Demokratie?, in: Andreas Dörner / Ludgera Vogt (Hrsg.), Sprache des Parlaments und Semiotik der Demokratie: Studien zur politischen Kommunikation in der Moderne, Berlin 1995, S. 278–289.

Döring, Herbert, Time as a Scarce Resource: Government Control of the Agenda, in: ders. (Hrsg.), Parliaments and Majority Rule in Western Europe, Frankfurt am Main 1995, S. 223–246.

Dörner, Andreas, Der Bundestag im Reichstag. Zur Inszenierung einer politischen Institu-

tion in der ‹Berliner Republik›, in: Zeitschrift für Parlamentsfragen 31 (2000), S. 237–
246.

Dreier, Ralf, Bemerkungen zum rechts/links-Schema, in: Kritische Justiz 21 (1988), S. 442–
448.

Düding, Dieter, Parlamentarismus in Nordrhein-Westfalen 1946–1980: Vom Fünfparteien-
zum Zweiparteienlandtag, Düsseldorf 2008.

Dumont, Étienne, Note sur la présence des ministres dans l'assemblée, in: ders., Tactique des
assemblées législatives. Tome 1, suivi d'un Traité des sophismes politiques; ouvrage
extrait des manuscrits de M. Jérémie Bentham, Paris 1816, S. 83–91.

Durand, Lucien R., Le droit d'entrée et de parole du gouvernement aux assemblées constituantes et législatives en France, Paris 1903.

Eco, Umberto, Einführung in die Semiotik, 9. Aufl., München 2002.

Eichhorn, Joachim Samuel, Durch alle Klippen hindurch zum Erfolg. Die Regierungspraxis
der ersten Großen Koalition (1966–1969), München 2009.

Eickhoff, Hajo, Himmelsthron und Schaukelstuhl. Die Geschichte des Sitzens, München
1993.

Ellwein, Thomas, Das Erbe der Monarchie in der deutschen Staatskrise, München 1954.

Ellwein, Thomas, Auf erhöhtem Sitz. Parlamente müssen wieder Stätten lebendiger Auseinandersetzung werden, in: Neue Ruhr-Zeitung v. 19. September 1967, S. 2.

Engel, Helmut, Parlamentarische Provisorien. Die Tagungslokale der preußischen Parlamente von 1847 bis zur Reichsgründung, in: Die Präsidentin des Abgeordnetenhauses
von Berlin (Hrsg.), Der Preußische Landtag. Bau und Geschichte, Berlin 1993,
S. 9–40.

Enzensberger, Hans Magnus, Die Helden des Rückzugs. Brouillon zu einer politischen
Moral der Entmachtung (1989), in: ders., Zickzack. Aufsätze, Frankfurt am Main 1997,
S. 55–63.

Epping, Volker, Die Trennung von Amt und Mandat, in: Die Öffentliche Verwaltung 52
(1999), S. 529–540.

Erler, Adalbert, Der Hochsitz in der deutschen Rechtsgeschichte, in: Paideuma: Mitteilun-
gen zur Kulturkunde 1 (1939), S. 168–178.

Erler, Adalbert, Artikel: Sitzen, in: Handwörterbuch zur deutschen Rechtsgeschichte, Bd. 4,
Berlin 1990, Sp. 1679–1682.

Erskine May, Thomas, A Treatise on the Law, Privileges, Proceedings and Usage of Parliament, 9. Aufl., Oxford 1883.

Eschenburg, Theodor, Die Affäre: Eine Analyse, in: Die Zeit (Hrsg.), Die Affäre. Eine Analyse von Theodor Eschenburg. Protokolle der ‹Spiegel›-Debatten des Deutschen Bundestages, Hamburg 1962.

Eschenburg, Theodor, Die Richtlinien der Politik im Verfassungsrecht und in der Verfassungswirklichkeit, in: Die Öffentliche Verwaltung 7 (1954), S. 193–202.

Eschenburg, Theodor, Die improvisierte Demokratie – Ein Beitrag zur Geschichte der Weimarer Republik (1951), in: ders., Die Republik von Weimar. Beiträge zur Geschichte
einer improvisierten Demokratie, München 1984, S. 13–74.

Everke, Gerhard, Das Karlsruher Ständehaus, in: Württembergisches Landesmuseum
Stuttgart (Hrsg.), Baden und Württemberg im Zeitalter Napoleons, Bd. 2, Stuttgart
1987, S. 449–472.

Faublée, Frédérique, Les trônes de Napoléon Ier: un symbole, quatre destins, in: In Situ 29 (2016), http://journals.openedition.org/insitu/12945.

Fauser, Bernd, Die Stellung der Regierungsmitglieder und ihrer Vertreter im Parlament, Bonn 1973.

Fehrenbach, Elisabeth, Wandlungen des deutschen Kaisergedankens 1871–1918, München 1969.

Fehrenbach, Elisabeth, Über die Bedeutung der politischen Symbole im Nationalstaat, in: Historische Zeitschrift 213 (1971), S. 296–357.

Ferdinand, Horst, Beginn in Bonn. Erinnerungen an den ersten Deutschen Bundestag, Freiburg im Breisgau 1985.

Ferrari Zumbini, Romano, Tra idealità e ideologia. Il Rinnovamento costituzionale nel Regno di Sardegna fra la primavera 1847 e l'inverno 1848, Turin 2008.

Ferreira, Oscar, Le Pouvoir Royal (1814–1848). À la Recherche du Quatrième Pouvoir?, Paris 2021.

Fischer-Lichte, Erika, Ästhetik des Performativen, Frankfurt am Main 2004.

Fischer Taylor, Katherine, Geometries of Power: Royal, Revolutionary, and Postrevolutionary French Courtrooms, in: Journal of the Society of Architectural Historians 72 (2013), S. 434–474.

Fixemer, Maria, Die Assemblée nationale – eine zeitlose Institution? in: Werner J. Patzelt (Hrsg.), Parlamente und ihre Symbolik. Programm und Beispiele institutioneller Analyse, Wiesbaden 2001, S. 94–135.

Fraenkel, Ernst, Das amerikanische Regierungssystem, Köln 1960.

Fraenkel, Ernst, Historische Vorbelastungen des deutschen Parlamentarismus (1960), in: ders., Deutschland und die westlichen Demokratien. Erweiterte Ausgabe, Frankfurt am Main 1991, S. 23–47.

Fraisseix, Patrick, Du droit de message au droit de parole présidentiel: intinéraire d'une réforme en trompe-l'oeil, in: Politieia, Nr. 15, 2009, S. 349–366.

Franke, Harald, Vom Seniorenkonvent des Reichstages zum Ältestenrat des Bundestages, Berlin 1987.

Frauenfelder, Reinhard, Rechts und links in der Symbolik

Fürnrohr, Walter, Der Immerwährende Reichstag zu Regensburg. Das Parlament des Alten Reiches. Zur 300-Jahrfeier seiner Eröffnung 1663, 2. Aufl., Regensburg 1987.der mittelalterlichen Kunst, in: Schweizerische Rundschau 1936, S. 1108–1113.

Freyer, Clemens, Der Deutsche Reichstag. Seine Geschichte, Organisation, Rechte und Pflichten, Berlin 1888.

Fried, Nico, Doktor Guttenberg und die Quadratur des Kreises. Der Minister verwahrt sich gegen den Plagiatsvorwurf und findet, dass er sich im Umgang mit den Vorwürfen vorbildlich verhalte, in: Süddeutsche Zeitung v. 24. Februar 2011, S. 5.

Fried, Nico, Sonst ist aber alles ok. Nicht, dass nichts los wäre auf der Welt. Umso verwunderlicher ist, dass die erste Fragestunde mit der Kanzlerin so außergewöhnlich harmlos gerät, in: Süddeutsche Zeitung v. 7. Juni 2018, S. 3.

Friedland, Paul, Political Actors. Representative Bodies and Theatricality in the Age of the French Revolution, Ithaca 2003.

Friedrich, Manfred, Anlage und Entwicklung des parlamentarischen Regierungssystems in der Bundesrepublik, in: Deutsches Verwaltungsblatt 95 (1980), S. 505–511.

Fritsch, Karl Emil Otto, Das provisorische Haus des deutschen Reichstages, in: Deutsche Bauzeitung 5 (1871), S. 306–310.

Fritsch, Karl Emil Otto, Zur Frage über die Form und Einrichtung des Sitzungssaales für das Haus des deutschen Reichstages, in: Deutsche Bauzeitung 7 (1873), S. 17–22.

Fritsch, Karl Emil Otto, Das Lokal des Preußischen Herrenhauses, in: Deutsche Bauzeitung 9 (1875), S. 283–285.

Fritsch, Karl Emil Otto, Der Hansen'sche Entwurf zu dem Oesterreichischen Parlamentshause in Wien, in: Deutsche Bauzeitung 9 (1875), S. 263–264.

Fritsch, Karl Emil Otto, Der Sitzungs-Saal des italienischen Abgeordneten-Hauses in Rom, in: Deutsche Bauzeitung 9 (1875), S. 517–518.

Fritsch, Karl Emil Otto/Jacobsthal, Johann Eduard, Für das Haus des deutschen Reichstages, Berlin 1873.

Fritsch, Vilma, Links und Rechts in Wissenschaft und Leben, Stuttgart 1964.

Fürnrohr, Walter, Der Immerwährende Reichstag zu Regensburg. Das Parlament des Alten Reiches. Zur 300-Jahrfeier seiner Eröffnung 1663, 2. Aufl., Regensburg 1987.

Furet, François, Penser la Révolution Française, Paris 1978.

Furet, François, Mirabeau, in: François Furet/Mona Ozouf (Hrsg.), Dictionnaire critique de la Révolution Française: Acteurs, Paris 1992, S. 215–227.

Gärditz, Klaus Ferdinand, Die Reform der Regierungsbefragung im Deutschen Bundestag, in: Deutsches Verwaltungsblatt 134 (2019), S. 1298–1306.

Gärditz, Klaus Ferdinand, Der Begriff der Regierung, in: Julian Krüper/Arne Pilniok (Hrsg.), Die Organisationsverfassung der Regierung, Tübingen 2021, S. 25–54.

Galetti, Nino, Der Bundestag als Bauherr in Berlin. Ideen, Konzepte, Entscheidungen zur politischen Architektur (1991–1998), Düsseldorf 2008.

Gangl, Hans, Die Verfassungsentwicklung in Frankreich 1814–1830, in: Historische Zeitschrift 202 (1966), S. 265–308.

Garapon, Antoine, Bien juger. Essai sur le rituel judiciaire, Paris 2001.

Gardey, Delphine, Le Linge du Palais-Bourbon. Corps, matérialité et genre du politique à l'ère démocratique, Lormont 2015.

Gauchet, Marcel, La Droite et la Gauche, in: Pierre Nora (Hrsg.), Les Lieux de Mémoire, Bd. 3/1, Paris 1992, S. 395–467.

Geertz, Clifford, Centers, Kings and Charisma: Reflections on the Symbolics of Power, in: Sean Wilentz (Hrsg.), Rites of Power: Symbolism, Ritual and Politics since the Middle Ages, Pennsylvania 1985, S. 13–35.

Gentil Baldrich, José María, La tipología arquitectónica de las salas parlamentarias doceañistas: una hipótesis de origen y significación, in: Juan Cano Bueso (Hrsg.), Materiales para el estudio de la Constitución de 1812, Madrid 1989, S. 313–341.

Gentil Baldrich, José María, Sobre el simbolismo de la forma arquitectónica de las salas parlamentarias españolas y algunos ejemplos andaluces, in: Ana María Roza Iglesias/Lucía de Teso Fernández (Hrsg.), El Edificio Sede del Parlamento de Andalucía. El hospital de las Cinco Llagas, Oviedo 2007, S. 21–51.

Gerhards, Albert, Die Kirchen – Spiegel des Selbstverständnisses der Kirche. Überlegungen zur Inszenierung des Kirchenraums unter dem Gesichtspunkt klerikaler Macht, in: Gregor Maria Hoff/Julia Knop/Benedikt Kranemann (Hrsg.), Amt – Macht – Liturgie. Theologische Zwischenrufe für eine Kirche auf dem synodalen Weg, Freiburg im Breisgau 2020, S. 18–40.

Gerstenmaier, Eugen, Streit und Friede hat seine Zeit. Ein Lebensbericht, Frankfurt am Main 1981.

Glénard, Guillaume, L'Exécutif et la Constitution de 1791, Paris 2010.

Glyn Watkin, Thomas, ‹The Powers that Be Are Seated›. Symbolism in English Law and in the English Legal System, in: Reiner Schulze (Hrsg.), Rechtssymbolik und Werteübermittlung, Berlin 2004, S. 149–166.

Gmelin, Hans, Studien zur spanischen Verfassungsgeschichte des neunzehnten Jahrhunderts, Stuttgart 1905.

Goetschmann, Dirk, Bayerischer Parlamentarismus im Vormärz. Die Ständeversammlung des Königreichs Bayern 1819–1848, Düsseldorf 2002.

Goetz, Hans-Werner, Der ‹rechte› Sitz. Die Symbolik von Rang und Herrschaft im Hohen Mittelalter im Spiegel der Sitzordnung, in: Symbole des Alltags, Alltag der Symbole. Festschrift für Harry Kühnel zum 65. Geburtstag, Graz 1992, S. 11–47.

Goetz, Rainald, Klage, Frankfurt am Main 2008.

Götze, Wollfram, Das Parlamentsgebäude. Historische und ikonologische Studien zu einer Bauaufgabe, Leipzig 1960.

Goffman, Erwing, Wir alle spielen Theater. Die Selbstdarstellung im Alltag, Konstanz 1969.

Goldberg, Hans-Peter, Bismarck und seine Gegner. Die politische Rhetorik im kaiserlichen Reichstag, Düsseldorf 1998.

Gooch, Robert K., Parliamentary Government in France: Revolutionary Origins, 1789–1791, Ithaca 1960.

Goodman, Paul, Seating Arrangements: An Elementary Lecture in Functional Planning, in: ders., Utopian Essays and Practical Proposals, New York 1962, S. 156–181.

Goodsell, Charles S., The Architecture of Parliaments: Legislative Houses and Political Culture, in: British Journal of Political Science 18 (1988), S. 287–302.

Goodsell, Charles S., The Social Meaning of Civic Space. Studying Political Authority through Architecture, Lawrence 1988.

Graham, Claire, Ordering Law. The Architectural and Social History of the English Law Court to 1914, London 2003.

Grimm, Jacob / Grimm, Wilhelm, Artikel: Bank, in: Werke. Forschungsausgabe, hrsg. v. Ludwig Erich Schmidt, Bd. 40, Deutsches Wörterbuch, Zweiter Band (1854), Hildesheim 2003, Sp. 1105–1110.

Grimm, Melchior, Paris zündet die Lichter an: Literarische Korrespondenz, München 1977.

Grosser, Alfred / Seifert, Jürgen (Hrsg.), Die Staatsmacht und ihre Kontrolle. Die Spiegel-Affäre, Bd. 1, Olten 1966.

Grosser, Dieter, Die Sehnsucht nach Harmonie: Historische und verfassungsstrukturelle Vorbelastungen der Opposition in Deutschland, in: Heinrich Oberreuter (Hrsg.), Parlamentarische Opposition. Ein internationaler Vergleich, Hamburg 1975, S. 206–229.

Grube, Walter, Der Stuttgarter Landtag 1457–1957. Von den Landständen zum demokratischen Parlament, Stuttgart 1957.

Grünthal, Günther, Parlamentarismus in Preußen 1848/49–1857/58. Preußischer Konstitutionalismus, Parlament und Regierung in der Reaktionsära, Düsseldorf 1982.

Guilleaume, Emil, Das Ressortprinzip, in: Die Öffentliche Verwaltung 13 (1960), S. 328–330.

Gunn, J. A. W., When the French Tried to be British. Party, Opposition and the Quest for Civil Disagreement 1814–1848, Montreal 2009.

Gusy, Christoph, Parlamentarische oder ‹neutrale› Regierung? Eine Anfrage, in: Kritische Vierteljahresschrift für Gesetzgebung und Rechtswissenschaft 101 (2018), S. 210–235.

Gutsche, Willibald, Ein Kaiser im Exil. Der letzte deutsche Kaiser Wilhelm II. in Holland, Marburg 1991.

Haardt, Oliver F. R., Bismarcks ewiger Bund. Eine neue Geschichte des Deutschen Kaiserreichs, Stuttgart 2020.

Haardt, Oliver F. R., Innenansichten des Bundesrates im Deutschen Kaiserreich 1871–1918, in: Historische Zeitschrift 310 (2020), S. 333–386.

Häberle, Peter, Öffentlichkeitsarbeit der Regierung zwischen Parteien- und Bürgerdemokratie, in: Juristenzeitung 32 (1977), S. 361–371.

Hahn, Eduard, Thronende Herrscher und hockende Völker, in: Zeitschrift für Ethnologie 50 (1918), S. 216–227.

Hall, James, The Sinister Side. How Left-Right-Symbolism shaped Western Art, Oxford 2008.

Haltern, Utz, Architektur und Politik. Zur Baugeschichte des Berliner Reichstags, in: Ekkehard Mai/Stephan Waetzoldt (Hrsg.), Kunstverwaltung, Bau- und Denkmal-Politik im Kaiserreich, Berlin 1981, S. 75–102.

Hamm, Oliver G., Am Ende eines langen, steinigen Weges. Neuer Plenarbereich des Deutschen Bundestages in Bonn, in: Bauwelt 41 (1992), S. 2341–2354.

Hartmann, Jürgen, Staatszeremoniell, 4. Aufl., Köln 2007.

Hartmann, Jürgen, Schriften zum Zeremoniell, Berlin 2016.

Hatschek, Julius, Englisches Staatsrecht mit Berücksichtigung der für Schottland und Irland geltenden Sonderheiten, Bd. 1: Die Verfassung, Tübingen 1905.

Hatschek, Julius, Deutsches und Preußisches Staatsrecht, Bd. 1, Berlin 1922.

Hausherr, Hans, Verwaltungseinheit und Ressorttrennung. Vom Ende des 17. bis zum Beginn des 19. Jahrhunderts, Berlin 1953.

Hazard, John N., Furniture Arrangement as a Symbol of Judicial Roles, in: ETC.: A Review of General Semantics 19 (1962), S. 181–188.

Heer, Sebastian, Parlamentsmanagement. Herausbildung und Funktionsmuster parlamentarischer Steuerungsstrukturen in Deutschland vom Reichstag bis zum Bundestag, Düsseldorf 2015.

Hegel, Georg Wilhelm Friedrich, Die Phänomenologie des Geistes, Bamberg/Würzburg 1807.

Heimpel, Hermann, Sitzordnung und Rangstreit auf dem Basler Konzil. Skizze eines Themas, in: Johannes Helmrath/Heribert Müller (Hrsg.), Studien zum 15. Jahrhundert. Festschrift für Erich Meuthen, Berlin u. a. 1994, S. 1–9.

Helms, Ludger, Die historische Entwicklung und politische Bedeutung des Kabinetts im Regierungssystem der USA, in: Politische Vierteljahresschrift 40 (1999), S. 65–92.

Hengel, Martin, ‹Setze Dich zu meiner Rechten!› Die Inthronisation Christi zur Rechten Gottes und Psalm 110,1 (1993), in: ders., Kleine Schriften. Bd. 4: Studien zur Christologie, Tübingen 2006, S. 281–367.

Henkels, Walter, Statisten auf parlamentarischer Bühne. Die Fragestunde war kein guter Beginn, in: Frankfurter Allgemeine Zeitung v. 8. Februar 1952, S. 2.

Henkels, Walter, Die Regierungsbank. Ein halbes Hundert Stühle, schwarzes Holz und grünes Leder, in: Frankfurter Allgemeine Zeitung v. 1. April 1966, S. 7.

Hennis, Wilhelm, Therapie für parlamentarische Schwächen, in: Die Zeit v. 25. März 1966, S. 32.

Hennis, Wilhelm, Der Deutsche Bundestag 1949–1965 (1966), in: ders., Auf dem Weg in den Parteienstaat. Aufsätze aus vier Jahrzehnten, Stuttgart 1998, S. 21–48.

Hennis, Wilhelm, Zur Rechtfertigung und Kritik der Bundestagsarbeit, in: Festschrift für Adolf Arndt zum 65. Geburtstag, Frankfurt am Main 1969, S. 147–162.

Hensel, Paul, Die Stellung des Reichskanzlers nach dem Staatsrechte des Deutschen Reiches, in: Annalen des Deutschen Reichs, 1882, S. 1–60.

Hereth, Michael, Die parlamentarische Opposition in der Bundesrepublik Deutschland, München 1969.

Hereth, Michael, Die Öffentlichkeitsfunktion des Parlaments. Überlegungen zur Reform des Deutschen Bundestages, in: Politische Vierteljahresschrift 11 (1970), S. 29–45.

Hereth, Michael, Die Reform des Deutschen Bundestages, Opladen 1971.

Hertz, Robert, La Prééminence de la Main Droite, in: Revue philosophique de la France et de l'étranger 68 (1909), S. 553–580.

Herzog, Roman, Relikte des konstitutionellen Verfassungswesens im Grundgesetz, in: Karl Dietrich Bracher u. a. (Hrsg.), Staat und Parteien. Festschrift für Rudolf Morsey zum 65. Geburtstag, Berlin 1992, S. 85–96.

Hess, Adalbert, Zur Parlamentsmitgliedschaft der Minister, in: Zeitschrift für Parlamentsfragen 2 (1971), S. 262–276.

Heurtin, Jean-Philippe, L'espace public parlementaire. Essai sur les raisons du législateur, Paris 1999.

Heurtin, Jean Philippe, The Circle of Discussion and the Semicircle of Criticism, in: Bruno Latour/Peter Weibel (Hrsg.), Making Things Public: Atmospheres of Democracy, Karlsruhe 2005, S. 754–769.

Heuß, Theodor, Der Parlaments-Ausschuss, in: Jahrbuch für politische Forschung, Bd. 1, 1933, S. 129–150.

Hierlemann, Dominik/Sieberer, Ulrich, Sichtbare Demokratie. Debatten und Fragestunden im Deutschen Bundestag, Gütersloh 2014.

Hintze, Otto, Die Entstehung der modernen Staatsministerien. Eine vergleichende Studie, in: Historische Zeitschrift 100 (1908), S. 53–111.

Hoetink, Carla/Kaal, Harm, The Material Culture of Parliament. A Case Study of the Dutch Second Chamber, 1945–2000, in: International Journal for History, Culture and Modernity 6 (2018), S. 13–48.

Hoetink, Carla/Kaal, Harm, Designed to Represent: Parliamentary Architecture, Conceptions of Democracy, and Emotions in the Postwar Netherlands, in: Till Großmann/Philipp Nielsen (Hrsg.), Architecture, democracy and emotions. The politics of feeling since 1945, London 2019, S. 18–38.

Hoffmann, Heinz (Bearbeiter), Die Bundesministerien 1949–1999. Bezeichnungen, amtliche Abkürzungen, Zuständigkeiten, Aufbauorganisation, Leitungspersonen, Koblenz 2003.

Hofmann, Hasso, Repräsentation. Studien zur Wort- und Begriffsgeschichte von der Antike bis ins 19. Jahrhundert, 2. Aufl., Berlin 1990.

Holmes, G. S., The Attack on ‹The Influence of the Crown› 1702–16, in: Bulletin of the Institute of Historical Research 39 (1966), S. 47–68.

Horiuchi, Masaaki, Die Beziehungen der Berliner Baufirma Ende & Böckmann zu Japan, in: Gerhard Krebs (Hrsg.), Japan und Preußen, München 2002, S. 319–342.

Horn, Stephen, The Cabinet and Congress, New York 1960.

Hort, Jakob, Zwischen monarchischer Repräsentation und parlamentarischer Selbstdarstellung. Parlamentsarchitektur im 19. Jahrhundert, in: Nils Freytag/Dominik Petzold (Hrsg.), Das ‹lange› 19. Jahrhundert. Alte Fragen und neue Perspektiven, München 2007, S. 75–102.

Hort, Jakob, Architektur der Diplomatie. Repräsentation in europäischen Botschaftsbauten 1800–1920, Göttingen 2014.

Hubert, Peter, Der uniformierte Reichstag, Düsseldorf 1992.

Hüttl, Adolf, Institutionelle Schwächen des deutschen Kabinettsystems, in: Deutsches Verwaltungsblatt 82 (1967), S. 61–67.

Hugo, Victor, Choses Vues, Bd. 1, Paris 1913.

Hunt, Lynn, Freedom of Dress in Revolutionary France, in: Sara E. Melzer/Kathryn Norberg (Hrsg.), From the Royal to the Republican Body. Incorporating the Political in Seventeenth and Eighteenth Century France, Berkeley u. a. 1998, S. 224–249.

Huntington, Samuel, Political Order in Changing Societies, New Haven 1968.

Isambert, Gustave, La vie à Paris pendant une année de la Révolution (1791–1792), Paris 1896.

Jaeger, Falk, Gehäuse des Föderalismus. Neubauten deutscher Landtage nach 1949, in: Ingeborg Flagge/Wolfgang J. Stock (Hrsg.), Architektur und Demokratie. Bauen für die Politik von der amerikanischen Revolution bis zur Gegenwart, Stuttgart 1992, S. 76–99.

Jesse, Eckhard, Wahlrecht zwischen Kontinuität und Reform. Eine Analyse der Wahlsystemdiskussion und der Wahlrechtsänderungen in der Bundesrepublik Deutschland 1949–1983, Düsseldorf 1985.

Joly, Jules de, Plans, coupes, élévations et détails de la Restauration de la Chambre des Députés: de sa nouvelle salle des séances, de sa bibliothèque et de toutes ses dépendances suivis de la Salle Provisoire, Paris 1840.

Kaiser, Carl-Christian, Eins runter mit der Regierung. Umbaupläne für den Plenarsaal des Bundestages, in: Süddeutsche Zeitung v. 7. September 1967, S. 3.

Kaja, Helmut, Ministerialverfassung und Grundgesetz. Betrachtungen zur Organisationsgewalt des Bundeskanzlers, in: Archiv des öffentlichen Rechts 89 (1964), S. 381–428.

Kansy, Dietmar, Zitterpartie. Der Umzug des Bundestages von Bonn nach Berlin, Hamburg 2003.

Kanter, Heike, Ikonische Macht. Zur sozialen Gestaltung von Pressebildern, Opladen/Berlin/Toronto 2016.

Kantorowicz, Ernst, Laudes Regiae. A Study in Liturgical Acclamations and Medieval Ruler Worship, Berkeley 1946.

Kapsch, Robert J., Building Washington: Engineering and Construction of a New Federal City, 1790–1940, Baltimore 2018.

Kaufmann, Erich, Bismarcks Erbe in der Reichsverfassung, Berlin 1917.

Keller, Mathilde Gräfin von, Vierzig Jahre im Dienst der Kaiserin. Ein Kulturbild aus den Jahren 1881–1921, Leipzig 1935.

Kemp, Betty, King and Commons, 1660–1832, New York 1957.

Kemp, Wolfgang, Das Revolutionstheater des Jacques-Louis David. Eine neue Interpretation des ‹Schwurs im Ballhaus›, in: Marburger Jahrbuch für Kunstwissenschaft 21 (1986), S. 165–185.

Keplinger, Josef, Der Vorstehersitz. Funktionalität und theologische Zeichenstruktur, Freiburg im Breisgau 2015.

Kerckhove, Derrick de, Des bancs et du parterre: la définition du point de vue du spectateur dans la réception du spectacle dramatique au 18e siècle, in: David Trott/Nicole Boursier (Hrsg.), L'Âge du théâtre en France, Edmonton 1988, S. 311–324.

Kertzer, David I., Ritual, Politics and Power, New Haven/London 1988.

Kesavan, Vasan / Sidak, J. Gregory, The Legislator-In-Chief, in: William and Mary Law Review 44 (2002), S. 1–64.

Kil, Wolfgang, Das sympathische Experiment. Der Bonner Plenarsaal nach vierzig Jahren Streit über ‹Bauen für die Demokratie›, in: Heinrich Wefing (Hrsg.), ‹Dem Deutschen Volke›: Der Bundestag im Berliner Reichstagsgebäude, Bonn 1999, S. 101–113.

Kirst, Wolf-Dieter, ‹Vor allem der Politikus gönnt sich der Rede Vollgenuß›. Der Redner, die Rede und das Parlament, in: Neue Stenographische Praxis 36 (1988), S. 1–9.

Klahr, Douglas, Wilhelm II's Weißer Saal and its Doppelthron, in: German History 27 (2009), S. 490–513.

Klein, Ernst, Funktion und Bedeutung des preußischen Staatsministeriums, in: Jahrbuch für die Geschichte Mittel- und Ostdeutschlands, Bd. IX/X (1961), S. 195–261.

Klein, Gabriele, Die Theatralität des Politischen, in: Armin Nassehi/Markus Schroer (Hrsg.), Der Begriff des Politischen, Baden-Baden 2003, S. 605–618.

Klimmt, Reinhard, Der Landtag des Saarlandes: Vom Casino zum Parlament, in: Julia Schwanholz/Patrick Theiner (Hrsg.), Die politische Architektur deutscher Parlamente. Von Häusern, Schlössern und Palästen, Wiesbaden 2020, S. 297–317.

Klonk, Charlotte, Revolution im Rückwärtsgang. Der 6. Januar 2021 und die Bedeutung der Bilder, Köln 2022.

Knoll, Thomas, Das Bonner Bundeskanzleramt. Organisation und Funktionen von 1949 bis 1999, Wiesbaden 2004.

Koehler, Cortus T., City Council Chamber Design: The Impact of Interior Design upon the Meeting Process, in: Journal of Environmental Systems 10 (1980/81), S. 53–79.

Koeppen, Wolfgang, Das Treibhaus. Roman (1953), in: ders., Werke, Bd. 5, hrsg. v. Hans-Ulrich Treichel, Frankfurt am Main 2010.

Kohlrausch, Martin, Der Monarch im Skandal. Die Logik der Massenmedien und die Transformation der wilhelminischen Monarchie, Berlin 2005.

Kohlrausch, Martin, Hof und Hofgesellschaft in der Kaiserzeit, in: Wolfgang Ribbe (Hrsg.), Schloß und Schloßbezirk in der Mitte Berlins. Das Zentrum der Stadt als politischer und gesellschaftlicher Ort, Berlin 2005, S. 119–135.

Kölble, Josef, Die Ministerialverwaltung im parlamentarisch-demokratischen Regierungssystem des Grundgesetzes, in: Die Öffentliche Verwaltung 22 (1969), S. 25–38.

Köttgen, Arnold, Das deutsche Berufsbeamtentum und die parlamentarische Demokratie, Berlin 1928.

Kramer, Helmut, Fraktionsbindungen in den deutschen Volksvertretungen 1819–1849, Berlin 1968.

Kraus, Andreas, Secretarius und Sekretariat. Der Ursprung der Institution des Staatssekretariats und ihr Einfluss auf die Entwicklung moderner Regierungsformen in Europa, in: Römische Quartalschrift für christliche Altertumskunde und Kirchengeschichte 55 (1960), S. 43–84.

Kroen, Sheryl, Politics and Theater. The Crisis of Legitimacy in Restoration France, 1815–1830, Berkeley 2000.

Krüger, Dieter, Das Amt Blank: die schwierige Gründung des Bundesministeriums für Verteidigung, Freiburg 1993.

Krumwiede, Heinrich W./Nolte, Detlef, Die Rolle der Parlamente in den Präsidialdemokratien Lateinamerikas, Hamburg 2000.

Kuch, David, Politische Neutralität in der Parteiendemokratie, in: Archiv des öffentlichen Rechts 142 (2017), S. 491–527.

Kühn, Christian, Die Regierung nicht mehr im Genick. Generalplaner-Verfahren Österreichisches Parlament, in: architektur.aktuell 3 (2015), S. 4–21.

Kyle, Chris R., Theater of State. Parliament and Political Culture in Early Stuart England, Stanford 2012.

Laband, Paul, Das Staatsrecht des Deutschen Reiches, Bd. 1, 1. Aufl., Tübingen 1876.

Laget, Pierre-Louis, L'amphithéâtre d'anatomie, genèse d'un nouveau type architectural, in: Basile Baudez (Hrsg.), Chalgrin et son temps. Architectes et architecture de l'Ancien Régime à la Révolution, Bordeaux 2016, S. 185–205.

Lakoff, George / Johnson, Mark, Metaphors We Live By, Chicago 1980.

Lambach, Walther, Die Herrschaft der Fünfhundert. Ein Bild des parlamentarischen Lebens im neuen Deutschland, Hamburg 1926.

Lamer, Reinhard J., Der englische Parlamentarismus in der deutschen politischen Theorie im Zeitalter Bismarcks (1857–1890). Ein Beitrag zur Vorgeschichte des deutschen Parlamentarismus, Lübeck 1963.

Lammich, Siegfried, Grundzüge des sozialistischen Parlamentarismus, Baden-Baden 1977.

Lang, Joachim, Zur Bindung der Mitglieder des Bundesrates und ihrer Beauftragten gemäß Artikel 43 Abs. 2 GG an die parlamentarische Ordnung des Deutschen Bundestages, in: Zeitschrift für Parlamentsfragen 35 (2004), S. 295–305.

Langford, Paul, Prime Ministers and Parliaments: The Long View, Walpole to Blair, in: Parliamentary History 25 (2006), 382–394.

Laponce, J. A., Left and Right. The Topography of Political Perceptions, Toronto 1981.

Laquièze, Alain, Les origines du régime parlementaire en France (1814–1848), Paris 2002.

Laski, Harold, The American Presidency. An Interpretation, New York 1940.

Lavisse, Ernest, Essais sur l'Allemagne Impériale, 2. Aufl., Paris 1888.

Le Divellec, Armel, Le Gouvernement Parlementaire en Allemagne. Contribution à une Théorie Générale, Paris 2004.

Lefort, Claude, Essais sur le politique. XIXe–XXe siècle, Paris 1986.

Legnaro, Aldo /Aengenheister, Astrid, Die Aufführung von Strafrecht. Kleine Ethnographie gerichtlichen Verhandelns, Baden-Baden 1999.

Lehmbruch, Gerhard, Parteienwettbewerb im Bundesstaat. Regelsysteme und Spannungslagen im politischen System der Bundesrepublik Deutschland, 3. Aufl., Wiesbaden 2000.

Leisner, Walter, Regierung als Macht kombinierten Ermessens: Zur Theorie der Exekutivgewalt, in: Juristenzeitung 23 (1968), S. 727–731.

Leith, James A., Space and Revolution. Projects for Monuments, Squares, and Public Buildings in France 1789–1799, Montreal 1991.

Lemaigre-Gaffier, Pauline, Administrer les Menus Plaisirs du Roi. L'État, la Cour et les spectacles dans la France des Lumières, Ceyzérieu 2016.

Lentz, Thierry, La France et l'Europe de Napoléon 1804–1814. Nouvelle Histoire du Premier Empire, Paris 2007.

Lepsius, Oliver / Meyer-Kalkus, Reinhart (Hrsg.), Inszenierung als Beruf. Der Fall Guttenberg, Berlin 2011.

Lepsius, Susanne, Das Sitzen des Richters als Rechtsproblem, in: Barbara Stollberg-Rilinger / Tim Neu / Christina Brauner (Hrsg.), Alles nur symbolisch? Bilanz und Perspektiven der Erforschung symbolischer Kommunikation, Köln 2013, S. 109–131.

Levra, Umberto, Il Senato e la Camera dei Deputati, in: ders. / Rosanna Roccia (Hrsg.), Milleottocentoquarantotto. Torino, l'Italia, l'Europa, Turin 1998, S. 121–128.

Liermann, Hans, Untersuchungen zum Sakralrecht des protestantischen Herrschers, in: Zeitschrift der Savigny-Stiftung für Rechtsgeschichte. Kanonistische Abteilung 30 (1941), S. 311–383.

Lintilhac, Eugène, Dans la Salle du ‹Manège›, in: La Révolution Française 70 (1917), S. 289–295.

Lippe, Rudolf zur, Naturbeherrschung am Menschen II: Geometrisierung des Menschen und Repräsentation des Privaten im französischen Absolutismus, Frankfurt am Main 1974.

Lipphardt, Hans-Rudolf, Die kontingentierte Debatte. Parlamentsrechtliche Untersuchung zur Redeordnung des Bundestages, Berlin 1976.

Löbe, Paul, Reichstag und Bundestag (1951), in: Michael Feldkamp, Edition eines unveröffentlichten Vortrags von Paul Löbe aus dem Jahr 1951, in: Zeitschrift für Parlamentsfragen 38 (2007), S. 376–400.

Loewenberg, Gerhard, Parlamentarismus im politischen System der Bundesrepublik Deutschland, Tübingen 1969.

Loewenstein, Karl, Staatsrecht und Staatspraxis von Großbritannien, Bd. 1: Parlament, Regierung, Parteien, Berlin 1967.

Löffler, Bernhard, Die Ersten Kammern und der Adel, in: Historische Zeitschrift 265 (1997), S. 29–76.

Loughlin, Martin, The State, the Crown and the Law, in: Maurice Sunkin / Sebastian Payne (Hrsg.), The Nature of the Crown. A Legal and Political Analysis, Oxford 1999, S. 33–76.

Luçay, Hélion de, Les origines du pouvoir ministériel en France. Les secrétaires d'État depuis leur institution jusqu'à la mort de Louis XV, Paris 1881.

Lurker, Manfred, Der Kreis als Symbol im Denken, Glauben und künstlerischen Gestalten der Menschheit, Tübingen 1981.

Maier, Hans, Die Kabinettsregierung. Entstehung, Wirkungsweise, aktuelle Probleme. Bayerische Akademie der Wissenschaften. Philosophisch-historische Klasse. Sitzungsberichte. Jahrgang 2006, Heft 4, München 2006.

Maizière, Thomas de, Regieren: Innenansichten der Politik, Freiburg i. B. 2019.

Mann, Thomas, Betrachtungen eines Unpolitischen (1918), in: Gesammelte Werke in Dreizehn Bänden, Bd. XII, 2. Aufl., Frankfurt am Main 1974.

Manow, Philipp, Der demokratische Leviathan – eine kurze Geschichte parlamentarischer Sitzordnungen seit der französischen Revolution, in: Leviathan 32 (2004), S. 319–347.

Manow, Philipp, Im Schatten des Königs. Die politische Anatomie demokratischer Repräsentation, Frankfurt am Main 2008.

Mansel, Philip, The Court of France 1789–1830, Cambridge 1988.

Marchand, Jean, Le Palais Bourbon, Paris 1962.

Marrinan, Michael, Painting Politics for Louis-Philippe. Art and Ideology in Orleanist France, 1830–1848, New Haven 1988.

Matzerath, Josef, Parlamentseröffnungen im Reich und in den Bundesstaaten, in: Andreas Biefang/Michael Epkenhans/Klaus Tenfelde (Hrsg.), Das politische Zeremoniell im Deutschen Kaiserreich 1871–1918, Düsseldorf 2008, S. 207–232.

Meid, Michiko, Der Einführungsprozess der europäischen und der nordamerikanischen Architektur in Japan seit 1542, Köln 1977.

Meinel, Florian, Vertrauensfrage. Zur Krise des heutigen Parlamentarismus, München 2019.

Mergel, Thomas, Parlamentarische Kultur in der Weimarer Republik. Politische Kommunikation, symbolische Politik und Öffentlichkeit im Reichstag, Düsseldorf 2002.

Merk, Wilhelm, Neue Sitzordnung der Bundesregierung im Bundestag?, in: Deutsches Verwaltungsblatt 73 (1958), S. 602–603.

Meyer, von, Über den Ursprung von Rechts und Links, in: Verhandlungen der Berliner Gesellschaft für Anthropologie, Ethnologie und Urgeschichte, Berlin 1873, S. 25–36.

Meyer, Hans, Die Stellung der Parlamente in der Verfassungsordnung des Grundgesetzes, in: Hans-Peter Schneider/Wolfgang Zeh (Hrsg.), Parlamentsrecht und Parlamentspraxis in der Bundesrepublik Deutschland. Ein Handbuch, Berlin 1989, § 4.

Meyer-Lüerßen, Ernst, Die rechtliche Stellung der Bevollmächtigten zum Reichsrat unter besonderer Berücksichtigung der von den preußischen Provinzialverwaltungen bestellten Vertreter, Berlin 1924.

Michelet, Jules, Histoire de la Révolution Française (1847), Bd. 1, Paris 1979.

Miller, Wolfgang, Der Koalitionsausschuss. Existenz, Einsatz und Effekte einer informellen Arena des Koalitionsmanagements, Wiesbaden 2011.

Möller, Horst, Franz Josef Strauß. Herrscher und Rebell, Berlin u. a. 2016.

Mönch, Bernhard, Der politische Wortschatz der französischen Restauration in Parlament und Presse, Bonn 1960.

Mönninger, Michael, Wer im Glashaus sitzt. Denkmal des Transitorischen: Der neue Bundestag in Bonn, in: Frankfurter Allgemeine Zeitung v. 21. Oktober 1992, S. 33.

Mohl, Robert von, Kritische Erörterungen über Ordnung und Gewohnheiten des deutschen Reiches, in: Zeitschrift für die gesamte Staatswissenschaft 31 (1875), S. 39–113.

Monath, Hans, Berliner Höhenluft für den Kanzler. Verfall der politischen Kultur: Im Reichstag thront die Regierung über den Abgeordneten, in: taz v. 10. März 1995, S. 1.

Mopin, Michel, L'assemblée nationale et le Palais Bourbon d'hier à aujourd'hui, Paris 1998.

Morat, Daniel, Parlamentarisches Sprechen und politisches Hör-Wissen im deutschen Kaiserreich, in: ders. (Hrsg.), Wissensgeschichte des Hörens in der Moderne, Berlin/Boston 2017, S. 305–328.

Morsey, Rudolf, Die Oberste Reichsverwaltung unter Bismarck 1867–1890, Münster 1957.

Mountmorres, Lord Hervey Redmond, The History of the Principal Transactions of the Irish Parliament, From the Year 1634 to 1666, Bd. 1, London 1792.

Müller, Iso, Frauen rechts. Männer links. Historische Platzverteilung in der Kirche, in: Schweizerisches Archiv für Volkskunde 57 (1961), S. 65–81.

Müller, Marion G., Parliaments and their Liturgies, in: dies./Emma Crewe (Hrsg.), Rituals in Parliaments. Political, anthropological, and historical perspectives on Europe and the United States, Frankfurt am Main/New York 2006, S. 183–206.

Müller, Marion G., Politische Liturgie der Parlamente. Ein Vergleich parlamentarischer Zeremonialstrukturen in Großbritannien, USA, Deutschland, Frankreich und der Europäischen Union (2003), unveröffentlichtes Manuskript 2015.

Müller-Meiningen, Ernst, Parlamentarismus. Betrachtungen, Lehren und Erinnerungen aus deutschen Parlamenten, Berlin 1926.

Münch, Fritz, Die Bundesregierung, Frankfurt am Main 1954.

Münch, Ingo von, Minister und Abgeordneter in einer Person: die andauernde Verhöhnung der Gewaltenteilung, in: Neue Juristische Wochenschrift 1998, S. 34–35.

Münkler, Herfried, Politische Bilder, Politik der Metaphern, Frankfurt am Main 1994.

Mulcahy, Linda, Legal Architecture. Justice, Due Process and the Place of Law, Abingdon 2011.

Mulder van der Vegt, David/Cohen de Lara, Max, XML – Parliament, Amsterdam 2016.

Museo Nazionale del Risorgimento Italiano (Hrsg.), Il Parlamento Subalpino in Palazzo Carignano. Strutture e restauro, Turin 1990.

Myers, A. R., Parliaments and Estates in Europe to 1789, New York 1975.

Neale, John E., The Elizabethan House of Commons, London 1949.

Nelson, Eric, The Royalist Revolution. Monarchy and the American Founding, Cambridge 2017.

Nöbauer, Herta, Der Körper, der auf dem Sessel sitzt. Leibliche Orientierung, kulturelle Normierung und soziale Distinktion, in: Arno Böhler/Christian Herzog/Alice Pechriggl (Hrsg.), Korporale Performanz. Zur bedeutungsgenerierenden Dimension des Leibes, Bielefeld 2013, S. 21–46.

Norton, Paul F., Latrobe-Klassizismus. Der klassische Stil des amerikanischen Kapitols in seiner Ausprägung durch Latrobe und Jefferson, in: Martin Warnke (Hrsg.), Politische Architektur in Europa vom Mittelalter bis heute. Repräsentation und Gemeinschaft, Köln 1984, S. 336–352.

Norton, Philip, The Constitutional Position of Parliamentary Private Secretaries, in: Public Law 1989, S. 232–236.

Nussbaum, Otto, Die Bewertung von Rechts und Links in der römischen Liturgie (1962), in: ders., Geschichte und Reform des Gottesdienstes. Liturgiewissenschaftliche Untersuchungen, Paderborn 1996, S. 275–292.

O'Connor, T. P., Some Absurdities of the House of Commons, in: The North American Review 171 (1900), S. 265–272.

Oberreuter, Heinrich, Sitzordnung, in: Hans-Helmut Röhring/Kurt Sontheimer (Hrsg.), Handbuch des Deutschen Parlamentarismus. Das Regierungssystem der Bundesrepublik in 270 Stichworten, München 1970, S. 446–448.

Oldiges, Martin, Die Bundesregierung als Kollegium. Eine Studie zur Regierungsorganisation unter dem Grundgesetz, Hamburg 1983.

Ottow, Raimund, Die Souveränität des ‹King-in-Parliament›: Ein Beitrag zur Geschichte politischer Kultur in England, in: Zeitschrift für Politische Theorie 1 (2010), S. 194–220.

Ozouf, Mona, Montagnards (1988), in: dies., De Révolution en République. Les chemins de la France, Paris 2015, S. 178–190.

Parkinson, John R., Democracy and Public Space. The Physical Sites of Democratic Performance, Oxford 2012.

Partsch, Karl Josef, Parlament und Regierung im modernen Staat, in: Veröffentlichungen der Vereinigung der Deutschen Staatsrechtslehrer 16 (1958), S. 74–112.

Partsch, Karl Josef, Die Wahl des Parlamentspräsidenten, in: Archiv des öffentlichen Rechts 86 (1961), S. 1–38.

Patterson, Samuel C., Party Opposition in the Legislature: The Ecology of Legislative Institutionalization, in: Polity 4 (1972), S. 344–366.

Patzelt, Werner J., Ein latenter Verfassungskonflikt? Die Deutschen und ihr parlamentarisches Regierungssystem, in: Politische Vierteljahresschrift 39 (1998), S. 725–757.

Patzelt, Werner J., Parlamentarische Selbstsymbolisierung. Ein Vergleich von vier Vertretungskörperschaften, in: ders. (Hrsg.), Parlamente und ihre Symbolik. Programm und Beispiele institutioneller Analyse, Wiesbaden 2001, S. 311–341.

Payandeh, Mehrdad, Die Neutralitätspflicht staatlicher Amtsträger im öffentlichen Meinungskampf: Dogmatische Systembildung auf verfassungsrechtlich zweifelhafter Grundlage, in: Der Staat 55 (2016), S. 519–550.

Pazos, Juan Baro, Hacia la Consolidacion del regimen parlamentario en España: El Congreso del los Diputados en la Constitución de 1837, in: Revista de Estudios Politicos 57 (1987), S. 55–106.

Peschel, Kurt, Der Sitzungssaal der großen Parlamente, in: Neue Stenographische Praxis 9 (1961), S. 1–16.

Peterson, Erik, Von den Engeln (1935), in: ders., Theologische Traktate, Würzburg 1994, S. 195–243.

Peterson, Erik, Christus als Imperator (1936), in: ders., Theologische Traktate, Würzburg 1994, S. 83–92.

Petrzik, Gerald, Der neue Plenarsaal des Bayerischen Landtags – hell, modern, funktional, in: Neue Stenographische Praxis 56 (2007), S. 33–37.

Pevsner, Nikolaus, Funktion und Form. Die Geschichte der Bauwerke des Westens, Hamburg 1998.

Pfleiderer, Karl Georg, Ein weiter Weg zur Rednertribüne. Kritik am Plenarsaal des Bundestages: Ein Theatersaal, kein Diskussionsraum, in: Christ und Welt v. 30. April 1952, S. 5.

Philonenko, Marc (Hrsg.), Le Trône de Dieu, Tübingen 1993.

Pikart, Eberhard, Theodor Heuß und Konrad Adenauer. Die Rolle des Bundespräsidenten in der Kanzlerdemokratie, Stuttgart 1976.

Pinon, Pierre, La Salle des États Généraux à Versailles, in: Pierre Pinon/Patrick Brasart/Claude Malécot (Hrsg.), Des Menus-Plaisirs aux Droits de L'Homme, Paris 1989, S. 13–74.

Plate, August, Die Geschäftsordnung des Preußischen Abgeordnetenhauses, ihre Geschichte und ihre Anwendung, unter Berücksichtigung der Geschäftsordnung und der Gewohnheiten des Deutschen Reichstages, Berlin 1903.

Pohl, Heinrich, Der Bundesratsbevollmächtigte im Reichstag. Ein Beitrag zur Auslegung des Art. 9 der Reichsverfassung, in: Festschrift für Ernst Zitelmann zu seinem 60. Geburtstage, München 1913, S. 1–31.

Pollard, A. F., The Evolution of Parliament, London/New York 1920.

Porritt, Edward, The Unreformed House of Commons. Parliamentary Representation Before 1832, Cambridge/London 1903.

Prakash, Saikrishna Bangalore, Imperial from the Beginning: The Constitution of the Original Executive, New Haven 2015.

Pünder, Hermann, Das Schaltwerk von Politik und Verwaltung im Reich, in der Bizone und im Bund. Reichskanzlei Berlin – Direktorialkanzlei Frankfurt – Bundeskanzleramt Bonn, in: Die Öffentliche Verwaltung 16 (1963), S. 1–5.

Puwar, Nirmal, The Archi-Texture of Parliament: Flaneur as Method in Westminster, in: The Journal of Legislative Studies 16 (2010), S. 298–312.

Rapoport, Amos, Vernacular Architecture and the Cultural Determinants of Form, in: Anthony D. King (Hrsg.), Buildings and Society. Essays on the Social Development of the Built Environment, London 1980, S. 283–305.

Rapp, Alfred, Der Bundestag sitzt nicht eng genug. Stimmen und Argumente zum Umbau des Plenarsaales, in: Frankfurter Allgemeine Zeitung v. 16. März 1960, S. 8.

Raschke, Joachim, Die Erfindung von Links/Rechts als politisches Richtungsschema, in: Michael Th. Greven (Hrsg.), Bürgersinn und Kritik. Festschrift für Udo Bermbach zum 60. Geburtstag, Baden-Baden 1998, S. 185–206.

Rauh, Manfred, Föderalismus und Parlamentarismus im Wilhelminischen Reich, Düsseldorf 1973.

Rausch, Fabian, Konstitution und Revolution. Eine Kulturgeschichte der Verfassung in Frankreich, 1814–1851, Berlin 2019.

Rauterberg, Hanno, Der deutsche Kummerkasten. Umzug ins Sterile: Norman Foster hat den Reichstag umgebaut – und ist an dessen Geschichtsbeladenheit gescheitert, in: Die Zeit v. 8. April 1999, S. 43.

Recker, Marie-Luise, Westminster als Modell? Der Deutsche Bundestag und das britische Regierungssystem, in: Gerhard A. Ritter/Anthony J. Nicholls (Hrsg.), Rivalität und Partnerschaft. Studien zu den deutsch-britischen Beziehungen im 19. und 20. Jahrhundert, Paderborn 1999, S. 313–337.

Recker, Marie-Luise, ‹Es braucht nicht niederreißende Polemik, sondern aufbauende Tat›. Zur Parlamentskultur der Bundesrepublik Deutschland, in: Jahrbuch des Historischen Kollegs 2002, S. 67–88.

Recker, Marie-Luise, Parlamentarismus in der Bundesrepublik Deutschland. Der Deutsche Bundestag 1949–1969, Düsseldorf 2018.

Redlich, Josef, Recht und Technik des englischen Parlamentarismus. Die Geschäftsordnung des House of Commons in ihrer geschichtlichen Entwicklung und gegenwärtigen Gestalt, Leipzig 1905.

Redslob, Robert, Die Staatstheorien der französischen Nationalversammlung von 1789. Ihre Grundlagen in der Staatslehre der Aufklärungszeit und in den englischen und amerikanischen Verfassungsgedanken, Leipzig 1912.

Reichardt, Rolf, Thronstürze in Frankreich: Bildpublizistische Diskurse (1789–1848), in: Peter Hoeres u. a. (Hrsg.), Herrschaftsverlust und Machtverfall, München 2013, S. 123–140.

Reinhard, Marcel, La Chute de la Royauté: 10 août 1792, Paris 1969.

Reinle, Adolf, Zeichensprache der Architektur. Symbol, Darstellung und Brauch in der Baukunst des Mittelalters und der Neuzeit, Zürich/München 1976.

Reynolds, Jonathan M., Japan's Imperial Diet Building: Debate over Construction of a National Identity, in: Art Journal, Autumn 1996, Bd. 55, S. 38–47.

Ribner, Jonathan P., Broken Tablets. The Cult of the Law in French Art from David to Delacroix, Berkeley/Los Angeles/Oxford 1993.

Richardson, H. G. / Sayles, George, The King's Ministers in Parliament, 1277–1377, in: The English Historical Review 46 (1931), S. 529–550; 47 (1932), S. 377–399.

Richter, Gottfried, Das Anatomische Theater, Berlin 1936.

Richter, Markus, Bauplatz Leipziger Straße 3/4. Der lange Weg zum neuen Haus des Preußischen Landtags, in: Die Präsidentin des Abgeordnetenhauses von Berlin (Hrsg.), Der Preußische Landtag. Bau und Geschichte, Berlin 1993, S. 41–122.

Riding, Christine, The Aura of Sacred Mystery: Thrones in the New Palace of Westminster, in: Christine Riding/Jacqueline Riding (Hrsg.), The Houses of Parliament. History, Art, Architecture, London 2000, S. 179–194.

Riedl, Barbara, Ideen aus Karton. Drei Modelle zum Plenarsaal des Wiener Parlaments, Bericht, Wien 2014.

Rigotti, Francesca, Der ‹runde Tisch› und der Mythos symmetrischer Kommunikation, in: Andreas Dörner/Ludgera Vogt (Hrsg.), Sprache des Parlaments und Semiotik der Demokratie. Studien zur politischen Kommunikation in der Moderne, Berlin 1995, S. 290–296.

Ritter, Gerhard A., Deutscher und britischer Parlamentarismus. Ein verfassungsgeschichtlicher Vergleich, Tübingen 1962.

Ritter, Gerhard A., Das britische Parlament im 18. Jahrhundert (1969), in: *ders.*, Parlament und Demokratie in Großbritannien, Göttingen 1972, S. 69–121.

Ritzel, Heinrich G./Bücker, Josef/Schreiner, Hermann, Handbuch für die Parlamentarische Praxis mit Kommentar zur Geschäftsordnung des Deutschen Bundestages, Frankfurt am Main/Köln, Loseblatt, Stand: Januar 2020.

Robinson, Donald L., The Renewal of American Constitutionalism, in: Robert A. Goldwin/Art Kaufman (Hrsg.), Separation of Powers – Does It Still Work?, Washington D.C. 1986, S. 38–64.

Robolsky, Hermann, Der Deutsche Reichstag. Geschichte seines fünfundzwanzigjährigen Bestehens 1867–1892, 2. Aufl., Berlin 1897.

Röper, Erich, Parlamentarische Ordnungsmaßnahmen gegenüber Regierungsmitgliedern, in: Zeitschrift für Parlamentsfragen 22 (1991), S. 189–196.

Rogers, David, By Royal Appointment. Tales from the Privy Council – the Unknown Arm of Government, London 2015.

Rosanvallon, Pierre, La monarchie impossible. Les Chartes de 1814 et de 1830, Paris 1994.

Rosenthal, Eduard, Die Reichsregierung. Eine staatsrechtliche und politische Studie, Jena 1911.

Rosenthal, Eduard, Bismarcks Erbe in der Reichsverfassung, in: Deutsche Literaturzeitung 1918, Sp. 459–464, 483–490.

Rouanet, Gustave, Les débuts du parlementarisme français, in: Annales Révolutionnaires 8 (1916), S. 173–211.

Rudzio, Wolfgang, Informelles Regieren. Zum Koalitionsmanagement in deutschen und österreichischen Regierungen, Wiesbaden 2005.

Saalfeld, Thomas, Gesetzgebung im politischen System Großbritanniens, in: Wolfgang Ismayr (Hrsg.), Gesetzgebung in Westeuropa. EU-Staaten und Europäische Union, S. 159–198, Wiesbaden 2008.

Sack, Manfred, Bonn leuchtet, in: Die Zeit v. 30. Oktober 1992, S. 8.

Sattler, Johanna Barbara, Links und Rechts in der Wahrnehmung des Menschen. Zur Geschichte der Linkshändigkeit, Donauwörth 2000.

Sauer, Birgit, Der ‹Runde Tisch› und die Raumaufteilung der Demokratie. Eine politische Institution des Übergangs?, in: Brigitta Nedelmann (Hrsg.), Politische Institutionen im Wandel, Opladen 1995, S. 108–125.

Schenck, Paul-Christian, Der deutsche Anteil an der Gestaltung des modernen japanischen Rechts- und Verfassungswesens. Deutsche Rechtsberater im Japan der Meji-Zeit, Stuttgart 1997.

Scherer, Philipp, Links und rechts im Wandel. Zur Bedeutung und Relevanz der Richtungsbegriffe in Deutschland, Wiesbaden 2020.

Scheuner, Ulrich, Die Lage des parlamentarischen Regierungssystems in der Bundesrepublik, in: Die Öffentliche Verwaltung 27 (1974), S. 433–441.

Schindler, Peter, Die Fragestunde des Deutschen Bundestages, in: Politische Vierteljahresschrift 7 (1966), S. 407–443.

Schirmer, Roland, Die Volkskammer und deren Selbstsymbolisierung, in: Werner J. Patzelt (Hrsg.), Parlamente und ihre Symbolik. Programm und Beispiele institutioneller Analyse, Wiesbaden 2001, S. 136–197.

Schmidt, Leopold, Bank und Stuhl und Thron, in: Antaios. Zeitschrift für eine freie Welt 12 (1970), S. 85–103.

Schmidt, Thorsten Ingo, Die Geschäftsordnungen der Verfassungsorgane als individuell-abstrakte Regelungen des Innenrechts, in: Archiv des öffentlichen Rechts 128 (2003), S. 608–648.

Schmidt-Jortzig, Edzard, Das rechtliche Fundament der Ministerkompatibilität unter dem Grundgesetz, in: Zeitschrift für die gesamte Staatswissenschaft 130 (1974), S. 123–141.

Schmidt-Jortzig, Edzard, Die Bundestagszugehörigkeit der Bonner Minister, in: Zeitschrift für Parlamentsfragen 5 (1974), S. 313–315.

Schmidt-Jortzig, Edzard, Die Pflicht zur Geschlossenheit der kollegialen Regierung (Regierungszwang), Stuttgart 1973.

Schmidt-Jortzig, Edzard, Regierungskontrolle durch die Parlamentsmehrheit, in: Jörn Ipsen/ Edzard Schmidt-Jortzig (Hrsg.), Recht – Staat – Gemeinwohl. Festschrift für Dietrich Rauschning, Köln 2001, S. 143–156.

Schnapp, Kai-Uwe, Ministerialbürokratien in westlichen Demokratien: eine vergleichende Analyse, Wiesbaden 2004.

Schneider, Franz, Diskussion und Evidenz im parlamentarischen Regierungssystem, in: Aus Politik und Zeitgeschichte 1968, S. 3–24.

Schneider, Hans, Gastredner im Bundestag, in: Burkhardt Ziemske u. a. (Hrsg.), Staatsphilosophie und Rechtspolitik. Festschrift für Martin Kriele zum 65. Geburtstag, München 1997, S. 587–591.

Schoenbaum, David, Ein Abgrund von Landesverrat. Die Affäre um den ‹Spiegel›, München 1968.

Schönberger, Christoph, Das Parlament im Anstaltsstaat. Zur Theorie parlamentarischer

Repräsentation in der Staatsrechtslehre des Kaiserreichs (1871–1918), Frankfurt am
Main 1997.

Schönberger, Christoph, Die überholte Parlamentarisierung. Einflußgewinn und fehlende
Herrschaftsfähigkeit des Reichstags im sich demokratisierenden Kaiserreich, in: Historische Zeitschrift 272 (2001), S. 623–666.

Schönberger, Christoph, Gibt es im Grundgesetz ein Erbe der Monarchie? Das Amt des Bundespräsidenten zwischen Kontinuität und Diskontinuität, in: Thomas Biskup/Martin
Kohlrausch (Hrsg.), Das Erbe der Monarchie. Nachwirkungen einer deutschen Institution nach 1918, Frankfurt am Main 2006, S. 284–309.

Schönberger, Christoph, Das Parlament: Geschichte einer europäischen Erfindung, in: Martin Morlok/Utz Schliesky/Dieter Wiefelspütz (Hrsg.), Parlamentsrecht. Handbuch,
Baden-Baden 2016, § 1.

Schönberger, Christoph, Die Befragung der Bundesregierung durch den Deutschen Bundestag. Zur kommunikativen Verantwortlichkeit der Mitglieder der Bundesregierung gegenüber dem Parlament, in: Julian Krüper (Hrsg.), Die Organisation des Verfassungs-
staats. Festschrift für Martin Morlok zum 70. Geburtstag, Tübingen 2019, S. 173–190.

Schönberger, Christoph, Der rechte, rechte Platz ist leer. Verhaltensauffällige Mandatsträger:
Die Union soll jetzt neben der AfD sitzen – war das für die FDP unzumutbar?, in:
Frankfurter Allgemeine Zeitung v. 17. Dezember 2021, S. 13.

Schönberger, Sophie, Der Plenarsaal als Ort des Gedenkens – Parlamentarische Rituale im
Deutschen Bundestag, in: Der Staat 56 (2017), S. 441–472.

Schöne, Siegfried, Von der Reichskanzlei zum Bundeskanzleramt. Eine Untersuchung zum
Problem der Führung und Koordination in der jüngeren deutschen Geschichte, Berlin
1968.

Schönfeld, Gert, Das Zitier-, Zutritts- und Rederecht des Artikels 43 Grundgesetz, Berlin
1973.

Scholz, Natalie, Die imaginierte Restauration. Repräsentationen der Monarchie im Frankreich Ludwigs XVIII., Darmstadt 2006.

Schramm, Percy Ernst, Herrschaftszeichen und Staatssymbolik. Beiträge zu ihrer Geschichte
vom dritten bis zum sechzehnten Jahrhundert, Bd. 1, München 1954; Bd. 3, München
1956.

Schröder, Meinhard, Art. 43 GG, in: Bonner Kommentar zum Grundgesetz, Stand: 134.
Akualisierung, Juni 2008.

Schwanholz, Julia/Theiner, Patrick (Hrsg.), Die politische Architektur deutscher Parlamente. Von Häusern, Schlössern und Palästen, Wiesbaden 2020.

Schwarte, Ludger, Philosophie der Architektur, München 2009.

Schwarte, Ludger, Gleichheit und Theaterarchitektur: Voltaires Privattheater, in: Erika
Fischer-Lichte (Hrsg.), Politik des Raumes: Theater und Topologie, München 2010,
S. 33–44.

Schwarz, Hans-Peter, Adenauer. Der Aufstieg: 1876–1952, Stuttgart 1986.

Schwengelbeck, Matthias, Die Politik des Zeremoniells. Huldigungsfeiern im langen 19. Jahrhundert, Frankfurt am Main 2007.

Sidak, J. Gregory, The Recommendation Clause, in: Georgetown Law Journal 77 (1989),
S. 2079–2135.

Siebeneicker, Arnulf, ‹Repräsentanten der ganzen westphälischen Nation›. Das Parlament

im politischen System des Königreichs Westphalen, in: Michael Eisenhauer (Hrsg.),
König Lustik!? Jérôme Bonaparte und der Modellstaat Königreich Westphalen, München 2008, S. 113–119.

Siemann, Wolfram, Parlamentsarchitektur als politische Konfession, in: Marc Schalenberg/
Peter Th. Walther (Hrsg.), ‹ … immer im Forschen bleiben›. Rüdiger vom Bruch zum
60. Geburtstag, Stuttgart 2005, S. 101–133.

Sitamaran, Ganesh, The Origins of Legislation, in: Notre Dame Law Review 91 (2015),
S. 81–132.

Soboul, Albert, Le procès de Louis XVI, Paris 2014.

Soeffner, Hans-Georg, Erzwungene Ästhetik. Repräsentation, Zeremoniell und Ritual in der
Politik, in: ders., Gesellschaft ohne Baldachin. Über die Labilität von Ordnungskonstruktionen, Weilerswist 2000, S. 280–309.

Spengler, Karl, Die rechtliche Stellung und die Befugnisse des Reichstagspräsidenten,
Würzburg 1912.

Spenkuch, Hartwin, Das Preußische Herrenhaus. Adel und Bürgertum in der Ersten Kammer des Landtages 1854–1918, Düsseldorf 1998.

Staël, Madame la Baronne de, Considérations sur les principaux événements de la Révolution Française [sic!], 2. Aufl., Bd. 1, Paris 1818.

Starobinski, Jean, La Chaire, la tribune, le barreau, in: Pierre Nora (Hrsg.), Les Lieux de
Mémoire, Bd. 2/3: La Nation, Paris 1986, S. 425–486.

Steffani, Winfried, Zum Rederecht von Mitgliedern des Bundesrates im Bundestag, in: Zeitschrift für Parlamentsfragen 7 (1976), S. 322–328.

Steffani, Winfried, Parlamentarische und präsidentielle Demokratie, Opladen 1979.

Stein, August, Unsere Volksvertretung, wie sie ißt und trinkt (1897), in: Irenaeus. Aufsätze
August Steins, Frankfurt am Main 1921, S. 95–103.

Sternberger, Dolf, Gewaltenteilung und parlamentarische Regierung in der Bundesrepublik
Deutschland, in: Politische Vierteljahresschrift 1 (1960), S. 22–37.

Sternberger, Dolf, In der Loge und im Parterre, in: Frankfurter Allgemeine Zeitung v. 19. Januar 1961, S. 1.

Sternberger, Dolf, Die Geburt der ‹Assemblée nationale› (1969), in: ders., Herrschaft und
Vereinbarung, Schriften III, Frankfurt am Main 1980, S. 305–326.

Stillfried-Rattonitz, Rudolf Graf von, Die Attribute des Neuen Deutschen Reiches, Berlin 1872.

Stollberg-Rilinger, Barbara, Zeremoniell als politisches Verfahren. Rangordnung und Rangstreit als Strukturmerkmale des frühneuzeitlichen Reichstags, in: Zeitschrift für Historische Forschung, Beiheft 19: Neue Studien zur frühneuzeitlichen Reichsgeschichte,
1997, S. 91–132.

Stommel, Eduard, Bischofsstuhl und Hoher Thron, in: Jahrbuch für Antike und Christentum 1 (1958), S. 52–78.

Stone, Donald/Stone, Alice, The Administration of Chairs, in: Public Administration Review 34 (1974), S. 71–77.

Stüwe, Klaus, Die Rede des Kanzlers. Regierungserklärungen von Adenauer bis Schröder,
Wiesbaden 2005.

Syal, Rajeev, ‹It will follow him for years›: How Jacob Rees Mogg's Slouch Gambit Backfired, in: The Guardian, 6. September 2019.

Szente, Zoltán, The Symbolism of the Seating Arrangement of Legislatures in Europe, in:

Kazimierz Baran/Waclaw Uruszczak/Anna Karabowicz (Hrsg.), Separation of Powers and Parliamentarism. The Past and the Present: Law, Doctrine, Practice, Warschau 2007, S. 645–651.

Thompson, J. M. (Hrsg.), English Witnesses to the French Revolution, Oxford 1938.

Thorne, Peter, The Royal Mace, London 1990.

Thorn-Prikker, Jan, Keine Experimente. Alltägliches am Rande der Staatsarchitektur, in: Ingeborg Flagge/Wolfgang J. Stock (Hrsg.), Architektur und Demokratie. Bauen für die Politik von der amerikanischen Revolution bis zur Gegenwart, Stuttgart 1992, S. 246–259.

Todd, Alpheus, Parliamentary Government in England. Its Origin, Development, and Practical Operation, Bd. 2, London 1892.

Traeger, Jörg, Der Tod des Marat. Revolution des Menschenbildes, München 1986.

Trapp, Harald, Orte der Versammlung, in: Österreichische Gesellschaft für Architektur (Hrsg.), UmBau 27. Plenum. Orte der Macht. Sonderausgabe Biennale, Venedig 2014, S. 100–115.

Trétout, Thibaut, Le politique à la grâce de Dieu? Les messes du Saint-Esprit sous la Restauration, in: Matthieu Brejon de Lavergnée/Olivier Tort (Hrsg.), L'union du trône et de l'autel? Politique et religion sous la Restauration, Paris 2012, S. 89–104.

Trossmann, Hans, Reichstag und Bundestag – Organisation und Arbeitsweise, in: Ernst Deuerlein (Hrsg.), Der Reichstag. Aufsätze, Protokolle und Darstellungen zur parlamentarischen Vertretung des deutschen Volkes 1871–1933, Frankfurt am Main 1963, S. 125–143.

Twomey, Anne, The Veiled Sceptre. Reserve Powers of Heads of State in Westminster Systems, Cambridge 2018.

Ueding, Gerd, Im Gasthaus diskutiert man am besten. Vortragssaal oder Diskussionsforum: Wie die Form eines Plenums die Debattenkultur prägt, in: Die Welt v. 19. April 1999, S. 12.

Unger, Tr., Ueber die Gestaltung der Parlamentssäle, in: Wochenblatt für Architekten und Ingenieure 4 (1882), S. 123–124, 146, 164–165, 174–175, 186–187.

Universität für angewandte Kunst, Der Plenarsaal des Österreichischen Nationalrats im Parlament (Max Fellerer & Eugen Wörle, 1955/56). Konservatorische Bestandaufnahme, Zustandsbewertung und Maßnahmenempfehlung, Materialkatalog, Wien, September 2010.

van Baalen, Carla/Bos, Anne, Gemeinsam in der Sitzung. Parlamentarische Rituale und symbolische Kommunikation in der Tweede Kamer, in: Andreas Schulz/Andreas Wirsching (Hrsg.), Parlamentarische Kulturen in Europa. Das Parlament als Kommunikationsraum, Düsseldorf 2012, S. 105–125.

Varain, Heinz Josef, Hat der Bundestag noch eine Chance? Bemerkungen zum parlamentarischen Selbstbewusstsein, in: Die Mitarbeit 15 (1966), S. 30–38.

Vial, Charles-Éloi, Les derniers feux de la monarchie. La cour au siècle des révolutions 1789–1870, Paris 2019.

Vierhaus, Rudolf (Hrsg.), Das Tagebuch der Baronin Spitzemberg, geb. Freiin von Varnbüler. Aufzeichnungen aus der Hofgesellschaft des Hohenzollernreiches, 2. Aufl., Göttingen 1961.

Vigne, Alphonse, Ministres et assemblées délibérantes, leurs rapports de 1789 à 1830, Aix-en-Provence 1909.

Viktoria Luise, Im Glanz der Krone, Göttingen 1967.

Vintzel, Céline, Les armes du gouvernement dans la procédure législative, Paris 2011.

Wagner, Heinrich / Wallot, Paul, Handbuch der Architektur, Bd. 4, 7. Halbband: Gebäude für Verwaltung, Rechtspflege und Gesetzgebung; Militärbauten, Heft 2: Parlamentshäuser und Ständehäuser. Gebäude für militärische Zwecke, Stuttgart 1900.

Waldow, Carl von, Die geschichtliche Entwicklung und juristische Tragweite des Artikels 60 der preußischen Verfassungsurkunde in rechtsvergleichender Darstellung, Greifswald 1902.

Wallot, Paul, Das Reichstagsgebäude in Berlin, Leipzig 1897.

Walter, Michael, Oper. Geschichte einer Institution, Stuttgart 2016.

Waquet, Françoise, Les Fêtes Royales sous la Restauration ou l'Ancien Régime Retrouvé, Paris 1977.

Waresquiel, Emmanuel de, Un groupe d'hommes considérables. Les pairs de France et la Chambre des pairs héréditaire sous la Restauration, Paris 2006.

Waresquiel, Emmanuel de, Penser la Restauration 1814–1830, Paris 2020.

Waresquiel, Emmanuel de, Sept jours. 17–23 juin 1789: La France entre en Révolution, Paris 2020.

Warnke, Martin (Hrsg.), Politische Architektur in Europa vom Mittelalter bis heute. Repräsentation und Gemeinschaft, Köln 1984.

Weber, Max, Parlament und Regierung im neugeordneten Deutschland (1917/18), in: ders., Gesamtausgabe, Bd. I/15: Zur Politik im Weltkrieg. Schriften und Reden 1914–1918, Tübingen 1988, S. 432–596.

Weber, Werner, Parlamentarische Unvereinbarkeiten (Inkompatibilitäten), in: Archiv des öffentlichen Rechts 58 (1930), S. 161–254.

Wedgwood, Alexandra, The Throne in the House of Lords and its Setting, in: Architectural History 27 (1984), S. 59–73.

Wefing, Heinrich, Parlamentsarchitektur. Zur Selbstdarstellung der Demokratie in ihren Bauwerken. Eine Untersuchung am Beispiel des Bonner Bundeshauses, Berlin 1995.

Wefing, Heinrich, Abschied vom Glashaus. Die architektonische Selbstdarstellung der Bundesrepublik im Wandel, in: ders. (Hrsg.), ‹Dem Deutschen Volke›: Der Bundestag im Berliner Reichstagsgebäude, Bonn 1999, S. 138–161.

Weitzmann, George H., Die Utilitaristen und die ‹Houses of Parliament› (1961), in: Martin Warnke (Hrsg.), Politische Architektur in Europa vom Mittelalter bis heute. Repräsentation und Gemeinschaft, Köln 1984, S. 353–373.

Werhahn, Charlotte, Hans Schwippert (1899–1973). Architekt, Pädagoge und Vertreter der Werkbundidee in der Zeit des deutschen Wiederaufbaus, München 1987.

Wheare, Kenneth C., Legislatures, 2. Aufl., Oxford 1968.

Whyte, William, How Do Buildings Mean? Some Issues of Interpretation in the History of Architecture, in: History and Theory 45 (2006), S. 153–177.

Wickede, Julius von, Vergleichende Charakteristik der Ständeversammlungen in Baiern, Württemberg, Baden und Hessendarmstadt, mit Bezug auf die letzten Landtage derselben, in: Konstitutionelle Jahrbücher, Bd. 5 (1847), S. 254–312.

Wiegand, Marc-André, Demokratie und Kaisertum. Staatsrechtstheoretische Betrachtungen zum 60jährigen Bestehen der japanischen Verfassung, in: Zeitschrift für japanisches Recht, Bd. 12 Nr. 23 (2007), S. 111–137.

Wilhelm, Theodor, Die englische Verfassung und der vormärzliche deutsche Liberalismus. Eine Darstellung und Kritik des Verfassungsbildes der liberalen Führer, Stuttgart 1928.

Wilke, Dieter/Schulte, Bernd, Der Bundestag als Forum des Bundesrates. Bemerkungen zum Rederecht nach Art. 43 Abs. 2 GG, in: Dieter Wilke/Harald Weber (Hrsg.), Gedächtnisschrift für Friedrich Klein, München 1977, S. 574–612.

Willemsen, Roger, Das Hohe Haus. Ein Jahr im Parlament, Frankfurt am Main 2015.

Winkler, Willi, Von Hetzern und Helden. Parlamente werden mitunter attackiert. Entscheidend ist dann stets das Danach. Eine Historie, in: Süddeutsche Zeitung v. 8. Januar 2021, S. 11.

Wirth, Ulrich, ‹Ist der Bundesregierung bekannt …?› Die Fragestunde des Bonner Parlaments zeichnet sich nicht durch Lebhaftigkeit aus, in: Süddeutsche Zeitung v. 6./7. März 1954, S. 4.

Wittmayer, Leo, Herrschaftliche und genossenschaftliche Elemente im deutschen und österreichischen Ministerialsystem, in: Schmollers Jahrbuch für Gesetzgebung, Verwaltung und Volkswirtschaft 42 (1918), S. 831–882.

Wittmayer, Leo, Kritische Vorbetrachtungen zur neuen Reichsverfassung, in: Archiv des öffentlichen Rechts 39 (1920), S. 385–436.

Wolf, Michel de, Sur une des formes les plus élémentaires de la symbolisation: les significations de la gauche et de la droite, in: Cahiers internationaux de symbolisme Nr. 19–20 (1970), S. 87–112.

Wulf, Christoph, Ritual und Recht. Performatives Handeln und mimetisches Wissen, in: Ludger Schwarte/Christoph Wulf (Hrsg.), Körper und Recht. Anthropologische Dimensionen der Rechtsphilosophie, München 2003, S. 29–45.

Zeh, Wolfgang, Altersschichten in der Geschäftsordnung des Deutschen Bundestages, in: Zeitschrift für Parlamentsfragen 17 (1986), S. 396–413.

Zimmermann, Horst, Rationalisierung im Deutschen Bundestag: Plenarsaal wird umgebaut, in: Deutsche Korrespondenz, 18. Jahrgang, Nr. 4, 27. Januar 1968, S. 10.

Abbildungsnachweise

Abb. 1: picture alliance/Gregor Fischer

Abb. 3: Bundesarchiv/Bernd Settnik

Abb. 4: https://commons.wikimedia.org/wiki/File:Montecitorio_Aula.jpg

Abb. 5: https://commons.wikimedia.org/wiki/File:Estatesgeneral.jpg

Abb. 6: Chris Jackson/Kontributor

Abb. 7: mauritius images/Rolf Richardson/Alamy/Alamy Stock Foto

Abb. 8: Armand Brette, Histoire des édifices oú ont siégé les assemblées parlementaires de la Révolution Française, Bd. 1, 1902, 162.

Abb. 9: Bibliothèque Nationale de France | Public domain

Abb. 10: https://commons.wikimedia.org/wiki/File:ExaminationLouistheLast.jpg

Abb. 11: © Rosenwald Collection | Public domain

Abb. 12: https://commons.wikimedia.org/wiki/File:Banc_des_ministres_au_palais_Bourbon.jpg

Abb. 13: Tr. Unger, Ueber die Gestaltung der Parlamentssäle, in: Wochenblatt für Architekten und Ingenieure 4 (1882), 124.

Abb. 14: Nationaal Archief/Fotocollectie Rijksvoorlichtingsdienst Eigen

Abb. 15: Württembergische Jahrbücher für vaterländische Geschichte, Geographie, Statistik und Topographie, Stuttgart 1823.

Abb. 16: Stadtarchiv Karlsruhe 8/PBS oXIVa 1245

Abb. 17: Leonhard Müller, Badische Landtagsgeschichte, Dritter Teil: 1825–1833, Berlin 1902.

Abb. 18: Architektenverein zu Berlin (Hrsg.), Berlin und seine Bauten, Bd. II und III: Der Hochbau, Berlin 1896, 63.

Abb. 19: Paul Wallot, Das Reichstagsgebäude in Berlin, Leipzig 1897.

Abb. 20: Entommen aus: Ueber Land und Meer, Jg. 31 (10/1888–1889), Nr. 22, 472.

Abb. 21: Tr. Unger, Ueber die Gestaltung der Parlamentssäle, in: Wochenblatt für Architekten und Ingenieure 4 (1882), 155.

Abb. 22: akg-images/Imagno

Abb. 23: akg-images

Abb. 24: mauritius images/Jeremy Sutton-Hibbert/Alamy/Alamy Stock Foto

Abb: 25: © Architekturmuseum der TUM

Abb: 26: © Fotoatelier Schafgans

Abb. 27: Bildarchiv des Landtags Nordrhein-Westfalen

Abb. 28: Parlamentsarchiv des Deutschen Bundestags

Abb. 29: Bundesarchiv/Engelbert Reineke

Abb. 30: Heinrich Wagner/Paul Wallot, Handbuch der Architektur, Bd. 4, 7. Halbband:

Gebäude für Verwaltung, Rechtspflege und Gesetzgebung; Militärbauten, Heft 2: Parlamentshäuser und Ständehäuser. Gebäude für militärische Zwecke, Stuttgart 1900, 42.

Abb. 31: Bildarchiv Bayerischer Landtag, Foto Rolf Poss

Abb. 32: Bundesbildstelle/Rolf Unterberg B 145 Bild-00009131

Abb. 33: mauritius images/Byvalet/Alamy/Alamy Stock Photos

Abb. 34: Parlamentsdirektion/Mike Ranz

Abb. 35: Jabornegg & Pálffy Architekten

Abb. 36: picture-alliance/Kurt Rohwedder

Abb. 37: picture alliance/Associated Press

Abb. 38: picture-alliance/dpa/dpaweb/Manuel_P._Barriopedro

Abb. 39: Archivo ABC

Leider war es in einzelnen Fällen nicht möglich, Rechteinhaber zu ermitteln. Der Verlag C.H.Beck ist bereit, berechtigte Ansprüche im üblichen Maße zu vergüten.

Personenregister

Aus dem Verlagsprogramm

Internationale Politik bei C.H.Beck

Josef Braml
Die transatlantische Illusion
Die neue Weltordnung und wie wir uns darin behaupten können
2., aktualisierte Auflage. 2022. 176 Seiten. Klappenbroschur
Beck Paperback Band 6471

Michael Lüders
Die scheinheilige Supermacht
Warum wir aus dem Schatten der USA heraustreten müssen
2021. 293 Seiten. Klappenbroschur
Beck Paperback Band 6427

Steffen Mau
Sortiermaschinen
Die Neuerfindung der Grenze im 21. Jahrhundert
3. Auflage. 189 Seiten mit 5 Abbildungen. Klappenbroschur
Beck Paperback Band 4600

Christian Geinitz
Chinas Griff nach dem Westen
Wie sich Peking in unsere Wirtschaft einkauft
2022. 381 Seiten. Klappenbroschur
Beck Paperback Band 6395

Verlag C.H.Beck München